本书是李兰英教授主持的国家社科重大项目"网络金融犯罪的综合治理研究"(编号:17ZDA148)阶段性成果,受到了厦门大学中央高校基本科研项目"新经济背景下经济犯罪的惩治与经济刑法的创新"的大力支持

网络金融犯罪的
刑事治理研究

李兰英　等　著

图书在版编目(CIP)数据

网络金融犯罪的刑事治理研究/李兰英等著.—厦门:厦门大学出版社,2021.5
ISBN 978-7-5615-7742-4

Ⅰ.①网… Ⅱ.①李… Ⅲ.①互联网络—金融犯罪—研究—中国 Ⅳ.①D924.334

中国版本图书馆 CIP 数据核字(2020)第 252891 号

出 版 人	郑文礼
责任编辑	甘世恒
美术编辑	李嘉彬
技术编辑	许克华

出版发行 厦门大学出版社

社　　址	厦门市软件园二期望海路 39 号
邮政编码	361008
总　　机	0592-2181111　0592-2181406(传真)
营销中心	0592-2184458　0592-2181365
网　　址	http://www.xmupress.com
邮　　箱	xmup@xmupress.com
印　　刷	厦门集大印刷有限公司

开本　787 mm×1 092 mm　1/16
印张　18
插页　2
字数　385 千字
版次　2021 年 5 月第 1 版
印次　2021 年 5 月第 1 次印刷
定价　72.00 元

本书如有印装质量问题请直接寄承印厂调换

厦门大学出版社
微信二维码

厦门大学出版社
微博二维码

序 言

近年来,随着互联网金融的发展,加速了金融创新的步伐,同时,新型业态风险及其引发的金融犯罪也呈爆发式增长。金融违法犯罪行为的手段呈现多样化、智能化、科技化的特征,行为类型不断翻新,危害不断加剧。金融创新和金融违法犯罪的界限如何划分?如何兼顾社会进步所需的技术创新和社会稳定追求的安全秩序?伴随而来的理论交锋就是:面对金融创新活动中出现的违法犯罪行为,是主张"预防性刑法和积极刑法观",即"刑法关口前移、刑法干预提前,用刑法的手段尽快遏制住这种刑事风险"?还是主张"刑法的谦抑原则",在网络金融领域里,提倡刑法要包容、鼓励创新,将刑法作为最后的保障法?学术界的理论碰撞是否影响到了司法实践?国家的监管部门对于金融创新与金融犯罪界线的理解和态度如何?这些疑问都成为本书在研究具体的互联网金融犯罪类型时,不断思考和追问的主线。

以P2P为例,可以看出这种网络融资的新型模式的发展历程可谓跌宕起伏。从2010年到2015年期间,国家对P2P监管处于空白阶段,国家对于这一新型业态,也很难迅速得到结论,判断"未来是利还是弊",与此同时,法律的规定也是含糊其辞,模棱两可。从2013年的快速崛起,到2015年的百花齐放,P2P行业规模发生了爆发式增长,2016年,P2P行业开始逐渐回归监管。经历了2018年P2P的连续爆雷,整个行业在2018年迎来了"大雪崩",投资参与者多半成为非法集资的受害人,成千上万的投资者聚集静坐,给政府带来巨大的压力,给社会稳定带来巨大冲击。随后,各地政府迅速出手,对P2P网贷机构实施监管和清退,政府态度逐渐变得明朗:"全面整治P2P网贷机构"。2020年新加坡金融科技节,中国银保监会主席郭树清讲话中总结:中国金融科技应用整体上在法律规范和风险监管等方面是"摸着石头过河",遇到过不少问题,也积累了一些经验教训。……近年来,我们持续清理整顿,到11月中旬实际运营的P2P网贷机构已经全部归零。至此,面对金融科技的持续快速发展,政府以稳定金融安全和秩序作为主要的方向,态度已经非常清晰:坚持既鼓励创新又守牢底线的积极审慎态度,切实解决好面临的新问题、新挑战。

回归到本书的写作,这是国家社科基金重大项目"网络金融犯罪综合治理研究"(17ZDA148)的阶段性成果。核心观点就是"运用综合治理的思维方式和举措治理网络金融犯罪,立足国际国内的司法实践和相关立法,总结归纳出对网络金融犯罪进行打击和预防的创新经验和理论。"本书的作者们关注网络背景下的金融犯罪新特征、新趋势,分析传统金融犯罪在网络因素介入下出现的异化,通过实证调研和典型案例分析,探讨运用刑法的规制对网络金融犯罪的惩治与预防。重点对"P2P融资平台非法集资(非法吸收公众存款罪和集资诈骗罪)""网络传销犯罪""股权众筹""网络证券犯罪""高利借贷""虚拟货币所涉及的刑法问题"等六个专题进行深入研究,尝试解决网络金融犯罪过程中出现的罪与非罪、此罪彼罪、行刑冲突、民刑交叉、刑事政策等实践中的疑难问题。

鉴于课题关涉金融犯罪的不同罪名，为保证写作质量，我们"术业有专攻"，每位作者专注研究一个罪名。第一章包括集资诈骗罪和非法吸收公众存款罪两个内容庞杂，理论观点纷争的罪名，交由两个作者完成。现将参加研究撰写的具体分工说明如下：

李兰英，厦门大学法学院教授、博士生导师，撰写序言，第一章第一节、第二节、第四节部分；

何金洋，厦门大学法学院2020级刑法博士生，撰写第一章第三节、第四节（主要部分）；

薛储佳，厦门大学法学院2018级刑法学博士研究生，撰写第二章；

陈勇，厦门大学法学院2018级刑法学博士研究生，撰写第三章；

王新，厦门大学法学院2019级刑法学博士研究生，撰写第四章；

肖飒，厦门大学法学院2019法学博士研究生，撰写第五章；

郭浩，博士，福州师范大学法学院助理教授，撰写第六章。

行文至此，不免感慨的是：2020年11月，当郭树清主席宣布"P2P正式退出历史舞台"，全国民众一时间喜忧参半。喜的是，互联网金融的风险被大大降低了，爆雷的因素不复存在，网络金融违法犯罪的现象将会大大减少；忧的是，清零通告只是意味着P2P行业的终结，并非意味着存量债权债务清零；真正意义的P2P公司也被取缔，如何转型生存，是否有所准备？投资者的投资损失如何追回？这个问题旋即成为无数投资者的心头伤痛。本书第一章的前言，题目就是"网络融资的当代命运"，虽然预测了P2P机构前景不妙，但还是对于最终的"彻底清零"始料不及。在笔者看来，即使P2P正式退出历史舞台，也不意味着其所带来的问题就此终结。因此，我们不仅需要思考因此带来的新一轮理论上和司法中的新问题，而且还需要继续关注和研究互联网金融创新的其他新业态带来复杂新型的刑事风险。P2P行业宣告终结，我们的研究还要继续。

李兰英

2020年12月12日

目 录

第一章 网络非法融资的刑事治理研究 / 1

第一节 P2P网贷平台网络的当代命运 / 1

第二节 网络涉众型融资犯罪的综合应对 / 7

第三节 非法吸收公众存款罪的刑法规制 / 17

第四节 网贷平台集资诈骗罪司法认定 / 35

第二章 网络传销行为的刑事治理研究 / 70

第一节 组织、领导传销活动罪概述 / 70

第二节 组织、领导传销活动罪中行为主体的刑法解释限度 / 75

第三节 组织、领导传销活动罪的客观方面分析 / 79

第四节 组织、领导传销活动罪的法益分析 / 86

第五节 组织、领导传销活动罪的竞合犯认定 / 94

第六节 互联网背景下的组织、领导传销活动罪 / 100

第三章 网络股权众筹的刑事治理研究 / 115

第一节 股权众筹概述 / 115

第二节 股权众筹的刑事风险 / 125

第四章 网络证券犯罪的专题研究 / 157

第一节 证券犯罪概述 / 157

第二节 证券犯罪的认定与刑法解释 / 161

第三节 证券犯罪行政执法与刑事司法衔接 / 167

第四节 证券犯罪因果关系的认定 / 175

第五节 证券犯罪中共同犯罪的认定 / 189

第六节 互联网证券犯罪的刑法规制路径 / 195

第五章 "虚拟货币"的刑事治理研究 / 203

第一节 "虚拟货币"内容概述 / 203

第二节 "虚拟货币"的属性 / 211

第三节 "虚拟货币"的域内外立法现状 / 216

第四节 我国涉"虚拟货币"案件的实践分析 / 227

第五节 "虚拟货币"的刑事规制完善建议 / 249

第六章 高利借贷的刑事治理研究 / 255

第一节 高利借贷的历史演进 / 256

第二节 高利借贷的刑法规制问题现状 / 261

第三节 高利借贷的刑法规制合理性 / 263

第四节 高利借贷的刑法规范治理 / 268

第一章　网络非法融资的刑事治理研究

第一节　P2P 网贷平台网络的当代命运

一、第一阶段：雨后春笋，欣欣向荣

不可否认，互联网金融使得传统金融业透明度更强、参与度更高、中间成本更低、操作上更加便捷，对社会总体资本的利用率有着很大的提升效果。因此，其起步虽晚，但发展十分迅速。目前，常见的互联网金融样态主要有：以支付宝为代表的第三方支付、以众筹为代表的股权投资、以P2P（互联网金融点对点借贷平台）为代表的借贷平台等。其中，P2P 网贷平台的发展尤其让人瞩目。P2P 互联网借贷最早起源于英国，发展于美国，随后这种互联网金融模式在欧洲兴起，继而在全球推广。① P2P 网络借贷是指个体和个体之间通过互联网平台撮合实现的直接借贷，即 P2P 网贷平台作为信息中介，居中撮合借款人和投资者以实现点对点小额借贷交易的一种金融模式。② 在国外，由于有完善的征信体系和庞大的信用数据，出借人可以很方便地查到借款人的各项信用指标。平台在借款人提出申请之后，为其完成信用评级，出借人可以自行根据风险承受度来决定是否借出资金。平台主要提供信息中介服务。2007 年，我国第一家 P2P 网络借贷平台出现，即"拍拍贷"。③ 在初创期，绝大部分平台创业人员都是互联网创业人员，没有民间借贷经验和相关金融操控经验，主要做信息中介服务，以信用借款为主。从 2012 年开始，一些具有民间线下放贷经验的人开始开设 P2P 网络借贷平台，网贷由此进入快速开发期。2014 年国家表态鼓励互联网金融创新，并在政策上对 P2P 网络借贷平台给予了大力支持，从而使国内 P2P 网贷行业高歌猛进。至 2017 年，全国 P2P 网贷成交额突破 3.9 万亿元，累计交易额在 2018 年 5 月突破 7 万亿元。④

毋庸置疑，P2P 网络借贷平台作为互联网金融创新的产物，某种程度上克服了传统借贷平台的一些弱点，完善了我国资本市场的结构，对我国金融体系是一个有

---

① 肖怡：《我国P2P 网贷平台触及非法集资犯罪红线的研究》，载《法学杂志》2019 年第 1 期。
② 李鸿、康会欣：《P2P 借贷的逻辑》，机械工业出版社 2016 年版，第 3 页。
③ 拍拍贷 2007 年 8 月成立，是中国首家小额无担保P2P 网络借贷平台，公司全称为"上海拍拍贷金融信息服务有限公司"。平台采用纯线上模式运作，平台本身不参与借款，而是提供信息匹配、工具支持和服务等功能。
④ 《P2P 网贷大平台倒闭潮愈演愈烈，民众上万亿血汗钱被卷走谁来管》，https://baijiahao.baidu.com/s?id=1604881453300401589，访问日期：2019 年 9 月 16 日。

益的补充。可以说，P2P网贷、股权众筹、委托理财、私募资金等主要金融业态对于促进中小型企业发展，服务实体经济方面发挥了重要作用，备受国家和政府的鼓励和重视。因此，我国P2P网络借贷平台发展迅猛，一度欣欣向荣。（见图1-1）

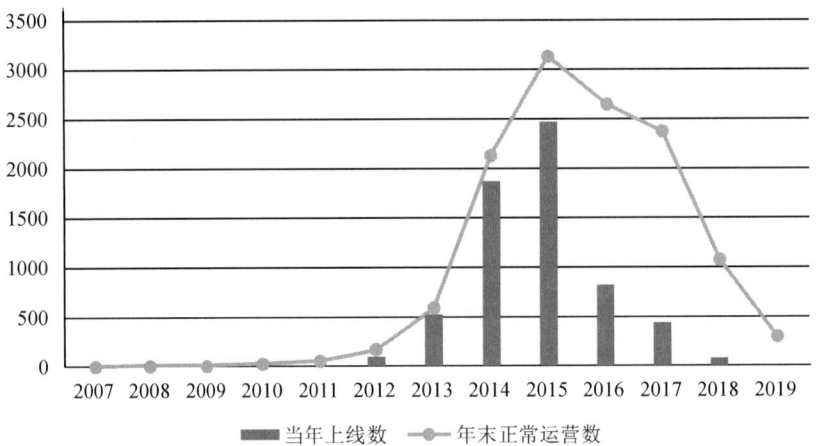

图1-1：P2P网贷行业历年平台上线数与年末正常运营数（2007-2019）

资料来源：零壹数据。

二、第二阶段：连续爆雷，层出不穷

万事有利弊，风险与机遇并存，任何新生事物的发展过程都不会一帆风顺，总会有跌宕起伏。在蓬勃发展的互联网金融中，P2P借贷平台是其中最为典型的代表，也是目前风险最为集中的领域。据统计，自2007年至2019年10多年间，中国P2P平台累计数量达到6619家，其中累计停业及问题平台数量达5655家。从2018年6月开始，上海、浙江、广东等地，P2P平台"爆雷"现象层出不穷。有些曾在P2P行业呼风唤雨的平台，如今早已销声匿迹，有些曾让投资人一度看好的平台，却以"爆雷"而走向终结。[①]2018年是P2P网贷发展过程中极为重要的一个节点，在合规整改备案一再延期、宏观经济持续下行的背景下，行业爆发重大危机。

据零壹智库《2018中国P2P网贷行业年报》统计[②]，截至2018年12月31日，零壹数据监测到的P2P网络借贷平台共6063家，其中正常运营的平台数量为1185家（占比19.5%），同比减少46.8%，异常平台（不含转型、争议和良性退出的平台）数量为4672家（占比77.1%）。

---

① 《千亿网贷平台爆雷案侦查终结，实控人已被起诉》，https://m.sohu.com/a/356704947_115433?strategyid=00014，访问日期：2019年11月27日。东莞市公安局官方微博"平安东莞"消息，25日深夜，东莞市公安局通报，2019年11月25日，东莞团贷网互联网科技服务有限公司（以下简称"团贷网"）涉嫌非法吸收公众存款案已侦查终结，相关嫌疑单位、人员已移送检察机关审查起诉。"待偿余额118.9亿元，牵连投资人22万"，东莞市公安局称，广大借款人务必履行还款义务，逾期未还款的，有关部门将持续开展失信惩戒处理。涉嫌违法犯罪的，公安机关将依法追究法律责任。

② 零壹数据：《2018中国P2P网贷行业年报》，http://www.199it.com/archives/817002.html?from=singlemessage，访问日期：2019年1月4日。

另据统计,截至 2018 年 12 月 31 日,零壹数据统计的问题平台(仅含异常、不含争议、转型等)共有 4672 家,占平台总量的比例高达 77.1%,2018 年问题平台至少有 946 家,其中公告清盘的平台至少有 147 家,占到 2018 年度问题平台的 15.5%。2018 年 6 月,问题平台环比增长 47.3%,行业"爆雷潮"始现端倪,7 月问题平台数量环比猛增 66.1% 至 181 家。①

曾如雨后春笋、繁密林立的 P2P 平台,如今连续"爆雷",最终导致投资者无法提现、经营平台人员失踪,平台倒闭使很多中小投资者血本无归,不仅严重扰乱了国家金融管理秩序,而且动辄数万人的投资者聚集在上海、北京、杭州、深圳等地,日夜追讨投资款,向平台施压,到政府部门上访,严重危及了社会的稳定。值得注意的是,这些出现问题的平台往往涉嫌非法吸收公众存款罪和集资诈骗罪。显而易见,投资者一旦"踩雷",后期追回的金钱和时间成本都是难以估量的,追赃挽损成为最棘手、最核心、最难实现的问题。

随着 e 租宝、钱宝网、雅堂金融等涉案金额达数百亿元、投资受害者上百万人的大型平台纷纷倒闭,震惊国人,2018 年 6 月新一轮网贷平台倒闭潮兴起。尤其总部在上海的善林财富、唐小僧、联璧金融和意隆财富四大 P2P 网贷平台集中倒闭,其巨额成交量引起社会舆论巨大关注。据公安局数据和有关报道,善林财富 600 多亿元,唐小僧 750 亿元,联璧金融估计超过 400 亿元,意隆财富 350 亿元,仅这四大平台被圈走的资金都超过 2000 亿元。它们的共同特点都是打着互联网金融创新的招牌,将民间借贷迅速搬到了网上而得到大爆发。网贷行业的主体早已偏离了作为中介平台的性质,绝大多数平台都是通过平台提供担保的形式,以高息诱惑为主要手段的融资骗钱平台。平台的借款人,无论是车辆抵押、房产抵押、资产抵押,还是电动车、垃圾发电、新能源、原生态、养老项目等各种五花八门的所谓融资项目,多数都是平台老板编造的。网贷成了一个资金链圈钱游戏,一旦资金断裂,就马上崩盘、倒闭,或者平台老板跑路。

2019 年 7 月 25 日零壹智库发布了《关键时刻:P2P 网贷危机调研报告》(下称《报告》)。《报告》显示,截至 2018 年 6 月,零壹数据共监测到 P2P 平台 5983 家 APP 端的平台统计可能不完整。其中正常运营的仅有 1504 家(占 25.1%),同比减少 25.2%。2018 年上半年,新上线的平台有 15 家,同比减少 89.9%,环比减少 82.4%;6 月开始,不再有新的平台上线。②上半年的问题平台中,清退和网站关闭两类平台占比最高,立案已不再是主旋律。据零壹智库不完全统计,已至少有 79 家平台良性退出,61 家平台成功转型,其中 2019 年上半年良性退出平台共 50 家(见图 1-2)。

---

① 零壹数据:《2018 中国 P2P 网贷行业年报》,http://www.199it.com/archives/817002.html?from=singlemessage,访问日期:2019 年 1 月 4 日。
② 《大浪淘沙始见金:P2P 网贷平台仅存 25.1%》,https://www.cebnet.com.cn/20180727/102509951.html,访问日期:2020 年 1 月 5 日。

这就意味着,P2P网贷问题平台正常运营已经为数不多,造成的后遗症众多,诸如:平台提现困难、歇业停业、失联跑路,充满巨大恐慌的投资者愤恨聚集在监管部门或司法机关讨要说法。此时,政府化解风险,动员平台做好清退和转型的工作,是爆雷之后的首要工作。

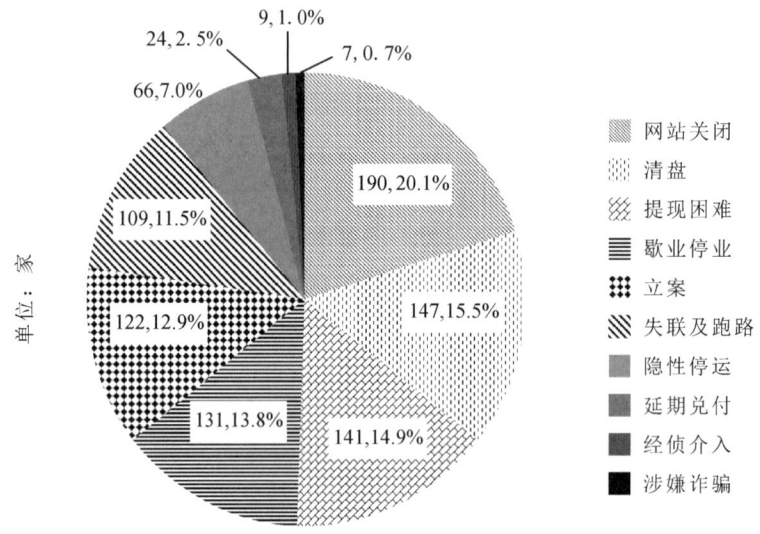

图1-2　2018年P2P问题平台类型构成

资料来源:零壹数据。

表1-1　　　　　　　　　　　　　　　　　　　　　单位:%

类型	网站关闭	清盘	提现困难	歇业停业	立案
数据	20.1	15.5	14.9	13.8	12.9
类型	失联及跑路	隐性停运	延期兑付	经侦介入	涉嫌诈骗
数据	11.5	7.0	2.5	1.0	0.7

与此同时,从图1-2、表1-1中可以看出,2018年爆雷之后,刑事立案侦查起诉才仅仅刚刚开始,而此时可能涉嫌犯罪的比例已经达到14.6%,即立案(12.9%)+经侦介入(1.0%)+涉嫌诈骗(0.7%)=14.6%。显然,P2P问题平台的大量涉嫌集资诈骗罪的案件将集中在2019年中涌现出来。法院检察院将有海量的起诉和审理的重任,不仅如此,受害人众多,案件复杂程度均已超出想象。而公平合理审判,做好追赃挽损工作,成为司法审理集资诈骗罪的新的挑战。

三、第三阶段:命运终结,彻底取缔

大浪淘沙始见金。P2P在国内肆意发展的几年,也是国内监管指引缺位的阶段,其间积累了无数的宿疾,为金融市场带来众多不稳定的隐患。从新鲜事物发展变化的规律来看,优胜劣汰是必然结果。随着市场监管的逐步完善,不合规的平台终究要得到整治,2018年7月开始,一场行业内规模最大的洗牌正在进行,行业自

我清理净化或许将是重塑网贷行业最好的时刻。

然而，峰转直下，始料未及的是，2019年10月16日，湖南省地方金融监督管理局网站发布公告称，湖南省互金整治办、P2P网贷整治办等相关部门会商会审，一致认定湖南整治名单内纳入行政核查的24家网贷机构P2P业务均不符合相关规定，现予以取缔。自此，监管重拳整治之下，各地区取缔P2P机构的步伐明显加快。2019年1月，《关于做好网贷机构分类处置和风险防范工作的意见》（即"175号文"）下发，P2P行业持续加速出清和良性退出。"整顿、清理、取缔"是2019年的主旋律。据不完全统计，截至2020年7月，国内31个省级行政区（不含港澳台）中已有19个省市地区对P2P网贷业务进行了全部取缔，分别为：湖南、山东、重庆、河南、四川、云南、河北、甘肃、山西、内蒙古、陕西、吉林、黑龙江、江西、安徽、湖北、江苏、宁夏、湖北。[①] 至此，有人认为中国P2P生于2007年，卒于2019年。

一位智者曾经说过："如果一条河流有几条鱼死掉了，是鱼的问题；如果一条河流绝大多数的鱼都死掉了，是河流出现了问题。河流出现了问题即意味着生态环境遭到了破坏，而如果想要恢复生态环境，根本的办法是进行源头治理、系统治理和综合治理。"同样的原理，如果P2P借贷平台大范围的爆雷倒闭，那就意味着互联网的金融生态、金融大环境出现了问题，应该考虑进行源头治理、系统治理和综合治理。具体而言，不应该一刀切地将P2P借贷平台全盘取缔，将原本可以普惠于社会公众的P2P网贷平台彻底否定，扼杀在大浪淘沙过程之中。依笔者之见，当下的任务就是，一方面化解处置网贷平台爆雷之后的各种风险，惩办相关犯罪人的刑事责任，保护投资者的合法权益；另一方面，通过对网贷平台爆雷进行深入研究，剖析平台面临的风险，从金融法、行政法、刑法、社会学等多个视角，从技术防控以及社会防控多个层面对涉P2P网贷平台的刑事风险提出预防与控制的对策建议，最终促进互联网金融行业的健康发展。

四、第四阶段：爆雷之后，痛定思痛

目前，在2018年以及2019年期间，全国启动P2P清除计划，对网络融资平台进行立法监管以及行政处罚，包括刑事处理。从2006年我国引入P2P网络借贷模式之后，到2016至2017年的时候，全国已经有3000多家P2P平台。但是随着2018—2019年P2P清除计划的推进，3000多家平台已经被减至400多家平台。

为何一个令投资者和借款人皆大欢喜的具有普惠特征的创新金融产品，时至今日，一片荒凉的末日景象：正常运营的战战兢兢，跑路的被立案，清盘的愁兑付，停业的搞盘点，配合调查的自身难保。并且，大量的P2P网络借贷平台可能涉及刑事犯罪，如非法吸收公众存款、集资诈骗类的犯罪。更加令人扼腕叹息的是，全国几个省份（湖南、重庆、河南、山东、河北）陆续明确地取缔了P2P网络借贷平台。

[①] 《北京整治P2P平台超百家，已有19省市全部取缔网贷（名单）》，https://xw.qq.com/cms id/20200805A0UITG00，访问日期：2020年8月5日。

过往皆成序章,历经 2018 年的连续爆雷,P2P 网贷平台血流成河。在出现了大范围的平台爆雷和倒闭等连锁反应之后,政府的监管部门、行政部门、司法部门应该如何应对?显然,监管部门应该将此作为契机,尽快查找问题症结,提出处置解决方案,同时从各个方面加以合理的规制,预防控制网贷平台的风险。以下是笔者反思之后的几点建议:

首先,深刻透视,P2P 网贷平台经营模式出现异化是导致走向风险和灭亡的重要原因。众所周知,P2P 网贷平台设立的初衷,是依托互联网设立一个资产端和资金端产生借贷关系的平台,它是作为类似于桥梁的一个中介身份存在的。但是,在实际的经营发展过程中,P2P 网贷平台逐渐偏离了其设立的初衷,一些平台本身就参与到借贷关系中。譬如,发生在南京的钱宝网,具备了网贷平台爆雷的所有危险。经警方查明,张小雷依托钱旺、钱宝公司建立了网络平台——钱宝网,在未经国家金融主管部门批准的情况下,通过钱宝网,以年化收益率 20% 至 40% 的高额收益为诱饵,设置资金池,以"交押金、看广告、做任务、赚外快"为名,利用众多第三方支付平台通道,向不特定社会公众大量非法集资,持续采用吸收新用户资金用于兑付老用户本金和高额收益,即"借新还旧"的方式维持钱宝网的运营。非法集资款主要用于偿还集资参与人的本金和收益、维持"钱宝系"企业运营成本、支付公司高管高额薪酬、张小雷个人挥霍以及少量对外投资等。截至案发,钱宝网累计非法集资总额超过千亿元,未兑付集资参与人本金数额 300 余亿元。[①]

钱宝网平台的经营者不仅设立资金池,而且将自身保有的资金直接发放给有资金需求的人。这样,平台自身产生债权,成为债权人,而后平台将产生的债权包装成理财产品或是其他形式重新拆分转让给有投资需要的人。这种模式背离了 P2P 网贷平台设立的初衷,使其不再单纯地作为一个中介或是媒介的形式存在,而是作为金融机构进行资金放贷业务,直接成为互联网上不符合国家监管要求的"金融银行系统"。P2P 网贷平台私自设立资金池严重违反了《商业银行法》第 11 条的明确规定:"未经国务院银行业监管机构的批准,任何单位和个人不得从事吸收公众存款等商业银行的业务……"这一切的违法行为埋下了一触即发的金融风险。

其次,瞻前顾后,国家的行政管理部门、国家政策的制定者和刑法的立法都应该借此反思。为何 P2P 非法集资涉案人员如此之多?为何原先为国家政策鼓励发展的风风光光的行业,一下子爆发了如此多的非法集资?显然,如前所述,P2P 网贷平台在中国的产生、发展,从鼎盛到衰落,是与国家的行政管理、国家政策和刑法的刚性之间缺乏协调配合密切相关。正如有的学者所分析:"2013 年之前 P2P 网贷在我国属于监管空白阶段,2015 年开始是规范行业发展阶段,2016 年以来,

---

① 《钱宝网案进展:12 人非吸案一审开庭,择期宣判》,http://poll.myzaker.com/article_poll.php?_appid=iphone&pk=5cda903477ac647c010ff7f&poll_id=1271&target=web3,访问日期:2019 年 5 月 14 日;《钱宝案最新消息被告人张小雷获刑 15 年》,https://money.gucheng.com/201906/3744291.shtml,访问日期:2020 年 1 月 5 日。

监管部门的整治力度便不断加码,监管部门为P2P平台划出了13条的红线。"① 这些监管措施主要是为防止平台触碰非法集资类犯罪。但是,不得不说,监管措施出台的时间节点不够准确,出台的措施难免相对滞后,没有与P2P网贷模式多样性相匹配。

毋庸置疑,互联网金融作为金融创新领域,在最初政策舆论和行政监管上,都是主张先行先试,对互联网金融的总体监管思路是"包容"、"试错"和鼓励。即使2016年8月17日,银监会、公安部等4部委联合发布《暂行办法》,对P2P的业务模式进行规范,也能说明P2P其实是合法存在,只是需要进行规范和规制。由此可以理解P2P爆雷进入刑事程序后,一大批年轻的P2P从业人员感到冤屈。而站在律师和学者的角度分析,将P2P网贷平台直接比喻为"天生犯罪人"也确实有一定的道理。因为,互联网的开放性决定了P2P网贷本质上就是一种借款人向不特定性社会公众的集资模式,而刑法规定的非法集资行为特征明确为具有"非法性""利诱性""公开性""社会性"。因此,互联网金融的创新就是使P2P网贷平台更具有普适性,根据P2P自身的业务逻辑及属性,与生俱来的特点就是"公开性"及"社会性",似乎属于"天生犯罪人"。因此,国家政策、金融监管的态度调整以及司法审判的过程,需要结合P2P网贷平台的发展历史和客观事实情况进行综合考虑。

最后,审时度势,确立防范和化解互联网金融刑事风险的方案。如前所述,大量的网贷平台因为涉嫌集资诈骗罪等刑事风险而被立案侦查。但我们必须清醒地认识到,刑事处罚是事后处罚,并不能从根本上实现预防和减少刑事风险的目的。需要司法机关、行政执法部门、行政监管部门共同努力,在技术防范和社会防控两个方面提出系统性的应对方案。从防范潜在风险、化解已有风险、处置后续危机等方面,提出应对互联网金融刑事风险的具体建议。最终目标是确保我国在防控互联网金融刑事风险上,实现社会效果、法律效果、政治效果、经济效果的统一。总之,我们认为,打击防范和化解互联网金融刑事风险,不等于因噎废食,就此禁止P2P网贷的生存发展,而是吸取教训,总结经验,大浪淘沙,逐步完善监管措施,协调行政刑事之间的步伐平衡,使我国P2P网贷及其平台建设逐渐成熟,健康发展。

接下来,本书将介绍P2P网贷平台非法集资的基本类型和从综合治理的视角对P2P网贷平台带来的刑事风险如何应对进行具体阐述,并围绕实践中P2P网贷平台非法集资出现的疑难问题进行理论和实践的理性思考。

第二节　网络涉众型融资犯罪的综合应对 ②

互联网时代,因网络平台的涉入使P2P网贷的借贷对象具有普遍性、隐匿性、跨

---

① 肖怡:《我国P2P网贷平台触及非法集资犯罪红线的研究》,载《法学杂志》2019年第1期。
② 本节部分内容摘自李兰英、张嵘主持的2018年度福建省法学会重点委托课题"涉众型经济犯罪的政策策略研究"的结项报告。

地区性、不特定性等特征，因此，少则几千元多则几十万元的涉众型非法集资案件比比皆是。2017年11月24日，最高人民检察院、公安部联合修订印发《最高人民检察院公安部关于公安机关办理经济犯罪案件的若干规定》的通知，其中第78条首次明确了"涉众型经济犯罪"的法律概念，即将其定义为："基于同一法律事实、利益受损人数众多、可能影响社会秩序稳定的经济犯罪案件，包括但不限于非法吸收公众存款，集资诈骗，组织、领导传销活动，擅自设立金融机构，擅自发行股票、公司企业债券等犯罪。"专门术语的出现，显现出新形势下打击涉众型经济犯罪案件已经刻不容缓。P2P网贷平台出现异常导致大范围的平台爆雷，面临最大的问题就是受害人众多，典型的如"e租宝案件"，这类案件因为涉案金额大、影响地域广、被害人众多、作案手段新，严重扰乱了社会经济健康发展，也影响社会稳定，加剧了犯罪治理的难度，从而成为刑事风险的聚焦点。

一、《刑法修正案（十一）（草案）》的相关规定

（一）融资犯罪刑法条文新旧内容之对比

2020年6月28日，十三届全国人大常委会第二十次会议审议了《刑法修正案（十一）（草案）》，对非法集资犯罪的两个罪名，即非法吸收公众存款罪和集资诈骗罪的法定刑做了调整。具体的新旧条文的内容对比如下：

原《刑法》第176条规定："非法吸收公众存款或者变相吸收公众存款，扰乱金融秩序的，处三年以下有期徒刑或者拘役，并处或者单处二万元以上二十万元以下罚金；数额巨大或者有其他严重情节的，处三年以上十年以下有期徒刑，并处五万元以上五十万元以下罚金。"修改为："非法吸收公众存款或者变相吸收公众存款，扰乱金融秩序的，处三年以下有期徒刑或者拘役，并处或者单处罚金；数额巨大或者有其他严重情节的，处三年以上十年以下有期徒刑，并处罚金；数额特别巨大或者有其他特别严重情节的，处十年以上有期徒刑，并处罚金。"

本条修改焦点有三个：第一，取消罚金的具体数额；第二，增设一档"数额特别巨大或者有其他特别严重情节"的法定刑；第三，将最高刑期从10年升至15年。

原《刑法》第192条规定："以非法占有为目的，使用诈骗方法非法集资，数额较大的，处五年以下有期徒刑或者拘役，并处二万元以上二十万元以下罚金；数额巨大或者有其他严重情节的，处五年以上十年以下有期徒刑，并处五万元以上五十万元以下罚金；数额特别巨大或者有其他特别严重情节的，处十年以上有期徒刑或者无期徒刑，并处五万元以上五十万元以下罚金或者没收财产。"修改为："以非法占有为目的，使用诈骗方法非法集资，数额较大的，处三年以上七年以下有期徒刑，并处罚金；数额巨大或者有其他严重情节的，处七年以上有期徒刑或者无期徒刑，并处罚金或者没收财产。"

本条修改焦点有四个：第一，取消限额罚金刑，即取消了具体数额；第二，将最低刑由拘役改成有期徒刑三年；第三，将第一档法定刑的最高刑从五年有期徒刑提升至7年有期徒刑；第四，取消"数额特别巨大或者有其他特别严重情节的"这一档法定刑的规定。

综上，关于非法集资犯罪的两个条文，都有"增删修补"的变化。概括起来，修订的焦点主要有两方面：

其一，在对罚金刑的设置上，取消罚金的上限或具体数额，笼统地表达为"并处罚金"。这种"深不见底"的笼统不确定的表达，赋予了法官自由裁量权，增加了刑罚的威慑力。

其二，法定刑档次提高了。在原非法吸收公众存款罪的条款上，增设"数额特别巨大或者有其他特别严重情节"一档法定刑，将非法吸收公众存款罪的法定最高刑由10年有期徒刑提升到15年；在原集资诈骗罪的法定刑上，取消最低刑拘役，改成最低刑有期徒刑3年，将第一档的最高刑从5年提升至7年。与此同时，取消了集资诈骗罪的"数额特别巨大或者有其他特别严重情节"的法定刑。

（二）提升惩处融资犯罪的法定刑之评析

近年来，网络金融犯罪手段新，金额大、涉众多、覆盖区域广，严重扰乱经济金融秩序，严重侵害投资者的财产安全。网络非法集资涉及的金额，轻则几千万元，重则几个亿，如近年来社会关注度很高的"钱宝网"涉案金额超千亿元。[①] 然而，刑法典规定该罪最高刑10年，罚金刑最高50万元，犹如"九牛一毛"。广大集资参与人认为这样的判决无异于纵容他们继续为害，不足以平民愤。换言之，面对高发严重的P2P网贷平台的系列爆雷，造成的金融安全危机和社会危害已经刻不容缓，广大集资参与人或者受害人呼吁严刑峻法。有鉴于非法集资的利润太大，铤而走险成本低，笔者认为《刑法修正案（十一）（草案）》提升了对非法吸收公众存款罪的处罚力度，自由刑延长至15年，取消限额的罚金刑，有利于惩罚威慑犯罪分子，也有助于防控非法集资犯罪，实现了刑罚的"报应"和"社会防卫"的双重效果。

总之，笔者认为，网络金融风险增加，金融犯罪率提升，不是单一的原因造成的，应该找准症结，对症下药，有针对性地"打击和防控非法集资犯罪"。一方面，提高刑罚惩处力度，对于打击和预防经济犯罪确有必要。如前分析，原来刑法规定，在法定刑档次的设置上，本身存在罪刑不均衡，不够合理的现状。譬如，非法吸收公众存款罪，涉及不能返还的非法集资款，少则百万元，多则几千万元的大案要案越来越多，但如果按照现有法律规定，其最高人民法院定刑是10年，最高罚金是50万元，那么，对于犯罪嫌疑人来说，"犯罪成本太低了"，所以，刑罚不仅没有产生压力和痛苦，影响"追赃挽损，进行偿还"，而且还会引发"后来者争相效仿"的不良效果，这种罪与刑不均衡，确实需要加大处罚力度。

[①]《钱宝网涉嫌非法集资7年：投600万本金滚到1.4亿》，https://baijiahao.baidu.com/s?id=15892646066395661129&wfr=spider&for=pc，访问日期：2020年8月3日。

另一方面，治理经济犯罪不能过于迷信刑罚的威慑效果，不能仅仅依赖刑罚的严厉遏制，应更多地寻求刑罚以外的预防措施。从分析造成非法集资犯罪的各种原因可以看出，打击、防范和化解融资犯罪是一个长远目标和复杂问题。解决实践中处置网络涉众型金融犯罪面临的困境，依靠单一的治理手段不仅孤掌难鸣，更会陷入治理失灵的危机之中。因此，必须综合采用政治手段、法律手段、行政手段、经济手段、文化手段、教育手段、技术手段。譬如，除了金融监管的完善、刑法治理的提升，增加犯罪者风险成本，阻滞被害情境等社会防控手段之外，还要强化企业自律伦理，提高其社会责任等创新的综合措施有效遏阻网络金融犯罪。有鉴于此，我们认为，有效防范化解和处置网络涉众型金融犯罪，必须运用综合治理的理念和举措，才是治标又治本的最佳路径。

二、网络融资犯罪综合治理主张之提倡

综合治理是中国40多年来总结归纳运用的一个中国特色。[①] 综合治理强调辩证思维方式，问题导向和目标导向，突出如何解决问题，不拘泥于单一手段和方法，提出运用法律、道德、教育、监督、技术等诸多具有实用性、系统性、整合性的综合方案。综合治理宏观上要求法律与非法律手段的共同实施，微观上则应具体落实到行政监管、刑法惩治、行业自律、道德教育等多项措施如何衔接、协同与创新。具体而言，综合治理的思维方式有以下几个特征：

第一，综合治理的第一个思维特点就是辩证思维。譬如，认识到网络金融是一把具有"创新和危害"两面性的双刃剑。首先，一些披着金融创新外衣的违法犯罪行为确实大量行走于网络环境之中，亟须刑法的干预和规制。然而我们也应该看到有一些合法的金融创新事物，因为相关的金融监管法律法规尚未出台，司法机关只能依据《关于审理非法集资刑事案件具体应用法律若干问题的解释》等有关司法解释，对违法行为进行规制。在规制过程中，一旦金融刑法用力过度，扩张化利用非法吸收公众存款罪，将一切金融创新（如P2P网贷、股权众筹）的违法行为兜进其中，势必使P2P网贷、股权众筹等新生事物在创新与发展过程中受到压制。其次，要挥舞得当，恰到好处，需要从事物的普遍联系与内因外因的原理中，探寻网络涉众型金融犯罪的"内源性""外源性"的病症所在，对症下药，标本兼治。

第二，综合治理的第二个思维特点就是注重跨学科的思维方式。综合治理需要综合考量，也就是需要全方位、立体看待事物。作为对跨学科的回应，我们对于

[①] 1981年6月14日，中央政法委员会在《京、津、沪、穗、汉五大城市治安座谈会纪要》中首次提出了"综合治理"的概念，并就综合治理的要求作出了具体且细化的规定。其主要内容是：综合治理就是要在党的领导下，积极依靠各个部门以及群众的力量，运用多种综合手段（包括政治、经济、文化等手段），来有效化解和预防社会治理问题，切实做好社会治安工作，确保社会的稳定。1991年3月2日，全国人大常委会通过了《关于加强社会治安综合治理的决定》，对综合治理的有关问题，作了进一步的明确规定。王丛虎、王晓鹏：《"社会综合治理"：中国治理的话语体系与经验理论——兼与"多中心治理"理论比较》，载《南京社会科学》2018年第6期。

网络涉众型金融犯罪要从整体上反思,这种整体反思不仅反映在分析过程中,也体现在研究结论上。譬如,对网络金融犯罪的研究,关涉金融学、刑法学、犯罪学、社会学、公共政策学等跨学科的知识。从内在逻辑上看,跨学科研究得出的政策建议必定也是整体性的,以消除各项单一政策之间的互相抵牾,也会避免陷入"碎片化"的陷阱。

第三,综合治理的第三个思维特点就是注重理论联系实际,注重实证研究。由于网络金融是一个新现象,带来的问题也是前所未有的棘手,所以,要注重调查,找出切实可行的解决方案。譬如,对于非法吸收公众存款罪,理论上,学者发出一片废除之声,但在实践中,法院的"非吸罪"判决比例最多,说明有它存在的必要。再譬如,对于集资诈骗犯罪的参与者或受害者的调查,打破了投资者多数"应该是老年人、文化程度低、没有稳定工作的参与者"这样的假设,调查表明,参与者中不乏有知识、有文化、有体面工作的教师、公务员。那么,对于这些可能被沦落为受害人的投资者,应该采取怎样的预防策略呢?实践的反馈必然带动理论的回应。

第四,综合治理的第四个思维特点就是注重综合效果的实现。在涉众型集资诈骗犯罪的认定和处置中,既要关注投资者、被害人的利益,尽量减少他们的经济损失;又要充分利用宽严相济的理念,在办理案件过程之中,对于主观恶性不深,客观危害不大,仅仅是资金链断裂等行为进行区分,尽量判处缓刑,给涉嫌犯罪的人以东山再起,创造利润,进行偿还的机会;在处置金融风险过程中,尽可能把维护社会稳定作为第一重任,在立案之初,就要尽可能采取措施,保全涉案的财产,在判决之后,也要把追缴财产作为关键任务,真正实现社会效果、法律效果、经济效果、政治效果的统一。

为有效防范打击和处置涉众型经济犯罪案件,行政执法和刑事司法陆续频繁出台相应的法律法规与刑事政策。各地政府也是坚持以维稳为主线,以防控风险为原则,依法依规分类处置,建立长效机制,齐抓共管,形成合力,进行源头、系统和综合治理。以下内容,是笔者带领"网络金融犯罪综合治理"的研究团队,在走访调查了杭州、北京、深圳、厦门、温州、郑州等地的公安机关、检察院、法院、律所的相关办案情况之后,思考了"防范和处置涉众型网络金融犯罪的策略",并从技术防控、社会防控、刑事政策、行刑衔接等多个层面提出的具体建议与举措。

三、技术防控精准化:建立涉众型经济犯罪预警机制

P2P行业的风险从其诞生之日起就与之相伴而生,因此监管规则应该随时跟上。但遗憾的是,往往是等到风险发生之后才想到如何降低损失,才去考虑如何构建绿色健康的互联网金融。虽说亡羊补牢为时不晚,但我们还是应该力求防患于未然,要赶在风险发生之前将其扼杀在萌芽状态。政策有先见之明,就需要借助风险预警机制,尤其是需要通过大数据在行业内建立起行之有效的风险预警机制,以便快速、准确地识别风险。在陆续出台的《互联网金融指导意见》以及《网络借贷

信息中介机构业务活动管理暂行办法》等监管文件中,都有提到完善预警机制可以提高平台的免疫力、应变力,做到防范危险于未然的指导意见。

(一)运用监管科技实现对涉众型金融风险的预警

对于建立风险预警机制,各地也曾有过尝试,将大数据与互联网金融相结合,不仅能够顺应时代的潮流,而且可以得到基本的分析推断,可以简化程序,提高交易的效率。譬如,北京和深圳"灵鲲金融安全大数据平台",厦门市"天罗地网金融风险防控预警平台",都是由金融监管部门和互联网金融企业合作,共同研发的金融安全大数据平台。通过运用大数据、区块链、人工智能等技术解决P2P网贷平台、新型传销平台监管所面临的预警难、识别难、覆盖难的问题,实现对P2P网贷平台、新型传销平台进行精准预警,提高金融风险的精准识别。

(二)实现电子数据存证化

网络背景下的涉众型经济犯罪,意味着在网络平台上推出投资项目进行集资,交易信息发布、投资返利均通过互联网操作完成。大多数案件的受害人信息、资金流向、犯罪手段和方式等数据都存储在服务器上,一旦出现资金链断裂等情况,网贷平台有充足的时间在公安司法机关介入前销毁电子数据等证据材料,给侦查和审判工作造成困扰,也不利于被害人维权。因此,搭建金融风险防控预警平台,引导互联网金融企业接入预警平台并授权电子数据存证服务平台,将存证合同内容中的业务数据按要求上传至预警平台势在必行。不过,如何平衡企业及个人的信息保护与金融秩序的保障,也是不可回避的一个问题。

(三)实现对网贷平台信息流和资金流的匹配对比

通过搭建金融风险防控预警平台,规制网贷平台在备案前就接入风险防控预警平台。风险防控预警平台将和网贷平台的合作资金存管银行进行专线连接,合作的资金存管银行将会按要求上传资金流数据至防控预警平台与业务数据进行匹配比对。一旦发现某网贷平台出现信息流和资金流不匹配,风险防控预警平台就会预警。如果是初次预警,工作人员会提醒企业予以关注;如果某网贷平台短期内频繁被预警,则要对平台负责人进行约谈;约谈后责令其立即整改,无法整改或整改不到位,涉嫌违法犯罪的,移送公安机关处理。

(四)实现对可能涉及涉众型经济犯罪的资金流的监管

非法集资等涉众型金融犯罪往往涉案金额较大,资金的流转绝大部分需要通过银行账户或者第三方支付平台进行,且多数会开设固定的存储账户。所以,利用该类犯罪的资金流向特点,预警平台在事发前端设立金融数据监控平台,对于短时、高频、多笔款项关联到同一或者多个关联账户等可能涉嫌非法集资的金融行为进行监管。

四、社会防控多元化：注重涉众型经济犯罪的前端治理①

（一）加强前期风险排查工作

由金融监管单位牵头，多部门联动，定期组织人员，对重点区域、重点行业进行排查、监测、预警和管控，发现并及时处置风险隐患企业，对风险实行"软着陆"。建立在防患于未然理念基础之上的举措，永远是值得肯定的。

（二）净化金融资讯市场

很多投资者和受害人都是因为相信广告宣传、媒体推介、明星宣传而纷纷投资，殊不知这些广告资讯都是"虚假宣传、诱惑宣传"。由金融监管单位牵头联合有关部门开展涉众金融广告资讯的排查清理工作，在源头上封堵犯罪分子的宣传渠道。一是加强广告资讯监测，重点监测有无违法金融类广告；二是加强金融广告审验，对企业资质、广告内容进行审查。

（三）加强风险警示宣传

由金融监管单位制作便民实用的防范非法集资宣传物料，分发至各区和相关成员单位；并通过投放电视广告、组织大型集中宣讲活动、利用微信自媒体、微博、发送短信、使用LED广告牌、户外大屏幕、开设网站专题等形式，对公众进行防范非法集资的普法宣传。

（四）健全行业自律体系

健全以准金融机构行业协会为主体的体系外金融机构自律性监管体系，鼓励行业协会开展中介机构执业人员的法律知识培训和职业道德及风险警示教育，提高机构执业人员的法律水平和业务能力，增强风险管控和依法合规经营意识。同时，在政府的指导下，通过各类行业协会等组织开展业务工作自查、整顿工作，出台行业诚信标准，设立行业协会成员的诚信档案，适时公布诚信"黑名单"。对故意损害消费者利益的金融企业，及时向社会公众披露，对不符合资质标准的失信企业，由主管部门及时予以惩戒甚至清除出市场，以促进行业自律。

（五）提高公众风险防范意识

行业主管、监管部门在行政审查、监管、执法过程中应加强普法宣传。一是要大力弘扬契约精神，培养公众守法意识，做好纠纷解决渠道的宣传解读，积极引导和支持群众通过双方平等协商、仲裁、诉讼等正确途径依法依规解决，降低产生大规模、群体性事件的可能性。二是要充分发挥主流新闻媒体的正面引导作用，引导公众树立正确的理财观念并理性投资，及时披露涉众型经济犯罪案件信息，使社会公众了解犯罪手段和严重危害，提高风险防范意识和识别能力。三是对于网

---

① 李兰英、张嵘、方晋晔、陈勇、张颖：《网络涉众型经济犯罪的实证研究与应对举措——以福建省厦门市为例》，载《厦门大学法律评论》2019年第31辑，厦门大学出版社2019年版。

贷平台负责人、高管进行警示教育。例如，上海、深圳等地的互联网金融协会"举办互联网金融企业高管走进监狱进行风险警示教育活动"，组织P2P高管"走进监狱"。①充分了解法律及犯罪后果，切实引以为戒，牢牢守住金融的底线，充分发挥刑罚的威慑力和震慑力。四是鼓励社会民众广泛参与监督和采取有奖举报制度。

五、行刑治理阶梯化：构建科学合理的行刑衔接机制

（一）注重运用行政监管手段化解风险

2018年6月至8月的爆雷网贷平台中，多数平台存在当"资金提现困难""财务面临困境"时，首先想到的是"跑路"这种遭人唾弃、损人不利己的选择。究其原因，是因为国内P2P领域没有完善的退出机制，面临风险时，平台没有正确的退出观念和退出办法。即使监管层下发的《网络借贷信息中介机构业务活动管理暂行办法》（征求意见稿），有关P2P平台的定位、资金的存管、信息披露等方面都作了详细的阐述，但没有规定明确的退出机制。可以想见，大浪淘沙，越来越多的平台在市场优胜劣汰的背景下会有所淘汰，而淘汰机制中就应该留出后退的黄金桥。许多平台一旦出现问题，就急于脱身跑路，撒手不管，留下投资者申诉无门，除了个别平台是因为严重不负责任，恶意逃避之外，很多情况下，是没有后退的机制可以及时止损。如此结局，不仅难以收场，两败俱伤，而且会使投资者对市场，对网贷行业失去信心，动摇了金融市场的稳定。所以，发挥属地政府和监管部门对金融市场的合理有效的管理，其中一条就是完善市场进出规范且常规的路径，尤其是建立合理的退出机制。当然，对于尚未构成犯罪的矛盾纠纷，由相关监管部门牵头化解，属地政府配合做好风险化解及后续维稳工作，必要时联合公安机关介入调查，查清企业运营模式、资金流向等关键性问题，为化解稳控提供有力支持。

（二）针对不同风险情况实行分类管理

对于有重大风险的人员应列为重点人员进行管控。并且对于涉嫌非法集资的企业，要坚持个案研究，分类管理。譬如，对于通过一段时间的整改，可以达到合规水平的企业，要主动帮扶解困，给予一定的宽限期，逐步消除风险；短期内整改不达到合法标准的企业，应引导良性退出，防止发生次生风险。

（三）刑法利剑应该果断出鞘

P2P平台出现至今很长一段时间，监管政策较为宽松，为促进金融创新，对待P2P平台非法集资犯罪的刑事政策也是宽缓政策。②监管机关与司法机关对于P2P涉案平台的违规集资行为，究竟是行政违法行为还是刑事犯罪，常有分歧碰撞的尴尬局面。学术界也是多数呼吁要宽容谦抑地对待P2P网贷业务。但是随着P2P平

---

① 《深圳P2P高管参观监狱》，http://www.sohu.com/a/114744291_469988，访问日期：2018年9月4日。
② 彭新林：《P2P网络借贷平台非法集资行为刑事治理问题要论》，载《北京师范大学学报（社会科学版）》2017年第6期。

台非法集资犯罪的大量增长、互联网金融乱象集中爆发,如何合理平衡鼓励金融创新与维护金融安全的关系值得重新反思。我们认为,面对高发严重的P2P爆雷情形,造成的金融安全危机和社会危害已经刻不容缓地需要刑法介入。对于已经涉及违法犯罪的需要依法处置,移送公安司法机关处理。对已经造成严重后果,涉嫌构成经济犯罪的,公安机关应及时予以打击,第一时间控制涉案人员、查封冻结涉案资产。

(四)化解群体性上访事件风险

要把握好处理群体性上访预警、处置、善后的各个节点,在预警阶段,要强化苗头研判、建立特情、信息共享等各项工作,防患于未然;在处置阶段,要强化快速反应、联动协同,迅速平息事端,同时,要审慎控制好临界点,慎用强制措施,防止矛盾再次激化;在善后阶段,要妥善处理好群众所关心的问题,防止矛盾积累。

六、质量效率共提升:完善协调多部门联动办案机制

(一)建立快速联动机制

建议由政法委统一协调公、检、法等部门,制定处置预案,按照"属地管理"的原则,分工负责,共同做好立案、侦查、审查起诉工作,由案发地公安机关组织开展风险评估、案件侦办工作;检、法机关提前介入,协调案件进度,加快涉案资产处置;金融部门配合做好资金查控;国资、土地、房产、工商、税务等部门协助做好查封、冻结、扣押工作;宣传、信访部门做好舆情控制和群体性上访处置化解工作。①

(二)规范公、检、法机关的办案标准

建议由政法委牵头,组织协调公、检、法机关共同研究确定经济犯罪的各类犯罪类型的证据规格、行为性质、犯罪数额认定等疑难问题上达成共识。统一规范在侦查、审查起诉、审判阶段主要文书可能涉及的犯罪行为方式、投资人信息及涉案金额、查扣财产等要素的表述,尽量避免因认识分歧造成司法效率的降低。这也会有效预防犯罪嫌疑人在侦查、起诉、审判阶段的不同表达和翻供情况。尤其是健全侦查工作机制,以保证案件侦办的质量和效率。对于需要检察院提前介入的重大网络非法集资案件,检察部门对于侦查取证进行指引,同时也要发挥好侦查监督职能。侦查人员要树立以审判为中心的侦查格局观。②

(三)通过风险评估确保刑事司法全过程风险可控

在侦查阶段,公安机关要及时对涉众型经济犯罪案件风险情况进行评估,采取以化解稳控为主、打击为辅策略,妥善处置,避免激化矛盾,为纠纷化解提供时间、空间。在审查起诉阶段,检察机关亦应对投资人的权利义务进行再次告知,合理疏

---

① 张娟:《涉众型经济犯罪及其治理研究——以山东省为例》,载《山东警察学院学报》2017年第2期。
② 单丹:《网络非法集资案件侦查研究》,中国公安大学出版社2019年版,第132页。

导投资人情绪；审判阶段，要依法追缴被告人及相关人员的违法所得，用于发还投资人。对于可能无法追回的投资款，向社会公示救济渠道，引导投资者通过合法途径解决。

（四）健全资产追缴处置机制

不少P2P平台非法集资案件案发时，所吸资金要么挥霍一空，要么被卷款"跑路"，即使通过正规的渠道进行退出，最终都会因为资金链断裂或者"拆东墙补西墙"之后，资金血本无归。此时，作为普通民众和微小企业的投资者（很大程度是受害人）都会因绝望愤怒造成情绪激动，围攻平台、上访政府部门。在这种情况下，如何能够减少投资者的损失，最大限度地追赃挽损，尽可能增大比例对投资者的清退赔付成为稳定社会秩序的关键所在。事实上，不仅追赃难是政府和司法部门最为头疼的难题，准确界定涉案赃款的范围也颇有难度，需要多方配合。因此，建立完整有效的追缴机制或者说为投资者提供合理有效的救济途径至关重要。

首先，要明确涉案财物的处置主体和职责范围。有专家认为，在侦查阶段，依据我国法律的规定，除侦查机关以外的其他行政单位对涉案财物进行处置都涉嫌违法。更进一步说，其他行政单位不应越俎代庖，提前查封、扣押、冻结，甚至处分集资人的财物。[①] 不可否认，由政府部门主导成立的各类处置非法集资专项小组，在处置涉案财物上有一定的优势与合理之处，但我们认为，在资产追缴方面，还是很需要各个部门的配合。建议应成立以公安为主，检、法等相关部门参与的资产追缴工作组，最大限度追缴涉案资产，不断提高挽损率。其次，在追缴资产过程中，贯彻执行宽严相济刑事政策"当宽则宽、当严则严"的政策要求。一方面，对危害金融稳定、消除金融风险的不法融资行为，要从严治理；对于能够促进经济进步、金融创新的融资行为，要设定刑法可宽宥的规范通道，给予引导和扶持；另一方面，确立在对涉众型经济犯罪中适用认罪认罚从宽制度，有助于鼓励犯罪行为人积极退赃，尽力挽回损失，从而化解社会矛盾，为刑事司法展开广阔的前景。

（五）对涉众型经济犯罪的违法者进行从业资格的剥夺

在涉众型经济犯罪中，通过剥夺其从业资格，既能实现刑罚惩罚，也能够达到预防之目的。影响巨大的"钱宝案"的主犯张小雷就是2003年"泛美亚案件的诈骗惯犯"[②]。张小雷因诈骗罪被判入狱。然而，张小雷刑满出狱之后，重操旧业，制造了包装更为隐蔽、造成更大危害的钱宝案。倘若对张小雷宣判时附带了"禁止从事相关职业"的内容，很显然，阻止了张小雷再次诈骗罪的可能性，从而达到了犯罪预防与社会防卫的目的。因此，我们建议，在涉众型经济犯罪中，为预防犯罪人再次犯罪，横向上可以在刑事判决之后建立"从业禁止"与"前科制度"、"禁止

---

① 单丹：《网络非法集资案件侦查研究》，中国公安大学出版社2019年版，第183页。
② 《钱宝网爆雷，诈骗惯犯张小雷再次"入狱"》，https://www.sohu.com/a/213124237_1044 21，访问日期：2020年1月9日。

令"三位一体的职业资格限制体系,在纵向上可以根据适用效果的评估,考量"从业禁止"与行政处罚中"准资格刑"的配合适用。

第三节 非法吸收公众存款罪的刑法规制

一、P2P 网贷平台非法集资的活动类型

互联网非法集资犯罪的产生原因主要是 P2P 网贷、股权众筹、委托理财、私募资金等主要金融业态在实践中发生了异化,最终严重地损害了投资者的合法权益,危害了国家安全和社会稳定。面对出现的非法集资犯罪的刑事风险,刑法利剑不得不出手予以制裁。鉴于本书中已经有专章论述股权众筹、非法传销、区块链的司法认定问题,本章将专门关注 P2P 网贷平台非法集资诈骗犯罪的问题。

从司法实践来看,P2P 网贷的非法集资诈骗犯罪,主要是通过 P2P 网贷平台直接从事非法集资活动和行为人利用 P2P 网贷平台从事非法集资活动两种类型,具体包括:委托理财、自我融资,庞氏骗局、影子银行,设立资金池、伪平台运行等情形。以下简要介绍这几种常见的非法集资活动类型。

(一)理财产品模式

委托理财型的非法集资诈骗犯罪,主要是公开宣传理财信息、显性或者隐性保底承诺,面向特定的投资者销售理财产品和借用合法方式进行资金归集等情形。具体而言,P2P 网络借贷平台以理财产品形式募集资金,之后存入平台设立的募集账户,归入资金池,再寻找有借款需求的客户。在这种模式下,投资者将资金投入平台之后,投资人本人就丧失了对资金的使用权以及资金投资方向的具体把握。一些平台将募集资金的方式包装成"债券""股票""互惠基金"等形式,这就是利用了所谓"投资工具"的形式;也有些平台募集资金以投标的名义出现,但是不管是"投资工具"方式或是"投标"的形式,从本质上说都摆脱不了委托理财的性质。据银监会不完全统计,2018 年问题平台数量占 51.45%,相比 2017 年的 30.48% 有所上升。这些平台问题正是利用了互联网开放、便捷等特点,在网上大肆宣传其委托理财的产品等,并且许诺以高额的回报来吸引大量社会不特定的人群进行投资,从这点上来看,委托理财型的非法集资诈骗犯罪最具有诱惑力,占据了较大比例。

(二)庞氏骗局模式

庞氏骗局是对金融领域投资诈骗的称呼,是金字塔骗局的始祖,在中国又被称为"拆了东墙补西墙""空手套白狼"。简单来说就是利用前期投资者所获得的利息与收益回报由新吸收的投资者投资款项支付,造成虚假盈利的现象,以吸收更多的投资者继续进行投资。如此反复循环,其实质是拆长为短,借新还旧,最终目的是将募集到的资金据为己有,然后逃之夭夭。

震惊全国的大案"e 租宝案"就是通过以高额利息为诱饵,虚构融资租赁项目,持续采用借新还旧、自我担保等方式大量非法集资的典型案例。① 在正常情况下，融资租赁公司赚取项目利差，而平台赚取中介费；然而，"e租宝"从一开始就是一场"空手套白狼"的骗局，其所谓的融资租赁项目根本名不副实。另外一起"钱宝案"，同样是以庞氏骗局的方式实施的非法集资诈骗犯罪。

（三）自融模式

P2P网络借贷的自融模式也称自我融资，是指通过虚设借款人、借款标的等方式向社会公众非法吸收资金，筹措来的资金或用于企业自身的生产经营，或对外投资，或者转贷牟利，主要目的就是为企业自身融资。② 换言之，平台的经营者或者设立平台的目的就是集资，这样的平台已经沦为平台经营者非法吸收公众存款等集资类犯罪的工具。

2017年12月，广州昔日最大P2P盛融在线涉嫌非法吸存案一审判决。2012年5月至2015年2月，盛融在线控制人刘某军、李某君在未取得国家银监会批准的情况下，利用其经营管理的志科公司架设的"盛融在线"网贷平台，通过网络宣传、注册会员、充值投资标的项目等方式，采取高息（约年利息20%）回报的手段非法吸收社会民众等大量不特定对象的款项，并投入了房地产、借贷等高风险行业，其采取的手段就是虚构融资方，自融资金。经审计，志科公司通过"盛融在线"网贷平台吸收的款项达23亿余元。③ 这类平台从一开始就埋下了隐患，一旦出现后期经营不善，投资亏损等情况，将无法返还投资者款项，导致投资者血本无归。

（四）影子银行

P2P平台设立资金池，相当于在内部形成了"影子银行"，平台经营者实际掌握着非法吸收而来的大额资金，可以利用资金池来实施虚假操控行为，进一步隐藏平台投资风险。这种行为不仅损害投资人合法权益，更使得金融市场正常秩序遭到冲击，甚至发生平台实际控制人在平台崩盘后卷款跑路的现象。投资人资金汇入其实际控制的银行账户中，所吸收资金大部分用于支付投资人高额收益、公司日常经营活动或者转借他人。设立资金池进行非法集资犯罪的P2P网络借贷平台一般通过以下两种方式：一种是采取虚构借款人及借款标的方式吸收投资者资金，将吸收上来的资金注入到账户中形成平台资金池；另一种方式，就是通过将包含借款需求的理财产品放置在P2P网络借贷平台鼓励投资人买入投资，产生投资款又全部进入平台账户，形成资金池。

作为金融监管，为避免各类金融工具的过度使用，就需要设立禁区，明确规定

---

① "e租宝案"是指"钰诚系"下属的网络平台以"网络金融"的旗号上线运营，"钰诚系"相关被告人以高额利息为诱饵，虚构融资租赁项目，持续采用借新还旧、自我担保等方式大量非法集资，累计交易发生额达700多亿元。司法机关查明，"e租宝"实际吸收资金500余亿元，涉及投资人约90万名，受害投资人遍布全国31个省市（不含港澳台）区。

② 彭新林：《P2P网络借贷平台非法集资行为刑事治理问题要论》，载《北京师范大学学报（社会科学版）》2017年第6期。

③ 《网贷平台"盛融在线"非法吸存超23亿，法人被判处九年刑期》，http://finance.ifeng.com/a/20171215/15871269_0.shtml，访问日期：2020年2月9日。

不可逾越的"底线"。譬如，影子银行当然可以建资金池，但资金池投放资金时的期限错配比例，一般不超过20%，绝对不能超过30%。如果超过了甚至达到100%，那就会演变成"庞氏骗局"。①

（五）诈骗平台

诈骗平台也称"伪平台"，是指平台并无真实的融资需求，为非法占有公众资金，发布虚假融资信息，吸收公众资金后卷款潜逃。"伪平台是指某些从一开始便抱着'卷钱'、'吸金'心理的行为人，利用互联网金融的概念，而创立的所谓'平台'从主观动机上判断，不法分子一开始就图谋不轨，具有非法占有为目的，借助互联网金融的概念，而设立的非法集资的平台。"②如"葛高枫集资案"，就是典型的虚假投资标的、虚构项目信息以骗取高额融资。③葛某设立"联创财富"P2P网贷平台，通过虚构借款人与借款标的，将非法吸收的资金转移至其私人账户。除少部分用于返还本金及到期收益外，绝大部分资金用于购置汽车、房产，挥霍一空。在本案中，"联创财富"便是为了实现非法集资目的而设立的伪平台，葛某具有非法占有的目的，构成集资诈骗罪。④显然，P2P平台最初设立的目的就是实施集资诈骗。当然，不排除另外一种情况，即P2P网贷借贷平台被别有用心的借款人利用，虽设立之时并无非法占有的目的，但在后期经营的过程中，不幸沦为非法集资的工具。

二、P2P网贷平台非法集资涉及的罪名及其争议

P2P网贷平台非法集资涉及的主要罪名就是非法吸收公众存款罪和集资诈骗罪，两者的犯罪构成和法定刑配置有所区别，但在实践审判中最容易混淆。从最近几年的实践审判数据来看，非法吸收公众存款罪成了不折不扣的口袋罪。除了后续要讨论的原因之外，其中，民间借贷行为与非法吸收公众存款罪之间的界限，集资诈骗罪与非法吸收公众存款罪之间的界限，常常产生"民刑交叉""罪与非罪的困惑"。简要概之，P2P网贷合规合法就是民间借贷行为，若具备"非法性"就是非法吸收公众存款罪。譬如，根据监管规定，P2P平台应该严格遵循信息中介的业务本质，不能触及监管层反复强调的红线，诸如，出现建立资金池、动用投资者的资金、自融自投等行为，就是触及红线的违规情况，此时已经存在行政违法和刑事违法的风险。此时，若有证据证明P2P网络借贷平台本身主观上不存在"非法占有为目的"，且其行为符合刑法规定的追诉标准时，一般构成非法吸收公众存款罪。譬如，前面所述的"被告人刘某军、李某君构成非法吸收公众存款罪"一案，法院没有采纳投资代理人指控的"构成集资诈骗罪"的意见，主要是因为否认了具有非法占

---

① 《黄奇帆：影子银行资金池期限错配比超30%会成庞氏骗局》，http://finance.sina.com.cn/chanjing/cyxw/2018-06-24/doc-iheirxyf0773461.shtml，访问日期：2020年7月16日。
② 刘宪权：《互联网金融平台的刑事风险及责任边界》，载《环球法律评论》2016年第5期。
③ 浙江省宁波市中级人民法院刑事判决书（2015）浙甬刑一初字第119号。
④ 彭新林：《P2P网络借贷平台非法集资行为刑事治理问题要论》，载《北京师范大学学报（社会科学版）》2017年第6期。

有投资人投资款项的主观故意。① 显然，主观方面是否具备"非法占有为目的"，是区分集资诈骗罪的关键所在。

按照《刑法》第 176 条以及《关于审理非法集资刑事案件具体应用法律若干问题的解释》（以下简称《2010 司法解释》，该司法解释自 2011 年 1 月 4 日起施行）的规定，构成非法吸收公众存款罪需要四个要件：第一是"非法性"，即未经有关部门批准或者假借合法的经营形式来吸存资金；第二是"公开性"，即以媒介、短信、推荐会等形式公开吸存资金；第三是"利诱性"，即通过私募、股权等其他的手段来承诺还本付息或者回报；第四是"不特定性"也称为"社会性"，即向社会公众，向不特定的人吸存资金。实践中的一些案件，如"e 租宝"案件，毫无疑问已经构成非法吸收公众存款罪，但因为被告丁宁等人还存在挥霍性投资或者消耗性支出导致财产不能偿还的情形，因此，还构成了集资诈骗罪。学术界有学者认为，由于非法吸收公众存款罪与其他罪名，如集资诈骗罪、非法经营罪的界限模糊，立法规定不够明确，门槛比较低，导致判决率居高不下，成为实践中的"口袋罪"②；还有学者则认为，"互联网+"背景下的 P2P 网贷平台，其"公开性、社会性、不特定性"与生俱来，使其从诞生的那一天起就与《刑法》第 176 条规定以及后来司法解释中的非法吸收公众存款罪的特征天然契合。③ 理论界有学者主张去除这一罪名，司法实务中，公检法对于非法吸收公众存款罪在立法中有无存在价值，是否需要提高犯罪门槛等问题，也是存在不同的看法。有鉴于此，我们聚焦非法吸收公众存款罪，对其坎坷的来世与今生进行详细的探讨。

三、非法吸收公众存款罪法益保护的初衷及现代转向

为准确地适用非法吸收公众存款罪这一法律规范，必须先要明确该罪名所要保护的法益，这样才能从法益这一原点出发，将那些未给法益造成实质性侵害或威胁的行为排除在犯罪圈外，以防过度犯罪化对金融创新的扼杀以及对罪刑法定原则的破坏。通常，法益概念是指根据宪法的基本原则，由法所保护的、客观上可能受到侵害或威胁的人的生活利益。而刑法法益就是指刑法所保护的利益。法益对个罪构成要件的解释具有指导作用，尤其是在刑法条文对构成要件规定较为概括的情形下，法益的这种指导作用就更加凸显。④ 考察立法背景可知，非法吸收公众存款罪的刑事立法源自非刑事法律，而其所谓的"非法吸收公众存款""变相吸收

---

① 2017 年 12 月 20 日《广州市白云区人民法院公告》以及（2016）粤 0111 刑初 1987 号起诉书。公告中表述："经查，本案现有证据无法证实被告人刘志军、李慧君有虚构投标、借贷的行为或者具有非法占有投资人投资款项的主观故意，且现有证据无法证实二被告人将投资款项用于挥霍、偿还个人债务或予以藏匿、转移；本院认为，被告人刘志军、李慧君无视国家法律，结伙非法吸收公众存款，扰乱金融秩序，数额巨大，其行为已构成非法吸收公众存款罪。"

② 王新：《非法吸收公众存款罪的规范适用》，载《法学》2019 年第 5 期。

③ 肖怡：《我国 P2P 网贷平台触及非法集资犯罪红线的研究》，载《法学杂志》2019 年第 1 期。

④ 江海洋：《金融脱实向虚背景下非法吸收公众存款罪法益的重新定位》，载《政治与法律》2019 年第 2 期。

公众存款"在立法上均未作出明确的界定①,从而导致"非法吸收公众存款罪"在理论上以及司法适用中出现各种各样的对立观点,特别是在P2P网络集资领域,罪与非罪的界限变得愈发模糊不清。

(一)关于该罪保护的法益观点众说纷纭

通过梳理以往学者对该罪法益的界定可知,对非法吸收公众存款罪所欲以保护的法益主要有以下观点:(1)金融管理秩序说,具体是指货币、资本经营秩序②,支持这一观点的学者一般认为法律禁止非法吸收公众存款,并非禁止个人或单位吸收资金,而是禁止他们未经批准从事金融业务,即像金融机构那样用所吸收的资金去放贷,从事资金和货币经营。③(2)商业银行设立准入制度说,比如有学者认为非法吸收公众存款罪的立法目的,并非为了维护其他的金融秩序,而是为了商业银行的设立秩序,确定商业银行设立的审批制,杜绝擅自设立商业银行。④(3)公众投资者的资金安全说,有观点认为为使经济犯罪的秩序法益更具实务操作性,应否定单纯将金融机构利益确定为刑法法益,而应将资金安全作为非法吸收公众存款罪的法益。⑤(4)金融管理秩序或者公众资金的安全性说。例如魏东教授便持这一观点,并将非法吸收公众存款的行为分为三种不同的类型,在不同行为类型下,行为所侵害的法益为其中之一。⑥

(二)对该罪保护的"金融管理秩序"法益的反思

笔者认为,在我国金融创新不足、金融产品匮乏、金融监管技术与手段落后的改革开放初期,维护"金融管理秩序"对于计划经济时代从严应对融资犯罪而进行的刚性金融管制模式,其着眼于政府层面的自上而下的行政管制,对金融秩序的恢复与金融行业的规范化运行,发挥了重大作用。但是,非法吸收公众存款罪反映了银行或类银行金融机构对存款秩序的金融垄断特征,在当今市场经济以及金融创新的背景下,非法吸收公众存款罪保护的法益是否应该发生转向,从传统走向现代化,使其更加合理和科学,值得进一步思考。

首先,从现行的刑法体系来看,非法吸收公众存款罪属于刑法分则第三章第四节破坏金融管理秩序罪下属的罪名,根据刑法理论,《刑法》分则规定的各种犯罪是以犯罪侵犯的客体的不同作为分类依据的。所谓犯罪客体,就是指刑事法律所保护而为犯罪行为所侵害的社会关系,即本文所称的法益。因此,根据非法吸收公

---

① 刘伟:《非法吸收公众存款罪的扩张与限缩》,载《政治与法律》2012年第11期。
② 刘宪权:《金融犯罪刑法学原理》,上海人民出版社2017年版,第227页;刘伟:《非法吸收公众存款罪的扩张与限缩》,载《政治与法律》2012年第11期;张明楷:《刑法学》,法律出版社2016年版,第780页。
③ 谢望原、张开骏:《非法吸收公众存款罪疑难问题研究》,载《法学评论》2011年第6期。
④ 王韬、李孟娣:《论非法吸收公众存款罪》,载《河北法学》2013年第6期。
⑤ 陈思桐:《非法吸收公众存款罪司法过度扩张与纠偏》,载《东北农业大学学报(社会科学版)》2019年第2期;金霞:《安全法益维度下非法吸收公众存款罪分析》,载《犯罪研究》2012年第1期。
⑥ 魏东、田馨睿:《论非法吸收公众存款罪的保守解释——侧重以〈网络借贷信息中介机构业务活动管理暂行办法〉为参照》,载《河南财经政法大学学报》2017年第3期。

众存款罪在《刑法》分则中所位列的章节以及对该罪名的罪状分析可知,其所保护的法益应当为金融管理秩序。

在笔者看来,通常"金融管理秩序"包括金融监管秩序、金融交易(安全)秩序和金融机构内部秩序。从金融专业角度来看,"金融管理秩序"与"金融交易秩序"还不完全相同,他们均有特定的含义界定。前者包括金融准入(金融机构准入、金融业务准入等)秩序、金融机构运行秩序等;后者则将侧重点放在金融监管机关对科学透明、公平高效的平行金融交易秩序的营造上,以使融资体系按照政府设定的资金募集方式、资金流向、交易模式、交易流程、风险防范路径,以及金融授权性规则和兜底条款的规定,进行"良性合规"的运转。但不可否认的是,他们共同的特点是更多地体现政府意志,以符合政府的金融安全秩序的总体设定为基础与前提,仍然是国家本位的秩序法益观。

由此,首先可以确定的是,非法吸收公众存款罪所欲保护的法益不应该是"商业银行的设立审批制",原因在于我国《刑法》第174条已经规定了擅自设立金融机构罪,若将本罪法益界定为"商业银行设立的准入制度",显然与擅自设立金融机构所保护的法益重合,在规范上有叠床架屋之嫌。

其次,正如有学者指出的:"从法益的具体性、明确性要求来看,'金融管理秩序'非常抽象,是类罪的保护对象。"① 如果将非法吸收公众存款罪所保护的法益定位于一个抽象宽泛而空洞的"金融管理秩序"概念,便为扩张经济刑法提供了捷径,弱化了法益规制构成要件的机能。例如,有学者就认为"即使非法吸收公众存款主要用于生产经营活动,依然符合本罪的犯罪构成,因为即使用于生产经营活动,依然会对金融秩序造成侵害"②。然而,理论界更多的观点认为"只有当行为人吸收公众存款,用于货币资金经营时,才可能扰乱到金融管理秩序,落入犯罪圈"③。相反,吸收公众存款用于生产经营活动并不会对金融管理秩序造成破坏,不应当属于刑法规制范畴。理论界的这些争论,说明破坏"金融管理秩序"的具体内涵到底是什么值得进一步补充与阐释。

笔者认为,追根溯源,刑法典规定的非法吸收公众存款罪,其侵犯的客体(法益)就是"金融管理秩序",最初含义的具体化解释应为"金融机构存贷管理制度"。其理由在于,非法吸收公众存款罪最初规定于1995年6月30日通过的《关于惩治破坏金融秩序犯罪的决定》(以下简称《决定》)第7条,而该"决定"中的非法吸收公众存款罪则直接来源于1995年5月10日通过的《商业银行法》,其第11条规定:"未经中国人民银行批准,任何单位和个人不得从事吸收公众存款等商业银行业务,任何单位不得在名称中使用'银行'字样。"1997年《刑法》采纳了1995年全国人大常委会《关于惩治破坏金融秩序犯罪的决定》,于《刑法》第176条设置非法

---

① 孙国祥:《集体法益的刑法保护及其边界》,载《法学研究》2018年第6期。
② 刘仁文、田坤:《非法集资犯罪适用法律疑难问题探析》,载《江苏行政学院学报》2012年第1期。
③ 张明楷:《刑法学》,法律出版社2016年版,第780页。

吸收公众存款罪,至今没有修改。因此,现行刑法中的非法吸收公众存款罪的行政法渊源在于《商业银行法》,其立法目的原则上应当与《商业银行法》一致,其规制范围也应当与《商业银行法》保持协调。①《商业银行法》立法的一个重要目的就是保护商业银行的合法权益,从而可知,《刑法》设置非法吸收公众存款罪的主要目的也是保护商业银行的合法权益,具体为银行机构的专营权,而进行货币资金经营才是银行专营权的实质。②换言之,非法吸收公众存款的行为之所以犯罪化,是因为这种行为侵犯了"金融机构的存贷管理制度",国家禁止公众未经有关机关批准从事金融业务,即像金融机构那样用吸收的资金从事货币资本经营。③这种法益层面的解释限缩,使立法体例中的"金融管理秩序"得以具体化,为判断法益是否被侵害提供明确、具体标准,不仅为司法判断是否构罪提供了依据,而且也有利于思考因多元化需求而蓬勃发展的民间融资是否应该被刑法规制的问题,显然,从刑法的谦抑性原则考量,判断侵害法益的内容标准应该坚持原始性、唯一性和专业性,即"金融机构的存贷管理制度"似乎更容易被接受为应该受到保护的法益。

(三)对该罪应保护多元化法益的理由及提倡

本以为法益保护的内容将要落下帷幕,但最近出台的一些立法解释和司法实践却令人瞠目结舌,使人觉察到非法吸收公众存款罪的保护法益早已超出了"金融机构存贷管理制度"的范围。且看《网络借贷信息中介机构业务活动暂行办法》(以下简称《网络借贷暂行办法》)规定,将"吸收资金用于炒股、场外配资的也属于借款人的禁止行为",在司法实践中,这种行为也会被法院认定为非法吸收公众存款罪。④例如,在"郭辉等非法吸收公众存款罪"一案中,被告人以北京贷乐金融服务外包有限公司的名义,通过该公司经营的线上平台"贷乐网",向社会公开宣传,变相吸收70多名投资人的资金,并将部分资金用于炒股配资,最终被法院认定为构成非法吸收公众存款罪。⑤再如,在"黄瑞宇、余凯、袁辉非法吸收公众存款罪"一案中,被告人黄瑞宇、余凯、袁辉等人以互联网金融投资为由,利用"股易贷"平台以年息10%~15%不等的标准向社会不特定公众吸收存款共计人民币196万余元用于公司股票配资业务,法院认定被告人构成非法吸收公众存款罪。⑥然而,炒股、场外配资等在行政法上并非商业银行法调整的范畴,"吸收的资金用于炒股、场外配资"所侵犯的法益也并非"金融机构的存贷管理制度",但依然会被法院以非法吸收公众存款罪予以认定。可见,实践中的非法吸收公众存款罪的法益保护内容已经超出了刑法典规定的该罪法益保护的范围。

---

① 张亚平:《非法吸收公众存款罪的保护法益及其司法适用》,载《上海政法学院学报》2019年第5期。
② 闵凯:《非法吸收公众存款罪的事实与规范审视》,载《西北大学学报》2018年第2期。
③ 刘伟:《非法吸收公众存款罪的扩张与限缩》,载《政治与法律》2012年第11期。
④ 魏东、田馨睿:《论非法吸收公众存款罪的保守解释——侧重与〈网络借贷信息中介机构业务活动管理暂行办法〉为参照》,载《河南财经政法大学学报》2017年第3期。
⑤ 北京市朝阳区人民法院刑事判决书(2017)京0105刑初2560号。
⑥ 浙江省宁波市海曙区人民法院刑事判决书(2019)浙0203刑初112号。

那么，如何理解这种立法的变化和实践的超越？笔者认为，从"保护金融秩序和鼓励金融创新并重"的层面来看，面对当今鼓励金融创新、多元化的金融新业态并存的新经济形势，如果将非法吸收公众存款罪的保护法益设置为单一的"金融机构存贷管理制度"似乎显得捉襟见肘，不合时宜。何况网络背景下的金融交易中的主体涉及众多的金融消费者、资金提供者、金融监管者以及网贷平台的负责人，主体的多元化、利益多元化，必然导致法益内容的多元化。此时，"如果单纯强调对国家金融机构存贷管理制度的保护，必然会忽视市民社会应有的公民权利保护观念，非法吸收公众存款罪不仅会对金融机构的存贷管理制度造成侵害，由于非法融资行为所产生的高风险性显然也会对出资人的资金安全造成侵害"①。换言之，如果仅将金融机构的存贷管理制度作为保护法益，那么，当行为未对金融机构存贷管理制度造成侵害，但是对公众的资金安全造成严重侵害或威胁时，则难以被认定为非法吸收公众存款罪，这种处罚上的漏洞显然无法充分保护公众的资金安全利益。②因此，非法吸收公众存款罪的法益保护内容要回应现实并与时俱进，要平衡保护多元化的利益。毕竟"生活的需要产生法律保护，而且由于生活利益的不断变化，法益的数量与种类也随之发生变化"③。因此，笔者赞成在互联网金融发展规制中，应当引入更多的价值衡量和法益判断，不局限于对金融管理秩序的维护，更应当将投资人的利益纳入保护的范围，唯有如此才能促进金融刑法的不断完善。④有鉴于此，笔者赞成将非法吸收公众存款罪保护的法益内容扩大，重新界定为"金融机构的存贷管理制度或者公众资金的安全性"。需要注意的是，两个法益之间应当为选择关系，即行为只要侵害其中任一法益，在符合犯罪构成要件的条件下即成立犯罪，而非必须同时侵犯双重法益，才可能具有刑事违法性，否则便会不当地限制非法吸收公众存款罪的成立范围。例如在上文提到的将吸收资金用于炒股、场外配资的行为，该行为并不会对银行的存贷管理制度造成侵害。因为即使银行也不能吸收资金用于炒股、场外配资，这是一种非银行业的金融活动，并不会侵犯银行专营权，但是将吸收的资金用于炒股、配资等高风险活动，会给投资人的资金安全造成严重威胁。因此，即使没有侵害金融机构存贷管理制度，但仍然可将其纳入非法吸收公众存款罪的规制范围。上述的理解，不仅考虑到维护金融安全、稳定的客观需要，而且也有利于促进经济发展、金融创新与金融科技的发展。

---

① 陈伟、郑自飞：《非法吸收公众存款罪的三维限缩——基于浙江省 2013—2016 年 397 个判决样本的实证分析》，载《昆明理工大学学报（社会科学版）》2017 年第 6 期。
② 叶良芳：《P2P 网贷平台刑法规制的实证分析——以 104 份刑事裁判文书为样本》，载《辽宁大学学报（哲学社会科学版）》2018 年第 1 期。
③ ［德］李斯特·施密特：《德国刑法教科书》，徐久生译，法律出版社 2006 年版，第 6 页。
④ 邓超：《互联网金融发展的刑法介入路径探析——以 P2P 网络借贷行为的规制为切入点》，载《河北法学》2019 年第 5 期。

四、关于"非法性"的认定

侵害非法吸收公众存款罪的法益只是解释本罪构成要件行为的基准，不能直接判断是否成立非法吸收公众存款罪，因为只有符合犯罪构成要件才是衡量犯罪成立的标准。关于非法吸收公众存款罪的成立，2010年最高人民法院《关于审理非法集资刑事案件具体应用法律若干问题的解释》（以下简称《2010解释》）给出了非法集资的四个要件，即"非法性、公开性、利诱性和社会性"[①]。在以上四个要件中，"非法性"是非法吸收公众存款罪的本质特征，也是区分融资活动罪与非罪之间的界限。因此，我国学者明确指出："有必要在教义学上把脉'非法性'判断标准的流变，并且对'非法性'的认定标准、内涵等进行研究。"[②]

（一）追根溯源："非法性"判断标准的演变

以下是笔者梳理非法吸收公众存款罪的非法性认定标准在立法上的频繁变更图表（见表1-2）。

表1-2 "非法性"的认定标准频繁变更图表

时间	非法性的认定依据	"非法性"的内容界定	评析
1995年	《商业银行法》第79条	"未经中国人民银行批准"	
2001年	《商业银行法》第81条	"未经国务院银行业监督管理机构批准"	
1996年	《关于审理诈骗案件具体应用法律若干问题的解释》（以下简称《1996解释》）	构成非法集资应以"未经有权机关批准"为前提	只解决了非法集资的单方面形式标准，对于法律法规没有明确规定应当审批的行为则无法使用
2010年	《关于审理非法集资刑事案件具体应用法律若干问题的解释》（自2011年1月4日起施行）第1条第1款规定。	"未经有关部门依法批准"或者"借用合法经营的形式来吸收资金"（满足二者之一即可）	两个标准，具备其一，扩大了认定的范围。
2017年	《处置非法集资条例（征求意见稿）》	"未经依法许可"或者"违反国家有关规定"（满足二者之一即可）	两个标准，具备其一，但"违反国家有关规定"抽象而笼统，更加扩大了范围

[①]《关于审理非法集资刑事案件具体应用法律若干问题的解释》第1条规定：违反国家金融管理法律规定，向社会公众（包括单位和个人）吸收资金的行为，同时具备下列四个条件的，除刑法另有规定的以外，应当认定为刑法第一百七十六条规定的"非法吸收公众存款或者变相吸收公众存款"：（一）未经有关部门依法批准或者借用合法经营的形式吸收资金；（二）通过媒体、推介会、传单、手机短信等途径向社会公开宣传；（三）承诺在一定期限内以货币、实物、股权等方式还本付息或者给付回报；（四）向社会公众即社会不特定对象吸收资金。

[②] 王新：《非法吸收公众存款罪的规范适用》，载《法学》2019年第5期。

关于1996年、2010年的司法解释，学者进行了比较之后，引发了很多的思考与质疑，主要体现在以下几个方面：

在1996年最高人民法院制定的《关于审理诈骗案件具体应用法律若干问题的解释》（以下简称《1996解释》）中规定："非法集资"是指法人、其他组织或者个人，未经有权机关批准，向社会公众募集资金的行为。按照《1996解释》的规定，构成非法集资应以"未经有权机关批准"为前提。但是，"未经有权机关批准"的违法性判断标准仅适用于法律明确规定应当审批而未经审批的非法融资行为，而对于法律法规没有明确规定应当审批的行为则无法使用。在司法实践中，不少非法吸收公众存款案件中的被告人和辩护人也常以"法律法规并未要求行为需要经过批准"为由对检察机关的指控进行抗辩。并且对于未经批准，如果事实上根本就不存在具有审批权的相关部门是否也能评价为未经批准？① 对于法律已有明确禁止性规定的行为，适用这一标准没有任何依据和实际意义；对于一些发生在生产经营与商品经营领域的行为，或者是一些带有传销性质的本身非法领域的行为，也无法用这一标准进行衡量和判定。② 显然，如果将"非法性"的认定局限在单一的形式标准，则无法满足打击非法集资的实际需要。③ 于是，为科学、准确地定位非法集资，解决一些不需要批准的集资行为的违法性认定问题，《2010解释》第1条第1款将"未经有关部门依法批准"和"借用合法经营的形式吸收资金"作为"非法性"判断的两个标准。自此，认定"非法性"的一元标准转变为二元标准，但二元判断标准在解决原有问题的同时带来了新的问题。由于"借用合法经营的形式吸收资金"这一实质标准的弹性和模糊空间很大，许多司法人员在无法以形式标准认定非法集资的"非法性"时，则转向以实质标准作为打击入罪的标准，这在很大程度上等于废弃了"非法性"的关键认定门槛标准，从而导致处罚范围的扩大，使得非法吸收公众存款罪沦为金融犯罪领域的"口袋罪"。④ 另外，"未经批准"是需要经过批准的行为行政违法的证明，但是借用合法经营的形式吸收资金并不能表明行为违反融资管理法律法规。于是，学者对这一判断标准提出了"行政是否违法尚且不能依法认定，刑事违法岂不是无源之水、无木之本"的质疑。⑤

以上的质疑和思考非常深刻，一语中的。但笔者列出的表1-2，试图发现以下几个特征：第一，"非法性"的判断从纯粹的银行法律规定的标准（《商业银行法》）到刑事司法解释规定标准的过渡，使纯粹违反银行法的规定转化为具有刑法评价意义的刑事违法性；第二，"非法性"的判断从一元判断标准走向二元判断标准，

---

① 闵凯：《非法吸收公众存款罪的事实与规范审视》，载《西北大学学报（哲学社会科学版）》2018年第2期。
② 肖晚祥：《非法吸收公众存款罪的司法认定研究》，载《东方法学》2010年第5期。
③ 王新：《非法吸收公众存款罪的规范适用》，载《法学》2019年第5期。
④ 王新：《非法吸收公众存款罪的规范适用》，载《法学》2019年第5期。
⑤ 李晶：《非法集资的界定与集资犯罪的认定——兼评非法集资的司法解释（法释〔2010〕18号）》，载《东方法学》2015年第3期。

"未经有权机关批准"变成"未经有关部门依法批准"或者"借用合法经营的形式来吸收资金"两个标准,扩大了非法性的判断范围;第三,非法性判断标准从单一的比较清晰的标准演化为比较抽象概括笼统的标准,突出体现在2017年《处置非法集资条例(征求意见稿)》,将非法性判断标准调整为"未经依法许可或者违反国家有关规定"。

由于构成非法吸收公众存款罪的"非法性"是其本质特征,也是区分融资活动中罪与非罪之间的重要分水岭,因此,"非法性"的内容界定和变迁必然会影响到罪与非罪的界限,影响到非法吸收公众存款罪的犯罪圈。从上述分析中可以看出,随着非法性判断标准越来越多元化,概念实质越来越模糊笼统,使这一犯罪成为司法实践中融资犯罪类型中的"口袋罪"。为了印证这一结论,我们通过2010年之前审理的非法吸收公众存款罪案件数量和2010年之后审理的该罪名案件数量对比,求证因为"非法性"内涵界定不同而导致认定非法吸收公众存款罪的案件数量增加,成为"口袋罪"的原因之一。(关于这个问题的思考,笔者后续还有分析)

(二)回归根本:以是否违反国家金融法律规定为认定依据

非法吸收公众存款罪是典型的法定犯,具有双重违法性,其中行政违法性是刑事违法性的前提和基础。[①] 因此,无论是"未经有关部门依法批准"还是"借用合法经营的方式吸收资金",都无法离开一个判断核心,即"违反国家金融管理法律规定"。尤其是"借用合法经营的方式吸收资金"的行为,只有在具有前置性法律规范的违法性评价时,刑法才能介入将其判断为犯罪,这也符合经济犯罪行为本身的二次违法性特征。尽管对于这个问题的理解上,学者还有不同的声音,诸如"根据2011年最高人民法院《关于非法集资刑事案件性质认定问题的通知》的理解,非法性的认定并不以违反国家金融管理法律为必要,刑法可以早于民事、行政手段处理非法集资"[②]。但是,2019年两高一部联合颁发的《关于办理非法集资刑事案件若干问题的意见》明确指出公检法认定非法集资的非法性,应当以国家金融管理法律法规作为依据。至此,平息了此问题的争论,今后关于非法性的认定以"应当参照国家金融管理法律规定"为依据,成为实践中比较明确清晰的标准。

然而,接下来的问题是:认定"非法性"所应参照的金融管理法律规定究竟包括哪些呢?司法实践中,法院在裁判中往往忽略对违法性依据的具体说明,作为认定依据的"违反国家金融管理法律规定"的陈述仅是在裁判文书中的"本院认为"部分一笔带过,并没有具体阐明和论证行为人的行为到底违反了何部法律法规。例如在"商德敏非法吸收公众存款罪"一案中,法院仅在判决部分指出"被告人商德敏违反金融管理法规,向社会公开宣传,以高额年化收益率为诱饵,吸收社

---

① 邹玉祥:《P2P网络借贷的刑法管控——以非法吸收公众存款罪的限缩新论为视角》,载《北方法学》2018年第5期。
② 李晶:《非法集资的界定与集资犯罪的认定——兼评非法集资的司法解释(法释〔2010〕18号)》,载《东方法学》2015年第3期。

会不特定对象的资金,数额巨大,扰乱金融秩序,其行为已构成非法吸收公众存款罪"①。对于被告人到底违反了哪部金融管理法律规定,并未进行说明。在"谢红旺、施泽华非法吸收公众存款罪"一案中,法院甚至对"非法"判断的依据阙如,直接以被告人无视国家法律,非法向社会公众吸收存款,数额巨大,从而构成非法吸收公众存款罪作为裁判结论。②以"国家金融管理法律规定""国家法律"等抽象语词概括"非法性"认定的依据,不仅使得法院的判决结论难以说服当事人,还会造成刑法的一般预防作用难以发挥。③因此,有必要对"违反金融法律法规"要件的法律基础予以探讨。

笔者认为,根据两高一部在2019年联合颁布的《关于办理非法集资刑事案件若干问题的意见》,对于国家金融管理法律法规仅作原则性规定的,可以根据法律规定的精神并参考部门规章或规范性文件的规定予以认定。因此,我们赞成有些学者的观点,即认为"在P2P网贷借贷领域适用非法吸收公众存款罪时,应当以《商业银行法》、《非法金融机构和非法金融业务活动取缔办法》(以下简称《取缔办法》)为基础,以《网络借贷暂行办法》为补充,填补《银行法》和《取缔办法》由P2P网络借贷这一新生事物所引发的价值空白"④。这一观点与笔者前述的"非法吸收公众存款罪的保护法益二元化"的观点一脉相承。因为,《商业银行法》《取缔办法》禁止的是未经银行业监督管理机构批准从事的间接融资行为,而P2P网络借贷非法吸收存款之行为类型并不仅限于吸收资金并用于放贷的单一模式,非法吸收公众存款罪的保护法益也不仅限于金融机构的存贷管理制度,公民财产权的具体表现形式也早已超越"存款"的范畴。⑤如果仅以《商业银行法》《取缔办法》作为参照的依据,则无法说明那些可能未侵害金融机构存贷管理制度但是给公众资金安全造成侵害或威胁的行为的行政违法性。而《网络借贷暂行办法》是由银监会等部门出台的部门规章,其通过负面清单的管理方式,明确网贷机构和借款人禁止从事的相关行为,划定了网贷业务合法合规的行为模式范围,指引其良性发展,并给予了司法机关在处理P2P网贷平台涉嫌非法集资类案件以明确的指导依据。⑥因此,应当以《商业银行法》《取缔办法》为基础,以《网络借贷暂行办法》为补充,结合非法吸收公众存款罪保护法益,认定行为的"非法性",同时将一些仅具有行政法上不法

---

① 浙江省杭州市淳安县人民法院刑事判决书(2018)浙0127刑初296号。
② 深圳市宝安区人民法院刑事判决书(2017)粤0306刑初4401号。
③ 刘振华、汪进元:《非法吸收公众存款罪适用的合宪性调控——以P2P网贷案件切入》,载《宁夏社会科学》2019年第5期。
④ 邹玉祥:《非法吸收公众存款罪之行为类型研究——基于网贷背景下的教义学展开》,载《政治与法律》2018年第6期。
⑤ 刘振华、汪进元:《非法吸收公众存款罪适用的合宪性调控——以P2P网贷案件切入》,载《宁夏社会科学》2019年第5期。
⑥ 邹玉祥:《P2P网络借贷的刑法管控——以非法吸收公众存款罪的限缩新论为视角》,载《北方法学》2018年第5期。相类似观点还有,魏东、田馨睿:《论非法吸收公众存款罪的保守解释——侧重以〈网络借贷信息中介机构业务活动管理暂行办法〉为参照》,载《河南财经政法大学学报》2017年第3期。

意义但不足以上升为刑事不法的行为排除在刑事违法范围之外，避免使刑法沦为社会治理的工具，丧失其独立判断的价值。例如，P2P 网贷平台"为自身自融或者变相自融的行为"，不仅属于《网络借贷暂行办法》所规定的"网络借贷信息中介机构不得从事或者接受委托从事的活动"，而且由于自融或变相自融意味着平台可以沉淀资金、分配资金，难以监管资金用途和去向。① 根据司法实践中的案发情况来看，行为人常将吸收来的资金用于放贷、炒股、投资房地产等活动，严重威胁了投资人的资金安全以及金融机构的存贷管理制度，因此，此种行为应纳入刑事规制的范畴，认定其具有"非法性"。实践中的判例也已经体现出了这样的判断依据。譬如，2017 年山东省泰安市泰安区法院审理的"彭德东、徐金涛非法吸收公众存款"一案中，被告人便是利用网贷平台，将吸收的资金全部流向被告人的个人银行账户，用于支付集资参与人的本金及利息、对外放贷、公司运营等，给投资人的资金安全造成严重侵害，被法院认定为非法吸收公众存款罪；② 湖南省长沙市芙蓉区人民法院在"成诗衡、胡蓉非法吸收公众存款罪"一案中，刑事判决书中明确"被告人利用'比亮贷'平台吸引投资者投资，并将全部集资款归自己实际掌控，用于炒邮票、还前期借款本息等，随后资金链断裂，致使被害人的本金无法收回，造成巨额经济损失，法院认定被告人构成非法吸收公众存款罪"③。再如，"金额错配和期限错配的行为极易形成资金池，造成变相吸收公众存款和违规发放贷款"，这种行为不仅违反了《商业银行法》《取缔办法》《网络借贷暂行办法》的相关规定，同时，由于严重侵害了刑法所保护的法益，应当被认定为具有"非法性"，纳入刑法规制的范畴。④ 而发生在福建的"丁旭、才奇会非法吸收公众存款罪"一案中，被告人所经营的"财富之家"网贷平台，就存在发布虚假标的、拆分真实标的，以及将投资人资金归集形成资金池，对外发放贷款的情况，不仅侵害了金融机构存贷管理制度，也使得投资人的资金处于高度危险状态，最终被法院认定为构成非法吸收公众存款罪。⑤

再者，倘若行为人在互联网、固定电话、移动电话等电子渠道以外的物理场所进行宣传，虽然也属于《网络借贷暂行办法》所禁止的行为，但是这种行为并不会直接对公众资金安全以及金融机构的信贷管理制度造成侵害，仅具有行政法上的违法性但未达到被刑法评价的程度，因而不符合非法吸收公众存款罪中"非法性"这一构成要件。

实践中，非法吸收公众存款罪的"非法性的认定"还要结合"该罪法益保护的

---

① 邹玉祥：《非法吸收公众存款罪之行为类型研究——基于网贷背景下的教义学展开》，载《政治与法律》2018 年第 6 期。
② 山东省泰安市泰山区人民法院刑事判决书（2017）鲁 0902 刑初 388 号。
③ 湖南省长沙市芙蓉区人民法院刑事判决书（2018）湘 0102 刑初 1116 号。
④ 李永升、胡冬阳：《P2P 网络借贷的刑法规制问题研究——以我国近三年的裁判文书为研究样本》，载《政治与法律》2016 年第 5 期。
⑤ 福建省福州市鼓楼区人民法院刑事判决书（2019）闽 0102 刑初 292 号。

内容"综合判定才可以得出是否构成犯罪的结论。且看,浙江台州市中级人民法院一起非法集资案件的判决书中的表述:"本院认为,被告人陈辉以非法占有为目的,虚构事实、隐瞒真相,使用诈骗方法非法集资7630万余元,至案发尚有3987万余元未归还,侵犯了国家正常的金融管理秩序和公民财产的所有权,犯罪数额特别巨大;还虚构事实、隐瞒真相,骗取他人财物162万元,犯罪数额特别巨大,其行为分别构成集资诈骗罪、诈骗罪,依法实行数罪并罚。被告人陈某甲违反国家金融管理法规,扰乱金融秩序,非法吸收公众存款达532万元,属犯罪数额巨大,其行为已构成非法吸收公众存款罪。公诉机关指控的罪名成立。"① 判决书中,将"侵犯了国家正常的金融管理秩序和公民财产的所有权"作为被告人陈辉集资诈骗罪所侵犯的法益保护内容;将被告人陈某甲"扰乱金融秩序"(侵犯的法益)和"违反国家金融管理法规"作为"非法性"的综合评判,从而认定其行为已构成非法吸收公众存款罪。

这说明,实践中对于"非法性"的认定坚持了"以本罪所保护的法益为指导,从金融法律制度和刑事法律制度两个维度对本罪进行实质解读"的思路,将具有严重行政违法性并且侵害或威胁非法集资犯罪(集资诈骗罪、非法吸收公众存款罪)所保护法益的行为纳入刑事视野中的"非法"的范畴。唯有如此,不仅能避免刑法过分干预金融自由,扼杀金融创新的积极性,又能有效地打击犯罪,将"异化"的P2P网络集资纳入刑法规制的范围,真正实现权利保护和秩序维持的有机统一。

五、"公开性""社会性"的认定

如果说传统的非法吸收公众存款罪在不特定的公众数量上曾经存在争议,那么P2P网络借贷的最大特点就是涉众性,与传统的民间借贷的隐蔽性相比,P2P网络借贷的特征就是借助于互联网信息技术向社会公开宣传,面向借贷的对象必然是不特定社会公众。如果再依照传统标准进行判断,不仅会造成法律认定的不科学,甚至会与当前鼓励互联网金融创新的目标背道而驰,使得金融创新活动举步维艰。② 因此,对于P2P网络集资行为而言,应当对非法吸收公众存款罪的"公开性""社会性"这两个要件的解释作一定程度的限制。有学者建议:在"公开性"的认定标准上,可根据《网络借贷暂行办法》第10条的规定,将P2P网贷平台通过互联网、移动电话、固定电话等电子渠道进行宣传的行为排除在符合"公开性"特征之外。在司法实践中,P2P网贷平台常通过公司自有网站、"网贷天眼"、"网贷之家"等网页对该平台进行宣传,对于这种宣传方式不应当认定为符合"公开性"特征,在"社会性"要件上,对不特定对象的界定应当考虑更全面的因素。探求立法原意可知,刑法之所以将"社会性"规定为非法吸收公众存款罪的构成要件,对公

---

① 浙江省台州市中级人民法院(2015)浙台刑二初字第11号。
② 邓超:《互联网金融发展的刑法介入路径探析——以P2P网络借贷行为的规制为切入点》,载《河北法学》2019年第5期。

众投资人予以特别保护，主要是考虑到不同于专业投资者，社会公众缺乏投资知识，缺乏投资理性，且在非法集资活动中交易信息不对称，社会公众难以识别投资的风险，加之抗风险能力较弱，往往难以承受集资款项难以返还的损失风险。① 由此可以从反面得出这样一个结论，即，如果投资者与行为人之间具有固定资金交易关系，较了解行为的投资目的、净资产、年所得以及一般投资习惯，可认为双方之间具有对称的信息交流，投资者有能力判断投资的风险，即使最终投资失败也属于投资者"自陷风险"，不应成为刑法所保护的对象。② 因此，可从信息是否对称和承担风险能力两个维度，对不特定对象进行限缩，即，将因遭受欺诈或隐瞒不了解有关融资重要信息的投资人以及不具备相应风险识别能力和风险承担能力的不合格投资人界定为不特定对象。③ 唯有通过这样的限缩解释，才可以达到既保护金融投资者的合法权益，维护金融秩序的稳定的目的，又避免了对金融行业发展的过分干预与限制，减少和缩小非法吸收公众存款罪口袋罪的极度扩张。

六、关于"利诱性"的认定

对于"利诱性"，一般认为包含承诺性和有偿性两方面特征。"以高利息作为诱饵有偿回报"不仅是传统线下非法集资行为的总体特征，更是P2P网贷平台之所以吸引民众投资理财的重要原因，而所有的P2P网贷平台均承诺"保本保收益、收益比存款利息高"，这不仅是集资诈骗罪也是非法吸收公众存款罪的共同特征。

"1元起投，随时赎回，高收益低风险。"这是影响巨大的集资诈骗案件"e租宝"广为宣传的口号。许多投资人表示，他们就是听信了"e租宝"保本保息、灵活支取的承诺才上当受骗的。"e租宝"共推出过6款产品，预期年化收益率在9%至14.6%之间，远高于一般银行理财产品的收益率，也是因"高收益低风险"的承诺吸引投资者掉入陷阱。

实践中的刑事判决书，一般都有"利诱性"特征的表述。例如，浙江台州市人民检察院指控"被告人陈辉和被告陈某甲集资诈骗、非法吸收公众存款事实"，有这样的表达："2011年至2014年2月，被告人陈辉明知没有归还能力，仍以做生意、还贷、拉存款等名义，以承诺支付月利息1%~15%不等为诱饵，通过本人和被告人陈某甲向被害人陈某辛等44名社会不特定人员非法集资人民币7630.1788余万元（以下币种均为人民币），造成损失3987.7938余万元，集资款项绝大部分用于在'凤凰彩票'网站购买非法彩票。其中，通过陈某甲向陈某戊等19名社会不特定人员非法集资532.3万元，造成损失507.1万元。"④

---

① 刘为波：《非法集资特征的理解与认定》，载《中国审判》2011年第2期。
② 李有星、范俊浩：《非法集资中的不特定对象标准探析——证券私募视角的全新解读》，载《浙江大学学报》2011年第5期。
③ 金善达：《非法吸收公众存款罪中"不特定对象"标准之改良》，载《政治与法律》2015年第11期。
④ 浙江省台州市中级人民法院（2015）浙台刑二初字第11号。

关于"利诱性"的认定,在司法实践中,线下的民间融资或非法集资都是将承诺的利息写在书面的借条上,债务人或者说集资者就是利诱者,比较没有争议。而网络背景下的P2P网贷平台如果被认为构成非法集资犯罪,就遇到一些争议了。首先,由于"利诱性"的特征涉及非法集资犯罪的判断,而P2P网贷平台中所作出的承诺都表现在所发布的标书中,究竟是谁承诺"有偿回报和保本保利息"也成为实践中必须查明的事实。而在一些具有真实标书的网贷平台中,标书往往是基于借款人的意志撰写的,是借款人对利益或回报所作出的承诺,而非平台自身作出的。所以,非法集资的主体到底是P2P网贷平台还是借款人?能否取决于谁进行了承诺?这就值得探讨和区分了。在司法实践中,司法机关在认定"利诱性"特征时,并未对承诺的主体进行区分,有时便错误地将"借款人"对高额利息所作出的承诺,视为网贷平台作出的,从而认定P2P网贷平台符合"利诱性"特征,这样笼统地判断显然影响公平处置,对于案件责任追究和定性也会产生影响。就此现象,有观点认为:当P2P网贷平台满足了非法集资的其他要件,但是缺乏由网贷平台自身作出对利益或回报的承诺,则不能仅仅依据借款人对利息的承诺而认定网贷平台构成非法吸收公众存款罪。[①] 这个结论没有错,但需要进一步说明的是:投资者之所以趋之若鹜投资理财,就是因为信任并借助P2P网贷平台而获得"高额回报",对于投资者而言,谁承诺"有偿回报""保本保息"并不重要,关键是他们是通过P2P网贷平台的宣传而决定投资并希望得到高额回报。此时,对于司法机关而言,"高额回报"究竟是P2P网贷平台的承诺还是借款人的承诺,涉及的问题将是"能否构成非法吸收公众存款罪和是否构成共同犯罪"的判断依据。

其次,承诺的回报应当仅限于行为人承诺"只要出资就可以通过出资行为获得回报",而不应该是"间接获得的利益"。[②] 譬如,一些P2P网贷平台会设定"出资人每介绍一名新会员便给予其一定货币资金的奖励回报",这一类的奖励回报就不具备"利诱性"特征,对于此种承诺回报就不能认定为非法吸收公众存款罪中的"承诺回报"。

最后,值得注意的是,"承诺回报"不仅包括直接承诺还包括变相承诺。在司法实践中,P2P网贷平台为了获取投资人的信任,吸引更多的社会公众在其开设的平台进行投资,往往会提供担保或者类似担保的业务,其中包括"有条件债权转让""风险备用金""风险买断"等各种异化的模式。[③] 网贷平台在提供担保或类似担保业务时,相当于变相向投资人承诺了还本付息。因为它们将本属于投资人所承担的投资风险转移到网贷平台身上,在这种情形下,即使借款人经营失败无法归还借款抑或是携款潜逃,都不会影响投资人的收益,投资人仍可按照P2P网贷平

---

① 姜涛、张志鼎:《P2P网贷型非法集资的入罪标准实证研究》,载《刑法论丛》2018年第4期。
② 袁一绮、张旭东:《P2P网贷中集资诈骗罪的司法认定——基于28个案件的实证分析》,载《金融法苑》2018年第3期。
③ 姜涛、张志鼎:《P2P网贷型非法集资的入罪标准实证研究》,载《刑法论丛》2018年第4期。

台事先承诺的回报获得收益,这显然是一种变相承诺保本付息的行为,符合非法集资"利诱性"的特征。并且,根据司法实践中案发的情况来看,由于缺乏透明度,外界根本无法知晓平台是否具有偿还全部本息的能力,所谓的风险保证金是否真实存在或者安全也是不清楚的,在多数情形下,这些"风险保证金""有条件的债权转让""第三方担保"等不过是P2P网络借贷平台为了引诱投资者投资,骗取投资者信任的手段,导致投资人难以合理评估投资的风险,丧失投资的理性,最终落入非法集资的陷阱之中。①

七、非法吸收公众存款罪何以成为口袋罪的思考

北京大学王新教授发表的《非法吸收公众存款罪的规范适用》②的论文,涉及分析非法吸收公众存款罪是一个"口袋罪"的理由,并用数据表明实践中的非法集资犯罪,其中非法吸收公众存款罪判处的比例最高的结论,并从"非法性"内涵的演变与界定的标准模糊论证该罪成为"口袋罪"的几个原因。笔者赞成他的敏锐洞察力和精辟的解读,但是,笔者认为,之所以非法吸收公众存款罪判决比例最高还有其他原因;其沦为"口袋罪"也是司法权宜之计,并非不具有合理性。除了立法和司法解释的规定不协调以及不明确的原因之外,还有其他几个方面值得思考。

其一,非法吸收公众存款罪的构成要件模糊不明确,扩大了犯罪圈。众所周知,我国《刑法》第176条和第178条分别规定了非法吸收公众存款罪和集资诈骗罪,非法吸收公众存款罪的成立需要具备四个特征。随后的司法解释对于"公开性、社会性、不特定性、利诱性"的四个特征的解释,整体设置的门槛比较低。即使是在线下民间的融资,都很容易达到立案标准。而民间融资自从插上互联网的翅膀,诸如P2P网贷平台如雨后春笋般设立,其虽然以金融创新模式出现受到政府肯定,但其天然就带有了非法吸收公众存款罪"不特定性、公开宣传的社会性"特征,所以,P2P网贷平台的原罪特征与生俱来,被称之为"天生犯罪人";再加之,非吸罪的"非法性"特征的立法内涵模糊和不断演绎变化,"左右逢源"扩大了犯罪圈。总之,认定标准比较模糊,入罪门槛比较低,这本身就意味着大量的非法吸收公众存款罪在最初的立案阶段就已经有相当的比例进入司法程序之中。

其二,集资诈骗罪"非法占有为目的"司法认定导致困惑和压力。非法吸收公众存款罪和集资诈骗罪,从犯罪构成来看,最大的区别或者说集资诈骗罪的最重要的特征就是具备非法占有为目的,这也是和民间融资行为之间区分的界限。但在实践中,恰恰最难认定和最具争议的模糊界限就是非法占有为目的,给此罪彼罪的认定带来困惑与压力。

众所周知,历次的司法解释都试图将"非法占有为目的"界定清楚,试图为司法实践提供指南,典型的如《2010年司法解释》,分别列举了"八个可以推定为非法占有

---

① 李晓明:《P2P网络借贷的刑法控制》,载《法学》2015年第6期。
② 王新:《非法吸收公众存款罪的规范适用》,载《法学》2019年第5期。

为目的"的行为表现，而这些推定的内容，在司法实践的适用中，遭遇到了一些困境。首先，从证据角度，任何一个行为表现都可能有多种存在理由，难以做到"排除合理性怀疑"。比如说"携集资款逃跑、逃匿的行为"，是不是一定就能推定出具备非法占有为目的？事实上，很多情况下，集资者原本具有一定的经济实力，集资想用来扩大经营，但因为投资经营不善，濒临血本无归，为了躲避投资者的围追堵截般的讨债和可能发生的冲突，先逃匿起来，想等过风头，找到办法再还，其本意并非想非法占有，这样的行为在实践中非常多，如果此时认定集资诈骗罪，不仅不符合主客观相结合的原则，而且往往因为控方指控的证据不足以证明"非法占有为目的"的原因，被告方（集资者）就会上诉。这给法院、检察院也会带来一定的压力。基于此，法院出于综合考量的权宜之计，往往就会把集资诈骗罪降格为非法吸收公众存款罪认定。作为投资参与者，或者说作为受害人，其实他们所关心的重点在于他们财产权益得到保护，不在于最终认定何种罪名；他们更在乎能不能追赃挽损，得到相应的补偿。有鉴于此，法院出于未达到"排除合理性怀疑"的证据标准，出于疑罪从轻、保障人权的考量，以及稳定社会和经济效益的效果，多以认定非法吸收公众存款罪为最终选择，并且通过量刑的协商换取最大限度地追赃挽损，从经济利益上补偿投资者的损失，可以说，出于各方面考量的权宜之计，认定非法吸收公众存款罪，更能够达到社会效果、法律效果、经济效果和稳定社会的政治效果。

其三，法院倾向于判决非法吸收公众存款罪是一种权宜之计。在实践调研的过程之中，出乎意料的是，学术界曾经热议的非法吸收公众存款犯罪存废以及内容的修订，折射到公、检、法，他们的意见并不一致。调查中，公安经济侦查人员这样反映：他们认为非法吸收公众存款罪立案标准比较低，而且界限模糊，实践中这样的案件应接不暇，"不抓很泛滥，一抓一大把"，处理起来非常棘手并且压力巨大。公安经侦大队呼吁提高非法吸收公众存款罪的犯罪门槛，甚至赞成取消这个罪名。检察机关对于非法吸收公众存款罪，底气十足。而法院则表现出来的是对这个罪名的几分留恋和依赖。从众多判决书的内容来看，几乎集资诈骗罪上诉的案件中，辩护的理由都是"不具备非法占有为目的，按照非法吸收公众存款罪定罪量刑"。作为审判机关，如果证据难以做到"排除合理性怀疑"，则站在"保障人权，疑罪从轻"的角度，以及"法院减少上诉率"的功利角度看，法院在综合了各种因素之后，以非法吸收公众存款罪认定，相对更加稳妥。因为作为投资者，他们更在乎能否追回或赔偿投资款，至于认定什么罪名和判多少刑并不关心。而集资诈骗罪与非法吸收公众存款罪的量刑的巨大差异，也可以成为牺牲定罪量刑换取更多追赃挽损之效果。所以，法院更多情况下判决非法吸收公众存款罪也是一种权宜之计。

针对有些学者认为，随着2014年温州《民间融资的管理条例》的出台，意味着非法吸收公众存款罪没有了存在的必要，应当废除。但本书的观点是，当前废除非法吸收公众存款罪，理论上缺乏成熟的理论支撑，司法实践中尚有功利目的的需求，这个罪名保留还是具有一定合理性的。客观上，非法吸收公众存款罪成为纠结于罪与非罪，即"集资诈骗罪与民间融资之间"的巨大缓冲地带。在笔者看来，当前这个缓冲地带无论是理论上还是实践中都具有存在之必要。当然，笔者也赞成，有必要对于该罪的"非法性"内容进一步明确，对于"公开性""不特定性""社会性"的界定门槛提升。从而，在立法上体现出刑法的谦抑原则，让行政法的前置进行到底，让大量的民间融资，从地下走向阳光，找到应该归属的行政管理轨道。

值得一提的是，P2P网贷平台曾经雨后春笋般欣欣向荣发展，后来经历了连续的爆雷，大量的网贷平台倒闭并且被立案，进入审判阶段，将还会有众多的非法吸收公众存款罪宣判。然而，近一段时间以来，一些地方如湖南、重庆、山东、河北等地陆续宣布P2P网贷平台被彻底取缔，那么意味着在应然层面，原有的P2P网贷平台就会越来越少，这是否推导出非法吸收公众存款罪的案件就会越来越少了呢？笔者认为，这不会成为此罪名认定减少的主要背景。因为，其他打着金融业态和金融创新模式出现的股权众筹、第三方担保等行为同样会有非法集资的风险。关键是，实践中的需求和依赖是导致该罪居高不下的实然原因。故此，非法吸收公众存款罪在未来相当的期限内，不仅仍然会存在，而且，其认定的数量还会增长。

第四节　网贷平台集资诈骗罪司法认定

通过网络平台实施犯罪，可能会涉及非法吸收公众存款罪、集资诈骗罪、高利转贷罪、非法经营罪、虚假广告罪等。当然这只是从应然角度作分析，若从实然的角度考察，P2P平台非法集资所涉嫌的罪名主要是非法吸收公众存款罪和集资诈骗罪，这是我国《刑法》第176条、第192条分别规定了的罪名。事实上，最高司法机关制定的相关司法解释，其内容也主要是针对非法吸收公众存款罪和集资诈骗罪。关于非法吸收公众存款罪的认定，判断标准是具备了四个特征就可以构成。而集资诈骗罪入罪的构成要件，根据前面所分析，侵害的法益，即复杂客体是"国家金融管理秩序和公私财产权"，犯罪主体是自然人和单位。这些特征与非法吸收公众存款罪是一致的，因此，不再赘述。两罪的主要界限在于集资诈骗罪具有非法占有的目的。在P2P网贷平台出现前后，集资诈骗罪的争议焦点都在主观方面"非法占有为目的"的推定以及客观表现"诈骗方法"的认定上。所以，我们的讨论就聚焦在这两个方面。

一、集资诈骗罪"非法占有为目的"界定纷争

（一）司法解释的局限与实践中的困惑

司法实践中，P2P网络借贷刑事案件，尤其是最近的P2P网贷平台的爆雷之后，进入立案侦查的案件，主要涉及的罪名是非法吸收公众存款罪和集资诈骗罪。一般认为，是否具有"非法占有目的"是区分集资诈骗罪与非法吸收公众存款罪之间的最根本标准，也是控方辩方争论的焦点。

《最高人民法院关于审理非法集资刑事案件具体应用法律若干问题的解释（法释2010）18号》中，列举了一些认定"非法占有目的"的具体情形，解决了实务中

的一些问题。但虽然如此，由于现实的多样性及复杂性，"非法占有目的"的认定仍然是实务中不可回避的疑难焦点，也是实际中产生分歧的重点问题。譬如，判决书中有如下表述："本院认为，被告人李某丙以非法占有为目的，以高额利息为诱饵，使用诈骗方法向社会公众非法集资，数额特别巨大，其行为已构成集资诈骗罪。李某丙虚构借款用途、明知产生巨额亏空仍大量高息借款非法集资，足以认定其非法占有集资款的故意。"① 再如，"关于上诉理由及辩护意见，经查：被告人傅、张甲沉溺于网络赌博，为筹集崭露头角、虚构学校基建、为他人转贷、公某资金周转等事实及资金用途，并采取互相担保方法，欺骗他人，且将集资款用于网络赌博等非法活动，在巨额集资款无法返还情况下均外逃，二被告人主观上非法占有集资款的故意明显。被告人张甲辩解其没有诈骗故意等，显与事实不符，不予采信"②。

上述判决书或者裁定书都要最终认定被告具有非法占有为目的，但陈述的理由和逻辑关系都不尽相同。因此，有必要在刑法语境下对"非法占有目的"的实质内涵和司法认定标准做进一步的探究，弥补司法解释中存在的局限性。

（二）"非法占有为目的"的实质内涵

"非法占有为目的"在刑法的金融犯罪、财产犯罪、职务犯罪的司法认定中都是认定的难点。譬如贪污罪的"非法占有公共财物"的行为判断标准是"将公共财物脱离了应有的控制"，就可以认定有贪污的行为，至于公共财物去向哪里，做何使用不影响定罪，但影响量刑。而集资诈骗罪的"非法占有为目的"的认定就是通过客观行为的表现推定出来的，其中，集资款去向、谁来使用和如何使用，恰恰是反推具备非法占有为目的的判断依据。学术界对于集资诈骗罪的"非法占有为目的"的表述也是越来越具体，诸如："主观上有将非法集资的资金占为己有的目的，为其任意支配"；"主观上有将非法募集的资金占为己有的意思，不仅包括将资金所有权占为己有，还包括置于他人控制之下或挥霍潜逃等永久性保持行为"；"有非法占有意图及没有回报被集资人的意思表示和行动"。这些表述已经综合了主观和客观相统一的内涵。但这些仍然解决不了实践中出现的具体问题。不仅如此，民法和刑法关于"非法占有为目的"内涵界定原本就没有在一个相同的轨道上。所以，有必要探寻"非法占有目的"的实质内涵。

理解"以非法占有为目的"，必须注意刑法与民法关于"占有"一词的含义不尽一致。民法上的"非法占有"仅仅是对民法上所有权四项权能中"占有"权能的侵害，不包括使用、收益、处分的权能，而刑法意义上的"非法占有"则与之不同，其外延要远大于民法上的"非法占有"，包括占有、使用、收益和处分四项权能。也就是说，在刑法上，"非法占有目的"，系指不法"所有"的目的。③ 产生这种差异的原因在于行为人在实施金融诈骗犯罪时，其目的绝不仅是为了民法上的"转移占有"，"转移占有"只能是其实现犯罪目的全部内涵的前提，其最终目的还是在于通过这

---

① 浙江省温州市中级人民法院刑事判决书（2010）浙温刑初字第 241 号、287 号。
② 浙江省高级人民法院刑事裁定书（2010）浙刑二终字第 136 号。
③ 何荣功：《把握"非法占有目的"须考量五方面事实》，载《检察日报》2019 年 1 月 25 日，第 003 版。

种占有实现对财物的更进一步的处分,例如,挥霍、消费等,从而排除原财物所有人对该财物行使所有权的可能,而这些内容显然不是民法上的占有所能涵盖的,因此,"刑法上的'占有',事实上指称的理应是民法上的所有"①。具体到集资诈骗罪中,"非法占有目的",就是指集资人主观上具有消灭投资人对财物的占有并将自己作为财物的所有人对财物进行利用、处分,且最终不予归还投资人的意思或主观心态。换言之,就是行为人欲将投资人的钱"据为己有,为己所用"。

(三)"非法占有为目的"的司法阐释

从立法表述上看,集资诈骗罪的"非法占有为目的"的具体表现为非法占有募集资金的所有权或者将集资款任意挥霍或者携带集资款潜逃等行为。而司法实践的判决书中,集资人具有"非法占有目的"的典型表述大概有以下几种:"归集资金形成资金池;或者以诈骗方法吸收资金后卷款'跑路';未将集资款用于正常的生产经营活动;将集资款用于借新还旧;明知无归还能力仍然骗取资金;为集资诈骗而设立平台;将集资款用于个人挥霍、个人还债、赌博……"

"非法占有目的"是一种主观的心理状态,由于对行为人主观心理活动无法取证,司法实践中往往是通过客观行为来推定行为人主观上是否具有"非法占有目的"。为了规范推定的适用,最高人民法院在有关司法解释和指导性文件中对非法集资行为人主观上"非法占有目的"的一些较典型的情形进行了规定。②

表1-3 三个司法文件对"非法占有目的"的认定规定

《1996年司法解释》	《2001年纪要》	《2010年司法解释》
(1)携带集资款逃跑的; (2)挥霍集资款,致使集资款无法返还的; (3)使用集资款进行违法犯罪活动,致使集资款无法返还的; (4)具有其他欺诈行为,拒不返还集资款,或者致使集资款无法返还的	(1)明知没有归还能力而大量骗取资金的; (2)非法获取资金后逃跑的; (3)肆意挥霍骗取资金的; (4)使用骗取的资金进行违法犯罪活动的; (5)抽逃、转移资金、隐匿财产,以逃避返还资金的; (6)隐匿、销毁账目,或者搞假破产、假倒闭,以逃避返还资金的; (7)其他非法占有资金、拒不返还的行为	(1)集资后不用于生产经营活动或者用于生产经营活动与筹集资金规模明显不成比例,致使集资款不能返还的; (2)肆意挥霍集资款,致使集资款不能返还的; (3)携带集资款逃匿的; (4)将集资款用于违法犯罪活动的; (5)抽逃、转移资金、隐匿财产,逃避返还资金的; (6)隐匿、销毁账目,或者搞假破产、假倒闭,逃避返还资金的; (7)拒不交代资金去向,逃避返还资金的; (8)其他可以认定非法占有目的的情形

上述司法解释和纪要提出的从一些"无法返还""拒不返还"等事实推定出行为人具有非法占有目的的,是一种由果溯因的反推思维模式。在多数情况下,这种推

---

① 魏东、白宗钊主编:《非法集资犯罪司法审判与刑法解释》,法律出版社2013年版,第22页。
② 1996年《最高人民法院关于审理诈骗案件具体应用法律的若干问题的解释》列举了"非法占有目的"推定的四种情形,2001年《全国法院审理金融犯罪案件工作座谈会纪要》在肯定了非法占有目的是所有金融诈骗罪的主观构成要件的基础上,列举了金融诈骗罪具有"非法占有目的"的七种情形,2010年《关于审理非法集资刑事案件具体应用法律若干问题的解释》列举了八种推定"非法占有目的"的情形。

定是符合事实的。但是,"无法返还"客观事实与"非法占有目的"并非存在一一对应关系。如果行为人具有非法占有目的,则必然导致集资款项未返还的结果,但是仅仅根据未返还的事实并不一定得出行为人必然具有非法占有目的的结论。① 这也是立法者在"非法占有目的"与推论标准之逻辑关系上,谨慎地使用了"可以"这个明显带有或然性的词语来表达两者之间关系的原因。② 但是,现实中一些法官在处理集资诈骗案件时,尤其在一些涉案金额巨大、受害群众众多的案子中,往往仅以客观上存在巨额财产无法返还的结果,就推定行为人具有"非法占有目的",从而以集资诈骗罪对行为人定罪量刑,这显然是违背主客观相一致原则的。譬如福建的一个案件的判决书中,有如下的表述:"庭审中,被告人孙惠娜的辩护人提出了孙惠娜不构成集资诈骗罪,应构成非法吸收公众存款罪的辩护意见。经查,2009年上半年至2012年7月间,被告人孙惠娜以做生意欠款或手头缺钱等为由,承诺予以高利息回报,以民间标会,按月付息,分期还本付息等结款形式向詹东兰等28人非法集资7313180元。在集资过程中,孙惠娜把一小部分钱用于生意上的投资,把大部分钱以'后笔借款对付前笔借款本金和利息的方式'用于归还借款和利息,维持资金运转致使集资款5397240元(支付的利息以予折抵本金)不能归还被害人。……被告人未经有权机关批准,采取虚构集资用途,以高回报率为诱饵骗取集资款,集资后用于生产经营活动与筹集资金规模明显不成比例,致使集资款不能返还,被告人孙惠娜的行为同时符合集资诈骗罪和非法吸收公众存款罪的特征,依法应择一重罪即以集资诈骗罪处罚。故该辩护意见不能成立。"③

在这个判决书中,有几个问题值得探讨:第一,被告虚构集资用途,将集资款的一部分用于生产经营活动,但与筹集资金规模明显不成比例,致使集资款不能返还;被告是客观上不能返还还是主观上不想返还?显然需要进一步分析和证明。第二,"被告人行为同时符合集资诈骗罪和非法吸收公众存款罪的特征,依法应择一重罪即以集资诈骗罪处罚"。这种表达和认定值得商榷,两个罪名特征在主体、客观行为、法益保护上都是相同的,但是两个罪名重要的区别就是主观上是否具备"非法占有为目的"。如果证明具有"非法占有为目的",那就构成集资诈骗罪,如果不具备,就是非法吸收公众存款罪,最终罪名的确定不是"择一重处"的结果。第三,刑事案件的证明标准是"排除合理性怀疑",只有当证据具有排他性和唯一性的时候,才可以作为认定事实的证据。本案中,投资者的集资款不能得到返还,一方面是因为"大部分用于归还借款和利息",另一方面可能因为生产经营(开茶庄)不善,还有可能投资其他项目不利,总之,并不是完全因为"归还借款和利息",即"借新还旧"或者"拆东墙补西墙",还有其他可以理解的因素,如经营茶庄不善的原因,

---

① 刘宪权:《金融犯罪刑法学原理》,上海人民出版社2017年版,第449页。
② 石奎、陈凤玲:《集资诈骗罪"非法占有目的"的司法认定——基于样本的抽样统计分析》,载《江西社会科学》2016年第4期。
③ 福建省东山县人民法院刑事判决书(2013)东刑初字第111号。

所以，本案推论出被告主观心理状态是"具有非法占有为目的"的结论不具备唯一性，因此，还是值得进一步提供证据证明的。第四，本案中提到"一小部分用于生产经营，一大部分用于归还借款和利息"，到底比例是多少才可以证明是"诈骗行为"和"非法占有为目的"，这也是司法审判中常常提及，但没有确切数据说明的。

综上，司法实践中，对于司法解释所列举的行为事实，如果仅仅通过单一的行为表现就推定具有"非法占有为目的"，往往经不住辩方的质疑和反驳，因为每一个单独的行为表现，均有两个以上的理由解释存在的可能性，也就是经不住"排除合理性怀疑"的检验。譬如，2010年《关于审理非法集资刑事案件具体应用法律若干问题的解释》所列举的八种行为事实，所推论出来的结论并非具有"非法占有为目的"的唯一性。如，第三种行为"携带集资款逃匿"，或许是因为行为人为了躲避债务人的暴力追债，暂时逃跑，日后再借机还款，未必就说明行为人一定具有非法占有目的；"将集资款用于违法犯罪活动"与集资诈骗罪的"非法占有目的"之间就不具备一一对应关系；"隐匿、销毁账目"也或许是为了掩盖其他事实，但不能直接推出行为人一定具有非法占有目的。例如，在"徐慧集资诈骗罪"一案中，原判以隐匿、销毁相关账目为由，作出徐慧有逃避返还资金的认定，从而认定其具有非法占有目的，上诉法院则认为"将徐慧的非法占有的主观故意的认定，仅通过徐慧隐匿、销毁账目的情况来作分析判断，在论证方法上不严密、不周全。"① 行为人主观上想还款，但是客观上经营不善，或者因为意志以外的原因导致不能还款，这种情况下，被推定非法占有为目的，认定的结论有偏离，往往被告不服。难以达到法律效果和社会效果的统一。正如一些司法人员的反思：仅仅停留在依据法律规定由基础事实推定出推定结论这一步骤上，而对于在推定理论中占重要地位的反驳并不加以重视，从而导致一些"非法占有目的"的认定并不能排除合理怀疑。② 正如邓子滨教授所言"推定带来效率，带来便利，但用之不当必然带来侵犯公民权利的后果……由于人性使然，有权者会乐于适用推定作为实现自己目的的手段。因此，这是一个温柔的陷阱，必须加以严格的限制，设置藩篱，以免公民误入法网。"③ 根据司法实际面临的问题以及司法解释中存在的不足，笔者认为，在依法判断非法集资人主观上是否具有"非法占有为目的"应注意把握好以下几点：

第一，立法上应坚定刑法谦抑的立场，将入罪标准规定明确，尽量缩小犯罪圈。程序上应该允许辩护方提出反驳意见，以避免司法实践对推定方法随意的运用。也可以通过举证倒置促使推定结论更加合理、有说服力。从思维方式上看，法官应提倡善于运用反推或者逆向思维去判断是否具有"非法占有为目的"。不少的刑事法官在三段论逻辑思维下有很强的法条偏好，将法条依据等同于法律依据，简单对

---

① 浙江省温州市中级人民法院刑事判决书（2016）浙03刑终第1896号。
② 刘丛薇：《"意志外原因未还款"抗辩认定的规制与完善——以借贷类金融诈骗犯罪判决为研究对象》，载胡云腾主编：《司法体制综合配套改革与刑事审判问题研究——全国法院第30届学术讨论会获奖论文集（下）》，人民法院出版社2019年版，第1414页。
③ 邓子滨：《刑事法中的推定》，中国人民公安大学出版社2003年版，第65页。

照就定罪量刑。提倡"逆向思维",就是促使法官在具体案件中,听取控诉双方的意见,综合考虑,然后再做出最终的判决。从证据标准角度,只要难以做到"排除合理性怀疑",就应该坚守"保障人权,存在疑问时有利于被告"的原则,做出疑罪从轻、无罪推定的结论。

第二,行为事实的推定上,注意通过数据来证明。譬如"部分用于生产经营",部分指的是多少?譬如"用于个人消费和挥霍",其所占的比例达到多少才叫作挥霍?以有别于正常消费?譬如"吴英集资诈骗罪的案件中",指控吴英挥霍850万购买珠宝,用于赠送和自己保存,但律师辩护,女人购买珠宝几乎是普遍的天性使然,吴英身家8.2个亿,购买850万的珠宝,所占比例约1%左右,这算不算挥霍?况且,珠宝本身也具有升值潜力,如果将其看作是一种类似购房投资的表现也未尝不可。

第三,要注意判断"非法占有为目的"产生的时间点,采取不同的处理方式。通过考察实践案例,犯罪嫌疑人并非一开始就具有非法占有为目的。因此,判断何时产生"非法占有为目的",对于定罪量刑非常关键。实践中可以按照集资过程中的"开始"、集资以及生产经营的"中间"阶段和集资或经营"之后"阶段产生的三个时间段进行分析。从主观恶性的程度评价,也是从宽严相济的效果考量,建议应该只针对"开始"就具备了"非法占有为目的"的非法集资行为按照集资诈骗罪来认定。另外两种则根据实际的情况,多方考察和综合判断,即使不影响定罪,也应该影响到量刑。

(四)认定"非法占有为目的"的实践理性

除了上述考察的方面之外,还要结合行为要素与结果要素的关联来进行判断。根据"非法占有目的"的实质内涵,可将"是否存在实行无归还可能性的肆意行为"作为核心判断依据,具体辅之以司法解释规定的情形,从"危害行为+危害结果"结构中认定"非法占有目的"[①]。这是因为行为要素与结果要素在认定集资诈骗罪"非法占有目的"时都至关重要。如果仅以"无法返还"这一结果为标准,而不考虑行为人的行为情况,就很难得出正确结论。

在司法实践中,反证和反向推理是法官实践理性判断的方法路径。具体演绎如下:

其一,精准区别"灭失性处置集资款项"与"将集资款用于损耗性用途"。法官将"实行无归还可能性的肆意行为"描述为"灭失性处置集资款项""将集资款用于损耗性用途"等,行为人将集资款进行"灭失性处置",而非投入生产经营活动或者约定的用途中去,则集资款由于彻底灭失而无法偿还集资人,也不可能进一步产生利益,从这一客观事实出发,可以反向印证行为人不具有归还投资人款项的

---

① 李兰英、陈传铿:《网络融资的民刑交叉困境与抉择——基于被害人利益保护的视角》,载《甘肃政法学院学报》2019年第1期。

意思，从而可认定行为人具有非法占有目的。① 例如在"汪来法、叶琦锋、朱智能集资诈骗罪"一案中，法院认为汪来法和叶琦锋从平台提现及消费集资款 4000 余万元，用于赌博及个人消费等，系灭失性处理集资款项，从而认定其具有非法占有目的。② 在"郭宏洲、陶迟荣等集资诈骗"一案中，法院认为"郭宏洲自公司成立即任职项目经理，明知线上的'标'、担保合同系虚假、用马甲账户虚假买'标'，亦明知沪某公司除吸收存款外并无实际经营项目，所吸收的资金均用于损耗性用途，仍积极参与向社会公众非法集资的犯罪活动。郭宏洲的行为充分体现出其主观上具有非法占有的故意，应以集资诈骗罪论处。"③ 再如在"宣卫卫、毛虎集资诈骗"一案中，法院认为上诉人宣卫卫将大部分集资款用给付高额服务费、偿还个人债务、用于公司费用等灭失性处置，均未进行其他生产经营活动，从而足以说明其主观上具有非法占有目的。④ 在"杨强犯集资诈骗罪单宏伟、杨伟等犯非法吸收公众存款罪"一案中，法院认为被告人杨强作为财意通公司的实际控制人，指挥公司运营，全面掌控、支配吸收到的资金，获取资金后用于归还债务、支付犯罪成本等灭失性处置，造成 90% 以上的非法集资款无法归还，其主观上具有明显的非法占有故意，其行为已构成集资诈骗罪。⑤ 从笔者梳理的裁判文书来看，"灭失性处置集资款项"具体表现为将集资款用于赌博、归还个人债务、支付犯罪成本、个人消费、维持平台运营等活动。

其二，法官在认定中必须坚持主客观一致的原则。"犯罪是行为人犯罪罪过心理支配下的行为，是主观见之于客观的过程。因此认定犯罪目的时，也必须坚持这一原则，否则就会导致客观归罪"⑥，例如 2001 年《全国法院审理金融犯罪案件工作座谈会纪要》将"明知没有归还能力而大量非法集资骗取资金的"作为认定非法占有目的的一种情形，便是坚持主客观一致原则的一种体现，"明知没有归还能力"是从主观上对行为人的一个要求，而"大量非法集资骗取资金"则是从客观上对行为人的一个要求，两者相结合才足以证明行为人具有"非法占有目的"。⑦ 再如在最高人民检察院第十批指导案例"周辉集资诈骗案"中，法院在认定被告人周辉非法占有目的时，也坚持了主客观相一致原则，判决认为周辉本人主观上认识到资金不足，少量投资赚取的收益不足以支付许诺的高额回报，仍利用"中宝投资"网络平台非法集资，且没有将集资款用于生产经营活动，而是主要用于个人肆意挥霍，其主观上对集资款明显具有非法占有目的。⑧

---

① 袁一绮、张旭东：《P2P 网贷中集资诈骗罪的司法认定——基于 28 个案件的实证分析》，载《金融法苑》2018 年第 3 期。
② 浙江省杭州市中级人民法院刑事判决书（2018）浙 01 刑初第 123 号。
③ 上海市高级人民法院刑事判决书（2017）沪刑终第 17 号。
④ 山东省德州市中级人民法院刑事判决书（2017）鲁 14 刑终第 25 号。
⑤ 山东省诸城市人民法院刑事判决书（2015）诸刑初字第 400 号。
⑥ 张天虹：《经济犯罪新论》，法律出版社 2004 年版，第 52 页。
⑦ 刘宪权：《金融犯罪刑法学原理》，上海人民出版社 2017 年版，第 450 页。
⑧ 最高人民检察院第十批指导性案例：《周辉集资诈骗案》，检例第 40 号。

其三，通过允许举证倒置和被告人反驳来排除"非法占有目的"。但凡采用推定的方式进行认定，所得出来的结论不能保证其一定符合客观事实，因此要赋予被告人反驳举证的权利。如果确有证据证明行为人的行为并非出于"非法占有目的"，则应否定集资诈骗罪的成立。

（五）司法裁判中争议较大的几类具体事实的认定

1."非法占有目的"的产生时间问题

根据最高人民法院《关于审理非法集资刑事案件具体应用法律若干问题的解释》，"非法占有目的"的时间扩充到了获取集资款之后，换言之，只要有客观行为，且有非法占有目的，不论目的何时产生，均构成集资诈骗罪。譬如，"明知没有归还能力而大量骗取资金"，这是要证明行为人一开始就具备了"非法占有目的"，而后展开诈骗的表达，这种情况，需要证明行为人因何以及是否"明知没有归还能力"？只有提供的证据确信有说服力，才可以推定出具备了"非法占有为目的"。

譬如，实践中的判决书有这样的表述："经审理查明：2011年至2014年，被告人邱某在没有偿还能力的情况下，为偿还所欠巨额债务，以支付高额利息为诱饵，虚构资金周转等理由，先后从被害人张某某、裴某某、袁某等二十八人处非法集资3087万元，所得集资款用于偿还到期债务的本金及利息等。至案发，尚有2582.5万元无法归还各被害人。"辩护人对公诉机关指控被告人邱某犯集资诈骗罪没有异议，提出以下辩护意见："本案案发事出有因，邱某系为了偿还债务而向他人借款，并非一开始就具有非法占有的主观故意，且没有肆意挥霍、转移资产的行为，犯罪情节较轻。"① 在这个案件中，辩护方的意见聚焦在"被告一开始没有具有非法占有的主观故意"，那么，被告人后续过程中产生了"非法占有为目的"是否不影响定集资诈骗罪？辩护律师没有这个结论，只是将"没有肆意挥霍、转移资产的行为"作为犯罪情节较轻的理由。而法院表达的意思是"被告人邱某在没有偿还能力的情况下，为偿还所欠巨额债务，以高额利息利诱，虚构项目和理由非法集资3087万元，所得集资款用于偿还到期债务的本金及利息，至案发，尚有巨额财产无法归还被害人。"法院只是说明了具有诈骗行为的表现，没有回应"非法占有为目的"何时产生，其实就是默认了无论何时产生都不影响定罪。

在我们看来，对"非法占有目的"的认定不能仅凭借有无还款进行认定，而要考虑到行为人集资的行为方式，集资款去向以及未来的营利能力等几个方面问题。这种用单一的事后推定的方式，其实也是单纯的唯结果论的表现。我们认为，"非法占有目的"的产生时间会有不同，实践中有可能产生在非法集资之初，即一开始就想通过欺骗他人而集资，本身就不打算归还。这种情况认定构成集资诈骗罪没有争议；但"非法占有目的"也可能产生于非法集资之中或者之后。譬如，原本有美好的前景和认真的投资经营的项目，也进行了投资和经营，虽然有经营的收入，

---

① 福建省武夷山市人民法院刑事判决书（2015）武刑初字第45号。

但却用于个人挥霍、赌博等行为，最终根本就不打算归还，就想非法占有了。这种情况是否可以认定构成集资诈骗罪，还要结合有无虚构事实，欺骗投资者投资的行为进行判断；但如果是第三种情况，行为人确实有合法正当的项目进行民间融资，但后来因为经营不当，致使借款不能返还，甚至接近血本不归，为了躲避投资者的讨债威胁，而"跑路"躲避。此时，是否产生了"非法占有为目的"，就需要进一步查明事实，一般在这种情况下，行为人处于"想还而无能力归还"的状态，这样就不能推定"非法占有为目的"，建议有关部门先给其机会，督促其尽力偿还债务，然后建议投资者通过借贷纠纷的民事诉讼法律路径解决问题。

2."拆东墙补西墙""借新还旧"能否直接认定为具有"非法占有目的"

"拆东墙补西墙""借新还旧"的情形在集资诈骗罪中大量存在的，在司法实践中，司法机关一般是将"拆东墙补西墙""借新还旧"视作是对集资款不正当使用的一种具体表现，并分为两种情形：一种是"未用于生产经营活动"，另一种是"用于生产经营活动的资金与筹集资金规模明显不成比例"。对于那种纯粹以后续资金偿还前期投资者，未将投资款用于生产经营活动的情形，由于在经营过程中并不存在外在盈利项目，整个经营模式不具有持续性，最终必将导致资金链断裂，引发巨额集资款无法返还的后果，从而可直接认定行为人具有非法占有目的。例如，"e租宝"案就是一个典型的庞氏骗局，犯罪嫌疑人利用网络平台公开向全国吸存，还对外承诺还本付息，其行为已经涉嫌非法吸收公众存款罪。不仅如此，犯罪嫌疑人根本没有实质的经营生产创造利润，而是编造各种虚假投资项目欺骗投资者投资，与此同时，还存在投资高档车辆和住宅、向员工支付高工资等挥霍行为，不仅证明他们主观上具有非法占有投资者资金的目的，而且也说明客观上根本不能偿还的危害结果。这属于典型的"集资后未用于生产经营活动""肆意挥霍集资款"的行为表现，因此，构成集资诈骗罪没有争议。再如，上海的"周萌萌集资诈骗罪"①、陕西的"张巧国集资诈骗罪"②等案件中，被告人便是采用这种"拆东墙补西墙""借新还旧"的方式维系平台的运营，将所筹集的资金用来偿还前期借款本息以及供个人挥霍使用，最终导致被害人巨额财产无法追回。对于这种完全以"借新还旧""拆东墙补西墙"维持经营的庞氏骗局模式，直接认定行为人主观上具有非法占有目的，并不存在疑问。

理论上和实践中争议比较多的是第二种情形，即并非纯粹的"借新还旧""拆东墙补西墙"，还掺杂着生产经营的情况，那么如何理解"用于生产经营活动的资金与筹集资金规模明显不成比例"将影响"非法占有目的"的认定。例如被告人通过P2P网贷平台筹集资金5亿元，其中的4亿元用来周转偿还前期的本金和利息，剩余的1亿元用于公司生产经营，对此能否直接认定行为人具有"非法占有目的"？实践中存在两种不同观点，一种观点认为从整体来看被告人通过P2P网贷平台筹

---

① 上海市高级人民法院刑事判决书（2019）沪刑终第45号。
② 陕西省汉中市中级人民法院刑事判决书（2019）陕07刑终第147号。

集了 5 亿资金，仅将其中的 1 亿元用于生产经营，1 亿与 5 亿明显不成比例，符合司法解释列明的"用于生产经营活动与筹集资金规模明显不成比例"的情形，继而应当被认定为具有非法占有目的；另一种观点则认为，被告人虽筹集了 5 亿资金，但是其中的 4 亿都用来还本付息，实际能够使用的只有 1 亿资金，而行为人将余下的 1 亿资金全都用作公司经营，难以从中推定出行为人具有非法占有目的，反而更能说明行为人不具有非法占有目的。目前，司法实践一般采用的是整体比较的方法，但由于多数承诺还本付息的 P2P 网络借贷平台为了维持平台的运转，必然要将吸收资金中的大部分用于还本付息，如果采用整体比较的观点会使得大量利用 P2P 网络借贷平台非法吸收资金的案件被认定为集资诈骗罪，从而架空非法吸收公众存款罪。①

但如果采用部分比较的观点，便会导致那些表面将能够实际使用的资金全部投入到生产经营中，但是盈利能力根本不具有偿还全部本息可能性的危害行为，被排除在集资诈骗罪之外。因此，笔者认为应从实质角度来理解这一问题，司法解释之所以将"用于生产经营活动与筹集资金规模明显不成比例"作为推定具有"非法占有目的"的一种客观事实，原因在于如果行为人投入到生产经营中的资金比例过低，会使得经营项目本身所具有的盈利能力或者回报率不足以归还行为人所承诺的高额回报率，简单来讲就是不具有偿还本息的可能性。

因此，无论是采用整体比较还是部分比较的方法，都应当结合行为人生产经营的盈利能力、资金使用成本、再次集资时的经济状况等因素综合考量行为人是否具有偿还全部本息的可能性，而不能仅仅依据用于借新还旧的比例就武断地认定其具有非法占有目的。例如在"施伟集资诈骗罪"一案中，法院在认定非法占有目的时，就不仅考虑了被告人用于借新还旧的资金比例，还考虑了其资金使用成本、公司生产经营活动的盈利能力等因素，综合判断其是否具有偿还本息的可能性。② 再如在"严金松集资诈骗罪"一案中，法院考虑到被告人严金松在自身不具有还款能力的情况下，大肆募集资金，并将所募集的资金主要用于借新还旧，仅有少部分资金用于生产经营活动，而该部分的资金与其筹集资金规模明显不成比例且未有盈利，更无法通过盈利来支付高额本息，从而认定其具有非法占有目的。③

3. 资金去向无法查明时能否直接认定具有"非法占有目的"

对于这一问题，有观点认为，对于那些大量资金及其流向出现"断崖式"消失或中断的案件，如果涉案人员无法对此作出合理解释，那么可以推定行为人主观上具有"以非法占有为目的"。④ 笔者对此观点不敢苟同，因为资金去向无法查明只是一种客观事实，根据资金去向无法查明并不能直接推断出行为人都具有非法占

---

① 上海市第二中级人民法院刑二庭庭长王宗光 2018 年 11 月 10 日华东政法大学"经济犯罪的新问题与审判实务"讲座记录，发表于"华政金融监管与刑事治理研究中心"微信公众号。
② 上海市高级人民法院刑事判决书（2018）沪刑终第 116 号。
③ 福建省福州市中级人民法院刑事判决书（2018）闽 01 刑初第 75 号。
④ 何荣功：《把握"非法占有目的"须考量五方面事实》，载《检察日报》2019 年 1 月 25 日，第 003 版。

有目的。资金去向无法查明，既有可能是行为人拒不交代、销毁隐匿账目所导致，也有可能是由于客观上的原因所造成，如涉案人员众多、会计账本残缺混乱、持续时间长、资金流动常以现金或者个人银行卡转账进行等影响到证据的收集与认定，从而难以查明钱款的去向。而如果是因客观原因无法查清集资款项的去向，一般应坚持有利于被告人的原则，不宜认定其具有非法占有的目的。① 况且，即使是由于行为人拒不交代、抑或是销毁、隐匿账目等导致资金去向无法查明，如果能够证明行为人的行为是为了防止商业秘密的泄露、保护投资人隐私、或者为了能够短期使用资金等其他原因，也不应认定行为人具有非法占有目的。因此，在资金去向无法查明时不能直接认定行为人具有非法占有目的，而要具体分析导致无法查明的原因是行为人主观方面的原因还是客观方面的原因，如果是由于客观方面的原因，则应坚持"有利于被告人"的原则，不宜认定具有非法占有的目的；如果是由于主观方面的原因，在认定行为人具有非法占有目的时，还要尤其注意被告人提出来的反证，如果是因上述一些特殊原因从而导致资金去向无法查明则应排除非法占有目的的成立。例如在"金秀男集资诈骗罪"一案中，法院在资金去向无法查明时，就秉持了有利于被告人的原则，排除了"非法占有目的"认定，判决认为"现有证据无法证明570余万元资金实际使用情况及真实去向，不能认定被告人金秀男非法占有了该笔570余万资金的事实，不足以认定被告人金秀男的行为构成集资诈骗罪，故对被告人金秀男的辩解和辩护人提出被告人金秀男不构成集资诈骗罪的辩护意见，本院予以采纳。"② 再如在"孙耀宗集资诈骗"一案中，法院认为"审计报告并未显示孙耀宗具体投入多少资金用于生产经营，亦未对报告中显示的孙耀宗八家银行账户流入资金24.91亿余元与流出资金24.96亿余元差额455万余元的资金去向进行审计，因相关公司账目未能找到，无法对公司经营状况及投资状况进行审计，现有证据不足以认定孙耀宗集资后用于生产经营的资金与筹集资金规模明显不成比例，不应认定孙耀宗主观上具有非法占有的目的"。③

4. 将集资款用于高风险行业能否被直接认定为具有"非法占有目的"

行为人利用P2P网贷平台非法集资后，将集资款项投入高风险的行业中，例如股市、证券、期货甚至放贷等，能否直接认定行为人具有非法占有目的？笔者认为，不能仅凭行为人将集资款投向高风险行业就认定行为人具有"非法占有目的"。"集资诈骗发生在商事活动中，通过归纳推理得出的'非法占有目的'认定标准不但应注重诈骗行为的一般情形，还应关照商事活动的特殊情形。"④ 将集资款投向高风险行业，作为高风险伴随高收益的处置方式，仍存在收回本金和相应利益的可能

---

① 李勤：《非法吸收公众存款罪与集资诈骗区分之问——以"二元双层次"犯罪构成理论为视角》，载《东方法学》2017年第2期。
② 浙江省杭州市滨江区人民法院刑事判决书（2018）浙0108刑初第83号。
③ 安徽省淮北市中级人民法院刑事判决书（2017）皖06刑初第18号。
④ 胡启忠：《集资诈骗罪"非法占有目的"认定标准的局限与完善》，载《法治研究》2015年第5期。

性。① 因此，关于行为人将集资款用于高风险行业能否认定行为人主观上具有非法占有目的的问题，应当结合行为人的抗风险能力，如自有资金、亏损程度、负债状况、对资金的管理等因素综合考虑，根据案件具体情况认定。② 对于那种明知自己没有偿还能力，仍然开展集资活动，存在侥幸心理，试图通过投资高风险行业获得利益，并造成严重后果的，可以认定行为人具有非法占有目的。例如在"徐文算、徐超和集资诈骗罪、非法吸收公众存款罪"一案中，法院在认定时就考虑了被告人的自有资金、抗风险能力以及负债状况，判决认为"被告人徐文算明知自己无经济实力和抗风险能力，滥用他人资金盲目博弈，将集资款用于股票等高风险投资，在严重亏损、缺乏偿还能力的情况下，通过隐瞒亏损真相、虚构盈利赚钱事实、吹嘘自己为'股神'，以高额利息为诱饵，骗取社会公众提供巨额资金，足以认定其主观上具有非法占有目的"。③ 在"刘子荣集资诈骗罪"一案中，法院认为被告人利用"浙江贷"P2P 网贷平台募得资金后，在明知无法规避风险的情况下，将资金随意用于高息放贷等，最终致使集资款不能返还，足以认定其主观上具有非法占有目的。④ 再如在"周玉齐集资诈骗罪"一案中，被告人编造并通过网络发布借款人、借款项目等虚假信息，以支付高额回报为诱饵，非法吸收社会公众的大量资金，集资后亦未用于实际的生产经营活动而主要用于个人炒股，并在因炒股而造成巨额亏损的情况下仍继续向社会公众非法集资，最终致使大量集资款无法返还，足以认定被告人具有非法占有目的。⑤

二、集资诈骗罪主观方面的违法性认识问题

集资诈骗罪是从诈骗罪中分离出来的一种特殊的诈骗罪，在诈骗罪仍属传统犯罪、自然犯的情况下，"集资诈骗罪已不再是一种自然犯，而是兼有自然犯和行政犯双重属性的混合模式"。⑥ 但从集资诈骗罪在刑法分则中的归类情况来看，立法者更侧重于强调集资诈骗罪的法定犯属性。⑦ 区别于自然犯，法定犯中的犯罪事实在很多情况下就有价值中立的性质，属于所谓"无色的事实"，只有借助于相关的行政法规才能辨别出此类行为合法与违法的不同色彩。⑧ 是故，成立集资诈骗罪在主观方面是否还需要行为人具备违法性认识成为一个争议问题。笔者认为，在集资

---

① 袁一绮、张旭东:《P2P 网贷中集资诈骗罪的司法认定——基于 28 个案件的实证分析》，载《金融法苑》2018 年第 3 期。
② 魏东、白宗钊主编:《非法集资犯罪司法审判与刑法解释》，法律出版社 2013 年版，第 25 页。
③ 浙江省高级人民法院刑事判决书（2016）浙刑终第 509 号。
④ 浙江省衢州市中级人民法院刑事判决书（2017）浙 08 刑终第 266 号。
⑤ 广东省高级人民法院刑事判决书（2017）粤刑终第 151 号。
⑥ 陈旭:《民间融资的罪与罚——记光华法学院第五期刑法前沿论坛》，转引自胡洪春著:《我国存贷款犯罪研究》，上海科学院出版社 2013 年版，第 175 页。
⑦ 刘远、姜涛、周国强主编:《金融诈骗罪——立案追诉标准与司法认定实务》，中国人民公安大学出版社 2010 年版，第 78-79 页。
⑧ ［日］西田典之:《日本刑法总论》，王昭武、刘明祥译，法律出版社 2013 年版，第 219 页。

诈骗罪中，是否具备违法性认识并不影响故意的成立，行为人主观方面只需要具备违法性认识可能性即可，如果缺乏违法性认识可能性则阻却责任。理由在于：如果认为违法性认识属于故意的认识要素，那么只要存在违法性认识错误便应当阻却故意，对于因过失引起的违法性认识错误，只有该罪依照刑法典可由过失构成时，才对其以过失定罪处罚，反之则不处罚，而刑法并未对集资诈骗罪规定相应的过失犯罪，因此只要行为人具有违法性认识错误就会被判处无罪，这必然会削弱刑法的规制能力，从而危及社会公共利益。况且，如果行为人本身具有违法性认识可能性，但由于轻率、疏忽等而导致违法性认识错误，这种错误本身就是可谴责的。

那么，如何判断行为人是否具有违法性认识可能性呢？一直以来，我们是通过"审查违法性认识错误是否具有可避免性"来完成违法性认识可能性有无的判断，如果审查的结果是该错误无法避免，则对应说明行为人不具有违法性认识可能性，如果审查的结果是该错误可以避免，相应地也就说明行为人具有违法性认识的可能性。① 对于如何判断违法性认识错误具有可避免性，笔者认为，当客观上存在查明法律以避免错误的机会，行为人没有利用机会为违法性之查询作出充分努力，就足以认定违法性认识错误可避免。而当行为人知道自己活动的那个领域正好处在法律特别规制的领域时，就应当去关心适用于这一领域的法律，这种意识的存在本身就应当成为行为人必须利用的机会。因此，我们有理由期望从事金融行业的人员了解有关与自己所从事领域相关的法律信息。② "在给予了行为人意识到违法性的'契机'的场合，下面就要求行为人对于自己所欲实施的行为是否是违法的，进行深思熟虑，如果确有必要，还应进行相应的调查或咨询"。③ 如果没有或者没有充分地去咨询、了解，便会产生有责的违法性认识错误。例如在"廖琅非法吸收公众存款罪"一案中，法院就指出，上诉人廖琅自入职上海钰申公司南昌第二分公司，先后担任营业部分部部长、部长、总经理等职务，其有义务也有条件了解公司的经营范围以确定自己的工作行为是否合法，故以其不明知上海钰申公司营业范围是否涵盖金融业务为由而免责的理由，不能成立。④ 那么，如何认定行为人尽到了努力查明的义务呢？一般认为，因信赖相关公共机关的官方意见、司法裁判的结论而陷入违法性认识错误的，应当认为做出了充分努力，进而认定违法性认识错误不可避免。对于私人意见的信赖，是否能够成为违法性认识错误不可避免的理由，尚未达成一致意见，不过最高人民检察院《关于办理涉互联网金融犯罪案件有关问题座谈会纪要》（高检诉〔2017〕14号）已经做出了明确规定，"对于犯罪嫌疑人提出因信赖专家学者、律师等专业人士、主流新闻媒体宣传或有关行政主管部门工作人员的个人意见而陷入错误认识的辩解，不能作为犯罪嫌疑人判断自身行为合法性的

---

① 车浩：《法定犯时代的违法性认识错误》，载《清华法学》2015年第4期。
② ［德］汉斯·海因里希·耶塞克、托马斯·魏根特：《德国刑法教科书》，徐久生译，中国法制出版社2016年版，第548页。
③ ［日］松原芳博：《刑法总论重要问题》，王昭武译，中国政法大学出版社2014年版，第208页。
④ 江西省南昌市中级人民法院刑事判决书（2018）赣01刑终第16号。

根据和排除主观故意的理由。"

综上可知，在P2P网贷平台涉集资诈骗罪的司法认定过程中，是否具有违法性认识并不影响犯罪的成立，只有当行为人对非法集资的违法属性不存在认识可能性时，才能阻却行为人构成集资诈骗罪的责任。事实上，在大多数情况下行为人都具有违法性认识可能性，因为要在法律的特别规制领域活动时，就应当努力收集、了解适用于这一领域的法律，从事互联网金融的人自然也有义务去了解相关金融法律法规、弄清自己行为的性质，如果因为没有努力查明而产生了违法性认识错误，属于可避免的违法性认识错误，不影响犯罪故意的成立。这也是司法实践中审判机关在定罪时一般不会采纳行为人所谓的不了解相关法律法规、不具有违法性认识、违法性认识不足等辩解的原因。

三、集资诈骗罪犯罪主体的界定

（一）自然人犯罪和单位犯罪的争辩

1. 集资诈骗罪犯罪一般主体的特征

根据现行刑法的规定，集资诈骗罪的犯罪主体是一般主体，既可以是达到刑事责任年龄、具有刑事责任能力的自然人，也可以是单位。单位犯罪是公司、企业、事业单位、机关、团体等法定单位，经单位集体研究决定或由有关负责人员代表单位决定，为本单位谋取利益而故意实施的，由法律规定为应负刑事责任的行为，作为或者不作为，故意或者过失都可以构成。在互联网借贷平台尚未出现之前，非法集资犯罪多以某个自然人的形式出现。而早期的民间集资案件的犯罪主体，往往声称"投资矿场、房产""投资公益项目""投资生产经营项目"等，有的甚至打着民间标会的名义，以高额收益作为诱饵，骗取众人信任，进行民间集资。案发之后，经司法机关的调查，证实他们其实并没有真正用于生产经营，而是编造谎言，将集资的款项用于"赌博、炒股、偿还债务，或者个人高消费的挥霍"，实际的用途与投资承诺的事项并不相同。早期的线下的民间融资与非法集资的区别及认定焦点，集中在是否具有非法占有为目的和是否采取欺骗手段的问题上。但自从互联网发展兴起，"科技服务公司""金融理财公司"等公司纷纷成立，借助P2P网贷平台进行非法集资的案件如同雨后春笋，凸显的问题就是犯罪主体是单位还是自然人？因为刑法关于个人和单位的追诉立案标准是有很大差异的。譬如，刑法规定，单位犯集资诈骗罪的直接负责的主管人员和其他直接责任人员符合第一档法定刑的"可以并处罚金"，而对应的自然人符合第一档法定刑的则为"并处罚金"。换言之，单位犯罪的起刑点高于自然人犯罪，针对同样情节的犯罪行为，对单位直接责任人员的处罚会比相应自然人犯罪的责任人更轻。

2. 单位犯罪的形式认定标准

毋庸置疑，P2P平台的诞生被赋予了金融创新和金融科技的新业态的色彩，得到政府鼓励和大力支持，也因为当时是新鲜事物，金融监管没有标准的画像可以参考。所以，最初设立门槛很低，往往三五个人，几十万的资金就可以成立，所以，P2P 网贷平台几乎是遍地开花，雨后春笋，当然也就伴随着良莠不分。从 2018 年 6 月网贷平台系列爆雷至今的上百起非法集资犯罪案件的司法实践来看，即使是自然人犯本罪，也多以单位名义来实施，尤其是在 P2P 网络集资诈骗案中，多数自然人也是乔装打扮，大多都是先成立一个公司，然后以公司的名义设立"伪"P2P 平台，进而实施违法犯罪活动。诸如，"周玉齐集资诈骗罪"一案中，被告人周玉齐以其占股 80% 的惠州市艺商文化投资发展有限公司的名义创建了"艺商贷"P2P 网络平台，并在该网络平台上虚构借款人及标的等信息，承诺给予高额回报，进行非法集资，然后将大部分集资款用于炒股、支付集资参与人的本金及利息和偿还个人债务。① 还有诸如"陈维熙、陈尧集资诈骗、非法吸收公众存款罪"一案中，被告人陈维熙于 2015 年 8 月 18 日以股权转让形式取得深圳前海众投互联网金融服务有限公司，被告人陈尧任该公司总裁、被告人吴迪任该公司高级投资顾问。陈维熙、陈尧作为该公司运营负责人，依托该公司及该公司的"融促汇"P2P 网络借贷平台，虚构投资项目进行非法集资。② 这些案件的特点是"以单位名义实施犯罪，实则自然人犯罪"的情形。再如"颜万卫犯集资诈骗罪、妨害信用卡管理罪"一案中，法院认为"被告人颜万卫设立嘉兴智轩电子商务有限公司及'大家网'后，实际并未正常经营'P2P'网络借贷，而是借助网络平台以诈骗方法非法集资，该公司和网站是被告人颜万卫从事集资诈骗活动的平台和工具，对该种情况依法不能认定为单位犯罪"。③ 这种个人为进行违法犯罪活动而设立的公司、企业单位实施犯罪的，或者公司、企业单位设立后，以实施犯罪为主要活动的，按照自然人犯罪认定应该没有争议。但在实际认定中，辩护律师往往极力从犯罪主体是单位来进行辩护，由于两者在定罪量刑上的差别，从而使许多实际上属于自然人犯罪的犯罪行为都力图辩解为单位犯罪，以逃脱更重的刑罚处罚。

我国学者认为，认定单位犯罪主体最重要的两个特征分别为具备"合法性"和"利益归属于单位"。所谓合法性，是指从单位犯罪主体资格的取得方面，该单位必须是依法成立的，包括成立的程序遵循法律规定和成立的目的符合国家、社会利益。④ 因此，个人为了进行集资诈骗而设立的公司、企业实施犯罪的，其目的具有非法性，所以不以单位犯罪论处。司法实践中，也是从"是否合法以及利益是否归属于单位"这两个方面搜集证据进行审理宣判的。例如在"叶小红等人集资诈骗罪"一案中，针对辩护人提出的本案系单位犯罪的辩护理由，法院则认为"英邦公司以及以其连锁加盟形式相继成立的民间借贷服务公司、分支机构等均是上诉人叶小红与被告人向佐军为了'进行非法集资犯罪活动'而设立的，违法所得都归向

---

① 广东省高级人民法院刑事判决书（2017）粤刑终第 151 号。
② 广东省高级人民法院刑事判决书（2019）粤刑终第 824、825、826 号。
③ 浙江省嘉兴市嘉善县人民法院刑事判决书（2015）嘉善刑初字第 318 号。
④ 聂立泽：《单位犯罪新论》，法律出版社 2018 年版，第 11 页。

佐军与叶小红所有和支配，根据相关法律规定，本案不以单位犯罪论处"。① 再如，在"杨建兴集资诈骗罪"一案中，法院认为"上诉人杨建兴设立惠州市聚宝堂投资管理有限公司后，便大肆制作虚假材料在网上宣传该公司的P2P理财业务，对投资者承诺有高额回报，以欺骗投资者投资为主要活动，并未从事其他经营活动，依法不属于单位犯罪。"② 还有的判决书则强调"利益是归属于单位还是归属于个人账户"，譬如，在"陈维熙、陈尧集资诈骗、非法吸收公众存款罪"一案中，关于本案是否单位犯罪问题，法院认为"上诉人陈维熙取得前海众投公司的控制权后，一直伙同上诉人陈尧、吴迪利用前海众投公司的'融促汇'P2P网络借贷平台，虚构投资标的，诱骗投资者在该平台投资，且取得的大部分投资款均转至陈尧等人个人账户中，没有证据证明用于实际生产经营活动，陈维熙、陈尧、吴迪等人经营前海众投公司期间主要从事集资诈骗活动，依法不应以单位犯罪论处。"③

显而易见，"利益是否归属于单位"是司法判定单位犯罪的另一个重要标准。换言之，利益归属是区分自然人犯罪与单位犯罪的重要区别。即使是以单位的名义实施的集资诈骗行为，但是违法所得归属于个人的，也应当认定为自然人犯罪。在浙江温州的"徐慧集资诈骗罪"一案中，司法的判决说理比较全面和清晰，法院指出："利用P2P网络贷款平台进行融资及诈骗犯罪有其特殊性，必定要利用相关单位的名义，仅以个人的名义，其犯罪就不能得逞。徐慧以该公司的名义从事犯罪，犯罪所得归自己支配，在主体上属于自然人犯罪，公司仅是其实行犯罪的平台，借此以实现犯罪目的，故本案不应认定为单位犯罪。"④

3. 构成单位犯罪的实质认定标准和步骤

由上可知，在区分属于单位犯罪还是自然人犯罪时，不能简单根据外在的形式，而应当从单位主体资格的"合法性"与"犯罪利益的归属"两个方面进行实质认定。笔者从所搜集的裁判文书中法院的裁判结果及其论证过程来看，非法集资行为多是以单位的名义实施的，对于以单位名义实施的非法集资行为，到底是自然人犯罪还是单位犯罪，应进一步审查以下几点：

（1）审查是以哪个单位的名义实施的犯罪行为？这个要根据具体的合同印章和宣传情况来确定。

（2）审查非法集资行为所体现出的是个人意志还是单位意志？以正确区分实施非法吸收公众存款行为的主体是单位还是自然人。

（3）审查所谓的单位是否真实存在，是否冒用了其他单位的名义，是否存在真实的生产经营？

（4）是否是为了实施违法犯罪而设立的单位，单位设立后是否是以实施犯罪为

---

① 四川省常德市中级人民法院刑事判决书（2018）湘07刑终第70号。
② 广东省惠州市中级人民法院刑事判决书（2016）粤13刑终第145号。
③ 广东省高级人民法院刑事判决书（2019）粤刑终824、825、826号。
④ 浙江省温州市中级人民法院刑事判决书（2016）浙03刑终第1896号。

主要活动?

（5）犯罪所得是否归单位所有的实质审查。

在司法实践中，因为犯罪主体的认定是定罪量刑的重要前提，所以，在判决书中应该以此作为基本特征进行说理。对此问题极具代表性和关注率的是具有重大影响的"e租宝"案件的审理与判决的思路。

经法院审理查明，非法集资波及全国31个省市的、曾风靡全国的"e租宝"网络平台就是"钰诚系"下属的金易融（北京）网络科技有限公司运营的网络平台。2014年2月，钰诚国际控股集团收购了这家公司，并对其运营的网络平台进行改造，将其命名为"e租宝"，打着"网络金融"的旗号上线运营。"e租宝"的相关犯罪嫌疑人以高额利息为诱饵，通过"假项目、假三方、假担保"制造骗局，持续采用借新还旧、自我担保等方式大量非法吸收公众资金500多亿，巨额资金被钰诚集团占有自用。除"e租宝"平台实际控制人、钰诚集团董事会执行局主席丁某之外，"e租宝"平台的20多名涉案人员被北京检察机关起诉。那么，"e租宝"案件是单位犯罪还是自然人犯罪确实是辩护律师辩护的焦点之一。最终，2017年9月12日，北京市第一中级人民法院依法公开宣判被告单位安徽钰诚控股集团、钰诚国际控股集团有限公司以及被告人丁某等26人集资诈骗、非法吸收公众存款案，对钰诚国际控股有限公司以集资诈骗罪、走私贵重金属罪判处罚金人民币18.03亿元，对安徽钰诚控股集团以集资诈骗罪判处罚金人民币1亿元；对作为集团的主要负责人丁某以集资诈骗罪、走私贵重金属罪、非法持有枪支罪、偷越国境罪判处无期徒刑，剥夺政治权利终身，并处没收个人财产人民币50万元，罚金人民币1亿元；对丁某个人构成集资诈骗罪，判处无期徒刑，剥夺政治权利终身，并处罚金人民币7000万元。同时，分别以集资诈骗罪、非法吸收公众存款罪、走私贵重金属罪、偷越国境罪，对张某等24人判处有期徒刑15年至3年不等刑罚，并处剥夺政治权利及罚金。① 这个宣判表明："e租宝"案件中既有单位犯罪，也有自然人犯罪，被告丁宁既作为集资诈骗单位犯罪的主要负责人被处以惩罚，也作为自然人犯罪（多项罪名）单独给予了处罚，这是本案判决比较特别的地方。

随后，2017年9月28日，广州天河区法院也对"e租宝"广州分支机构的被告人做出一审公开宣判，李强等九名被告人因犯非法吸收公众存款罪，分别被判处有期徒刑四年至有期徒刑一年六个月、缓刑两年，并处罚金十五万元至一万元不等。而关于本案是单位犯罪还是自然人犯罪这个问题，公诉机关和辩护律师有不同的意见，最终本案判定是单位犯罪。且看法院判决理由："现有证据证实上海钰申公司是经工商登记具有法人资格的企业，本案吸收公众存款的行为均是以上海钰申公司推荐'e租宝'平台的名义进行，所吸收的款项最后全部汇入上海钰申公司账户，公诉机关未能提供证据证实上海钰申公司非法集资的经营模式是个人意志而

---

① 《北京市一中院依法公开宣判钰诚国际控股集团有限公司等单位及丁宁等26人集资诈骗、非法吸收公众存款案》，载http://www.sohu.com/a/191413845_267106，访问日期：2019年12月30日。

非单位集体决策行为以及所吸收款项并未用于公司经营活动,故本案应认定为单位犯罪。"①

本案分析判断的路径是:第一,认定上海钰申公司是具有法人资格的企业,具有合法性;第二,以单位名义进行吸收存款,但所吸收的款项最后全部汇入上海钰申公司账户(违法所得归属于单位);第三,公司非法集资的经营模式是单位集体决策行为而不是个人意志行为(从有利于被告的原则推定出的结论);最终认定本案是单位犯罪。判决理由不仅充分,而且说理性强,也体现了证据裁判,无罪推定的审判理念。

四、集资诈骗罪的客观表现

(一)使用诈骗方法是集资诈骗罪的必备要件

有观点认为,使用诈骗方法并不是集资诈骗罪的必备要件,理由在于:1."使用诈骗方法"对区分非法吸收公众存款罪和集资诈骗罪意义不大。实务中非法吸收公众存款罪的被告人也或多或少使用了诈骗方法。2.根据2001年颁布的《全国法院审理金融犯罪案件工作座谈会纪要》的规定,在非法集资过程中产生了非法占有他人资金的故意,也构成集资诈骗罪,从而更加说明"非法占有目的"才是认定集资诈骗罪的关键,而是否"使用诈骗方法"对犯罪成立并无影响。② 对此观点,笔者无法认同,首先集资诈骗罪与诈骗罪属于特别法条与一般法条的关系,自然应当与诈骗罪具有相同的构造:一方虚构事实、隐瞒真相,另一方基于认识错误交付财物,因此使用诈骗方法应为集资诈骗罪的必备要件。其次,不能因为非法吸收公众存款罪中行为人也或多或少都使用了诈骗方法,从而以难以通过"使用诈骗方法"对非法吸收公众存款罪和集资诈骗罪进行区分为由,就否认使用诈骗方法是集资诈骗罪的必备要件。难以通过"使用诈骗方法"区分两罪,只能说明"使用诈骗方法"不是区分两罪的必备要件,而不能说明"使用诈骗方法"不是集资诈骗罪的必备要件。再者,正是由于非法集资中行为人都或多或少使用了诈骗方法,才使得将行为人在非法集资过程中产生非法占有目的的行为认定为集资诈骗罪具有可能。反之,如果行为人从始至终都没有使用诈骗的方法,即使产生了非法占有目的,也不得认定为集资诈骗罪。例如在"简磊集资诈骗罪"一案中,被告人在建立"瑞贷通"平台非法集资之初并不具有非法占有目的,但是在项目亏损之后,便使用建立虚假标的的诈骗方法进行融资,产生了非法占有的目的,最终法院认定被告人构成集资诈骗罪。③ 从最初的非法集资到集资诈骗,被告人犯罪性质的改变并非仅在

---

① 《不具备金融资质疯狂吸资过3亿,广州e租宝案一审9人领刑》,载http://news.163.com/17/1107/06/D2KCICDO00014AEE.html,访问日期:2020年1月18日。

② 李勤:《非法吸收公众存款罪与集资诈骗区分之问——以"二元双层次"犯罪构成理论为视角》,载《东方法学》2017年第2期。

③ 江西省高级人民法院刑事判决书(2017)赣刑终第18号。

于其目的的改变,还在于其使用了诈骗的方法。另外,需要注意的是,诈骗方法并不仅限于采取虚构资金用途、以虚假的证明文件和高回报率为诱饵的方法和手段。在司法实践中,用于非法集资的诈骗方法可谓是多种多样,例如在"袁志豪、郑士敬集资诈骗"一案中,行为人以实际同址且工作人员混同的广东富某通股权投资基金管理有限公司提供借款人推荐及虚假担保来骗取投资人的信任。① 在"缪忠应、王永光集资诈骗"一案中,被告人伪称借款人是"优易网信用推荐客户,若发生逾期由本站风险理赔金赔付本金及利息",并将优易公司的注册资本增资至 1000 万元来夸大公司实力,以增强欺骗性。② 在"赵恒新集资诈骗"一案中,被告人通过承诺所销售的标的 100% 保本付息,并由"新华贷"作为担保,来获得投资人的信赖。③ 在"泮某某集资诈骗"一案中,被告人以召集客户前往常山县参观所谓担保企业、虚构其担保能力并提供虚假的股权质押为手段,实施集资诈骗行为。④ 在"刘其军、陈上升集资诈骗,非法吸收公众存款"一案中,为骗取投资人信任,被告人刘其军、汪忠洲通过召开投资人见面会等方式进行宣传,并假冒江苏明松农业开发有限公司、江苏亿佳德物流有限公司等名义,虚构上述公司需要资金周转等用途,以高额利息为诱饵,在都梁创投平台发布虚假借款信息,并以上述公司名义与众多投资人签订《借款协议书》。⑤ 同时,随着经济的不断发展,集资诈骗行为人的诈骗方式,还会不断地改头换面,因此,司法机关在认定 P2P 网贷集资诈骗犯罪中"诈骗方法"时,应立足于诈骗罪的基本构造进行判断,即只要某种行为足以使对方陷入"行为人属合法募集资金""行为人属正当募集资金""行为人的集资获得了有权机关的批准""出资后会有回报"等认识错误,足以使对方"出资",那么就可将此种行为认定为"诈骗方法",⑥ 而不应囿于司法解释所列举的几种有限的表现形式。

(二)非法集资行为的认定

2010 年最高人民法院《关于审理非法集资刑事案件具体应用法律若干问题的解释》给出了"非法集资"的四个要件:即非法性、公开性、利诱性、社会性。由于刑事立法中犯罪构成要件的概括性和抽象性,司法机关在办理 P2P 网络借贷平台涉嫌集资诈骗犯罪的案件中,总结出了法律适用的经验性依据,明确网贷平台的中介性,以平台是"信用中介"还是"信息中介",是否设立"资金池"作为认定依据。⑦ 但是对于不直接形成资金池,而对投资者的资金具有实际控制力的行为可否认定为非法集资,以及"有条件的债权转让""风险保证金"等保障机制是否符合"利诱性"特征,仍存在较大争议,因而需要作进一步探讨。

---

① 广东省广州市中级人民法院刑事判决书(2018)粤 01 刑终第 1857 号。
② 江苏省南通市中级人民法院刑事判决书(2015)通刑二终字第 00074 号。
③ 北京市第二中级人民法院刑事判决书(2017)京 02 刑初第 33 号。
④ 浙江省杭州市中级人民法院刑事判决书(2015)浙杭刑出字第 131 号。
⑤ 江苏省南京市中级人民法院刑事判决书(2016)苏 01 刑终第 413 号。
⑥ 张明楷:《诈骗罪与金融诈骗罪研究》,清华大学出版社 2006 年版,第 492 页。
⑦ 毛玲玲:《互联网金融刑事治理的困境与监管路径》,载《国家检察官学院学报》2019 年第 2 期。

1. "资金池"标准

在传统"信息中介"式的P2P网络借贷模式中,平台仅起中介作用,不是借贷合同的当事人,不对当事人提供任何形式的信用中介服务,此种模式的P2P网络借贷是一项金融创新,其所产生的债务风险具有分散性和封闭性的特征,因此相关部门乃至社会各界对于传统"信息中介"式的P2P网络借贷是持肯定和鼓励态度的。① 但是,恰恰相反,在P2P领域中,这种纯粹的"信息中介"式P2P网络借贷平台很少,更多的是P2P网络借贷平台通过将借款需求设计成理财产品出售给放贷人,或者先归集资金,再寻找借款对象等方式,使放贷人资金进入平台的中间账户,产生资金池。② 例如在"施移新集资诈骗罪"一案中,被告人施移新伙同陈某九、魏某、贾某等人便是利用搭建的网贷平台发布虚假的车辆抵押借款项目,将虚假车辆抵押项目包装成若干个标的额为2万元至10万元不等的理财产品进行销售,并以承诺还本付息为诱饵对社会公开宣传,骗取借款人进行投资,然后对投资款项进行控制、支配。③ 当投资需求远远高于借款人需求,或者当P2P网络借贷平台无力寻找到足够的借款人时,部分P2P网络借贷平台还会发布虚假的借款标的,一些是根本就不存在的借款标,一些则是以数倍的方式夸大借款标,由于根本不存在真实的借款人或者吸收的资金远大于借贷出去的资金,从而形成资金池。例如在"黄庆乐、黄林章诈骗、集资诈骗"一案中,由上诉人黄庆乐先寻找借款人,先期支付借款人钱款,后以增加借款人借款数额数倍方式将借款标的放置"国惠金融"平台吸引投资,骗取投资方将资金投入平台用户,从而形成资金池。④ 在"郭宏洲、陶迟荣等集资诈骗"一案中,被告人周一玮等授意他人或参与制作假"标"骗取群众投资,并伪造转账凭证虚构群众投资的资金被用于该假"标"。⑤ 在"宣卫卫、毛虎集资诈骗"一案中,上诉人宣卫卫也是通过发布虚假借款标的吸收公众资金,并且为了获得投资人信任,制作假的房产证等抵押证明、假的借款合同及假借款人身份信息,由于并无真实的借款人,投资人投标的钱就会转到公司指定的张某甲账户上。⑥ 在"王振刚、刘雪冬集资诈骗"一案中,上诉人王振刚、刘雪冬在"华某易投"网络借贷平台上虚构借款人和借款合同,发布虚假的车标,以公开方式向公众宣传,用20%~30%的高额利息吸引投资人投资。毛某、吴某等投资人通过互联网了解到"华某易投"网站后,将投资款通过银行转账到该公司指定的个人账户或者通过"汇潮""宝付"等第三方支付平台转账到华某公司的账户。⑦ 司法实践中,除了上述

---

① 刘宪权、金华捷:《P2P网络集资行为刑法规制评析》,载《华东政法大学学报》2014年第5期。
② 李洪霞:《P2P网络借贷与非法集资行为研究》,载廖斌、周琳主编:《非法集资犯罪防控研究》,中国政法大学出版社2018年版,第112页。
③ 浙江省台州市仙居县人民法院刑事判决书(2019)浙1024刑初第92号。
④ 广东省高级人民法院刑事判决书(2017)粤刑终第1096号。
⑤ 上海市高级人民法院刑事判决书(2017)沪刑终第17号。
⑥ 山东省德州市中级人民法院刑事判决书(2017)鲁14刑终第25号。
⑦ 河北省沧州市中级人民法院刑事判决书(2016)冀09刑终第534号。

将借款需求设计成理财产品出售给投资人或者通过发布虚假借贷标的,使得投资人的资金进入平台中间账户产生资金池的情况,还存在一种特殊情形,即由某个专业放款人(一般是与网络借贷平台具有一定关联关系的个人或机构)与借款人签订相应借款协议,并先将资金出借给借款人取得相应债权,专业放款人取得相应债权后,网贷平台将专业放款人手里的债权进行金额期限的拆分,然后通过债权转让的方式转让给投资人。① 有观点认为网贷平台的这种业务模式(债权转让模式)在经营过程中并不会形成资金池,进而也不会成立非法集资。笔者认为,这种观点是值得商榷的。首先,在司法实践中,专业放款人一般会在债权转让协议中通过"格式条款"来取得投资人的授权,代为收取和管理借款人的还款,那么在债权转让完成后,借款人并不是将钱还给新债权人,而是由专业放款人代为收取和管理,并向投资人兑付。由于资金都是在专业放款人这一个中间账户进行流通,必然会产生资金沉淀,触犯了网贷平台不得触碰资金的红线。② 加之长期经营下来,在转让过程中,很难区分对外进行放贷的资金属于专业放款人的自由资金还是吸收的投资人资金,平台可能先用之前投资者的资金来受让债权,然后再转让给投资者。③ 其次,从司法实践中案发的情况来看,采用债权转让模式的非法集资犯罪中,一大部分债权转让模式中的债权都是虚假的,行为人通过虚假债权转让的方式,骗取投资人的资金,从而形成资金池。④ 例如在"石捷犯集资诈骗罪、张宪东犯非法吸收公众存款罪"一案中,石捷作为实际控制人的中融众信公司、金宝瑞担保公司并不存在实际借款人,债权转让项目实属虚构。⑤ 在"薛林集资诈骗罪、马始元非法吸收公众存款罪"一案中,上诉人薛林在身负巨额债务且无还款能力的情况下,采用转让虚假可转让债权并提供虚假担保等诈骗手段非法集资,后将大部分用集资款用于灭失性、无法产生收益的用途,造成被害人巨额经济损失。⑥ 在"厉俐君集资诈骗罪"一案中,被告人厉俐君、李海红背负高额债务无力偿还,遂于2013年11月14日注册成立浙江君茂投资管理有限公司,并在互联网上开设名为君茂财富的所谓"P2P网络借贷平台",后通过伪造房屋他项权证、机动车登记证等,以各类虚假的"债权转让借款标"吸引客户,并承诺给客户高额利息以吸收资金,主要用于归还两人的个人债务等。⑦ 由于法律规定P2P网络借贷平台不能触碰资金,而这些P2P平台未经批准设置资金池,显然符合非法集资"非法性"的特征。不过,形成资金池是平台构成非法集资的必要条件,并非充分条件,即若平台构成非法集资,则必

---

① 叶媛博:《新形势下P2P网贷平台风险及应对——兼论"爆雷潮"后P2P平台的合规化发展》,载《政法学刊》2019年第4期。
② 王拓:《P2P网贷平台债权转让模式的刑事风险分析》,载《中国检察官》2016年第24期。
③ 国家检察官课题组:《P2P网络借贷平台异化的刑事规制》,载《国家检察官学院学报》2018年第1期。
④ 国家检察官课题组:《P2P网络借贷平台异化的刑事规制》,载《国家检察官学院学报》2018年第1期。
⑤ 北京市第三中级人民法院刑事判决书(2018)京03刑初第3号。
⑥ 浙江省高级人民法院刑事判决书(2016)浙刑终第564号。
⑦ 浙江省杭州市中级人民法院刑事判决书(2015)浙杭刑初字第165号。

然形成资金池,但是形成了资金池却不一定构成非法集资,也就是说在判断已经形成了资金池的P2P平台是否构成非法集资时,还应当结合其他构成要件做综合判断。①

目前,司法机关对形成集资池的P2P平台在何种情况下构成非法集资已经能够准确认定,存在适用疑难的情形在于,不直接形成资金池,但是对投资者的资金具有实际控制力的行为能否认定为非法集资。例如有些涉嫌犯罪的P2P网络借贷平台虽然向社会公众公开宣传、承诺还本付息,但是平台本身并不形成资金池,资金仍存放在出借人的个人账户里,但是平台控制出借人的账户,并与出借人约定在平台具有借款需求时,可以将资金转出。同时相关借款利息、抵押物占有都是由平台进行规定、控制。② 这种情况,由于并没有在形式上形成非法"资金池",似乎不能认定为非法集资,但事实并非如此。P2P网络借贷平台虽然表面上没有形成资金池,但由于能够对出借人的账户进行实际控制,当平台具有借款需要时,就可以通过操控出借人的资金进行资金配置,这显然与设立资金池的行为具有同质性,同样获得了对集资资金的控制支配,同样使得原本特定、封闭的债务风险变得具有集中性和扩散性,同样具有严重的社会危害性。因此,应当借鉴穿透式监管理论,将此种表面虽未形成资金池,但能够对出借人的资金形成实际控制支配的行为,纳入刑法的规制。

2. "信用中介"的实质判断

2016年8月,银监会联合工信部、公安部等四部委发布《网络借贷信息中介机构业务活动管理暂行办法》,明确规定:"网络借贷信息中介机构不得……直接或变相向出借人提供担保或者承诺保本付息",即将P2P平台性质划定为"信息中介",而非"信用中介"。但是,在商业经营过程中,一些P2P平台发挥了"信用中介"的作用违规提供担保或者类似担保的业务,从而实现了信用转换。在这种经营模式中,由P2P平台自身或者其关联企业为出借人的资金安全提供保障,一旦借款人无力还款,由平台承担连带责任赔付出借人的本息,这种以自身作为担保或者利用关联企业担保的方式,实际上就是一种变相承诺保本付息的行为,符合了非法集资"利诱性"的特征。例如在"刘铁亮、黄金土集资诈骗罪"案中,被告人上线运营泰麟资本P2P网贷平台,通过该网贷平台发布借款标及承诺到期支付利息等方式吸收投资款,在明知无法偿还到期本息的情况下虚构借款标骗取集资参与人的投资款,并以其实际控制的广州泰成信用担保有限公司提供虚假担保,承诺当投资者的借款出现严重逾期时,由担保公司偿还出借人的本息,以此吸引投资者进行投资。③ 实践中,这些提供担保的平台或者公司大多根本不具有偿还借款本息的能力,

---

① 毛玲玲:《互联网金融刑事治理的困境与监管路径》,载《国家检察官学院学报》2019年第2期。
② 上海市第二中级人民法院刑二庭庭长王宗光2018年11月10日华东政法大学"经济犯罪的新问题与审判实务"讲座记录,发表于"华政金融监管与刑事治理研究中心"微信公众号。
③ 广东省高级人民法院刑事判决书(2018)粤刑终第1334号。

有的只是空壳公司，有的甚至只是平台虚构的公司，在借款人出现违约的情况下，都无法使得投资人获得全额本息的赔付，相反只会使得投资人放松对借款人的警惕，落入集资诈骗的陷阱中。例如在"黄庆乐、黄林章诈骗、集资诈骗"一案中，公司在发布融资过程中声称由保护伞公司进行担保，对项目的全部投资人的本金和利息兜底，根据协议项目到期没有回款，担保公司要在五个工作日内垫付本息，但事实是提供担保的保护伞公司其实是黄庆乐控制的空壳公司。① 再如在"郭宏洲、陶迟荣等集资诈骗"一案中，为投资人的投资提供担保的上海鸿某塑胶有限公司就是上诉人为了骗取投资人的信任而虚构的。②

在司法实践中，P2P网络借贷平台出于规避法律规范的潜在动机，一般会选择采用通过"有条件的债权转让""风险保证金"等非典型方式来提供资金保障服务，那么这种方式是否为一种变相承诺保本付息的行为呢？所谓"有条件的债权转让"是指借贷双方在签订借贷合同的同时，出借人与平台再签订一份债权转让协议，约定在借款人无力偿还时，出借人将对借款人的债权转让于平台，平台则代借款人偿付相应的本金和利息。③ 所谓"风险保证金"制度，是指平台在经营过程中设立一定规模的风险备用金，用于在借款人无力偿还本息时赔付出借人的损失，同时又将赔付的金额控制在风险金的范围内。从上述两种保障机制的内容来看，无论是"有条件的债权转让"还是"风险保证金"在本质上都属于一种变相担保，它们将本属于投资人所承担的投资风险转移到平台身上，在这种情形下，即使借款人经营失败无法归还借款抑或是携款潜逃，都不会影响投资人的收益，投资人仍可按照P2P网贷平台事先承诺的回报获得收益，这显然是一种变相承诺保本付息的行为，符合非法集资"利诱性"的特征。并且，根据司法实践中案发的情况来看，由于缺乏透明度，外界根本无法知晓平台是否具有偿还全部本息的能力，所谓的风险保证金是否真实存在或者安全也是不清楚的，在多数情形下，这些"风险保证金""有条件的债权转让""第三方担保"等不过是P2P网络借贷平台为了引诱投资者投资，骗取投资者信任的手段，具有一定的诱导性。例如在"缪忠应、王永光犯集资诈骗罪"一案中，上诉人缪忠应虚构借款人、借款标以及优易公司属香港亿丰国际集团投资发展有限公司旗下成员单位的事实，伪称借款人是"优易网信用推荐客户，若发生逾期由本站风险理赔金赔付本金及利息"。④ 在"黄某等人集资诈骗罪"一案中，在被害人进入"三湘金融"网上投资平台并投资后，平台便生成与被害人的债权转让及回购协议，被告人黄某作为转让方，被害人作为受让方，某某公司作为居间方承诺转让方到期未按规定对出让债权的本金余额及相关利息无条件予以回购，自愿对出让债权的本金余额及相关利息予以立即回购。⑤

---

① 广东省高级人民法院刑事判决书（2017）粤刑终第1096号。
② 上海市高级人民法院刑事判决书（2017）沪刑终第17号。
③ 刘宪权、陈罗兰：《我国P2P网贷平台法律规制中的刑民分界问题》，载《法学杂志》2017年第6期。
④ 江苏省南通市中级人民法院刑事判决书（2015）通刑二终字第00074号。
⑤ 湖南省长沙市开福区人民法院刑事判决书（2017）湘0105刑初第248号。

五、P2P 网贷集资诈骗罪共同犯罪的研究

（一）共同犯罪中的主犯认定

P2P 网络集资诈骗一般为多人共同犯罪，并分别扮演不同的角色，发挥不同的作用，如果不区分对待，一律判处相同的刑罚，则违反罪刑相适应原则。然而，在司法实践中，不具体区分各共犯人的地位、作用，不充分考虑各共犯人自身情况的差异，导致实际量刑不当或失衡的现象，并不在少数。因此，必须仔细区分共同犯罪中各共犯人的具体地位、作用，准确认定主犯、从犯，避免造成罪刑不均衡的现象。① 那么，应当如何区分主从犯呢？为了更好地研究这一问题，笔者选取了 15 份对主犯的认定进行了充分说理的裁判文书，通过研究裁判文书中相关说理部分，考察司法机关认定主犯的判断依据，从中抽象出具有共性的认定与处理。（见表 1-4）

表 1-4　15 份裁判文书中法院认定主犯的裁判理由

序号	案由	法院对主犯认定的陈述
1	（2017）沪刑终 17 号	郭宏洲不仅参与了沪某公司的成立，还担任项目经理至案发，直接负责同期线上业务，其中郭宏洲出借、暂支资金计 170 余万元，郭宏洲在集资诈骗共同犯罪中起主要、积极作用，应当认定为主犯。
2	（2019）浙 11 刑终 95 号	朱海峰参与丽水市聚兴资产管理、有限公司的前期筹备工作，在公司运营过程中担任市场部经理，通过该公司客服人员在互联网运营"聚兴财富"P2P 网络投资平台与客户建立"聚兴财富投资交流群"的方式，向不特定的社会公众进行虚假宣传，提供他人银行卡给公司用于制作虚假借款标，为有借款和投资需求的客户提供借贷服务的网络借贷平台，诱骗客户进行虚假投资。在聚兴公司停止营业后，被告人朱海峰与游某 1、王某 2、谢某等人携款潜逃，后通过 pos 机刷卡套现、取现、转账等方式将投资款占为己有，根据上述事实，足以认定被告人朱海峰是本案集资诈骗的主要参与者之一，其行为积极主动，起主要作用。
3	（2018）浙 11 刑终 290 号	王仁坚在公司运营过程中担任运营部经理，提供他人银行卡用于制作虚假借款标，负责制作并在平台上发布虚假借款标，且预期获得 20% 股份。在公司停止营业后王仁坚与朱某等人携带载有涉案关键数据的电脑逃跑。王仁坚是本案集资诈骗的主要参与者之一，行为积极主动，起主要作用，认定为主犯。
4	（2019）浙 1022 刑初 29 号	在案证据可证明陈陆平在公司筹备期间便参与了公司网上平台及手机 APP 排版布局等方面的构建，在公司运营期间负责整个公司网络平台的线上运行、管理客服人员等事宜，并且公司大部分投资款来源于经其介绍来投资的章某 2，其在共同犯罪中积极参与实行、起主要作用，依法认定为主犯。
5	（2019）京 03 刑终 269 号	在共同犯罪中，孙庆伟、郑勇为主要的组织、决策人，均为主犯。

---

① 刘媛媛、王立争：《民间融资的刑事法网研究》，南开大学出版社 2017 年版，第 192 页。

续表

序号	案由	法院对主犯认定的陈述
6	（2017）湘0105刑初248号	被告人黄某甲担任某某公司的总经理，负责公司的具体经营管理，其对公司事务具有高度的决策权并积极参与实施犯罪，获取巨额赃款，其在共同犯罪中起主要作用，应认定为主犯。
7	（2017）湘0723刑初157号	在鑫昊公司运转过程中，按照二被告人相互分工，马永祥负责全面工作，余春华主要负责"鑫昊贷"平台上的线上管理。在处理富民公司的欠款及本人债务问题上，均由被告人余春华本人操作和实施，无论从地位及全案中所起的作用来看，都起了主要作用，系本案主犯。
8	（2017）豫0191刑初294号	徐宜倩是万鼎公司副总裁，负责除了财务外的公司日常运营管理，通过万鼎公司的宣传资料可知，徐宜倩在电视等媒体上以副总裁的身份宣传万鼎公司的实力和优势。综上，在非法吸收公众存款的犯罪活动中，徐宜倩虽不起最主要的决策和支配作用，但在宣传和管理集资团队方面的作用较大，不宜认定为从犯。
9	（2017）苏0585刑初125号	被告人王宇军办理公司注册登记、租赁公司经营场所、招聘公司人员、安排业务团队工作、发展借款人和接待投资人，明知无很多真实借款人的情况下，共同对外发布并无真实资产抵押的"冒名"借款人需要贷款的大量虚假借款标的，以高额回报为诱饵等手段，骗取社会公众投资，其在本案集资诈骗中起积极和重要作用，应当认定为集资诈骗共同犯罪的主犯。
10	（2018）浙01刑初123号	被告人汪来法在受让灏通公司、筹备经营及总体管理方面所起作用大，且占股明显高于叶琦锋；叶琦锋在收集、上标方面所起作用大，且从集资款中提现及消费的数额明显高于汪来法。其二人在共同犯罪中均起主要作用，均应认定为主犯。
11	（2019）粤刑终824、825、826号	吴迪伙同陈维熙等人以前海众投公司的名义向公众非法吸收存款，主要负责招揽投资人到"融促汇"平台投资并负责在该平台操盘，但其未参与决策或指挥，不了解涉案投资款的去向，更未使用或分取涉案投资款，其主观上不具有非法占有涉案投资款的目的。以非法吸收公众存款罪追究吴迪的刑事责任，并依法认定为主犯。
12	（2015）惠中法刑二初字第61号	被告人周稳妥及另案处理的同案犯叶某5，为筹集赃资、支付借款利息，谎称从事银行短期拆借及其他抵押业务，以借款方式向社会公众集资，后又为支付上述借款利息成立"文妥财富"P2P网络借贷平台，冒用、伪造他人抵押借款材料虚构借款"标的"，骗取线上投资者钱财，其在集资诈骗共同犯罪中地位极其重要，起主要和主导作用，依法不能认定为从犯。
13	（2018）粤01刑终1857号	被告人袁志豪组织、领导非法集资活动，支配涉案款项，在共同犯罪中起主要作用，是主犯。
14	（2017）皖15刑终207号	上诉人江开庭、张显俊组织、领导开展非法吸收公众存款活动，并从非法吸收公众存款中获取提成，在共同犯罪中起主要作用，均系主犯。
15	（2016）冀09刑终534号	原审被告人刘雪冬虽系受原审被告人王振刚雇佣，亦未得到除工资以外的其他钱财，但其在明知王振刚没有偿还能力进行集资诈骗的情况下，主管集资，并积极参与了集资诈骗共同犯罪的多个环节，在共同犯罪过程中起主要作用，对刘雪冬不宜认定为从犯。

从所搜集的裁判文书中法院对主犯认定的论证过程来看，法官在认定主犯时，一般将整个犯罪模式的组织者、决策者认定为主犯。例如案例 2 中被告人朱海峰不仅参与了公司前期的筹备工作，并在公司成立之后通过运营"聚兴财富"P2P 网络投资平台诱骗客户进行虚假投资，其在整个集资诈骗犯罪中发挥着组织者和决策者的作用，因此法院将其认定为主犯。在案例 4 中，被告人陈陆平在公司筹备期间便参与了公司网上平台及手机 APP 排版布局等方面的构建，在公司运营期间负责整个公司网络平台的线上运行、管理客服人员等事宜，并且公司大部分投资款来源于经其介绍来投资的章某 2，因此被认定为主犯。再如在案例 6 中，被告人黄某甲担任某某公司的总经理，负责公司的具体经营管理，其对公司事务具有高度的决策权并积极参与实施犯罪，因而被认定为主犯。除了上述案例，在案例 1、5、7、9、10、13、14 中，被法院认定为主犯的犯罪人也都是整个集资诈骗活动的组织者或决策者。此外，对于一些虽然不是公司的组织者、决策者，但是参与犯罪程度较高、表现积极主动，对犯罪结果的发生也发挥了重要作用的犯罪人也会被法院认定为主犯。例如在案例 3 中，被告人王仁坚虽不是公司的组织者、决策者，但是其在公司运营过程中担任运营部经理，提供他人银行卡用于制作虚假借款标，负责制作并在平台上发布虚假借款标，且预期获得 20% 股份，并在公司停止营业后与朱某等人携带载有涉案关键数据的电脑逃跑。由于被告人参与了集资诈骗的整个活动过程，行为积极主动，对犯罪结果的发生发挥了重要作用，因而被法院认定为主犯。再如在案例 8 中，被告人徐宜倩虽不起最主要的决策和支配作用，但在宣传和管理集资团队方面的作用较大，对整个犯罪活动发挥了重要作用，进而被认定为主犯。还需要注意的是，主犯也不一定是从非法集资中获得不法利益的人，例如在案例 11 中，上诉人吴迪主要负责招揽投资人到"融促汇"平台投资并负责在该平台操盘，但其未参与决策或指挥，不了解涉案投资款的去向，更未使用或分取涉案投资款，法院仍将其依法认定为主犯。（甚至怀疑这个判决是否正确）再如案例 15 中，原审被告人刘雪冬虽系受原审被告人王振刚雇佣，亦未得到除工资以外的其他钱财，但其在明知王振刚没有偿还能力进行集资诈骗的情况下，主管集资，并积极参与了集资诈骗共同犯罪的多个环节，在共同犯罪过程中起主要作用，仍被法院认定为主犯。

综上可知，司法实务中主犯的表现方式是多种多样的，在认定主犯时，要根据行为人在共同犯罪中所处的地位和作用综合判断。譬如，主犯在共同犯罪中处于主导决定地位，因此，共同犯罪中的组织者、决策者一般应被认定为主犯；其次，要考虑行为人实际参与犯罪的程度、具体行为的样态、对危害结果所起的作用，即使在共同犯罪中不起决定和支配作用，或者未从集资诈骗中获得不法利益，但是参与犯罪程度高、表现积极，对犯罪结果的发生起重要作用的行为人，也应当被认定为主犯。因为认定共同犯罪中的主犯，主要是缘于其罪过的可归责性，从客观上说，主犯的犯罪行为对犯罪结果的发生起到了重要或者主要的作用；从主观上说，主犯在犯罪时的主观心态是积极主动追求犯罪结果的发生，①因而，即使并非共同犯罪的组织者、决策者，但在共同犯罪中发挥了重要作用、表现积极、参与程度高的犯罪人，其罪过的可归责性同组织者、决策者相比相差无几，理应当被认定为主犯。由于集资诈骗罪中的"非法占有目的"，既可以为自己非法占有，也不排除为第三人非法占有，例如在"谢华集资诈骗罪"一案中，法院在认定被告人谢华是否构成集资诈骗罪时，指出"在共同集资诈骗犯罪中，认定谢华主观上具有非法占有的目的，不仅限于其本人对财物的非法占有，还包括共同作案人对财物的非法占有，本案中各集资参与人的投资款虽由马永祥占有，并不影响对谢华非法占有目的的认定。"②既然非法占有目的也包括为第三人非法占有，那么是否从集资诈骗罪中获得不法利益，不仅不影响集资诈骗罪的认定，也不影响对行为人主犯的认定。

（二）共同犯罪中的数额认定

刑法对集资诈骗罪规定了"数额较大""数额巨大""数额特别巨大"三档不同的法定刑[《刑法修正案（十一）（草案）》拟调整为"数额较大"和"数额巨大"两档法定刑]，且区别于单个人实施的集资诈骗犯罪，共同集资诈骗罪的犯罪数额有犯罪总额、分赃数额、参与数额等种类之分。因此，在认定共同集资诈骗犯罪中犯罪人刑事责任时，采取何种犯罪数额作为定罪量刑的根据是首要问题。鉴于共同犯罪的整体性和共同成员刑事责任的个别性，笔者认为，应当区分定罪数额和量刑数额，定罪数额是指决定或影响共同经济犯罪行为应负刑事责任的数额，量刑数额是指决定和影响各共同经济犯罪人承担刑事责任程度的数额，这两种数额的定罪量刑功能是不同的。前者具有决定或影响所有共同经济犯罪人应否成立犯罪的定罪功能；后者具有决定或影响各个犯罪罪行轻重并使用相应的法定刑幅度的定罪功能，以及裁量从重或者从轻处罚的量刑功能。③对于定罪数额，应当采用犯罪总额说，理由在于：在定罪阶段，法律评价的是犯罪行为，要对犯罪行为所造成的社会危害进行全面评价。共同犯罪是二人以上共同故意犯罪。在客观上，各犯罪人之间相互配合、相互统一、相互利用形成一个统一的整体，共同造成了危害结果，而每一行为人的行为都是这个整体中的一部分，而且每一个部分与危害结果之间都具有因果关系；在主观上，每个共同犯罪人对于共同犯罪整体的危害行为所造成的危害结果都持有希望或放任的态度，因此共同犯罪成员整体上应当对共同犯罪所造成的危害结果承担责任。④那么在共同经济犯罪中，共同犯罪人就要对共同犯罪总额承担责任。如果采用参与数额说，根据每一个共同犯罪人实际参与实施的犯罪数额予以定罪，则割裂了共同犯罪行为的整体性。

---

① 林晨、李成斌、金赛波主编：《P2P网络借贷纠纷案例裁判实务与述评》，法律出版社2018年版，第476页。
② 湖南省常德市中级人民法院刑事判决书（2018）湘07刑终第187号。
③ 张勇：《经济犯罪定量化研究》，法律出版社2008年版，第80页。
④ 方毓敏：《论共同财产犯罪中的数额认定》，载《上海法学研究》2019年第14卷。

在量刑阶段，法律是对行为人量定刑罚，这一阶段的突出特点是刑罚的个别化，虽然共同犯罪人都应当对犯罪结果承担责任，但是由于每一个共同犯罪人在共同犯罪中所起的作用及所处的地位并不相同，因而对所造成的危害结果应承担的刑事责任也应当是有区别的。① 我国刑法将共同犯罪分为主犯、从犯、胁从犯和教唆犯，并分别就他们刑事责任的承担进行了规定。因而，在量刑阶段，应当根据行为人在共同犯罪中所起作用的不同，按照刑法规定的共犯处罚规则，采用不同的数额标准来确定共同经济犯罪人的定罪数额② 和量刑数额，以实现刑罚的个别化，体现罪责刑相适应的基本原则。对于犯罪集团中的首先分子，刑法第 26 条第 2 款规定："对组织、领导犯罪集团的首要分子，按照集团所犯的全部罪行处罚"，因此，在共同集资诈骗罪中，犯罪集团的首要分子应当对共同犯罪的犯罪总额承担刑事责任，换言之，应当以整个犯罪集团实施的全部犯罪所涉及的总额作为确定首要分子量刑档次、刑罚轻重的数额。对于主犯，根据我国刑法第 26 条第 3 款规定，应当按照其所参与的或者组织、实施的全部犯罪处罚。根据这一规定，笔者认为应当区分犯罪集团中除首要分子之外的主犯和一般共同犯罪中的主犯。对于犯罪集团中除首要分子之外的主犯，应当按照其参与实施的实行行为所涉及的犯罪数额决定法定刑的档次和刑罚的轻重。这是因为，他们的社会危害性既不主要体现在影响集团其他所有成员的行为上，也不主要体现在犯罪后分赃数额的大小上，而主要体现在自己的实施行为上。③ 对于一般共同犯罪中的主犯则应以犯罪总额作为定罪量刑的依据。理由在于，在一般共同犯罪中，由于没有首要分子对整个犯罪起到决定、支配作用，因此不应像犯罪集团中除首要分子之外的主犯一样仅以其参与实施的实行行为所涉及的犯罪数额为准，还应当包括其所实施的教唆、帮助等非实行行为所涉及的犯罪数额，即对整个共同犯罪的犯罪数额承担刑事责任。司法实务中，法官对于一般共同犯罪中的主犯定罪量刑采用的也是犯罪总额标准。例如在"江开庭、张显俊集资诈骗"一案中，法院判决认为"上诉人江开庭、张显俊组织、领导开展非法吸收公众存款活动，并从非法吸收公众存款中获取提成，在共同犯罪中起主要作用，均系主犯，二上诉人应对在鑫宏公司任职期间吸收的全部资金数额负责。"④ 在"宣卫卫、毛虎集资诈骗"一案中，法院经审理认为：宣卫卫与毛虎有共同的犯罪故意并共同实施犯罪行为，其二人构成集资诈骗罪的共同犯罪，应对共同犯罪数额承担刑事责任。⑤ 在"石捷犯集资诈骗罪、张宪东犯非法吸收公众存款"一案中，法院认为石捷作为中融众信公司的实际出资人及控制人，应当对全案犯罪数额承担刑事责任。⑥ 对于从犯和胁从犯，一般应当按照分赃数额作为定罪量刑的标

---

① 方毓敏：《论共同财产犯罪中的数额认定》，载《上海法学研究》2019 年第 14 卷。
② 这里的定罪数额指决定或影响适用不同法定刑幅度的犯罪数额。
③ 刘宪权：《金融犯罪学原理》，上海人民出版社 2017 年版，第 130 页。
④ 安徽省六安市中级人民法院刑事判决书（2017）皖 15 刑终第 207 号。
⑤ 山东省德州市中级人民法院刑事判决书（2017）鲁 14 刑终第 25 号。
⑥ 北京市第三中级人民法院刑事判决书（2018）京 03 刑初第 3 号。

准，原因有二：一是因为"共同犯罪人的分赃，往往是按'劳'分配。从这个意义上来说，分赃数额间接起着衡量犯罪分子在共同犯罪中作用和尺度的功能"①，那么，以分赃数额为标准便能够更好地评价从犯所应承担的刑事责任。二是因为我国刑法规定对于从犯，应当从轻、减轻处罚或者免除处罚，对于胁从犯，应当按照他的犯罪情节减轻处罚或者免除处罚，采用分赃数额标准，能够体现对从犯的从轻处罚。有学者提出，"在确定从犯和胁从犯罪行的轻重从而决定适用何种法定刑档次时，还是应当采用'参与数额'进行认定，但在具体量刑时，可以考虑将'分赃数额'作为主要的量刑的因素"。笔者认为这一观点值得商榷，一方面"参与数额"与"分赃数额"必然有重合的部分，那么对于重合的部分既在定罪时予以考虑，又在量刑时加以参考，违反了禁止重复评价原则；另一方面，既考虑"参与数额"又考虑"定罪数额"无疑会给司法机关增加负担，从而降低司法效率。另外需要注意的是，对于犯罪未遂或者未能来得及分赃的案件，只能根据其他情节确定相应的刑事责任。在犯罪所得由各共同犯罪人共同挥霍的案件中，从犯或者胁从犯只能对自己挥霍的那一部分集资款承担刑事责任。②

（三）单位与自然人共同犯罪数额选择标准

根据2010年最高人民法院公布的《关于审理非法集资刑事案件具体应用法律若干问题的解释》第5条的规定："个人进行集资诈骗，数额10万元以上的，应当认定为'数额较大'；数额在30万元以上的，应当认定为'数额巨大'；数额在100万元以上的，应当认定为'数额特别巨大'。单位进行集资诈骗，数额在50万元以上的，应当认定为'数额较大'；数额在150万元以上的，应当认定为'数额巨大'；数额在500万元以上的，应当认定为'数额特别巨大'。"根据司法解释的规定，单位犯集资诈骗罪的起刑数额标准和量刑数额标准都是自然人犯罪的5倍，那么就产生一个问题，当单位和自然人共同集资诈骗时，应当以什么数额作为定罪量刑的标准？对此，理论上存在三种观点：第一种是单位标准说，认为应当以刑法所规定的单位犯罪的起刑点为标准，而不能以自然人数额为标准，理由在于单位与自然人构成共同犯罪，首先要求都必须是犯罪主体，这就决定了必须根据单位的数额起点来确定。③第二种是主犯标准说，认为要根据行为主体在共同犯罪中的地位和作用判断数额标准的适用，如果单位起主要作用，是主犯的，整个共同犯罪就按单位犯罪的数额标准；自然人起主要作用，是主犯的，就按自然人犯罪数额的标准；共同犯罪中分不清主从犯的，就按各自的犯罪标准定罪。④这种观点主要是参照相关司法解释对走私犯罪中自然人和单位共同犯罪量刑标准的规定。根据我国《关于办理走私刑事案件适用法律若干问题的意见》第20条的规定，"对单位和个人共同走

---

① 陈兴良：《共同犯罪论》，中国人民大学出版社2017年版，第286页。
② 刘宪权：《金融犯罪学原理》，上海人民出版社2017年版，第130页。
③ 王焰明：《单位共同犯罪及刑事责任探讨》，载《江苏公安专科学校学报》2000年第4期。
④ 刘宪权、杨兴培：《刑法学专论》，北京大学出版社2007年版，第159页。

私偷逃应缴数额为 5 万元以上不满 25 万元的，应当根据其在案件中所起的作用，区分不同情况作出处理；单位起主要作用的，单位和个人均不追究刑事责任，由海关予以行政处理；个人起主要作用的，对个人依照《刑法》有关规定追究刑事责任，对单位由海关予以行政处理。无法认定单位或个人起主要作用的，对单位和个人分别按单位犯罪和个人犯罪的标准处理。"第三种观点是各自标准说，该观点认为对于单位与自然人形成的共同经济犯罪在处理时，不宜按照统一标准对有关单位和自然人进行量刑，而应该采用不同的法定刑以及按各自的标准分别定罪量刑。[①]理由在于如果对于共同经济犯罪中的自然人统一按照单位的法定刑以及起刑点和量刑数额标准追究刑事责任，则会出现重罪轻罚的结果，同样，如果对于共同经济犯罪中的单位统一按照自然人的法定刑以及起刑点和量刑数额标准追究刑事责任，则可能会出现轻罪重罚的结果，因此，只有采用各自标准予以定罪量刑，才能做到罪责刑相适应。[②]

之所以会产生上述争论问题，原因在于我国刑法对集资诈骗罪的规定采用"定性＋定量"的立法模式，加之刑法对自然人犯集资诈骗罪和单位犯集资诈骗罪规定了不同的起刑点。而有关共同犯罪的理论是源自大陆法系刑法的舶来理论，在大陆法系刑事立法中，犯罪一般并不存在定量的行为程度规定，换言之，大陆刑法的共犯理论是没有考虑罪量因素问题的犯罪论原理，如果完全按照大陆法系的共同犯罪理论来解决我国刑法中共同犯罪的问题，就会产生一个极具中国特色的问题，共同犯罪是否需要共同犯罪人都达到刑法所规定的罪量要素标准，才能成立共同犯罪。[③]观点一和观点二显然对这一问题持肯定回答。如果将罪量要素也掺入共犯理论的判断中去，在共同集资诈骗罪中，当单位是主犯，自然人是从犯时，如果犯罪数额未达到单位标准的话，按照共犯从属性理论，由于作为主犯的单位都不构成犯罪，作为帮助犯的自然人自然也不能以犯罪论处，所以就无法追究自然人的刑事责任。但得出这样的结论显然是不合理的，因为倘若帮助的对象，起主要作用的也是自然人，对起次要作用的自然人追究刑事责任是毋庸置疑的，那么为何同样是帮助行为、起次要作用，仅因帮助对象的不同就区别对待，显然是不公平的。[④]应然的做法是，将罪量因素的内容暂时抽出，先用共犯理论解决行为类型层面的共犯认定、客观归责问题，然后在此基础上，根据罪量因素标准，解决责任承担的具体方式和轻重问题。[⑤]

那么，在 P2P 平台与自然人共同实施集资诈骗时，首先，应当肯定 P2P 平台与自然人属于集资诈骗的共同犯罪，并且根据两者在共同犯罪中所起的作用判断主从关系；其次，再根据司法解释所规定的数额标准，决定犯罪与违法。如果犯罪数

[①] 刘宪权：《单位经济犯罪中的共同犯罪问题研究》，载《经济刑法》2007 年第 5 辑；陈兴良：《共同犯罪论》，中国人民大学出版社 2017 年版，第 307 页。
[②] 刘宪权：《单位经济犯罪中的共同犯罪问题研究》，载《经济刑法》2007 年第 5 辑。
[③] 王彦强：《犯罪成立罪量因素研究》，中国法制出版社 2018 年版，第 349 页。
[④] 王彦强：《犯罪成立罪量因素研究》，中国法制出版社 2018 年版，第 352 页。
[⑤] 王彦强：《犯罪成立罪量因素研究》，中国法制出版社 2018 年版，第 352 页。

额达到了司法解释所规定的自然人犯罪的起刑点,则对自然人以犯罪论处;如果犯罪数额没有达到司法解释所规定的单位犯罪的起刑点,无论单位是主犯,还是从犯,都不能追究单位的刑事责任。需要特别注意的是,根据上文的论述可知,这里的犯罪数额应是单位和自然人共同犯罪的犯罪总额。在量刑时,也应当按照各自的标准追究刑事责任,否则,如果统一按照单位的量刑数额标准追究刑事责任,对于自然人而言实际上是减轻了刑罚;如果统一按照自然人的量刑数额标准追究刑事责任,对于单位而言则大大加重了处罚,只有按照各自的标准追究刑事责任才不会产生轻罪重罚或者重罪轻罚的不公正结果。因此,笔者赞同"对于单位与自然人形成的共同经济犯罪在处理时,不宜按照统一标准对有关单位和自然人进行量刑,而应该采用不同的法定刑以及按各自的标准分别定罪量刑"。

(四)网络借贷平台与借款人共同犯罪的认定

P2P 网络借贷活动,要求借款人提供真实的信用证明信息,但是在实际操作中,由于平台的疏忽可能会对信息审核不仔细,使得犯罪分子乘虚而入,利用 P2P 网贷平台提供的服务实施集资诈骗活动。在此犯罪中,P2P 网络平台并没有直接参与到具体犯罪行为中,只是为犯罪人实施的犯罪行为提供了交易平台、资金结算、广告推广等中性业务行为,使得借款人能够利用该平台实施犯罪行为。那么,对于 P2P 网络借贷平台的行为该作怎样的刑法评价,是否与"借款人"成立共同犯罪而承担共同犯罪刑事责任呢?对此应当具体分析。如果 P2P 网络借贷平台客观上只是为融资方提供了平台服务,在主观上并没有认识到其平台被他人用于集资诈骗犯罪时,P2P 网络平台提供的服务应当属于正当的业务行为,其服务行为不属于刑法中的危害行为,不可能与犯罪人一起成立共同犯罪;如果 P2P 网络借贷平台在提供信息中介服务时,对于融资方利用其平台实施集资诈骗罪具有明知,或者权利人已经向其举报借款人实施欺诈行为要求其停止对犯罪人的技术支持,而 P2P 网络借贷平台拒绝终止平台服务,则构成以不作为形式实施的犯罪。因为根据 2016 年 8 月 24 日中国银监会、工信部、公安部、网信办联合颁布的《网络借款信息中介机构业务活动管理暂行办法》第 9 条网络借贷信息中介机构应当履行的义务第三项的规定可知,网络借贷平台明知或者被告知其所提供的服务被用于犯罪时,其负有终止服务的义务。因此,如果网络借贷平台明知借款人在利用其平台实施诈骗活动,能够履行终止服务的义务而未履行的,并造成他人权利被侵犯的,应当构成不作为犯罪。对于此种情形下网络借贷平台是否与借款人成立共同犯罪并承担共同犯罪责任,仍需要具体分析。根据我国刑法第 25 条的规定,共同犯罪是指二人以上共同故意犯罪。"可见,共同故意是刑法规范意义上的共犯结构的核心要素。帮助行为承担共犯责任的主观内容主要是意思联络,但也可以是促进意思,即通过帮助行为促进他人实施犯罪的意思。"[1]因此,可分三种情形分别予以认定:第一种情形,网

---

[1] 刘宪权:《论信息网络技术滥用行为的刑事责任——〈刑法修正案(九)〉相关条款的理解与适用》,载《政法论坛》2015 年第 6 期。

络借贷平台与借款人具备共同实施集资诈骗罪的双向意思联络，网络借贷平台为借款人实施犯罪活动提供平台服务帮助，网络借贷平台主观上具有与借款人共同犯罪的故意，客观上实施了共同犯罪行为，因此网络借贷平台与犯罪人之间成立集资诈骗罪的共同犯罪。第二种情形，网络借贷平台明知借款人通过平台实施集资诈骗，并具有帮助他人的意思，但是与借款人并没有任何直接的意思联络，借款人并不知道P2P网络借贷平台为其犯罪提供便利和支持的，网络借贷平台成立片面共犯，并承担共同犯罪的刑事责任。但现实是，在信息网络技术与帮助的业务操作中，互联网服务者通过只是基于从事市场经济行为的目的为他人提供技术支持、帮助，很少有直接证据显示其具有促进他人犯罪的意思，信息网络服务者与犯罪实行者之间的意思联络更是鲜见。① 于是出现了第三种情形，网络借贷平台明知借款人利用平台实施集资诈骗活动，但是无法证明其与借款人共同实施犯罪的双向犯意联络，也无证据显示其单方面想要推进他人实施犯罪的意图与心态，对于这种情况，尽管在客观上网络借贷平台所提供的服务为借款人的犯罪实现提供了便利，但也不能成立共同犯罪，不过可以帮助信息网络犯罪活动罪予以规制。该罪名主观上不需要达到非常严格的共同犯罪意思联络或者促进犯罪意思的共同犯罪故意，只需要行为人主观上明知他人利用其所提供的信息网络服务实施犯罪，客观上为犯罪实行提供了技术支持与帮助，即可构成本罪。② 不过，由于信息网络技术天然地具有被犯罪分子利用从事社会危害行为的风险，中性业务行为客观上为犯罪活动提供了帮助，一部分也是风险社会下法律允许存在的风险，因此，在认定帮助信息网络犯罪活动罪中，对于行为人认识状态中"应当知道"的认定要从严把握，以"大于半数规则"作为推定"应知"的量化尺度，即司法机关应当查证互联网金融平台在提供合法服务与帮助犯罪活动之间的客观分配比例，分析、判断、计算其中有多少是为合法行为提供信息网络服务，有多少是为犯罪活动提供信息网络帮助，如果未过半数则不能认定行为人主观上存在"明知"的心理状态。③

六、刑事政策对非法集资犯罪定罪量刑的影响

面对金融犯罪问题时，应当选择怎样的刑事政策？这无疑是值得审慎思考的问题，因为金融犯罪刑事政策的选择将直接影响到金融刑事立法、刑事司法与刑事执行活动。④ 在处理高发的金融犯罪问题时，金融犯罪刑事政策仍惯性地选择严厉打击，可刑法惩罚政策在应对金融犯罪时明显存在局限性，正如台湾经济刑法学者林山田教授所言："有时以刑罚作为制止性的手段，对于经济犯罪行为的遏阻可能

---

① 刘宪权：《论信息网络技术滥用行为的刑事责任——〈刑法修正案（九）〉相关条款的理解与适用》，载《政法论坛》2015年第6期。
② 刘宪权：《论信息网络技术滥用行为的刑事责任——〈刑法修正案（九）〉相关条款的理解与适用》，载《政法论坛》2015年第6期。
③ 刘宪权、房慧颖：《帮助信息网络犯罪活动罪的认定疑难》，载《人民检察》2017年第19期。
④ 吴羽、李振林：《金融犯罪防治研究》，中国政法大学出版社2018年版，第52页。

极为有效，可是有时也会发生由于刑罚之严厉性，而过分限制经济活动的结果，导致阻碍经济成长的现象。"①因而，在非法集资犯罪领域，有关刑事政策理应实现价值的回归，即从过度的功利主义转向更多的人文关怀，放弃对非法集资犯罪的"严打"政策，b 以宽严相济刑事政策指导刑事立法、刑事司法和刑罚的执行，最大限度地弥补犯罪所造成的社会创面，减少社会不满和对抗，真正实现"案结事了"，促进社会和谐，实现法律效果与社会效果的统一。③

（一）划分金融创新和金融犯罪的界限（入罪标准）

首先，要注意严厉惩治集资诈骗犯罪。P2P 网络借贷作为金融创新的成果，充分吸收社会闲散资金，缓解了中小企业融资难的问题，对金融领域的发展具有积极的作用，应当予以鼓励。但是对于那些打着"金融创新"的幌子，以非法占有他人财物为目的，利用 P2P 网络平台实施非法集资，严重扰乱金融管理秩序，侵害人民群众合法权益的犯罪行为，刑法不能也不应坐视不管，而应依法严厉惩治与打击。2001 年最高人民法院公布的《全国法院审理金融犯罪案件工作座谈会纪要》指出："金融犯罪是严重破坏社会主义市场经济秩序的犯罪，审理金融犯罪案件要继续贯彻依法从严惩处严重经济犯罪分子的方针。"因此，对于经营模式的发起人、组织者，参与时间长，在犯罪中起主要作用的核心人员，以及曾经因从事非法集资活动受到过法律处罚又积极参与犯罪的，均应当从严处理。④但是应当注意的是，在判断是否构成集资诈骗罪时，对集资诈骗罪的主观要件"以非法占有目的"的认定则须慎之又慎，不能武断地进行扩张解释，以免误将一些因经营失败而无法归还借款投资款的互联网金融行为纳入刑法打击范畴。⑤一方面，不能仅凭数额较大的集资款不能返还，就推定行为人具有非法占有目的，要区分造成集资款不能返还的原因，如果是因为行为人主观上的原因，导致无法返还，则可以认定行为人具有非法占有目的，如果是因为客观上的原因，则不能认定具有非法占有目的。另一方面，由于是采用推定的方式认定非法占有目的，所得出来的结论不能保证其一定符合客观事实，因此要尤其注意被告人提出来的反证。如果确有证据证明行为人的行为并非出于非法占有目的，那么应当否定集资诈骗罪的成立。

其次，要注意对较轻犯罪的宽缓刑罚适用。对于犯罪情形较轻的参加人员以及初、偶犯、从犯、未成年犯，案发后积极、主动偿还被告人资金、自愿认罪认罚、通过与被害人签订《还款协议》等方式取得被害人谅解的，有协助抓捕其他犯罪嫌疑人等立功表现的行为人，要依法从轻、减轻处罚，以分化瓦解犯罪分子，减少社

---

① 林山田：《经济犯罪与经济刑法》，台湾三民书局 1981 年版，第 102 页。
② 卢勤忠：《非法集资犯罪刑法理论与实务》，上海人民出版社 2004 年版，第 257 页。
③ 张坚主编：《涉众型经济犯罪案件疑难问题研究》，法律出版社 2017 年版，第 50 页。
④ 赵秉志、杨清惠：《涉私募基金非法集资犯罪司法治理研究》，载《北京师范大学学报（社会科学版）》2017 年第 6 期。
⑤ 刘宪权：《论互联网金融刑法规制的"两面性"》，载《法学家》2014 年第 5 期。

会对抗,促进社会和谐。同时注意非刑罚化手段的应用。我国《刑法》第37条规定:"对于犯罪情节轻微不需要判处刑罚的,可以免除刑事处罚,但是可以根据案件的不同情况,予以训诫或者责令具结悔过、赔礼道歉、赔偿损失,或者由主管部门予以行政处罚或行政处分。"对于犯罪情节轻微,在公司未担任领导职务的一般员工,依照刑法规定不需要判处刑罚或者可以免除刑罚的,可采用非刑罚处罚方法。①

(二)合理处置追赃挽损与定罪量刑的关系

在处理P2P网络借贷集资诈骗案件中,可以合理运用坦白减轻处罚的规定,以期最大化地避免和挽回经济损失,实现法律效果与社会效果的有机统一。在司法实践中,集资诈骗案件存在追赃减损工作难,返还比例普遍较低的问题,从而造成投资人由最初希望惩治犯罪与追赃减损的双重诉求,向如今的"唯挽回经济利益论"转变,甚至先后出现上访等极端方式要求司法机关"放人"与"抓人"的闹剧。②如果能够采用减轻处罚的方式,促使行为人如实交代资金去向,尽可能地挽回巨额经济损失,对于修复被破坏的秩序、恢复社会的稳定均具有深刻的意义。但由于在经济犯罪中被告人被抓获后如实坦白交代退还赃款赃物是其义务,因此,必须对适用减轻处罚的范围予以限定,即只有当犯罪分子的如实供述与避免特别严重后果发生之间具有必然性联系时,即除了犯罪分子的供述之外,没有其他途径可以避免特别严重后果发生时,才可以适用该款减轻处罚。③

最高人民法院、最高人民检察院、公安部在2019年1月30日联合发布了《关于办理非法集资刑事案件若干问题的意见》,在此司法解释中明确规定了将宽严相济刑事政策贯彻在网络金融犯罪的认定中,并通过"是否给集资者带来资金的血本无归的严重后果"或者"通过赔偿和追赃挽损的行为尽可能减少了投资者的损失",做出是否构成非法集资犯罪以及是否从宽处理的判断。

(三)刑事政策对混合型非法集资犯罪认定的影响

实践中,传统的"组织、领导传销活动罪"因为插上了互联网的翅膀,使传统非法传销行为的手段和模式不断发生变异。依照《刑法》第224条的规定,司法机关在认定罪与非罪的过程中,纠结于"非法经营罪"、"组织、领导传销活动罪"以及"非法吸收公众存款罪"之间。例如,实践中出现了"打着'以高收益为诱饵的金融投资理财项目'为幌子",或"借助虚拟货币、区块链"等新概念鼓吹"高返点、高收益"拉人头发展下线传销活动,具有"非法集资"和"非法传销"的混合特点,更增加了认定的难度。然而,一个重要的现象是,司法机关倾向于定"非法吸收公众存

---

① 赵秉志、杨清惠:《涉私募基金非法集资犯罪司法治理研究》,载《北京师范大学学报(社会科学版)》2017年第6期。
② 北京市人民检察院非法集资犯罪问题研究课题组:《涉众型非法集资犯罪的司法认定》,载《国家检察官学院学报》2016年第3期。
③ 上海市第二中级人民法院刑二庭庭长王宗光2018年11月10日华东政法大学"经济犯罪的新问题与审判实务"讲座记录,发表于"华政金融监管与刑事治理研究中心"微信公众号。

款罪"。为什么？除了这是一个"口袋罪"，不会错得"太离谱"，还有一个关键理由：可以最大程度实现"追赃挽损"，将投资款返还给被害人。按照法律规定，"如果是按照传统的组织、领导传销活动罪认定，则因为参加传销活动，是从事违法活动，其涉案金额就是违法犯罪所得，应当一律予以收缴，上缴国库。"[①] 但这一做法可能导致从事非法传销活动的参与人不愿意报案，也不愿意配合司法机关打击非法传销行为，无法追赃挽损。面对近些年来，网络非法传销的受害人多达几万、几十万，传销数额高达上百万，如"诚信买卖宝"特大网络传销案中，涉案金额高达200亿的案件，[②] 受害人或者参与人聚集起来上访上诉，给当地政府和司法机关带来极大压力的局面，如何认定和保护受害人？他们当中的绝大多数是参与非法传销活动的成员，既参与又投资，同样是血本无归。因此，"追缴投资款返还给受害人，稳定社会秩序"成为这类案件必须要综合考量面对的问题。如此，司法机关将具有"非法吸收公众存款罪"与"组织、领导传销活动罪"混合特征的案件，多以非法集资犯罪类型认定，且通常是将被告人是否积极配合追缴、清退作为是否定罪或减轻处罚的重要因素。这说明，混合型的网络非法集资犯罪（传统组织、领导传销活动罪的变异）因为"涉众性、追赃难、影响大"等特征，需要由刑事政策引导，重新评估行为的社会危害性，换言之，宽严相济的刑事政策影响到了对行为的应受刑罚处罚必要性及其程度的判断，并且最终直接影响到了对该行为的定罪量刑。

---

① 比如在2007年8月公安部和国家工商总局相关负责人做客中国政府网与网友谈"打击传销犯罪，建设和谐社会"时明确表示，参与传销活动投入的成本一律都要没收，不予返还。当时的公安部经济犯罪侦查局副局长明确表示，按照国家现有的法律法规规定，参与传销违法犯罪活动是一种非法经营的行为，投入的成本一律都要没收，不予返回。

② "诚信买卖宝"特大网络传销案中，当事人崔某、施某、盛某等5人利用自身网络技术，架设名为"诚信买卖宝"的网站，搭建网络平台实施网络传销活动。本案涉及全国20多个省区市，注册会员超过80万人，涉案金额逾200亿元。

第二章 网络传销行为的刑事治理研究

第一节 组织、领导传销活动罪概述

一、立法回顾与理论争议

传销这一概念产生于二战后期的美国,经由日本传入中国,为我国的经济市场带来了不同以往的经营模式。但鉴于我国的经济市场发展尚处于不成熟阶段且模式不同于域外,在1994年8月,率先由国家工商行政管理总局发布了《关于制止多层次传销活动中违法行为的通告》,对以多层次传销方式推销商品的活动进行了初步的规制。根据通告,传销活动具有鼓吹不劳而获、引诱参加者上当受骗、抬高商品价格、蓄意盘剥消费者、以推销优良产品为名,而行推销假冒伪劣商品之实、偷税漏税、走私贩私等行为。1995年9月,由国务院办公厅做出《国务院办公厅关于停止发展多层次传销企业的通知》,停止对多层次传销企业成立的批准,对现有传销企业进行审查清理,审查合格的传销企业由工商行政管理机关进行监督,并附条件允许经营,但禁止跨地区传销;对审查不合格的企业进行取缔。此后,国务院及国务院办公厅发布了共计三次严厉打击传销活动的通知,以期杜绝传销活动对我国经济秩序的危害,并对涉嫌犯罪的传销活动,以非法经营罪进行处理。这是我国在打击传销活动初期的相关指导性文件,打击传销犯罪的密网已初具雏形。

直至2005年8月,我国才真正第一次将打击传销活动列入行政法规进行规制。《禁止传销条例》(以下简称《条例》)的面世为后期的司法实务奠定了指导性的思想。《条例》整体上归纳了传销行为的种类、查处机关、查处措施和程序、法律责任,较为全面的为传销活动的认定及打击提供了规范性的标准。其中,种类包括:"拉人头"、"交会费"及"团队计酬"三种,该种类认定标准一直沿用至今;查处机关由工商行政管理部门及公安机关联合执法,各司其职,情节严重涉嫌犯罪的由工商行政管理部门移交公安机关进行进一步侦查处理,或经查情节轻微、行政不法的行为则由公安机关移交工商行政管理部门予以行政处罚;法律责任上,做出了由工商行政管理部门没收非法财物、没收违法所得并处罚款的规制,并对罚金做了具体金额的规定,进一步明确了传销活动的处罚机制。值得注意的是,条例一改以往规范性文件对传销犯罪活动中的法益保护方向,将"保护消费者合法权益""保护公平竞争"等改为"保护公民、法人和其他组织的合法权益",取消了将传销活动认定为经营模式的评价,全面性的否定了传销模式在我国的合法性。

对于将非法经营罪名作为口袋罪对传销进行打击,学界一直对其合理性存在着争议。因"拉人头"传销是一种典型的诈骗活动,其需要欺骗他人发展人员或者缴纳一定的费用,才能取得入门资格。该行为既没有实际提供销售的商品,也不提供服务,不存在真实的交易标的,实际上也没有"经营活动",难以适用非法经营罪进行打击,给办案带来困难。[①]为更有利于打击组织传销的犯罪,秉持罪行法定及罪责相适应的原则,我国于2009年以刑法修正案的形式,增设了独立的罪名——组织、领导传销活动罪,首次明确了传销犯罪的主体认定,将犯罪圈划分至组织、领导者,对于一般参与人员不进行刑事规制。罪名明确规定,组织、领导以推销商品、提供服务等经营活动为名,要求参加者以缴纳费用或者购买商品、服务等方式获得加入资格,并按照一定顺序组成层级,直接或间接以发展人员的数量作为计酬或者返利依据,引诱、胁迫参加者继续发展他人参加,骗取财物,扰乱经济社会秩序的活动为组织、领导传销活动罪。将团队计酬形式的传销排除在外,并增加"骗取财物"为客观要件。

在2010年5月,由最高人民检察院与公安部联合发布的《最高人民检察院、公安部关于公安机关管辖的刑事案件立案追诉标准的规定(二)》[以下简称《规定(二)》]通知第78条,进一步明确了组织、领导传销罪的认定标准,此次通知将传销犯罪的认定细分至层级与人数上。对涉嫌组织、领导的传销活动人员在三十人以上且层级在三级以上的,对组织者、领导者应予立案追诉,且明确指出组织、领导者是在传销活动中起组织、领导作用的发起人、决策人、操纵人,以及在传销活动中担负策划、指挥、布置、协调等重要职责,或者在传销活动实施中起到关键作用的人员。《规定(二)》的出台,使得司法实务有了更为明确的打击标准,打击力度进一步加大,且更有实践操作性。直到2013年的《最高人民法院、最高人民检察院、公安部关于办理组织领导传销活动刑事案件适用法律若干问题的意见》(以下简称《意见》)出台,对于组织、领导传销罪名的适用问题才得以解决。《意见》对传销组织层级及人数的认定问题做了进一步的解释,对组织者、领导者的认定扩大到了讲师及曾因本罪受过刑事处罚或一年内因组织、领导传销活动受过行政处罚、且又直接或间接发展参与传销人员在十五人以上且层级在三级以上的人员;关于"骗取财物"的认定采取结果无价值说,对参与传销活动人员是否认为被骗,均不影响骗取财物的认定;对"情节严重"的认定分为五类:组织、领导的参与传销活动人员累计达一百二十人以上的、直接或间接收取传销资金额累计达二百五十万元以上的、曾因本罪受过刑事处罚或一年内组织、领导传销活动受过行政处罚又直接或间接发展参与传销人员累计达六十人以上的、造成参与传销人员精神失常自杀等严重后果、造成其他严重或者恶劣社会影响的。第五条属于兜底条款,以应对重大社会问题,也突出表现了传销犯罪的涉众型犯罪影响。关于"团队计酬"的认定,

---

① 黄太云:《刑法修正案(七)解读》,载《人民检察》2009年第6期。

在组织、领导罪名出台时虽排除了团队计酬传销的刑事责任,但并非对团队计酬的传销做了非罪化处理,只要实质上属于"以发展人员的数量作为计酬或者返利依据"的传销活动,仍以组织、领导传销罪定罪处罚。对罪名的适用问题,《意见》规定,以非法占有为目的,组织、领导传销活动,同时构成组织、领导传销罪和集资诈骗罪的,依照较重的规定定罪处罚。而对于本罪所涉其他犯罪行为如非法拘禁、故意伤害等,构成犯罪的依照规定数罪并罚。

打击传销犯罪发展至今,从行政法规到刑事法,无不体现出伴随着我国经济市场发展的趋势,对传销犯罪的干预亦已做到了多部门联动。然而随着"互联网+"发展,搭乘互联网快速的传播及新颖网络产品的炒作,传销已由物理空间转向虚拟空间发展。无论是通过社交软件、直播等形式的网络传播,还是打着"网络金融创新""新型电子商务""慈善互助"等旗号销售虚拟电子理财产品,其不断扩大的涉案群众基数,已逐步凸显出社会不稳定等问题。

譬如,湖南省株洲市中级人民法院于2017年判决了一个影响巨大、犯罪手段新颖的网络传销案件。该犯罪组织成立于国外,而后流入我国,并假称推销"维卡币"进行传销。表面经营推广继"比特币"之后的第二代加密电子货币,并声称"维卡币"升值空间大,借助网络平台进行宣传和渗透,但实际仍以缴纳会费的形式骗他人投入巨额资金到其设立的网站。要成为维卡币组织会员,必须在老会员的推荐下,缴纳不同级别的"门槛费"获得相应级别激活码注册成为不同级别的会员。买卖激活码是维持维卡币组织链条生存、发展、扩大、获利的重要手段和关键环节,是传销活动组织、领导者实现犯罪意图的主要方式。"维卡币"网络传销案系涉及全球的网络传销犯罪,组织者利用互联网构建传销平台,建立跨地域、多层次的网络传销系统并向我国大陆地区辐射渗透,整个传销活动实现全环节网络化,发展蔓延极为迅速。专案组通过调查发现,犯罪资金跨区域流动巨大,仅被告人金某、被告人冯某某两人与境内、外各传销链条激活码交易量就达25亿元,客观上增加了追索查证的难度。该案涉及全国20余个省(市)区、香港特别行政区及境外国家,国内参与"维卡币"传销账户逾200万个,涉案金额近150亿元,全球"维卡币"开户总数1077余万个,中国内地开户数147余万个;全球激活码总数达480万个,约158.59亿欧元;中国内地激活码总数142万个,约19亿欧元,其中已使用的激活码总数76万个,约9亿欧元。该组织最高层鲁某到倪某某至本案被告人王某层级达79层。通过对犯罪资金的动态追踪、分析,调查嫌疑账户2万余个,分析账户数据2000余万条,查明维卡币传销组织在中国境内有27个资金池账户,查扣、冻结涉案资金共计约16.07亿元。[①]

该案是我国侦办的社会危害性巨大的新型网络传销案件,其涉案范围之广、涉案金额之大在我国破获的传销案件中前所未有。由于传销已突破了地域之间的限

---

① 湖南省株洲市中级人民法院(2017)湘02刑终277号刑事判决书。

制，网络化的传销模式为案件的侦破带来了不小的挑战，从电子数据技术支撑、跨地域取证执法、涉案资金的查控等，均是对我国司法实践的考验，也体现出网络传销异化后对社会经济秩序的影响已不容小觑。为稳定国家经济市场绿色健康发展，对于传销犯罪的打击更应打早打小，做好风险防控。

二、组织、领导传销罪的概念及构成要件

根据《刑法修正案（七）》第224条之一的规定："组织、领导以推销商品、提供服务等经营活动为名，要求参加者以缴纳费用或者购买商品、服务等方式获得加入资格，并按照一定顺序组成层级，直接或者间接以发展人员的数量作为计酬或者返利依据，引诱、胁迫参加者继续发展他人参加，骗取财物，扰乱经济社会秩序的传销活动的，处五年以下有期徒刑或者拘役，并处罚金；情节严重的，处五年以上有期徒刑，并处罚金。"构成要件是评价案件事实和解释罪行规范的最基本要素，在我国平面的犯罪构成理论体系中，构成要件的范畴设置就是罪刑法定原则的具体承载。据此，法官遵循从客观到主观，从形式到内容的裁判规范，防止司法的擅断。不同于刑法对大多数经济犯罪采用空白罪状或简单罪状进行描述，修正案对此条采用了叙明罪状，在结构上较为复杂，在实践操作中会造成理解和适用的困难。为作出适合我国司法实情的解释和适用，故仍以传统四要件说对本罪做基本概述。

关于本罪侵犯的客体，在不同时代的语境下所作出的解释并无过大的差异，均认为传销犯罪侵害的客体为复杂客体，既侵犯了市场经济秩序和社会管理秩序，又侵犯了公民的财产所有权。结合规范性文件对于传销犯罪的认定，如何厘清和辨别传销犯罪中对抽象客体的描述是判断刑事责任的重要依据。

本罪在客观方面表现为以推销商品、提供服务等经营活动为名，要求参加者以缴纳费用或者购买商品、服务等方式获得加入资格，并按照一定顺序组成层级，直接或者间接以发展人员的数量作为计酬或者返利依据，引诱、胁迫参加者继续发展他人参加，骗取财物，扰乱经济社会秩序的行为。对于情节的判断结合《最高人民法院、最高人民检察院、公安部关于办理组织领导传销活动刑事案件适用法律若干问题的意见》所规定的五种情形进行判断，着重在发展传销人数及违法所得数额的把握上，并对其他有可能侵害公民个人生命安全的行为也予以规制，对于第五种兜底情形则应对情节严重的影响结合证据进行实质判断。

本罪的主体为一般主体，凡年满16周岁、具有刑事责任能力的自然人均能构成本罪。主要追究组织、领导、策划等积极参与者的刑事责任，对于一般参与人员不予追究。本罪排除单位犯罪，源自1999年《最高人民法院关于审理单位犯罪案件具体应用法律有关问题的解释》第2条的规定：个人为进行违法犯罪活动而设立的公司、企业、事业单位实施犯罪的，或者公司、企业、事业单位设立后，以实施犯罪为主要活动的，不以单位犯罪论处。对于传销犯罪的规定，是将传销犯罪的组织行为规定为犯罪，因此是一种组织罪。我国刑法中的组织行为分为两种：一种是作为共犯的组织行为,另一种是规定为正犯的组织行为。① 故结合司法解释对本罪的指导思想,对专门从事传销行为而设立的公司不以单位罪论处,只对其组织者和积极参与者以自然人犯罪定罪处罚。

本罪在主观方面表现为直接故意,即行为人明知自己实施的传销行为违背国家法规,但为谋取非法利益,仍进行传销违法活动,对危害结果的产生持希望和积极追求的态度,这也是我国对本罪主观违法要素的通说。也有学者提出争议,认为组织、领导传销活动罪属于传销诈骗罪,是诈骗罪的特殊手段及方式,因此,对于本罪的主观违法要素应表述为"以非法占有为目的"。但无论主观违法因素是非法牟利还是非法占有,其均为主观上的直接故意。②

三、组织、领导传销活动罪认定的司法困境

面对司法实践中纷繁芜杂的案情及亟待解决的社会治理问题,行政法与刑事法更应做出及时的回应与适时的调整。对组织、领导传销活动罪的相关问题从理论角度加以修正,对传销犯罪活动从实践打击中总结经验,做出更高效的对策。在实体与程序中,仍然存在以下问题尚待解决:

划定正确的犯罪圈,避免刑法过度介入,维护市场经济发展。根据司法解释与行政法规可知,刑法对传销犯罪的打击圈明显小于行政法,排除一般参与人员的刑事责任。但随着近年来网络传销的不断发酵,涉案范围的扩大和犯罪影响的不断加剧,对于传销活动的刑事处罚是否过轻引起了争论。秉持宽严相济的刑事政策,对于传销活动我国业已有着明确的指导方针,倡导挽救教育为主,不应将犯罪扩大至下层级传销人员,仅将犯罪圈限制在组织、领导者与积极参与人最为妥当,避免刑法过度介入影响市场经济的新式发展。

对于层级及人数的认定标准有待改进。我国虽对传销组织的认定设定了明确的标准,但正因有了如此标准,导致实践中作为"避罪指南"。层级设立不满三级或人数不满三十人的重大传销犯罪无法进行刑事打击,则无法落实罪责刑相适应的基本刑事原则。

经营模式的认定存在技术上的困难。如较为典型的"江西精彩生活案",该案引发了理论界与实务界的巨大争议,对于传销行为的经营模式展开了论证,也体现出我国对于新型电子商务的合法性认定是司法技术仍未成熟的领域。对于传销组织的经营活动属于传销犯罪还是真正的新型电子商务经营模式,是判断罪与非罪的重要依据。

司法解释与现行行政法规不够具体明确。规范性法律文件中,缺乏对涉案财物处置的规制,导致司法实践中的适用还存在着障碍,不便于操作,且易引起社会不稳定问题。传销犯罪不同于集资诈骗罪,对传销犯罪的违法所得需予以没收,上

---

① 陈兴良:《组织、领导传销活动罪:性质与界限》,载《政法论坛》2016年第2期。
② 陈兴良:《组织、领导传销活动罪:性质与界限》,载《政法论坛》2016年第2期。

缴国库，对一般参与人员还有并处罚金的风险。集资诈骗罪要求返还被害人财产，此罪与彼罪的区别对公民个人财产的处置境遇就大不相同，由此引发的社会群体性问题是国家现今治理的重点。

互联网背景下对司法实务的新挑战。由于互联网传播迅速、较高隐蔽性、影响范围大等多方面因素，搭乘这些便利的传销犯罪也已发生了异化，呈现出高度网络化的趋势。如不同于以往的证据提取，电子数据的调查与搜集是现今实务机关所遇到的新难题，个别情况需要借助第三方进行技术支持。再如跨境犯罪的管辖问题，网络传销案件发生地点分散，地域跨度广且近年来有与境外共犯的情况出现，导致违法行为发生地的确认遇到了障碍，管辖权的冲突在所难免，从而延长了案件的处理，耗费司法资源。

上述问题是结合理论与实践案例所归纳的典型问题，如何妥当地解决传销犯罪的相关理论与实践问题，仍需结合传销犯罪的本质分析与案例突显的问题作进一步思考。

第二节 组织、领导传销活动罪中行为主体的刑法解释限度

居于形式解释抑或是实质解释的立场来看，"组织、领导者"的解释均突出表现为在犯罪活动中中起到总领、谋划、有实质权力的核心人员。根据《最高人民法院、最高人民检察院、公安部关于办理组织领导传销活动刑事案件适用法律若干问题的意见》中对组织领导者的认定，将四类行为明确认定为组织、领导者的行为。排除明确的指引条文，《意见》最关键的规定在于第五条空白兜底条款，留下了较大的空间进行入罪规制。如何对组织、领导者进行解释，是罪与非罪的分水岭，把握合理适当的刑法解释方法进行解释，是对罪刑法定原则和罪刑相适应原则最客观的表现，也是保障人权的核心主观所在。

我国刑法解释方法繁多但运用并无严格的顺序及立场，且没有任何一种解释方法可以将刑法所有刑法条文都解释得符合实质正义，又不超出刑法用语可能具有的含义。[①] 为了连接规范文本与实践操作，解释方法的确立是司法进行法益保护的前提，所以应遵循刑法规范的具体目的，有针对性地进行符合具体法益保护目的的解释。[②] 由于解释者文化背景、价值观不同等原因，对同一规范做出的解释可能扩大或缩小，如何合理适当地运用解释方法是犯罪认定的第一个屏障。刑法作为法益保护的强制法，有着"工具意义"的价值，其以具体的、不可避免地含有评价内容的刑法规范为研究对象，从既有的案件事实出发而理解刑法规范的意义，其任务

---

① 张明楷：《刑法分则的解释原理（上）》，中国人民大学出版社 2004 年版，第 12 页。
② 肖中华：《犯罪构成要件评价（解释）的具体性——以刑法实务为视角的方法论思考》，载《人民检察》2018 年第 5 期。

是将刑法规范具体适用于每一种特殊的案件事实。① 囿于文本的多义性、模糊性和变化性为人所通知，且会发生变更和流失，几乎任何用语的意义都会由核心意义向边缘扩展，使其外延模糊，法律制定后，其所使用的文字还会不断产生新的含义，所以言不尽意的情况总会存在，导致刑法条文中的某些词汇在不同时代会做出相异的解释。这并非法律漏洞，而是时代变迁下的不同解释形态产物的客观存在，鉴于此，解释者更应把握合理适宜的解释方法进行文本解释，从而做出更适宜当今社会而不违背国民预测性的合理认知，保障刑法的安定性。②

学界对于运用何种刑法解释方法、站在何种解释立场、持何种目的解释观已纷争多年，但究其根本，解释方法不能脱离社会生活和案件事实进行空谈。纵观各家观点，公认文义解释居于逻辑第一位的最多，后再进行论理解释（体系解释、历史解释、比较解释、目的解释和合宪解释）。③ 由此对"组织、领导者"进行解释，根据词语的文义解释，"组织"是指召集多人为首发起或者实施招募、雇佣、拉拢、鼓动多人成立某种组织的行为；"领导"是指对组织的成立以及组织的活动实施策划、指挥和布置的行为。④ 结合传销组织的特点，传销组织通说认为其是"金字塔"式结构，由上到下权力配置为由大到小，但是否要区分组织者与领导者，其区分意义对司法实践的影响并不大，因为组织、领导的行为，在行为本质上并无较大的差异。只要对传销组织的扩大及建立起到积极帮助作用的人员，即可认定为组织、领导者，结合打击意图与司法实践具体来看：

一、组织者、领导者行为方式存在竞合、界限模糊

有学者将传销组织分为广义和狭义之分。狭义的传销组织指具有独立名称、从事一定的经营活动并具备相对完整的组织体系的传销机构，那么其最初发起人即是组织者，也是领导者；广义的传销组织包括上述独立的传销机构在某地设立的营销团队，故其有多名组织者，而这些组织者亦可定性为领导者，⑤ 但其仍受核心组织、领导者的支配。但结合司法打击意图与立法本意看，真正的组织、领导者应为"金字塔"传销模式中的塔尖人物，并对传销组织的设立与发展起到关键作用，结合案件具体证据，应将其与积极参与人员进行区分，避免打击范围的过大，遵循宽严相济的刑事政策的指导。

二、刑事违法性及社会危害性相当

组织、领导者对于传销活动是积极追求非法获利的主观心态。反射在实践中，

---

① 刘艳红：《走向实质解释的刑法学》，载《中国法学》2006年第5期。
② 刘仁义：《从刑法注释到刑法解释学》，载《环球法律评论》2010年第5期。
③ 杨仁寿：《法学方法论》，中国政法大学出版社1999年版，第132、139页。
④ 高铭暄、马克昌：《刑法学》，北京大学出版社、高等教育出版社2007年版，第390页。
⑤ 许佳：《组织、领导传销活动罪主体的司法认定》，载《人民检察》2014年第19期。

组织者和领导者均有对传销活动进行积极扩大的主观能动性，表现为确立包装传销模式、采购传销商品、制定传销规则和分配办法、组织分工、提出宣传口号、提供活动经费、积极参与传销人财务的管理工作、对新加入者讲课、鼓动、威逼利诱等种种行为传销犯罪组织的扩大有着积极的作用。① 传销组织不同于一般的经济组织，其内部结构严密且十分封闭，所有参与人员均听从于上线的指令进行非法活动，参与人员发展会员向上一级汇报并收取相应的非法返利，其内部结构的严密性表明，组织者与领导者享有绝对的支配权。如果是全国性的传销组织，则其中省（自治区、直辖市）级别的管理人员应视为组织、领导者；如果是全省性的传销罪组织，则其中区、县级的管理人员应视为组织、领导者。无论组织者与领导者进行了上述哪一种行为，其均应作为一个整体进行评价，对于个人行为的评价仅是量刑的区别，对传销组织的扩大起到了积极的作用即可认定为组织、领导者，但对于组织、领导者的认定应进行合理的司法认定，将犯罪打击范围坚决限缩至组织者、领导者和起到积极作用的核心骨干成员。

三、"组织、领导者"的双重违法性

本罪属于典型的行政犯，行政犯是指其行为在本质上并不违反伦理道德，是为了因应情势的需要，或贯彻行政措施的目的，对于违反行政义务者，加以处罚。自乌尔里希·贝克提出"风险社会"理论后，国民对于社会安稳的担忧开始显现，为调和社会多种利益的冲突，保护社会中日趋脆弱的法益，各国行政职权不断扩大并颁布大量的行政法律，使得行政犯的罪名日剧增加。

在学理上，行政犯与刑事犯的概念区分渊源来自古代罗马法制度对自然犯与法定犯的区分。古罗马法制度中将犯罪分为自体恶（malainse）与禁止恶（malaprohabita）。自体恶是指违反了社会伦理道德，不被公众情感所接受的行为；禁止恶是指本质不违反社会道德，而是为了维护行政管理秩序的需要而为法律所禁止的行为。② 自体恶与禁止恶的思想后经意大利刑事人类学派的标志性人物加罗法洛在其经典著作《犯罪学》作为基础进行了具体论证区分，并且强调将道德情感作为划分的依据，提出自然犯与法定犯的概念，这一分类对近世各大刑法法系影响深远。将加罗法洛的分类援引至行政犯与刑事犯的分类中，加罗法洛认为自然犯是指无须法律规范的规定，其自身就具有恶性的犯罪，如故意杀人、强奸、放火等犯罪，对应刑事犯；法定犯是指由于法律的规定才成立的犯罪，其行为本身不具有罪恶性，但因为相关法律的规定才成为犯罪，对应行政犯，这一分类方法也得到了学界的多数认可。③ 刑事犯可以由刑法直接进行评价而行政犯则具有间接性（行政评价优先），虽然行政犯的概念出现时间只有数十年，但由于部门法之间的位

---

① 王恩海：《组织、领导传销活动罪的司法认定》，载《法学》2010年第11期。
② [德]乌尔里希·贝克：《风险社会》，何博闻译，译林出版社2004年版，第66页。
③ 米传勇：《阅读加罗法洛——以自然犯、法定犯理论为中心》，载《刑事法评论》2009年第1期。

阶问题及实践应用等问题导致行政犯和刑事犯的相关学理纷争不断，从如何界定两者之间的关系，①至何种情形下两者会发生何种转换，②反射到宏观的行刑位阶关系从属性等问题，③新的问题在不断地提出而旧的问题却未得到妥善解决，只有把握好刑事责任及行政责任进行各自功能定位，才能更为科学合理地突破现实的桎梏。

行政犯属于法定犯，组织、领导传销活动罪名即属于行政犯，以违反我国《禁止传销条例》行政法规为前提，在符合《意见》对层级及人数等要求后才予以刑事评价。但对于行政犯的相关问题，我国学界对此一直饱有争议，对于同一违法行为分别由不同国家机关（工商部门、法院）依据不同法律（行政法规、刑事法）进行了两次评价，这是否有违"一事不再罚"原则及"禁止重复评价"原则？《意见》中对曾因本罪受过刑事处罚或一年内组织、领导传销活动受过行政处罚又直接或间接发展参与传销人员累计达六十人以上的认定为"组织、领导者"，其行为人的法律地位就完全由行政相对人转变为刑事被告人。对于将行政处罚作为入罪要素是否存在正当性？实践中的一起案例就反映出刑事法与行政法衔接的矛盾冲突。

2013年5月至2015年2月期间，被告人刘某通过网络或经他人介绍分别加入"法国雷氏顿能源控股投资公司""中国明明商"等传销组织后，积极宣传传销组织的运营模式，组织协调宣传、培训等工作，直接或间接发展下线的层级达五级以上，非法获利8万余元。2015年1月7日，永州市工商行政管理局永工商案处字[2015]1号行政处罚决定书、缴款书，证明刘某发因涉嫌介绍他人加入"中国明明商"的传销组织并获利的行为被永州市工商行政管理局处以250000元罚款，已缴纳216200元。蓝山县人民法院认为，被告人刘某发组织、领导传销活动，情节严重，其行为已构成组织、领导传销活动罪。原审法院认为，2014年8月，刘某发等人在蓝山县成立两个原商会，刘某发是永州蓝山县原商会成员之一，系永州市主要负责人，为其下线发放"月金"，但刘某发等人所成立的原商会仍是该组织的一部分，仍然受到株洲总商会的控制和指挥，其在共同犯罪中起次要、辅助作用，是从犯，可以减轻处罚。刘某发到案后能如实供述犯罪事实，认罪态度好，可以从轻处罚。被告人刘某发的违法所得人民币86700元，予以追缴，上缴国库。④

刘某于2015年1月7日被永州市工商行政管理局进行过行政处罚，且罚款达到25万元，刘某缴纳了21万余元的罚款，紧随其后公安机关于1月13日介入进行刑事侦查，并出具了扣押物品清单，后刘某因涉嫌犯组织、领导传销活动罪，由检察院对刘某提起公诉。

---

① 德国和日本对于行政犯的界定主要从与刑事犯比较的角度进行展开，德国主要学说有"质的区别说""量的区别说""质量区别说"；日本主要学说有"区别肯定说""区别否定说""区别无意义说"。
② 日本学者美浓部达吉提出行政犯不易转变为刑事犯；日本学者野村稔认为刑事犯与行政犯可以转变。
③ 我国学者魏昌东将此分为四类"极端从属性说""完全从属性说""相对从属性说""相对独立性"。
④ 湖南省永州市中级人民法院（2016）湘11刑终88号刑事裁定书。

透过案件的时间线及基本证据结合来看,2015年1月7日,刘某已发展下线超过三十人且层级超过了三级,按照《意见》的规定,工商行政管理部门应及时将案件移交公安机关进行立案侦查,但永州市工商行政管理局并未直接移送,而是"先罚后移"。根据工商总局、公安部、最高人民检察院《关于加强工商行政执法与刑事司法衔接配合工作若干问题的意见》规定,工商移送前已经处罚的,应将处罚决定书一并抄送公安、检察院,似乎都变相默认了可以罚了再移送。但值得注意的是,《中央办公厅、国务院办公厅转发国务院法制办等部门〈关于加强行政执法与刑事司法衔接工作的意见〉的通知》中要求,行政机关执法检查时发现违法行为明显涉嫌犯罪的,应及时向公安通报。公安应立即调查,并作出立案或不予立案的决定。行政机关移送涉嫌犯罪案件时未作出行政处罚决定的,原则上应当在公安决定不予立案或者撤销案件、检察院作出不起诉决定、法院作出无罪判决或免予刑事处罚后,再决定是否给予行政处罚。然而,这里仅仅是说"原则上"。

该案件所反映的正是我国行刑衔接下,行政犯所凸显的一个矛盾问题。将行政处罚行为作为认定犯罪的标准,容易给司法实践预留肆意入罪的空间。行政法与刑事法的内在关联性是我国法制体系固有的关系,但违法性的实质究其根本是法益的侵害。把握法益侵害的种类和程度,在行政法保护法益过于抽象的情况下,行政犯只能从中过滤出能够被具体化的实体法益作为保护对象;在刑法保护法益已经溢出行政法保护法益范围的情况下,应通过规范目的的分析,找到行政不法与刑事不法的保护法益差异,从而实现两者的有效区分。①

第三节 组织、领导传销活动罪的客观方面分析

一、本罪中关于"层级及人数"认定的相关问题

将犯罪圈明确划分至层级与人数是回应传销犯罪特点的做法。大多数传销犯罪的特征是"金字塔式"的欺诈模式,由上到下,位于"金字塔式"底部的人员基数最大,其既是参与者也是受害者。根据近年来发生的传销案件,本节归纳两点问题:第一介绍近年来典型的两种传销模式,"二叉树模式"及"五级三晋制"奖励模式;第二,对于实践中为聚拢人气虚构传销人员数量、以他人名义自己出资的行为人数该如何认定的问题。

(一)两种典型传销模式

1.二叉树模式传销

二叉树(Binarytree)运营的模式,在数学科学中称之为"树",经济学中称为"倍增效应"。树有二叉树和多叉树之分,但为何传销组织将重点放在二叉树的模式

---

① 孙国祥:《行政犯违法性判断的从属性和独立性研究》,载《法学家》2017年第1期。

上，是因为如若多叉树不转换为二叉树则很难实现运算，即传销组织计算盈利返利的运算工具，且所有树都能转换为二叉树，二叉树的模式不失一般性。二叉树模式最简单，但规律最强，特点是结点度小于等于2（每个人只能发展两个下线），且是有序树，不能倒序（每个人听从于上线，且返利模式不会逆向），传销中为了扩大影响范围，多采用"满二叉树（Full Binary Tree）"模式，即一棵深度为k且有个结点的二叉树，其特点是每层都"充满"了结点。①

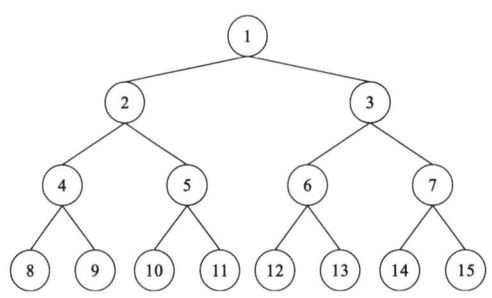

图 2-1 传销模式

在这个传销模式中（见图2-1），结合公式，k就是传销所对应的层级，如一个满二叉树式传销组织中，发展了如图的四层，那么k就是4，共有个结点，即带入公式可以得出，共有15个结点，即共有15个传销人员，并且此公式并不单单只适用于计算总数，也可分别计算每位传销人员发展的传销人员数，如图中的2号，其共发展了三层，即k就是3，带入公式得出，2号包括自己共发展了7个传销人员。

但现实中，由于传销并不属于正常的经营活动，其没有实际经营的物品，返利模式仅靠收取下线的人头费进行返利是无法维持长时间的收支平衡的，此时传销人员会借助经济学中的"倍增效应"来诱骗。如一个月发展两个下线，让下线每个月再去发展两个下线，这样一来，每位下线都发展了两个下线，一年过后下线人数就可以达到8190个人，②1个月时间内只需要发展2个下线就可以坐等返利，听起来十分具有诱惑性。在实践中，满二叉树的形式并不多见，由于很多下线可能根本找不到任何自己的下线，导致自己所发展的下线形成的是一个残缺不全的"二叉树"，导致二叉树的某一结点下的树枝出现缺失，所以无法满足倍增的效应。根据《意见》的规定，传销活动涉嫌犯罪的层级及人数应是三层以上且三十人以上，并包含本数，由于二叉树的特殊形式，故如若是满二叉树模式传销，则满足《意见》的规定只有当层级达到五层及五层以上时才涉嫌犯罪。③司法实践中，法院对于传销模式的定语不尽相同，抽取具有"二叉树"关键词的案例，以2014年湖南省邵阳市中级人民法院审结的一起传销案件展开分析。④

---

① 结点是树的数据元素，结点的度是结点所拥有的子树的棵数，树的深度是指所有结点中最大的层数，而如果将一棵树的根结点删除，剩余的子树就构成了森林。
② 由于组织、领导者为第一层级，每个月发展一层故k应等于13，且减去组织、领导者，即=8190个人。
③ 代入公式，故k=5。
④ 湖南省邵阳市中级人民法院（2017）湘05刑终212号刑事判决书。

2014年6月至2015年12月期间,"O24"公司以购买该公司的海豹油等6种产品并赠送公司原始股票为幌子,以网站为平台,在境外遥控发展国内从事传销活动人员。参加者被要求购买"O24"公司的产品获得加入资格,会员账号以左、右线形式分布,并依次向下延伸,形成二叉树排列的金字塔型结构,以发展人员数和购单数量作为计酬、返利依据。经过一审审理,上诉人提出上诉并指出:"O24"公司没有设立加入门槛,"O24"公司的返利制度是典型的"团队计酬"模式,不是"人头计酬",会员之间是相对独立的横行并列模式,不存在上下层级关系,完全在根本上反对原审法院的指控。但经查证,终审法院认定:虽然"O24"公司规定,任何人都可以通过该公司的网站免费注册账号,但必须缴纳5000元购买1单产品后,免费注册的账号才能被激活,才能真正成为该公司"股东",才有资格发展新会员。"O24"公司的整个会员系统呈多棵二叉树结构,顶点会员的下面按照左右线的形式进行分布,依次向下延伸,形成上下线关系和会员人数达近200人至近4万人且高达83层的会员层数,即具有一定的层级性。

该规则系根据每单旗下安置的单数确定该单级别,本质即数学科学中的二叉树图论,属于"要求被发展人员发展其他人员加入"。该项目收益规则中的层碰奖(第2层及往后)属于"以直接或间接发展的单数计算奖金",该项目安置规则同时属于"形成上下线关系"故该二叉树组织结构模式完全符合传销组织的认定要求。

2. 五级三晋制模式传销

五级三晋制又叫五级三阶制,这一概念来源于一种奖金分配制度,起源于美国,已被我国金融保险银行业广泛的引用,但仍有不少非法分子利用于非法传销活动。五级三晋制度中,"五级"是奖金制度的五个级别,即E级实习业务员、D级业务组长、C级业务主任、B级经理、A级高级业务员。"三阶"即加入者晋升的阶段,从E级升为C级为第一个阶段,当人数达到时即可晋升;C级升为B级为第二个阶段,人数达到的下个月一号晋升;B级升为A级为第三个阶段,人数达到的下个月一号晋升,此为五级三晋制的一般奖金分配模式。在此模式中,最具有迷惑性的是"出局制"的设置,只要交纳入会费成为会员后,依次发展下线晋升级别,一直到晋升为A级高级业务员,成为A级高级业务员后,便成为第一代老总。后期根据传销组织设置的不同奖金如"补助奖""间接奖""直接奖"等,继续晋升为二代老总、三代老总、四代老总、五代老总,之后"出局"。为了达到"出局"的终极梦想,参与传销的人员纷纷拉进自己的亲朋好友不断发展下线,希望拿到"出局"的奖励,即使参与传销的人员在过程中发现了这一骗局的漏洞,为了挽回损失早日"出局",仍会不断地发展传销人员谋取返利。近年来打着"资本运作"①和"1040工程"②的传销方法屡见不鲜,但窥其根本均离不开五级三晋制的鼓吹和虚假宣传。

---

① 其核心也是按照五级三晋制的方式,以"金字塔式"组成传销组织结构。
② 加入的成员需要缴纳69800元"会费",之后就要不断地发展"业务员",只要"业务员"业绩优良,就能不断获得返利直至最终赚到1040万元"出局"。

与二叉树模式不同的是，五级三晋制的参与传销人员基数较大，但层级发展较慢，因其没有发展人数的限制，但以认购及发展人数的返利作为晋升依据，故在实践中，对于五级三晋制传销案件的把握在于参与人数的计算，并且在人数众多时，将组织、领导者的认定范围划分至前文介绍的范围内，限制在区域负责人，避免打击圈的扩大。

（二）虚构人数、以他人名义自己出资的行为人数如何认定

由于层级及人数对于传销模式的扩大及发展至关重要，故在实践中出现了以他人名义自己出资认购的行为。参与传销的人员为了快速升级，借用亲朋好友或他人的身份，自己出资认购"会员费"，提升自己的级别。在案件中，这种出资行为能否认定为该人员发展的下线有着较大的争议。较多的被告人辩称其下线为"空线"，因为没有实际参与人，只是自己为了晋级而捏造的虚拟身份，不应认定为自身的下线。此种纷争反射在实践中如何解决，结合四川省绵阳市中级人民法院审结的一起传销案件进行分析说明。[①]

范某以到绵阳"做工程""做生意"等为幌子，将家人、亲戚、朋友欺骗邀约至绵阳，并采取串门体验、播放视频、讲解奖金分配制度等方式对被邀约人洗脑。被邀约人交纳申购款后，正式加入传销组织。该传销组织采取"五级三阶"的运作模式，发展和逐级管理下线人员，诱使新进人员继续发展下线，牟取非法利益。被告人范某后晋升为团队"大经理"。案发后，被告人范某被依法抓捕归案，在一审中，范某辩称其犯罪情节尚未达到情节严重程度，其发展的部分人员没有身份信息或申购单或相互证明的证据，大多属于下线人员为尽快提升级别，冒用他人身份，自己出钱申报，这些人并没有参与传销活动，应该剔除。一审法院认为，被告人范某违反国家规定，组织、领导传销组织进行活动，扰乱市场秩序，属情节严重，其行为均已触犯国家刑律，构成了组织、领导传销活动罪，应依法惩处，后范某上诉。根据二审法院审理认为：上诉人及其辩护人关于下线人员数量认定中存在"空单"现象，辩称这些人没有参加传销活动，应从下线人员数量中扣减的辩解辩护意见。经查，所谓"空单"是指下线人员为了增加自己线下人数，达到尽快晋级的目的，借用家人、亲戚或朋友的身份证件，自己出钱缴纳申购款从而获得下线人数的增长，借用身份人没有参加传销活动的现象。法院认定，"空单"人员本人虽未参加传销活动，但都实际缴纳了申购款并导致下线人数的增加，造成了下线参与人的实际经济损失，客观上又扩大了该传销组织的规模，使其更具欺骗性和社会危害性，依法应计入下线人员人数。

结合此案例进行分析，对于实践中刷"空单"的行为，其根本侵害了两个法益即下线参与人员的财产利益及社会经济秩序法益。擅用他人名义使其成为名义上的参与传销组织的人，即损害了名义人的经济"名誉"，又在客观上扩大了传销组织

---

① 四川省绵阳市中级人民法院（2017）川 07 刑终 466 号刑事判决书。

的规模营造了虚假宣传的效果。故结合刑事政策的要求，对于以他人名义自己出资的行为，其发展的"空单"人数应计算进入发展的下线人数。

二、本罪中"骗取财物"的理解

学界对于"骗取财物"的理解并不一致且各自为营。一种否定性认识认为，通过现今司法实践的反馈情况所示，该构成要件的设计在实践中所发挥的效果与罪名设立时的立法目的已渐行渐远，且组织、领导传销活动罪在罪状描述中重点突出体现了"组织、领导"的主要地位。而反观"骗取财物"，其仅是对作为组织、领导传销活动罪行为对象之传销活动进行性质描述的要素，该罪的成立，并不以"骗取财物"结果的发生为必要条件，且"骗取财物"这一客观构成要件要素的建立使得本罪与集资诈骗罪之间更加难以区分。① 另一种以陈兴良教授为代表的肯定性认识认为，对"骗取财物"这一独立的客观要素的地位进行肯定，并认为这一客观要素不是可有可无，而是不可或缺的。考虑到组织、领导传销活动罪的特殊性，本罪不以骗取的数额作为定罪量刑的依据，而是以发展传销人员的人数和层级作为定罪量刑的根据。但这并不意味着骗取财物的数额对于本罪的定罪不重要。

结合学术观点，对于组织、领导传销活动罪名取得共鸣的是张明楷教授的分析，其将传销活动分为两种：原始型传销活动与诈骗型传销活动，原始型传销活动指组织、领导他人实施传销活动，提供商品或服务，不具备骗取财物的要素；诈骗型传销活动是指组织、领导他人实施传销活动，具备骗取财物的要素。② 根据《刑法修正案（七）》增设的第 224 条之一对罪状的表述，其根本在于全面禁止传销活动，如若只进行限制解释将该罪认为仅处罚诈骗型传销则是对原始型传销活动进行了非罪化处理，显然是不符合立法目的之举。对于实践中多发的传销犯罪，其从成立传销组织伊始就存在着诈骗行为，设立诈骗型传销组织的行为就是骗取财物的行为，传销犯罪本身就与普通诈骗犯罪在客观上存在着竞合，对组织、领导传销犯罪的处罚对象是组织、领导行为本身，而不是骗取财物的行为本身，这一点符合法益侵害的价值取向。打击传销犯罪的目的在于维护市场经济秩序稳定，而并非在于界定其行为本身是否存在诈骗，不是因为传销活动非法，所以通过传销活动取得的财产才属于骗取的财物，而是因为拉人头、收取入门费等方法进行传销活动，其本身就属于诈骗，因而取得的财物就是骗取的财物。③ 正如刑法与行政法的界定中所述，对于直销模式中的团队计酬，其本身并未违反行政法及刑事法，对其模式本身不进行法律规制，而在于对存在诈骗行为的组织、领导传销活动行为本身进行打击。所以，组织、领导传销活动罪指的是组织、领导诈骗型传销活动的犯罪行为。

本罪的关键点在于层级及人数的认定上，骗取财物的主观因素影响及偏差较

---

① 黄太云：《刑法修正案（七）解读》，载《人民检察》2009 年第 6 期。
② 张明楷：《传销犯罪的基本问题》，载《政治与法律》2009 年第 9 期。
③ 陈兴良：《组织、领导传销活动罪：性质与界限》，载《政法论坛》2016 年第 2 期。

大,在实践中因无法准确认定为定罪量刑带来难度。前文已指出在本罪的主观违法要素中体现出两种观点,一种通说认为组织、领导传销活动罪的主观应是非法牟利,另一种观点认为主观应是非法占有。前者的涵盖并不精准,仅限制在经营型传销活动中;而后者是建立在与普通诈骗罪混同情形下的诈骗型传销活动。如何在司法实践中对"骗取财物"这一主观因素进行判断,应结合主观违法要素,并正确把握该客观构成要件的认定从而有效实现主客观相一致,达到刑法规范的目的,司法实践中对于如何认定被告人是否具有骗取财物的主观目的有着相对应的印证标准。如湖北随州市的一起大型传销犯罪案件中,法院对于如何认定被告人是否具有主观"骗取财物"的故意就做出了有力的说明。①

2009年,被告人钟某在"广亚"传销组织中当会员时,学会了该组织"以销售网络电话卡发展下线"的传销模式。随后,钟某和刘某合伙在网上建立了HGC香港瑞华通讯网站,开展传销活动。刘某担任网站管理员,负责网站系统的维护和更新,被告人钟某负责"开拓市场",并通过"古月软件"在瑞华公司网站中为公司销售网络电话卡设定了套餐种类、包月电话卡种类、购买套餐电话卡款项的扣税方式及奖金制度等。于此,被告人钟某建立了以瑞华公司为平台、以网络电话卡套餐为销售对象的网络传销组织。钟某针对其传销行为提出辩解,认为本案中会员购买的电话卡是客观真实的消费产品,其附加投资功能也得到了畅通实现,绝大多数会员收回了投资,本案没有受害人和社会危害性,应当认定其没有骗取财物的故意。经查:钟某一方面"承诺"对会员投资购买的电话卡,另一方面又将会员购买套餐的费用从支付结算中心全部转出,大肆用于个人购买豪车洋房、经营房屋买卖、入股投资房地产、赠送他人、挥霍消费等活动,承诺的返现形同"空头支票",其显然有骗取财物的故意。

结合案例可知,骗取财物的认定虽在主观上不易界定,但结合已有的证据可相互印证。被告人是否将收取的费用进行了正常的经营活动,如若被告人的财务支出远不符合自身的合理收入,且并未将主要收益来源进行经营活动,而将收取的财务另作他用、挥霍,购置与经营活动无关的动产或不动产时,即可认定被告人主观上具有骗取财物的目的。

根据《最高人民法院、最高人民检察院、公安部关于办理组织领导传销活动刑事案件适用法律若干问题的意见》中第三条关于"骗取财物"的认定,传销活动的组织者、领导者采取编造、歪曲国家政策,虚构、夸大经营、投资、服务项目及盈利前景,掩饰计酬、返利真实来源或者其他欺诈手段,实施刑法第二百二十四条之一规定的行为,从参与传销活动人员缴纳的费用或者购买商品、服务的费用中非法获利的,应当认定为骗取财物。参与传销活动人员是否认为被骗,不影响骗取财物的认定。结合规定及司法案例,实践中对于传销犯罪中骗取财物的认定有着较为明

---

① 湖北省随州市中级人民法院(2013)鄂随州中刑终字第00085号刑事判决书。

确的指引。

三、团队计酬的定性

团队计酬是指组织者或者经营者发展人员，通过对被发展人员以其直接或间接发展的人员数量或者销售业绩为依据计算和给付报酬。团队计酬其词义本身是中性词，属于直销模式，在世界各国的经营模式中均是合法的机制。不同于域外，在我国，由于团队计酬特殊规定在传销犯罪的刑法规制中，故对于团队计酬的含义要结合法律法规进行进一步的解读。

学界对于团队计酬是否属于传销存在着争议。陈兴良教授认为，团队计酬仍然属于传销而非直销，在《刑法修正案（七）》设立组织、领导传销活动罪，并将传销界定为拉人头和收取入门费以后，团队计酬的传销形式没有包含在本罪的构成要件之中。对此，我国学者一般都认为，对于这种团队计酬的传销行为仍然应当以非法经营罪论处。例如，张明楷教授指出："在刑法修正案（七）公布之后，由于组织、领导原始型传销活动的行为，并不具备刑法第 224 条之一所要求的'骗取财物'的要素，不能认定为组织、领导传销活动罪；又由于这种经营行为被法律所禁止，并且严重扰乱了经济秩序，依然应以非法经营罪论处。"① 事实上，在《刑法修正案（七）》设立组织、领导传销活动罪之前，司法实践中对这种经营型的传销行为本来就是按照非法经营罪定罪处罚的。在《刑法修正案（七）》未对这种经营型的传销行为进行规定的情况下，为惩治这种传销行为，对其按照非法经营罪论处是完全正确的。然而，2013 年 11 月 14 日《意见（二）》对团队计酬的传销行为的定性问题做了以下规定："以销售商品为目的、以销售业绩为计酬依据的单纯的'团队计酬'式传销活动，不作为犯罪处理。"与此同时还规定："C 形式上采取'团队计酬'方式，但实质上属于'以发展人员的数量作为计酬或者返利依据的传销活动'，应当依照刑法第 241 条之一的规定，以组织、领导传销活动罪定罪处罚。"这一规定，将团队计酬的传销行为做了非犯罪化的处理。可以说，这是对传销犯罪的刑事政策的重大调整。②《条例》规定团队计酬属于传销，而《刑法修正案（七）》规定的传销则不包括团队计酬型传销，但这并不意味着将团队计酬作非罪化处理，只要团队计酬的模式是以拉人头、收取入门费的方式进行盈利，则仍是传销犯罪。只有以销售商品为目的、以销售业绩为计酬依据的单纯的"团队计酬"式传销活动，不作为犯罪处理。实践中多有此类案件混淆司法机关的视听，如 2011 年的"黑茶"炒作模式就属于典型的团队计酬式的传销活动，以一起案例进行说明。③

被告人李某于 2011 年注册成为"湖南华某生物科技有限公司"会员，后积极发展下线成为钻石董事级别。该公司销售模式为：先交 4980 元购买一份黑茶成为会

---

① 张明楷：《传销犯罪的基本问题》，载《政治与法律》2009 年第 9 期。
② 陈兴良：《组织、领导传销活动罪：性质与界限》，载《政法论坛》2016 年第 34 期。
③ 山东省临邑县人民法院（2016）鲁 1424 刑初 66 号刑事判决。

员进入消费组,优先卖出2份黑茶的人就有资格成为消费组的组长并领取800元的奖励,再带动小组成员共同发展下线完成销售任务,此人就能领取5000元的奖励,并从消费组进入销售组。当此人协助其推荐的两名下线都进入销售组后,其就有资格成为经理并领取10000元的奖励。再带动小组成员发展下线完成销售任务,此人就能领取105000元的奖励。当此人推荐的两名下线也拿到105000元,此人就有资格进入管理层成为董事。董事又分为黄金、红宝石、翡翠、钻石和荣誉五级,每级则有不同的奖金。

针对公诉机关的指控,被告辩护人指出其经营模式为以销售商品为目的、已销售业绩为计酬依据的"团队计酬"式推销行为,不应作犯罪处理。本案在产品上,黑茶为实实在在的商品;价格上,黑茶价格与价值相一致;宣传上,宣传内容及返利方式真实;组织上,本案企业依法成立、网络公开经营,申请会员行为自愿,没有层级,均是直接发货、付款;方式上,通过免费品茶、赠予黑茶方式让别人认可质量和功效,自愿购买,自愿成为会员;计酬上,商品交易真实存在,不存在人头费,以销售黑茶数量作为团队计酬的依据,且返利有保障;危害上,没有出现侵犯人身权利的情况,对社会秩序没有任何影响。

法院经审理不予认同被告辩护人提出的销售模式为团队计酬。虽然该组织销售黑茶、且黑茶确实存在,但结合全案可以看出,黑茶销售只是一种隐蔽手段,该手段的主要目的是获得会员资格及返利,而高额的返利也在宣传时用来引诱、发展人员。其返利模式也是以人员数量作为返利依据,金额相对固定,与单纯以销售商品业绩为依据的返利模式不同。辩护人所提的团队计酬是以销售商品为目的,以销售业绩为计酬依据。两种模式存在本质区别。

从本案可以看出,团队计酬的传销模式罪与非罪的关键点在于返利的资金来源于商品本身销售额还是借助商品所换取的"资格"。虽两者均有实际的商品销售或提供服务,但资金本质上的来源则是认定该销售模式是否违法的节点。故在司法实践中,把握销售模式的盈利来源是判断团队计酬合法性最为重要的认证依据。

第四节 组织、领导传销活动罪的法益分析

一、本罪"秩序法益观"的理论辩证

本罪通过《刑法修正案(七)》被纳入刑法分则第三章破坏社会主义市场经济秩序罪中,根据本罪的罪名描述及《禁止传销条例》可知,本罪的法益定位为:公民、法人和其他组织的合法权益及社会主义市场经济秩序。

虽通过罪名表述及相关法律规范文件可知本罪的法益为复合法益,但通过近年来传销的打击行动分析可知,传销犯罪的主要关注点为"秩序法益",对"个人法益"的保护微乎其微。如在1998年国务院发布的《国务院关于禁止传销经营活动

的通知》的第一项中,就重点强调了保持市场正常及社会稳定的重要性。

组织、领导传销活动罪属于涉众型经济犯罪,但其与非法吸收公众存款罪及集资诈骗罪等涉众型经济犯罪的法益立足点并不相同。鉴于传销犯罪手段多样、涉案面广泛且隐蔽性较强,其犯罪行为本身在实施的过程中就伴随着其他犯罪行为的产生,如逃税罪、生产、销售伪劣产品罪、强迫交易罪、非法拘禁罪等多个罪名。但究其根本,立法及司法的侧重点是宏观的,其犯罪根本侵犯的是正常经济秩序及社会的稳定。

近年来我国不断地颁布出台对于经济类犯罪的规制,将经济刑法交给刑法进行修正,大量的授权性规则和兜底条款给行政权力的行使提供了过大的自由裁量空间,表现出明显的"金融抑制"趋向。过度强调保持市场经济秩序的稳定及管制,对于新型电子商务及金融产品无法评估法律地位的情况下,将风险防控功能交给刑事司法进行犯罪化规制。纯粹的"秩序法益观"的导向下,涌现出大批新型金融交易类案件在"模糊化"的立法体制中被消化,无法达到社会效果与法律效果相统一。经济刑法的法益原理缺乏根本的研究基础,无法满足我国囿于法治理念对于该类犯罪发生时的处罚所需,经济刑法的基本语境仍处于计划经济的发展背景之下,无法跳出维护国家稳定、防止社会问题的思想牢笼,导致刑法对于该类犯罪的职能仍只能是以经济秩序的维护为根本方针,本质上不过是秩序法益观的工具。

伴随着经济转型,我国近年来犯罪化根据的判断标准在发生着单向化的改变。中国金融刑法立法体系起步于市场经济改革的探索初期,法益选择的社会政治经济基础决定了"秩序法益观"在金融刑法法益选择上的基本地位与支配地位。金融刑法固有的"秩序法益观"处于我国司法大势之下,将违反金融管理秩序作为犯罪化的定罪标准得到了理论界与实务界最多的拥护,这一现象完全左右了我国1997年刑法典颁行后经济刑法的多次修正。[1] 在"秩序法益观"的支配之下,经济自由及金融创新不过是秩序保障的下位概念,"如果不区分秩序的价值、类型和内涵,只是简单地、笼统地强调刑法对秩序的保护,刑法根本立场将面临变异的风险,甚至有可能堕落为阻碍社会进步和改革的力量。"[2]

结合组织、领导传销活动罪的相关规定,我国"秩序法益观"定位导致的问题主要表现为:

(一)犯罪化标准边界模糊

"秩序法益观"之下,前置法与金融刑法的边界日趋模糊。在新旧经济体制的交接转化阶段,我国将大量金融刑法的前置管控权力下放给前置法,赋予了较刑法底层次的行政法规及部门规章过大的管控空间,导致在市场经济摸索探寻的转型期间,体现出更多的"金融抑制",无形中将金融立法进行了行政化的处理,导致

---

[1] 魏昌东:《中国金融刑法法益之理论辨正与定位革新》,载《法学评论》2017年第6期。
[2] 何荣功:《经济自由与经济刑法正当性的体系性思考》,载《法学评论》2014年第6期。

金融刑法立法带有明显的秩序管制色彩,将秩序不法作为犯罪化的事由过于抽象且难以把控。例如在传销犯罪的打击中,我国将传销活动犯罪初期的大部分认定及处置权力交付给工商管理部门,而真正具有可参照的操作性规范文件则出台于2013年的《最高人民法院、最高人民检察院、公安部关于办理组织领导传销活动刑事案件适用法律若干问题的意见》,此前并无任何规范性文件对传销犯罪的犯罪化标准进行过说明,仅将扰乱社会市场经济秩序作为处罚的标准,难以体现出处罚的正当性。且工商管理部门取代行使司法机关的地位对犯罪行为进行初期化的预判及处理,行政处罚与刑事处罚没有明显的边界划分,司法机关完全属于被动的规制工具,种种模糊处理下,前置法评价能力不足的问题被大大的忽视。咎此,对于案件的处理则难免会有失正当性。

(二)"秩序法益"的过度狭义化

"秩序意指在自然和社会进程中所存在着的某种程度的一致性、连续性和确定性。"① 立法与实践将"秩序法益观"定位为市场经济秩序,仅作狭义的解读。而对于涉众型经济犯罪来说,秩序应辩证地看待,并不应仅指代经济刑法的利益秩序,更应将社会稳定问题中的社会稳定秩序纳入其中,结合刑事政策的需求作双重的考虑。

组织、领导传销活动罪属于法定犯,且现今传销犯罪的发展业已与原始非法拘禁洗脑型传销完全不同。混入创新金融及互联网+等概念后的传销犯罪,严重混淆消费者的视听,如若不是资金链断裂等原因导致案发,很多受害者并不会确切地感受到传销行为的危害。本罪并不具备自然犯的"自体恶",故刑法的预防功能存在一定的局限性。鉴于"秩序法益观"是我国立法发展体系的基本导向,导致我国经济犯罪等刑法规制均或多或少的存在着偏向维护市场经济秩序的身影,产生了国家与金融机构利益优先于金融关系相对人利益保护的结局,这体现在传销犯罪中,所有违法所得均需上缴国库。但组织、领导者的犯罪所得均是从传销下线中非法吸收而来,所以无法返还受害群众的经济损失,而传销组织的下线人员既是犯罪参与人员也是被害人,导致下线人员的损害赔偿请求权卷入了一个无限循环的"莫比乌斯环"中,由此造成大量被害人投入传销组织的"入门费"无法返还,造成群体性事件。

我国并非缺乏在本罪中对社会稳定性的重视,如《国务院办公厅转发工商局等部门关于严厉打击传销和变相传销等非法经营活动意见的通知》中第八条:有关部门在坚决打击传销和变相传销非法经营活动的同时,要注意做好对一般参与群众的教育疏导、宣传和善后工作,防止矛盾激化,维护社会稳定。以及《国家工商行政管理总局、公安部、工业和信息化部、国家互联网信息办公室、中国人民银行、中国银行业监督管理委员会关于开展打击网络传销违法犯罪专项行动的通知》中

---

① [美]E.博登海默《法理学——法哲学与法律方法》,邓正来译,中国政法大学出版社1999年版,第219页。

第4条第5项：做好风险评估，确保社会稳定。加强情况沟通，密切关注舆情动态，切实加强苗头性、倾向性情报信息的搜集研判，开展打击、取缔传销网站行动前要充分考虑可能会产生的影响，做好风险评估，制定应急预案，切实把不稳定因素控制在萌芽状态，防止群体性事件的发生。对发生的群体性事件要坚决果断、依法妥善处置在当地。"秩序法益观"对于立法与司法的影响是巨大的，在秉持罪刑法定原则满足了法律效果之下，却欠缺对社会效果的考量，对于涉众型经济犯罪，财产罚的适用应谨小慎微。

（三）"秩序法益"滞后于金融创新

在我国上世纪九十年代市场经济转型初期，将"秩序法益"作为金融发展体系的基础发挥了积极的作用，保障了我国在市场经济转型初期的稳定发展。但近年来，我国已处于经济转型深化期，民间资本充足，民间借贷、中小型企业等蓬勃发展，社会群众在寻求着更多的途径去进行资本增值。"生活的需要产生了法律保护，而且由于生活利益的不断变化，法益的数量与种类也随之发生变化。"[①] 在2013年11月12日党的十八届三中全会作出的《中共中央关于全面深化改革若干重大问题的决定》中指出，我国金融市场正由管制模式向监管模式变迁的重大改革之中，在此背景下，我国金融刑法却仍实行着"秩序法益观"的立场，显然已不能满足市场的发展需求。而在组织、领导传销活动罪中，对于传销模式的认定是罪与非罪的分水岭，如何认定该行为是否是传销需要进行界定，是金融创新还是庞氏骗局，需理性地看待。

突破"金融抑制"是新型金融经济发展的首要任务。在国家金融安全导向下所建立的基础法律体系是服务于经济秩序的维护工具。刑法在中国经济转型初期被赋予了诸多的政治功能，立法的工具性价值导向难以去除，而以"秩序法益观"为根本法益的金融刑法虽被视为是保障经济改革与实现经济增长的工具。但在市场深化改革之时，金融刑法更应保持谦抑性，促进经济刑法功能与定位的革新。

"秩序法益观"导向下的中国经济刑法正处于与市场经济发展严重不适的阶段。如何在秉持维护市场经济秩序的同时扩大经济自由是当前的首要任务。构建与维护经济自由目标相适应的法律体系是市场发展的重大革新。在对于涉众型经济犯罪案件频发的当代，做好引领和疏导工作是当前司法实践所面临的难关。将问题抛掷给"秩序法益"违背了法益的初衷，不能完全体现刑法的基本价值取向，无法达到社会效果与法律效果相统一，故加快转变"秩序型"经济犯罪法益的定位是当前的重中之重。

二、本罪"利益法益观"的合理性辨析

自19世纪初德国学者毕恩鲍姆提出"法益"的概念后，其具有的刑事政策机能、

---

① ［德］李斯特·施密特《德国刑法教科书》，徐久生译，法律出版社2006年版，第6页。

违法性评价机能、解释论机能、分类机能等功能就在犯罪论体系内外居于指导性的基础地位。① 罗克辛教授将法益的本质界定为"是在以个人及其自由发展为目标进行建设的社会整体制度范围之内,有益于个人及其自由发展的,或者是有益于这个制度本身功能的一种现实或者目标设定"。② 法益概念虽不限于个体法益,还包括社会秩序等公共利益的超个人法益,但一切法益保护均为"个体的自由发展""个人权利的实现"的目的服务,因而只有当超个人的法益最终服务于个体的公民时,此种公共的法益才是合法的。③ 在近年来围绕经济刑法法益的争论就聚集在突破"秩序法益观"向"利益法益观"进行转变中。

"利益法益观"由德国经济刑法学家克劳斯·梯德曼提出,并将"超个人法益"作为"利益法益观"的内涵,其提出经济刑法所保护的法益为"超个人法益"既指刑法规范保护的是国家和社会的利益,与"个人利益"进行了区分,将"个人利益"进行了整合。"超个人法益"的特殊性在于强调刑法对国家和社会等抽象层面利益的保护,这与经济犯罪的历史产生背景有着不可分割的联系。通过对经济犯罪的时代变迁分析可知,经济犯罪产生于战争时期用于维护社会物资分配及经济的稳定,具有浓重的政治色彩。随着时代的变化,其法定犯的属性并不同于自然犯侵害的法益是一成不变的。随着战后的经济重整及自由经济体制的建立,国家社会背景、刑事政策的变革等,经济刑法保护的价值与正当性应根据国家的经济制度的现行变化而做出合理的调整。在自由经济体制度背景下,应以处罚滥用经济自由与经济力的犯罪行为为主。

学界拥护秩序不法与刑事犯罪相区分基本立场的学者不胜枚举,认为"利益法益观"应取代"秩序法益观"。如日本学者林幹人教授认为,"自由经济秩序这些抽象、观念性的法益,作为科处行政制裁的前提是妥当的,但作为刑法保护的法益,不能仅是观念性的事物。刑法保护的法益应以消费者的利益为中心,因为关于经济犯罪的被害,会扩展到消费者全体,每个人成为真正被害人和财产犯罪被害之间并没有质的差异";④ 日本学者芝原邦尔教授认为,"现在已不能再动用刑法维持一定的经济秩序了,经济犯罪的成立,除了要违反经济取缔法规外,还需要行为侵害市民的经济生活,且具有高度的盖然性。经济刑法所处罚的行为重点应是一般消费者利益的保护、市民经济生活的保护"。⑤ 在组织、领导传销活动罪中,关于消费者利益的表述仅在行政法规中出现过两次,第一次为1995年的《国务院办公厅关于停止发展多层次传销企业的通知》,通知以"遏制不正当的传销活动,打击不法商

---

① 张明楷:《法益初论》,中国政法大学出版社2000年版,第196-203页。
② [德]克劳斯·罗克辛:《德国刑法学总论》(第1卷),王世洲译,法律出版社2005年版,第15页。
③ [德]克劳斯·罗克辛:《刑法的任务不是法益保护吗?》,樊文译,载陈兴良主编:《刑事法评论》(第19卷),北京大学出版社2006年版,第152页。
④ [日]林幹人:《现代经济犯罪——法的规则研究》,弘文堂1989年版,第56页。
⑤ [日]芝原邦尔:《经济刑法与市民经济生活的保护》,载《法律时报》1986年第4期;转引自何荣功:《经济自由与经济刑法正当性的体系性思考》,载《法学评论》2014年第6期。

人的欺诈行为，保护消费者权益，保护公平竞争，维护社会主义市场经济秩序"为宗旨对多层次传销企业进行整顿和取缔；第二次为1998年的《国务院关于禁止传销经营活动的通知》，通知以"保护消费者合法权益，促进公平竞争，维护市场经济秩序和社会稳定"为宗旨进行了对传销经营活动的禁止，其后的相关法律文件如《禁止传销条例》等均以"防止欺诈，保护公民、法人和其他组织的合法权益，维护社会主义市场经济秩序，保持社会稳定"。早期的规范性法律文件将传销犯罪的法益定位为消费者的合法权益，主体明确地将传销犯罪作为经济犯罪进行打击，保护消费者的合法权益，以此来维护市场的公平竞争。但在后期的打击传销活动犯罪中，法益的界限却日渐模糊，将法益笼统的描述为社会主义市场经济秩序，"秩序化"的倾向日益明显。在众多的司法判例中也体现出这一弊端，刑法介入经济市场的管制色彩更为明显，此举并不利于自由市场的发展，更有偏袒国家利益撇弃个人利益之嫌。

关于"利益法益观"的纷争在我国亦有学者提出建议意图进行规范性的解决，如魏昌东教授提出"资本配置利益说"，将经济刑法的法益进行具体化、有形化、物质化。资本配置利益是指资本在市场经济系统流动、分配过程中国家、社会、市场主体及市场参与者均能享受到由此带来的财产性利益或利益机会，[①] 并认为资本配置利益的优点在于其围绕市场系统构建更具有针对性的经济刑法立法体系，可以有效弥补经济刑法立法扩张或犯罪圈设置不合理的问题，更有助于经济系统的整体性，实现"超个人法益"的具体化。"资本配置利益说"的产生无异于在经济刑法法益研究领域打破了多年的僵局，学者们将目光辗转于资本与利益之间，但在做出多种学理解释后却无法与司法实践达到高度的契合。如组织、领导传销活动罪就并不能完全带入其中求解，传销犯罪造成国家经济组织与个人之间的财产性利益冲突下，国家将全部传销犯罪所得没收上缴国库，其犯罪所得来源是传销参与人员的民间资本，如若不参加传销，传销参与人员也并不一定会用这笔资金为经济市场的增值带来贡献，受损失的是传销参与人员的财产利益，得益方是国家，按照"资本配置利益说"的观点来看，该犯罪行为的处置是完全相反的，并不符合常情。

法律作为一种制度结构直接影响着主体间的行为及其策略性反应，法律与市场通过行为主体和制度机制而相互作用，这一关系是动态而非静态的关系。法律制度与经济发展总是互动的，法律制度与金融市场亦是如此。[②] 刑法对于金融及经济总体的回应适从管制转向监管，减少干预和放松管制，确认和保障市场在金融资源配置中的决定性作用，消除金融体系运行中的制度障碍，保障金融体系在市场机制作用下拓展融资途径，优化金融结构，便利金融交易。[③] 由金融管制走向金融监

[①] 魏昌东：《中国经济刑法法益追问与立法选择》，载《政法论坛》2016年第6期。
[②] [美]柯提斯·米尔霍普、[德]卡塔琳娜·皮斯托：《法律与资本主义——全球公司危机揭示的法律制度与经济发展的关系》，罗培新译，北京大学出版社2010年版，第17—52页。
[③] 冯果、袁康：《全面深化改革背景下金融法的使命自觉与制度回应》，载《法学评论》2014年第2期。

管,意味着我国金融管理通过完善金融信用机制,将管理的目光从金融市场的准入机制转向金融市场的交易机制,构建新型现代金融体制,这也是经济刑法从"秩序法益观"向"利益法益观"应然转变的社会背景。

自改革开放以来,我国对于经济犯罪的调控明显体现出犯罪化的特点。"79"刑法先后颁布出台数十部单行刑法,大范围对经济犯罪进行刑法规制,力求对经济市场的稳定发展进行风险防控。如非法经营罪,在市场经济转型期间作为"口袋罪"承担了大量的维护经济体制稳定的历史任务,其具有概括性的特点可以在增强法律条文的涵盖性,避免因无明文规定而无法对具有严重危害行为进行处罚的困境,强化法益保护功能和社会保护功能。不可否认其对我国在摸索探寻市场发展时所起到的保驾护航的作用,但在深化改革时期,其在经济犯罪中兜底罪名的作用有着刑法保护特定部门和行业利益的嫌疑。且因其模糊的内涵而不易把握犯罪化根据,导致刑法不当的扩张,故在其后,组织、领导传销活动罪从非法经营罪中分离出来,单独作为罪名的典型经济犯罪罪名。

经济刑法所规制的犯罪行为一方面不但在形式上违反了经济法律、法规,另一方面在实质上必须有危害性,判断标准就是一般消费者或国民等超个人法益是否受到了实质性的损害。而组织、领导传销活动罪在我国的法益定位却让人无法信服,由于传销犯罪不同于一般的诈骗犯罪,传销犯罪在崩盘之前参与者的利益是可知且可控的,直到被立案审查冻结资金导致资金链断裂或是传销的组织、领导者携款潜逃才会导致崩盘。传销犯罪资金链断裂的原因并不全应归咎于无法发展足够多的下线去供养上线,而是在得到既得利益之前,该组织已被查处而无法进行资金的汇融。传销活动历来以经营活动为名,行非法吸收资金之实,售卖以次充好或高于市价数倍的商品,而盈利的来源也并不是商品或服务的售卖,而是来自源源不断加入的参与者的"入会费"。由于没有实际符合市场标准的经营活动,而是不断地拉入亲朋好友进行融资,有着"经济邪教"之称。现今的传销活动更是因架构入众多眼花缭乱的经济术语和商务模式,为司法实践带来难题,在无法认定为是否是新式电子商务还是庞氏骗局之时,即使有着众多法学专家的背书,很多重大疑难案件仍以扰乱社会主义市场经济秩序为由进行了刑事处罚,典型的如太平洋直购案件。

三、侵害复合法益下的刑事政策价值取向

我国传统刑法以保护个人法益为基本,社会个体的法益在刑法中有着较大的比重。但随着社会及经济的发展,法益也在呈现出类型的多样化,多类型的社会法益及超个人法益的出现标志着刑法随着社会发展而做出的多元的扩张。大量的抽象危险犯的设置逐渐成为世界各国刑法修正的重要内容,使得刑法介入的时间点提前至危险发生之时。对于超个人法益的侵害,特别是侵害方式以具体危险或抽象危险出现时,则在经验上很难获取较为清晰和明确的法益侵害事实,确定违法性的路径就可能不再依赖清晰可见的法益侵害事实,而是行为方式本身。以抽象危险犯为例，对于公共安全或社会秩序这样一些抽象性、集体性法益的抽象危险，要进行经验上的甄别和厘定非常困难，况且司法者也未必具有测定和评估超个人法益抽象危险的科学方法和科学工具。①

从法益保护的原则出发，刑法所保护的法益应具有正当性，是刑罚发动的正当依据。而从刑事政策角度出发，法益的保护原则又应具有评判刑罚均衡性及检测刑事立法合理性的功能。在事实上，基于对功能主义的回应，刑事政策对定罪量刑已经产生了实质的影响。在组织、领导传销活动罪所侵害的复合法益中，属社会法益难以评估及把握，其本身具有维护市场经济稳定的政治性属性，又肩负着保护公民个人财产的职责。结合本罪的特点，当个人法益与社会法益竞合时，从何种角度进行评价才能达到社会效果和法律效果双赢，是立法与司法实践的困境之一。

从保护个人法益角度出发，本罪侵犯的是公民的个人财产。不同于非法吸收公众存款罪中"存款"的界定，本罪的个人财产仅限于公民不定额的资金。根据传销组织的规定按照份额进行会员资格的认购，以期传销组织的"出局"金额的返利。投入传销组织的资金来源既可能是公民闲置待投资的资金，抑或可能是公民为了高额返利借贷而来，无论何种情形，没收涉案财产对于公民自身的经济状况都属于一种致命性的冲击。虽然我国近年来民间资本充足，但社会个体在社会生活中的根本仍然是经济基础。秉持着宽严相济的刑事政策的要求，对罚金刑的适用应谨慎。组织、领导传销活动罪一般参与人员的法律地位在学界和实践处理中均有着争议，如若将其界定为被害人，其法益应是个人的财产还是作为社会中的一员与社会秩序相混同呢？其产生的冲突正是个人法益与社会法益竞合时，何种法益优先的难题。个人法益是具象的，公民财产受到的损失可以计算，但社会法益过于抽象，并无数据足以证明传销犯罪对市场经济秩序产生的危害性。而结合我国的国情需求，作为典型的涉众型经济犯罪，其本身社会法益又应将社会稳定秩序作为考量依据，涉众型犯罪的本质正是由一个个的社会个体组成才称之为涉众型。故从社会个体出发，最大力度的保护个人法益不受侵害则可以杜绝由个体向群体、从量变到质变的群体性问题发作。

从社会法益出发，此处应作两点考量，一是社会经济秩序法益，另一是社会稳定秩序法益，两者对于现今互联网背景下的涉众型经济犯罪均有着直接的影响。组织、领导传销活动罪出台伊始，就一直将维护社会主义市场经济秩序作为最根本的法益，但此表述过于抽象，以至于在司法实践中，对于重大疑难性的传销犯罪作为"兜底性"的判断依据，有着以偏概全之嫌，虽在表面上维护了社会主义市场经济秩序的稳定，但在本质上是否扼杀了经济金融的多元化发展仍有着隐疾。社会稳定秩序法益作为我国国情的新需求也逐渐走入了理论界与实务界的视线，随着涉众型经济案件的爆发，众多规范性文件将稳定当地民情作为案件的审理指向，如

---

① 高巍：《刑法教义学视野下法益原则的畛域》，载《法学》2018年第4期。

何对众多被害人的财产进行退赔是司法资源无法完全顾及的困境。组织、领导传销活动罪的刑事规制将所有违法所得进行没收,使得众多一般参与者的资金无法退还,在根本上将所有一般参与者的法益置于社会稳定法益之后,完全遵照刑事规制进行处罚,亦是维护法的安定性的表现,但这却也是现今网络传销案件所体现出的社会效果与法律效果不能有效并齐的现实困境。

社会群体生活中,保护社会个体法益的保护是对社会个体人格的承认,刑法作为国家最后的强制力保障手段,保持谦抑,避免过度评价,旨在推动社会发展的同时稳定社会不良因素。在刑事法律的适用中,法的安定性应更胜过于个案正义。囿于法律无法完全预测未来生活的局限性及语言文字解读的依赖性,刑事法更应保持着至少不滞后于社会发展的脚步,通过发现现象而推动修改。社会秩序的稳定是保持政治、经济文化多重发展的基础,从保护社会个体角度出发,组织、领导传销活动罪保护的是一般参与者的个人财产,防止民间资本被不良利用。而将众多社会个体综合为整体进行评价,则侵害的法益是抽象的社会主义市场经济秩序,当个体秩序与社会秩序产生冲突时,作为整体评价更有助于维护社会更大的利益。社会个体的利益固然重要,然而寻求最小公约数的方法下,根据刑事政策,适当对一般参与者的法律地位及救济措施做出调整,则无异于是在宏观上保护了社会整体的最大利益。

第五节 组织、领导传销活动罪的竞合犯认定

一、本罪与集资诈骗罪的区分与竞合

根据《刑法》第192条的规定,集资诈骗罪是指以非法占有为目的,违反有关金融法律、法规的规定,使用诈骗方法进行非法集资,扰乱国家正常金融秩序,侵犯公私财产所有权,且数额较大的行为。具体分析来看,根据国务院办公厅《关于依法惩处非法集资有关问题的通知》的规定,非法集资的主要特征有:一是未经有关监管部门依法批准,违规向社会(尤其是向不特定对象)筹集资金;二是承诺在一定期限内给予出资人货币、实务、股权等形式的投资回报;三是以合法形式掩盖非法集资目的。在近年来已知的案件中,集资诈骗罪与组织、领导传销活动罪有着较多的混同情况出现,同一案件的不同被告人可能定罪的罪名不尽相同,只因两罪有着一定的相似性,均以欺诈的形式进行集资,故如何在司法实践中明确把握两个罪名的界限十分重要。

两罪的不同有以下几点:

(一)主观目的不同

组织、领导传销活动罪的组织、领导者希望通过传销组织的不断扩大进行牟利,而集资诈骗犯罪行为人是以非法占有他人集资款为目的。在罪名的描述上,组

织、领导传销活动罪使用"骗取财物"而集资诈骗罪使用"非法占有",两者在本质上有着较大的区别。传销犯罪的犯罪所得需通过传销组织的活动而获得,资金流紧密联系着整个组织中的上下线,每位上下线的返还利益有着时间及金额的规定,而集资诈骗罪的犯罪所得则是行为人通过虚构股票、理财产品等高额汇报进行短期集资。虽有案件表明,集资者在犯罪伊始会适当地返给被害人一定的红利,但往往在短期之内就会卷款而逃,并不依托任何组织及经营形式进行盈利。两个罪名在主观目的上的"骗取"并不相同,集资诈骗罪的行为人是通过欺诈的手段获取既得利益,并不依托经营形式。

（二）客体的不同

集资诈骗罪为公民财产所有权及国家金融管理制度,组织、领导传销活动罪的客体为公民的财产所有权及市场经济秩序和社会管理秩序。集资诈骗罪的犯罪形式较组织、领导传销活动罪带有着更多的金融属性,其犯罪形式多以发行股票、债券或者融资租赁、联营、合资等方法进行。集资诈骗的犯罪手段为"还本付息"的虚假宣传,吸取社会公众的资金,而并非如传销犯罪是通过拉取下线获得返利,故在客体的描述上两者的区别在于金融属性的不同。集资诈骗罪严重干扰正常的金融投资秩序,使得民间资本流入歧途,妨碍金融的绿色发展。

（三）参与者法律地位不同

集资诈骗罪与组织、领导传销活动罪的犯罪组织结构并不相同,集资诈骗罪并无上下级之分,均由集资者进行虚假宣传进行集资,而传销犯罪的组织严密,上下级分明,有着晋升的机制。学界认为,两罪的参与者法律地位并不相同,集资诈骗罪的相对人是完全的被害人,因其直接受到集资者"还本付息"的诱骗,其直接相对人仅有犯罪行为人。而传销犯罪中,除却组织、领导者及最底层的参与者,其余层级的人员均为传销组织的扩大起到了积极的作用,转为加害者。故在讨论两罪的参与者法律地位中,集资诈骗罪的参与者是纯粹的被害人,而传销犯罪的参与者,则要分辨其是哪一层级的参与者,以此来分辨其法律地位。

（四）量刑的不同

集资诈骗罪规定,诈骗公私财物,数额较大的,处三年以下有期徒刑、拘役或者管制,并处或者单处罚金;数额巨大或者有其他严重情节的,处三年以上十年以下有期徒刑,并处罚金;数额特别巨大或者有其他特别严重情节的,处十年以上有期徒刑或者无期徒刑,并处罚金或者没收财产。组织、领导传销活动罪的一般情节量刑为五年以下有期徒刑或者拘役,并处罚金;情节严重的,处五年以上有期徒刑,并处罚金。可看出,集资诈骗罪的刑罚要重于组织、领导传销活动罪。

实践中,存在着大量的组织、领导传销活动罪与集资诈骗罪混同的案件,以传销的方式骗取财物应定为组织、领导传销活动罪还是集资诈骗罪,以2015年的一起典型案例展开予以说明。

2012年9月,被告人于某与同案其他两名被告人商定由于某伪造中远集团的授权委托书,以虚构加盟中国远洋集团(以下简称中远集团)西南地区代理商业务的方式骗取资金。对外宣称用所谓的个人税号形式去消化中远集团在国外的营业额,要求加盟人员一次性最低缴纳1个单位即0.48万元的押金,最高缴纳30个单位即14.4万元的押金,并另外缴纳500元每人用于办理税号的方式加盟。加盟人员缴纳2个单位押金后,可获得直接补助、间接补助、职务津贴的收益。其中直接补助按发展下线的不同可享受缴纳押金的20%乃至更高的收益。发展下线后,可得间接补助,但每人只能得本人直接下线的间接补助1次。如下线再发展下线可得职务津贴,但职务津贴只能得4次。做满600个单位后可得到最高收益回报,即押金的50倍收益。收益在1万元内,公司收取10%的税费,收益在1万元以上,公司收取13%的税费。所有加盟人员交纳的资金均直接交于于某提供的账户。为了骗取更多人员加盟和逃避相关部门的打击,三人进一步约定由于某假扮中远集团西南地区代理商负责人,宣传其做满600个单位现在已退休并领取到一千多万元收益的例子。2013年5月,于某同他人共同筹集注册资金,并由同案其他被告人负责申请注册登记成立了云阳县中烁人才中介服务有限责任公司。至2014年7月止,三被告人以成立的公司为幌子,对加盟人员许诺以高额返利为诱饵,用收取加盟人员押金和税号钱的名义,分别骗取48名被害人共计214.18万元。①

本案作为司法典型案例,从两种角度进行了论证。

以组织、领导传销活动罪论证。本案中,被告人要求被害人以缴纳资金的方式获得加盟资格,前期也以发展下线作为直接与间接收入来源,其本质为传销犯罪。但要认定为组织、领导传销活动罪,还必须满足按一定顺序组成层级与引诱、胁迫参加者继续发展他人参加两个要素。本案中,于某利用直接补助、间接补助、职务津贴等作为被害人的前期收入来源,究其本质就是为引诱被害人发展下线。对于层级的认定,于某负责组织、策划吸收社会资金的模式,并管控收入资金进行奖励分配,同案其他两名被告人负责执行于某做出的决定,并未扩大涉案范围起到了积极的作用,在犯罪组织中起到了辅助,其可认定为于某的下线,故在层级上符合组织、领导传销活动罪的认定。

以集资诈骗罪论证,从本案行为方式来看,被告人虚构加盟中远集团西南地区代理商业务,发展下线后可获得收益,做满600个单位后可获得押金50倍收益的方式骗取被害人不断投入资金,并促使被害人在收益回报的驱使下不断为犯罪人宣传、物色和介绍新被害人加盟,从而达到非法集资目的。这在本质上符合集资诈骗罪的构成要件,构成集资诈骗罪。②

三被告人骗取财物数额高达200多万元,属数额特别巨大,按组织、领导传销活动罪的量刑幅度,应认定为情节严重,判处5年以上15年以下有期徒刑,并处罚

---

① 重庆市第二中级人民法院(2015)渝二中法刑终字第00287号刑事判决书。
② 胡胜:《以传销方式骗取财物构成集资诈骗罪》,载《人民司法·案例》2016年第17期。

金;按集资诈骗罪的量刑情节,对于数额特别巨大或者有其他特别严重情节的,可判处 10 年以上有期徒刑或者无期徒刑,并处 5 万元以上 50 万元以下罚金或者没收财产。二者相比之下,集资诈骗罪的处罚更重。

对两罪名混同的情况,张明楷教授认为,组织、领导以骗取财物为目的、以传销活动为外表的传销活动同时触犯集资诈骗、合同诈骗或者普通诈骗等犯罪的,应当以想象竞合犯从一重罪处罚。例如,组织、领导诈骗型传销组织,同时触犯集资诈骗罪或者诈骗罪,如果属于刑法第 192 条或者刑法第 266 条规定的"数额特别巨大或者有其他严重情节的"情形,应以集资诈骗罪或者诈骗罪论处;反之,则认定为组织、领导传销活动罪。这样解释和适用不仅符合现实,更有利于惩治传销犯罪,而且能够实现刑法的公平正义性。①

诈骗犯罪在犯罪行为上存在着较多的共同点,实践中,涉众型经济犯罪多有混同的情况出现,犯罪行为可能符合多个罪名的认定标准。如何分辨此罪与彼罪需结合事实与证据,秉持罪刑法定、罪责刑相适应的刑法基本原则进行实质判断。故在犯罪情节严重时,从一重罪的处罚更符合刑法的工具立场。

二、本罪与非法吸收公众存款罪的区分与竞合

根据《刑法》第 176 条的规定,非法吸收公众存款罪是指,违反国家金融管理法规非法吸收公众存款或变相吸收公众存款,扰乱金融秩序的行为,与组织、领导传销活动罪都同为我国刑法规定的非法集资类犯罪。关于非法吸收公众存款罪的成立,在《非法集资刑案的解释》(2010 年)第 1 条中,最高人民法院确定为该罪同时具备以下"四性"特征:(1)"非法性":未经有关部门依法批准或者借用合法经营的形式吸收资金;(2)"公开性":通过媒体、推介会、传单、手机短信等途径向社会公开宣传;(3)"利诱性":承诺在一定期限内以货币、实物、股权等方式还本付息或者给付回报;(4)"社会性":向社会公众即社会不特定对象吸收资金。从非法吸收公众存款罪的特征来看,其与组织、领导传销活动罪的特征表现大体无异,均体现出了犯罪行为人为达到非法集资的目的,向社会不特定个体进行集资。故在司法实践中,非法吸收公众存款罪与组织、领导传销活动罪混同的案件的情形也屡有发生,以下分析两罪不同之处。

(一)客体的不同

非法吸收公众存款罪的犯罪客体是国家的金融信贷秩序,因其侵犯了金融储蓄的正常秩序,使得民间资本流向没有资质及保障的违法金融机构,如利用非法成立的类似于金融机构的组织吸收存款,典型的包括抬会、地下钱庄、地下投资公司等。一些合法的组织也从事或者变相从事非法吸收公众存款的活动,如各类基金会、互助会、储金会、资金服务部、股金服务部、结算中心、投资公司等。我国对资

---

① 张明楷:《传销犯罪的基本问题》,载《政治与法律》2009 年第 9 期。

金的合理流向坚持宏观经济调控,保证民间资本的升值有着正规的保障,故非法吸收公众存款罪侵犯的客体是我国的金融信贷秩序,不同于组织、领导传销活动罪的社会主义市场经济秩序客体。

(二)主观目的的不同

非法吸收公众存款罪的主观目的与组织、领导传销活动罪相似,均为直接故意。组织、领导传销活动罪的主观目的是通过传销犯罪活动进行牟利,但非法吸收公众存款罪的主观目的并不以非法占有他人公私财产为目标,而是具有"还本付息"的初衷,如若集资之初就不想"还本付息",则定为集资诈骗罪,主观目的的不同是此罪与彼罪较为重要的区别。如何分辨行为人是否具有非法占有的目的,应结合2011年《最高人民法院关于审理非法集资刑事案件具体应用法律若干问题的解释》第4条第2款规定的八种情形。①

(三)返利来源不同

返利的来源在于经营模式的不同。非法吸收公众存款罪的返利来源是行为人前期向被害人虚假宣传不真实的商品、投资入股、委托理财等形式,许诺到期还本付息,被害人之间可有推荐,但推荐之间并不产生任何奖励机制,所以不构成上下线关系。而组织、领导传销活动罪的返利来源在于上线收取下线的入门费,以及拉人头所得到的奖励,故与非法吸收公众存款罪的返利来源并不相同。

(四)量刑的不同

非法吸收公众存款或者变相吸收公众存款,扰乱金融秩序的,处三年以下有期徒刑或者拘役,并处或者单处二万元以上二十万元以下罚金;数额巨大或者有其他严重情节的,处三年以上十年以下有期徒刑,并处五万元以上五十万元以下罚金。对比组织、领导传销活动罪的罪名可看出,在量刑上,非法吸收公众存款罪要轻于组织、领导传销活动罪。

实践中,对于一般情形的混同情况,结合两罪量刑不同的考虑,有组织、领导传销活动罪改判为非法吸收公众存款罪的案例出现,但当情节达到严重或数额特别巨大时,则数罪并罚。2014年一起发生在广东省珠海市的传销犯罪具有代表性的意义,其涉案人员数量、涉案金额庞大,犯罪模式又兼具着非法吸收公众存款罪及组织、领导传销活动罪两个罪名的特征,在此罪与彼罪之间,法院对该案性质进行了形式及实质的分析。

2012年3月,被告人胡某参加投资境外"哈斯根金融集团"外汇买卖项目后,与该项目高层人员密切联系,积极组织境内人员参与该项目的课程培训、公司聚

---

① 使用诈骗方法非法集资,具有下列情形之一的,可以认定为以非法占有为目的:集资后不用于生产经营活动或者用于生产经营活动与筹集资金规模明显不成比例,致使集资款不能返还的;肆意挥霍集资款,致使集资款不能返还的;携带集资款逃匿的;将集资款用于违法犯罪活动的;抽逃、转移资金、隐匿财产,逃避返还资金的;隐匿、销毁账目,或者搞假破产、假倒闭,逃避返还资金的;拒不交代资金去向,逃避返还资金的;其他可以认定非法占有目的的情况。

会、并发展下线。期间，被告人胡某宣称"哈斯根金融集团"为境外合法金融机构，实力雄厚，投资者投入1万美元（折合人民币6.6万元），即可取得一个网上交易会员账号，该项目给予1万美元送1万美元的优惠条件，可以采用智能软件自动交易稳赚不赔，定额结转交易积分返还投资款，投资者可通过发展下线会员加入取得"管理奖""对碰奖"，"管理奖"是每介绍一名投资者加入可提成10%，对碰奖是介绍两人加入，并将该两名新会员按左右放在自己两边的下线区域可提成10%。2012年10月，"哈斯根金融集团"更名为"飞尼斯集团"后，投资者网上投资积分均无法结转返还，高层人员均失去联系，投资者无法取回投资款。根据以上事实及证据，原审法院认为原审被告人胡某组织、领导以推销"哈斯根金融集团"投资项目为名，要求参加者缴纳费用的方式获得加入资格，并按照一定顺序组成层级，直接以发展会员的人数作为返利依据，引诱参加者继续发展他人参加，骗取财物，扰乱社会经济秩序，其行为已构成组织、领导传销活动罪，且属情节严重。针对原判决，被告人胡某提起上诉，二审法院经审查认为，本案定性不应定为组织、领导传销活动罪，而符合非法吸收公众存款罪的构成要件，故而改判。①

本案由组织、领导传销活动罪改为较之更轻的非法吸收公众存款罪值得探讨，终审法院从案件的定性、被告人胡某的行为以及犯罪情节进行了多重的分析。

首先从案件的定性说去，被告人胡某因组织、领导传销活动罪被提起公诉，其行为必须符合传销犯罪的规定：

1. 投资者缴纳的并非"入门费"。根据被害人的陈述，投资者缴纳投资款的目的并不是为了取得加入该组织的资格，而是为了在该项目网站上开通会员账户以进行项目宣称的外汇投资。实际上大多数投资者都陆续投资了不止一个账户，如果仅仅是为了获得加入资格的话，根本没有必要再追加投资。

2. 该项目不具备传销组织"直接或者间接以发展人员的数量作为计酬或者返利依据"的核心特征。虽然项目鼓励投资者去开拓市场，并设置了"管理奖"和"对碰奖"，有一定的以发展人员的数量作为返利依据的色彩，但这只是项目拉拢更多人前来投资、大范围吸收资金的促销手段。根据被害人的陈述，投资者获得的返利主要还是项目所宣称的买卖外汇所带来的收益，很多被害人也正是看到投资返利前景乐观才追加投资或者介绍亲友投资，甚至有的被害人只单纯投资并不发展人员加入也一样获得了投资返利。

3. 该项目层级组织并不严密。虽然项目在发展人员的过程中使用了"上线""下线"的称呼，并试图按照发展顺序组成一定的层级，但层级组织不突出，上线与下线、下下线之间的利益联系、组织管理并不紧密。上线没有要求下线一定要去发展其他人员加入，与传销组织"拉人头"、依靠下线人员发展人员数量获取非法利益的严密组织体系尚有区别。因此，其犯罪行为本质并不符合传销犯罪的特征。

其次，从非法吸收公众存款罪论证。虽然从本案造成的结果来看，投资者的投

① 广东省珠海市中级人民法院（2014）珠中法刑终字第76号刑事判决书。

资款最终不知去向，所谓"哈斯根金融集团"外汇投资项目是否是一场骗局，尚不得而知，即使是一场骗局，现有证据也不能证实被告人胡某参与了与"哈斯根金融集团"高层的诈骗密谋，也无法证实其非法占有了投资者的投资款，故终审法院认定其具有非法占有的主观故意的证据不足。虽然"哈斯根金融集团"对外宣称是合法境外机构，可以投资外汇，但被告人胡某作为有多年投资理财经验的人士，应知外汇买卖在我国是受政府管制的。在此情况下，其仍然受利益驱使以投资外汇理财产品的虚假形式向社会不特定对象变相吸收资金，符合非法吸收公众存款罪的主观构成要件。结合案件，被告人胡某通过组织在公共场所举办培训会、推介会等途径公开宣传哈斯根外汇投资项目，并向投资人承诺交易达到一定次数即可获得回报，在一定期限内即可全部拿回投资，稳赚不赔，以此为诱饵来吸收资金，其行为又符合非法吸收公众存款罪的客观构成要件。综上，在主观目的不明确的前提下，终审法院认定其行为构成非法吸收公众存款罪。

终审法院改判的依据符合两个罪名特征的不同，根据返利依据、上下线联系的紧密性等分析案件本质从而作出合法性的判断。在本案中，反映出的正是实践中多有出现的两罪混同问题，分辨出此罪与彼罪的区别，不仅是对案件性质的合理把握，符合罪刑法定原则，更是在案件的后期司法处置中，如何返还涉案财产，挽救群众损失的群体性问题。

组织、领导传销活动罪、集资诈骗罪与非法吸收公众存款罪作为我国规定的七类非法集资类案件中的三类典型案件，在实践中混同的情形频频发生。为达到稳定社会主义市场经济秩序，保护金融信用、金融借贷秩序，在司法实践中，既要结合三个罪名的特征进行形式判断，也要结合三个罪名的打击力度进行实质判断，起到震慑犯罪、挽回公众财产损失，社会效果与法律效果相统一的立法目的。

第六节　互联网背景下的组织、领导传销活动罪

网络传销是近年来发展迅速、影响广泛的新型传销，由于借助了互联网，其脱离了原始传销物理空间的"集中洗脑""口口相传"等模式而表现出隐蔽性高、迷惑性强、传播迅速、非法收益巨大等特点，日渐成为严重扰乱经济秩序、影响社会稳定的涉众型经济犯罪。我国对于网络传销的打击仍处于探索阶段，对于花样层出不穷的电子商务模式及金融理财产品等如何认定、电子证据如何调取及存储、跨国犯罪如何协作等都是当下的难关。对于涉案范围巨大的传销案件，极易引发涉稳事件。打击网络传销不仅要做好后期司法处置工作，更应注重事前防范，建立各方联动预警机制，及时处置各种传销行为。

2018年5月8日，广州警方成功摧毁"云联惠"特大网络传销犯罪团伙，该案涉案金额高达38亿，会员人数达到800多万人。无一例外的是，该案仍是凭借"消费返利"的虚假宣传，以电子商城为幌子，收取会员费和代理费，吸引广大的商家

和消费者的加入。吸取巨额会员费后，传销团伙主要头目挪用资金供个人肆意挥霍，不仅使得群众的经济财产遭受损失，更为市场经济秩序的稳定产生了巨大的负面影响。① 随着互联网信息时代的蓬勃发展，借助互联网作为犯罪工具的金融犯罪成为理论学界与司法实务的关注焦点。如何在虚拟空间和现实世界之间做好风险防控，保障社会经济发展是世界各国所遇到的共同难题。

一、互联网背景下的组织、领导传销活动罪的主要模式

（一）"高额返利型"

"高额返利"也可称为"消费返利"，原本是一中经营活动中常见的促销手段，商家设定一个消费梯度，满额有返利，其模式相当于商家为消费者打折。但是，如今这一促销手段却被传销组织所利用，加上"互联网+"的噱头之后，被包装出了众多混淆视听的概念：消费全返、消费相当于存钱、消费致富等等。这些概念和口号充满了迷惑性，民众很容易就会被极具诱惑力的宣传吸引，进而踏入"高额返现"的陷阱。高额消费返利传销这个在以层级发展型为主的消费返利模式中比较常见，通过直接缴纳所谓的会员费、代理费、加盟费或者认购一定金额的商品以及发展下线推广业绩，构成传销行为。其存在以下七种特点：

1. 借助经济学知识进行扭曲解释进行欺骗，以在一定时期内可以获得全额、定期返本等高额回报或收益为宣传内容，迷惑大众。

2. 鼓励加入者发展会员、代理商、加盟商，并按照发展下线或变相发展下线的数量和消费金额，设置多项奖励机制，并对先加入者予以晋级和支付报酬。

3. 存在大量虚假交易行为，部分加盟商、代理商、会员等在无实际商品交易的情况下，通过向上线缴纳一定比例佣金获取高额返利或报酬。

4. 代理商、加盟商通过抬高商品价格，把应由自己承担的向网站缴纳的费用转嫁给会员。

5. 返利及支付报酬的资金主要来源并不是商品销售的收入，而大多来源于加盟商、代理商、会员缴纳的费用。

6. 无合法电信业务经营资质，多数未取得电信业务经营许可。

7. "高额消费返利""购物返本"等经营模式依赖于资金链的完整，如若发展会员数量不够迅速则无法向其他会员进行返利，进而导致资金无法运转最终崩盘，多数加入者所投入资金难以收回。

（二）"虚拟货币炒作型"

由于近年来比特币、以太币等虚拟货币的炒作逐渐影响着传统的金融模式，各类境外资金盘、虚拟币、ICO 项目层出不穷。传销犯罪人员正是抓住电子货币创新的噱头，借助新式投资理财的"炒币"概念，而行非法传销之实。通过众多案例

---

① 湖南省新宁县人民法院（2019）湘 0528 刑初 62 号刑事判决书。

可知,"虚拟货币炒作型"的网络传销在侦查阶段就陷入了困境,去中心化的货币支付方式使得交易流水处于国家监管的灰色地带,无法进行交易痕迹的追踪,调查取证往往需要借助第三方科技公司进行技术支持,案发后,往往投资者投诉无门。"虚拟货币炒作型"传销具有以下四种特点:

1. 传销人员往往借助"无须出门、在家挣钱"的概念进行迷惑,所有交易均需借助传销人员搭建的网络平台进行操作,鲜少线下见面。

2. 动静结合的收益模式,静态收益来源于所购买虚拟货币的增值,动态收益来源于不断发展下线所获得的推荐奖励或抽取的佣金。

3. 无实际销售产品,会员购买的均为虚拟货币,并无实际价值,无法在他处兑现,收益多数来自动态收益的"拉人头"。

4. 网络平台的搭建均为去中心化,交易双方多利用虚拟网络身份进行交易,案发后难以追踪,导致涉案金额无法追回。

（三）"金融互助型"

打着"精准扶贫""慈善互助""国家工程""民族大业""资本运作"等旗号,收取加盟费后承诺获取高额回报的传销犯罪。如较为典型的"善心汇案",以"扶贫济困、均富共生"的名目,高收益为诱惑,发展"会员"500多万名,涉案金额数百亿;"1040国家阳光工程",打着"国家搞试点""西部大开发"等旗号,诱骗当事人参与所谓的"资本运作""特许经营"的传销形式;MMM金融互助平台,近年来发展最为迅速的"金融互助型"传销,其宣称建立一个慈善互助的完美的金融协助体系,打着"普通人的社区,互相之间无私帮助"的旗号,以月收益30%的超高收益率,吸引了众多的参与者。"金融互助型"传销有着以下四种特点:

1. 以关爱、回报拉拢人心,借助政府等公权力机关的"旗号"保障性博取群众的信任。

2. 弱势群体为主,多为老年群众、残障人士、城乡低收入者等,通过该群体知识层次较低、信息获取滞后、投资渠道匮乏、缺少社会关爱等特性进行传销诈骗。

3. 组织发展迅猛,因其渲染了"慈善爱心互助""政府精准扶贫"等信息更易博取公众认同,从而导致受众群体面积庞大,为司法资源带来更大的负担。

4. 举报率较低,因受众群体的特性,导致在案发后,众多受害者仍不知自身已陷入传销骗局,仍认为传销组织是以"慈善"为目的,所以传销组织难以被举报,更有老年群体怕家人发现被骗钱而谎称自身利益未受损失,导致案件的潜伏期更为长久。

（四）"微商"型

"微商"是我国通信时代发展的产物,据中国互联网协会微商工作组估算,2017年微商从业人员规模为2018.8万人,在微信、微博、腾讯qq等多种聊天工具为人们的联络提供便利的同时,其也成为传销犯罪滋生的温床。"微商"型传销存活于社交平台里,既有通过关注公众号发布消息诱导用户进行关注与参与,也有通过朋友圈不断发布"炫富"等虚假信息进行诱骗。透过我国第一起"微商"型传销案可见,该类型的传销以在微信朋友圈中不断地虚假推广售卖课程或是转发广告等进行诱导,通过发展社交平台好友成为下级,进行层级计酬。"微商"其本质是合法的经营活动,刺激的消费者的消费欲望,而"微商"型传销刺激的是人们一夜暴富的欲望,从而陷入传销的骗局。"微商"型传销具有以下四种特点:

1."微商"型传销的虚假宣传方式多为加盟商在聊天工具中"炫富"吸引群众,通过塑造出已有成功案例的虚假信息进行诱导。

2.通信工具的便捷导致该类型传销案件往往涉案范围巨大,幅度较广,虚拟性更强,受害群体所在位置无法预估。

3.假借代理之名,绕开传销"入门费"的概念,宣传只需购买商品即可成为加盟商,购买的产品多为无质量保证的劣质产品,以"代理"的概念混淆视听,其本质即为缴纳"入门费"后通过"拉人头"的传销犯罪。

4.交易均通过第三方通信服务公司进行,调查取证时间较其他类型传销犯罪更长,往往易错过最佳锁定证据的时机,打击不能及时发挥效力。

二、互联网背景下打击组织、领导传销活动罪的困境

(一)打击互联网背景下组织、领导传销活动罪的实体困境

1.认定标准的把握尺度

虽然对于传销犯罪的认定我国有着明确的规范,但有着明确标准的同时却也为传销犯罪人员提供了出罪的指引。通过近年来众多传销犯罪的打击情况发现,传销犯罪团伙的边缘犯罪行为愈演愈烈,如传销时严格将层级控制在两层,或规模仅限于三十人以下,此种情况下就无法进行打击,故可以看出我国传销犯罪认定存在一定的局限性。另外,我国认定传销的标准已出台了六年,这期间,互联网对社会的影响在不断地扩大,传统的认定标准已略显滞后,社会生活为法制带来了极大的挑战。通过种种现象分析,互联网背景下组织、领导传销活动罪的认定存在以下几个问题:

(1)层级及人数

层级及人数的认定标准出台伊始为打击传销犯罪提供了明确的指引,根据《最高人民法院、最高人民检察院、公安部关于办理组织领导传销活动刑事案件适用法律若干问题的意见》,组织内部参与传销活动人员在三十人以上且层级在三级以上的即可认定为传销犯罪,既传销组织的认定标准,不符合该标准的均不认定为传销犯罪,仅作行政处罚。认定标准的明确性固然为司法实务提供了清晰的指引,但随着近年来互联网的发展,原有的认定标准已不能满足现实的需求,架构在互联网上的传销组织其发展已不容小觑。如若只有一名组织、领导者,其通过

互联网的便捷发展了数万名的第二层级下线并严格禁止下线发展,此种情况下其行为就完全不符合法律规制,无法进行打击,更无法认定为情节严重,处罚严重失衡。

(2)新型电子商务的辨别

在传销模式的认定中,如何认定其模式是新型电子商务还是传销犯罪是近年来理论界及实务界最为棘手的问题,其不同于其他实体或程序的难题,而在于我国的金融水平是否能够专业的鉴别经济犯罪的罪与非罪,最为典型的是"太平洋直购网站案",其引起了学界的一番热议。

2007年7月13日,为成为美国"立新世纪"公司江西省代理,被告人唐某与其他被告人等二十五人共同出资200万元注册成立了江西精彩生活实业有限公司,唐某任法定代表人、执行董事兼经理。2008年12月18日,江西精彩公司创办开通了太平洋直购官方网,在网站上出售之前购买的美国"立新世纪"公司的保健品以及其他商品。随后,被告人唐某依托太平洋直购官方网,推出了"BMC"模式(企业、媒介、消费者的英文缩写),设计出以PV为计量单位的会员消费积分返利制度。根据被告人唐某等人制定的加入规则,渠道商可以通过消费积累PV来获得保证金的返还和相应的消费返利,每积累100PV就返还700元保证金,直至保证金全部返还。交纳了保证金的渠道商也可以通过市场推广即发展下级渠道商的方式来获得保证金的返还和相应的推广返利。因为通过消费获得保证金的返还成本更高且时间更长,绝大多数渠道商,尤其是交纳保证金多的渠道商,选择发展下级渠道商来获得保证金的返还。经查,虽然通过消费或者交纳保证金都可以成为渠道商,但因为通过消费成为渠道商所花费的成本更高、时间更长,绝大多数的会员选择以交纳保证金的方式成为渠道商。[①]

此案引起了社会极大的热议,而认定的难题在于被告人唐某创造的BMC模式是新型电子商务还是传销犯罪。众多刑法学界的专家为该案无罪背书,亦有学者对未来返利型商品的法律属性进行了深度的解读,但众说纷纭之后,法院最终认定该模式为传销模式进行处罚。本案争点较多,但究其原因,是因我国对新型金融理财产品风险的无法把握而进行的"求稳"手段,太平洋直购案表面上看是与传销有关的刑事案件,但深入分析发现,罪与非罪的争议点在于该案所涉及的未来返利型商品是否是金融创新。太平洋直购创造的新型电子商务模式及其设计的未来返利型商品,与普通商品、证券、期权和期货均同中有异,是一种全新的带有浓重金融属性的特殊商品。但这种未来返利型商品有利有弊,好处是有利于刺激经济发展,促进就业,问题是可能造成较大的经济泡沫,从而损害投资者的利益。有学者认为,太平洋直购收取的交易保证金涉嫌非法集资,但其与传销并非同一命题,对此类电子商务模式创新,通过加强金融监管来应对才是最佳的出路,确保我国经济不

---

① 江西省高级人民法院(2013)赣刑二终字第63号刑事判决书。

断向前发展。① 而纵观本案,终身法院对于该案性质的界定是因不认可其金融创新的属性。虽有各界声音呼吁该案无罪,但终审法院的做法在宏观上降低了金融风险,是风险社会下,为稳定金融经济发展的折中之举。

2. 一般参与人员的刑事责任

按照刑事法及行政法规的相关规定,一般参与人员可以给予行政处罚和教育,免除刑事处罚。虽有明确的规范指引,但是理论界及司法界对此的争议较大。鉴于传销犯罪的特殊性,其结构严密按层级分布的犯罪构成使得一般参与人员的法律地位处于尴尬的局面,他们既是违法者,又是受害者。

本罪的特殊性在于其虽具有诈骗的属性,但因为组织、领导者的所得是通过吸收下线上缴的会费而来,故根据本罪组织犯的特性而做出全额没收的处罚,以确保根除传销犯罪组织的经济基础,有利于彻底瓦解、摧毁传销组织,防止新的传销组织产生。随着架构入互联网后的传销犯罪,急需重新审视本罪参与人员的善后处置。涉案面的巨大导致在实践中不应轻易对一般参与人员进行处罚,或易导致社会群体性事件发生,故在探讨如何对一般参与人员进行处理时,学界对于一般参与人员的刑事责任及处置方式也存在着不同的声音。张明楷教授将一般参与人员的法律责任与交通肇事罪进行了类比,"受害者并不是阻却犯罪成立的事由,充其量仅构成酌情从宽处罚的量刑事由。例如,行为人违反交通运输法规,不仅造成他人伤亡,而且造成自己受伤,导致自己的机动车毁损的,并不影响其交通肇事罪的成立。另一方面,认定参与人员仍然可能构成集资诈骗等犯罪,能够维护刑法的公平正义性:组织者、领导者是诈骗犯罪的主犯,对参与人员可以作为诈骗犯罪的从犯乃至胁从犯处理,当然,对于参与人员是否需要提起公诉和科处刑罚,则需要以宽严相济刑事政策为指导,以案件具体事实为根据做出适当决定。"② 张明楷教授的类比具有一定的代表性,但并不能完全地做出两罪类比而推断出传销犯罪中一般参与人员的可罚性。交通肇事犯罪是一种过失危害公共安全的犯罪,其主观方面是疏忽大意的过失和过于自信的过失,并非与传销犯罪有预谋的主观非法占有目的相同,故两罪的受害人评价有失偏颇,且根据刑事政策的指引并不完全具有指导性,存在着较大的自由裁量空间。针对经济犯罪案件,如若不严格把握刑罚的界限和尺度,则无法达到最好的法律效果与社会效果。对于传销犯罪组织中的一般参与人员可分为两类进行分析,既传销底层一般参与人员及为传销犯罪提供条件人员两类。

对于传销底层一般参与人员的刑事责任,在《禁止传销条例》中第二十四条指出:参加传销的,由工商行政管理部门责令停止违法行为,可以处 2000 元以下的罚款。据此,底层一般参与人员所缴纳的入门费作为传销组织的犯罪所得予以没收,且有被罚款的风险,这一点在实践中存在着较大的诟病。理论与实践的差距有

---

① 朱庆:《传销抑或创新:太平洋直购案的法律解析》,载《法商研究》2015 年第 1 期。
② 张明楷:《传销犯罪的基本问题》,载《政治与法律》2009 年第 9 期。

可能导致同案不同判的现象出现,既传销底层参与人员的法律地位在受害者与违法者之间转换。不同的观点来自不同的视角,有的观点认为传销参与人员是受害者,人民法院在审理非法传销刑事案件过程中,应对被害人的合法财产予以退赔,对于如何退赔,各地法院的做法并不尽相同,根据当地司法机关的办案水平、司法资源以及当地政府的维稳需求等,同案不同判的情况屡屡出现。

在非法传销刑事案件办理过程中,应对受害人的合法财产予以退赔。对受害人在刑事阶段未能获得退赔的情况下,应当允许其通过另行提起民事诉讼的方式救济。对于传销受害人因受欺诈受到损失,且无证据证明传销受害人明知且参与了传销活动,双方之间的纠纷系平等主体之间的民事纠纷,属于民事案件受案范围。民事行为被确认为无效或者被撤销后,当事人因该行为取得的财产,应当返还给受损失的一方。有过错的一方应当赔偿对方因此所受的损失,双方都有过错的,应当各自承担相应的责任。

近年来互联网传销的一般参与人员数量均达到了上万抑或上百万的数量,如何做到让所有一般参与人员的财产得到补救,真正防止社会群体性事件发生,仍需要从立法角度进行解决,对一般参与人员的法律地位进行慎重的审视。

为传销犯罪提供条件人员的责任辨析:

(1)提供场所

《禁止传销条例》第二十六条,为传销行为提供经营场所、培训场所、货源、保管、仓储等条件的,由工商行政管理部门责令停止违法行为,没收违法所得,处 5 万元以上 50 万元以下的罚款。通过对已有案例的分析,该条规定在实践中依据为房东是否履行了注意和监督的任务,应具有主观上的明知,如确有证据证明因客观条件房东无法得知承租人是否在进行非法传销活动则不对其进行处罚。通过对中国裁判文书网对相关关键词的查询,近年来已有多起房东因将场所租给传销组织而受到行政处罚的例子。如发生在东莞市的一起行政管理纠纷,行政主体与行政相对人对于主观是否明知都做出了不同的解读。[①]

2014 年 6 月,东莞市公安局在东莞市厚街镇××社区××大道南 35 号四楼、五楼抓获 62 名开展传销培训活动的人员。东莞市公安局依法对冼某传销人员采取了拘留措施,并确定以上场所为传销培训活动场所。经查,该房产产权人是叶某,罗某于 2010 年 12 月和屋主叶某签订了《租赁合同》,承租东莞市厚街镇××社区××大道南 35 号二、三、四、五楼,双方约定租赁期限是 2011 年 1 月 1 日到 2016 年 12 月 31 日。罗某作为二手房东,将房产的四楼及五楼出租给冼某与陆某。东莞工商局认为罗某的上述行为构成为传销行为提供场所,于 2014 年 9 月对其作出《东莞市工商行政管理局行政处罚听证告知书》东工商厚听告字(2014)197 号,对罗某作出责令当事人立即停止上述违法行为、没收当事人的违法所得 2400 元上

---

① 广东省东莞市中级人民法院(2016)粤 19 行终 08 号行政判决书。

缴国库、对当事人为传销活动提供培训场所的违法行为处以罚款50000元上缴国库的行政处罚。后罗某不服，对东莞市工商行政管理局提起行政诉讼。

该案经过审理，争议的关键点在于法院如何认定房东是否明知承租方是传销组织而仍将房屋出租。结合判决书中法院的审理依据，法院认为，根据公安机关制作的《询问笔录》可知，在四楼、五楼开展传销培训活动的人员多达62人，罗某在一楼经营化妆品店，其本人也居住在二楼，罗某理应尽必要的注意和监督义务，知晓上述传销活动，故罗某称自己只是将房屋出租给陆某、冼某居住，对他们组织的传销活动完全不知情理由不充分。经法院工作人员勘验现场，整栋楼共五层，均使用同一道楼梯，一楼商铺通往楼梯中间有一道玻璃门，通过玻璃门可以看到使用楼梯上楼人员的情况，到四楼、五楼经过楼梯须通过二楼门口，故罗某的辩称并不成立。

本案反映出的是打击非法传销中的一个责任关系的处理，旨在摧毁非法传销的根基，加强铲除非法传销的物质基础。但随着近年来网络传销案件的急剧攀升，对于大部分摆脱了物理空间而转向虚拟空间的案件而言，对于为非法传销提供场所条件人员的处理则凸显出耗费司法资源、打击针对性不强的弊端，结合近年来的案例，所有该类案件均有上诉的情况出现，而案件的争议又均落在房东是否起到了监督、注意的义务，大量的司法资源浪费在行政相对人与行政主体的质证中，对于打击传销犯罪的帮助微乎其微。为顺应案件大量异变的发展，立法应做出相对应的调整姿态，将目光放置在处理网络非法传销的组织、领导者及积极参与者人员身上才是解决的根本途径。

（2）提供互联网服务

《禁止传销条例》第26条规定，为传销行为提供互联网信息服务的，由工商行政管理部门责令停止违法行为，并通知有关部门依照《互联网信息服务管理办法》予以处罚。该条规定与为传销犯罪提供场地等条件的规定如出一辙，但也有些许不同，两种行为的处罚措施虽然均依附于传销犯罪的成立与否，但如若传销活动未达到刑罚规定，仅作行政处罚，则帮助行为均作行政处罚；如若传销活动达到刑罚规定，则提供互联网服务的行为亦作犯罪处理，而提供场所的行为并不纳入刑事进行规制，这与两种帮助行为在犯罪中所起到的效果大小有着直接的关系。对于互联网背景下的传销犯罪，帮助、提供互联网服务的行为更具有归责性，对犯罪结果的成立起到重要的辅助作用，而提供场所的行为并无过大的危害性。

在互联网犯罪层出不穷的当今，网络帮助行为是使得网络犯罪泛滥的重要原因，技术的支持如为犯罪"如虎添翼"，对传统刑法带来了巨大的挑战，转型社会下的犯罪异化已达到了一定的破坏力及损伤力，这也是推动我国立法将帮助行为正犯化的一大原因。

在实践中，帮助信息网络犯罪活动罪与组织、领导传销活动罪交织的案件众多，但较为突出的情况分为两种，一种是行为人属于纯粹的网络服务提供者，根据传销组织领导者的指示进行网站的设置及后期的维护调整等工作,并收取相应的费用,行为人本身并不实际参与传销活动;另一种是传销组织的领导者自身成立传销推广网站,并未将网站的设置及维护交给第三方,而由本身进行运营,并对后台的数据进行操控。

根据刑法规定,帮助信息网络犯罪活动罪的法定刑是情节严重处三年以下有期徒刑或者拘役,并处或者单处罚金,而组织、领导传销活动罪法定刑则是处5年以下有期徒刑或者拘役,并处罚金、情节严重的,处5年以上有期徒刑,并处罚金。这导致在实践中被告人辩护均倾向于将自身的犯罪行为向轻罪靠拢,而提供网络技术支持的行为人多数情况下并不会止步于犯罪的预备阶段,均会不同程度的参与到犯罪中去,最后不同程度的在犯罪中起到作用,直接导致犯罪结果。行为人不仅因犯罪庞大的金额诱惑,更因技术的更新换代而导致短时间难以侦察,更增长了积极犯罪的主观心态。对于将提供网络技术支持的行为正犯化,学界存在着较大的争议,分为肯定说与否定说,肯定说如,胡云腾教授提出,网络犯罪通常具有跨地域的特点,主犯往往分散在全国各地,甚至境外,抓获主犯十分困难,在主犯不能到案的情况下,对帮助犯的追究就会陷入被动;传统共犯一般是"一对一"的关系,而网络共犯通常表现为"一对多";由于帮助对象数量庞大,网络犯罪利益链条中的帮助行为实际上往往成为获利最大的环节,按照共犯处理,也难以体现其独特危害性。[①] 而持否定说的学者如张明楷教授提出,共同犯罪是违法形态,若建构以不法为重心、以正犯为中心、以因果性为核心的认定共同犯罪的立场,帮助信息网络犯罪活动罪甚至本无增设的必要性。[②]

结合组织、领导传销活动罪的现实案例,在已有的案件中,传销犯罪中存在帮助信息网络犯罪活动罪的刑罚均是缓刑并处罚金,并无上述案例中成为主犯的情况。而对于重大网络传销犯罪,互联网技术支持的作用甚至远远大于讲师培训的效果,如此植入生活的犯罪隐患在司法实践中却打击轻微,导致司法震慑力降低,帮助信息网络犯罪活动罪本身存在的争议在混合相关网络犯罪中掩盖了其本身应承担的刑事责任。

(二)打击组织、领导传销活动罪的程序困境

1. 证据调取及锁定的困境

现今网络犯罪的主要证据形式以电子数据居多,但因其高隐蔽性、易被篡改、易灭失等特殊属性而为侦查及质证等程序带来困难。在已有的网络传销案件中,证据种类多为以下几种[③]:

(1)远程勘验笔录

网络传销案件的线索来源于互联网平台,在发现线索时,网络侦查部门直接

[①] 胡云腾:《谈刑法修正案(九)的理论与实践创新》,载《中国审判》2015年第20期。
[②] 张明楷:《论帮助信息网络犯罪活动罪》,载《政治与法律》2016年第2期。
[③] 叶媛博:《网络传销实证研究及打防对策》,载《北京警察学院学报》2018年第1期。

对该高可疑度网站进行远程勘验取证，确定网站 IP 地址及服务器情况，明确该网站运营是否属于传销，对传销组织成员情况，进行固定取证。

（2）网页、数据截屏及录像

网络传销的电脑后台存放了大量的电子数据和信息，对关键的电子数据可以采用截屏的方式固定保存。现今的电子证据多以截屏的方式固定保存，如能够证明个别参与者在网络传销中地位的证据、网络传销群体采用各类软件交流的信息。

（3）电子设备现场勘验笔录

网络传销会员注册信息、缴费情况等重要信息一般存储在电脑硬盘上。公安机关对查获的电脑、硬盘、涉案人员的手机可以进行现场勘验，如果电脑、硬盘或手机中的涉案信息尚未被破坏和消除，公安机关可以对以上信息进行提取和固定；如果涉案信息已经被破坏和消除，可以交司法鉴定中心恢复鉴定。

（4）电子物证鉴定意见书

公安机关提取传销组织涉案的手机、电脑、移动硬盘、U 盘等物证，交给有资质的司法鉴定中心进行电子数据的恢复与鉴定，出具电子数据鉴定意见书，可获取传销组织关键证据。电子物证鉴定意见书是目前最具有权威性且无证据合法性之争议的电子证据。

实践中，如果通过以上四种方法收集和固定的电子证据能够与网络传销中的证人证言、当事人陈述、其他书证等证据相互印证，那么就可以形成网络传销完整的证据链。[①] 电子证据是打击网络传销犯罪案件中的关键类型证据，现今众多网络传销案件的证据已脱离物理属性而转向虚拟空间，在实践中，存在着以下三个难点：

（1）传销人员身份虚拟性增大取证难度

网络传销的组织、领导者以及主要参与人员在网络上多使用虚拟身份，且通过网络社交软件进行联络，上下级代理在实际生活中很少接触，获取网络传销人员的真实身份存在难度。

（2）使用虚拟货币分配资金增大取证难度

交易记录也是锁定犯罪证据的重要来源，在互联网技术的支持下，众多资金流的转移已通过网络进行，去中心化的交易方式为侦查带来巨大的挑战，虚拟货币等电子货币的出现为犯罪资金的流动提供了便捷。

（3）电子证据的锁定时机稍纵即逝

网络传销案发后，传销犯罪分子通常会会采用删除、覆盖数据，转移、销毁服务器等方法销毁相关证据，为侦查机关的取证工作制造障碍，如何在电子证据被销毁之前锁定证据，是办案机关需要把握的重要时机。

2. 管辖争议

互联网技术在为社会生活带来便利的同时，也为侦办跨境、跨区域等影响力重

---

① 叶媛博：《网络传销实证研究及打防对策》，载《北京警察学院学报》2018 年第 1 期。

大的案件侦办带来难度。网络本身的无边界性在司法实践中往往表现在传销网站服务器多设在境外、资金流或银行账户设置在境外、传销参与人员遍布全国乃至境外等。对此，我国于 2014 年 5 月 4 日出台了《最高人民法院、最高人民检察院、公安部关于办理网络犯罪案件适用刑事诉讼程序若干问题的意见》意见重点为网络犯罪的管辖争议、证据收集。将犯罪地限定为用于实施犯罪行为网站服务器所在地，网络接入地，网站建立者、管理者所在地，被侵害的计算机信息系统或其管理者所在地，犯罪嫌疑人、被害人使用计算机信息系统所在地，被害人被侵害时所在地，以及被害人财产遭受损失地等。① 有多个犯罪地的网络犯罪案件，由最初受理的公安机关或者主要犯罪地公安机关立案侦查。有争议的，按照有利于查清犯罪事实、有利于诉讼的原则，由共同上级公安机关指定有关公安机关立案侦查。具有特殊情况，由异地公安机关立案侦查更有利于查清犯罪事实、保证案件公正处理的跨省（自治区、直辖市）重大网络犯罪案件，可以由公安部商请最高人民检察院和最高人民法院指定管辖。

而对于互联网背景下传销犯罪的管辖争议则分为两部分，一是管辖机关的争议，传销犯罪一经发现，由工商机关进行打击还是公安机关进行侦查，在实践中存在着争议。各地执法部门态度并不完全相同，有的地方一发现涉嫌犯罪，为尽快出手，立即移送；有的地方为避免执法风险，也立即移送；有的地方因行政案件立案后要录入与公安、检察院共享的信息平台，不得不移送；有的地方处罚完后再移送公安立案；也有的地方公安打击个人，工商处罚公司；公安立案后工商处罚的不多，因一般涉案人财物已被公安控制，行政处罚面临法律和现实的障碍。② 二是管辖地的争议，对于网络传销的案件管辖地，虽然有着明确的规定，但在实践中，犯罪的行为地和结果地却难以认定，不同地区的案发时间不同，各地办案机关的水平不尽相同，均会在客观上不同的影响着案件的侦破及完结。在跨境犯罪中，不同国家地区的条约及处理方式不同，导致同案不同判的情况屡屡出现，囿于地域的限制，导致无法及时打击传销犯罪。

3. 被害人救济的缺失

鉴于组织、领导传销活动罪的特殊客体，本罪的被害人特指传销的一般参与人员，既加入传销组织成为最底层，并无下线。对于本罪的被害人，其并未吸收下线的入门费，所缴纳的入门费也要作为犯罪所得一并没收，且有并处罚金的风险，导致在实践中极易造成社会不稳定问题出现。

关于打击传销方面的规定，大量的处罚条款是对传销组织者和经营者所设，缺乏专门保护被害人的规定。一种观点认为，被害人的经济损失应当由其自行解决，理由是依据国务院《关于禁止传销经营活动的通知》关于"自行清理债权债务"的

---

① 陈松阳：《网上传销案件管辖权探讨》，载《中国工商管理研究》2006 年第 5 期。
② 王欣《同案不同判现象的思考和应对思路——对近年来部分传销类行政诉讼案的评析》，载《工商行政管理》2018 年第 11 期。

规定，但该规定是针对前述通知发布以前发生的传销行为，即1998年10月31日之前，传销行为还不是非法的，不在打击的范围之列；但1998年10月31日之后的传销行为属于非法的，应当予以取缔。对于目前发生的传销案件，要求被害者"自行清理债权债务"来避免被害人的损失，不仅不现实，也于法无据。还有一种观点认为，被害人的经济损失应当通过消费者权益保护法的规定予以救济。但是，由于传销和变相传销是一种非法活动，其"上下线"的关系不属于法律所认可的消费关系，无法适用。另外，处于传销链条之中的一部分人属于经销者，自己根本不消费任何传销的产品，因此他们也不属于"消费者"。显然，这种说法也是不成立的。①

理论界对于非法传销的一般参与人的法律地位认定存在争议，而反馈在实践中表现在各地法院的认识不同。虽然法律文本是明确的，但法官可能受不同知识背景、个体认知、经验和价值评价等因素的影响，而导致法律理解和适用上的差异，且不同案件的事实不可能完全一样。司法责任制改革后，法官的自主判断权和自由裁量权进一步增强，确有可能产生裁判标准不统一、同案不同判的现象，被害人的权益是否能够得到保护存在着不同的境遇。结合刑事政策的要求，对于涉众型经济犯罪，我国秉持着严厉打击、确保减少社会群体性事件的爆发。在现有的制度设计中，涉众型经济犯罪案件中的被害人无法通过刑事附带民事诉讼挽回经济损失。根据最高人民法院的司法解释，刑事附带民事诉讼的受案范围仅限于被害人因人身权利受到犯罪分子侵犯或者财物被犯罪分子毁坏而遭受的物质损失。对于财产被犯罪分子非法占有、处置而提起附带民事诉讼的，法院不予受理。对于被害人的损失，通过追缴、退赔仍然无法弥补的，可以另行提起民事诉讼。在司法实践中，贯彻"先刑后民"的案件处理原则，往往因为刑事案件处理程序的繁琐，因此导致民事救济已错过最佳的补救时机，财产性损失陷入追缴不能、责令退赔不能、另行提起民事诉讼不能的窘境。针对涉众型经济犯罪案件的被害人多、造成的损失大、对经济社会稳定的破坏性强、极易引发群体性事件等问题，司法机关应积极尝试建立具有可操作性的制度，对被害人权益进行有效保护，实现法律效果和社会效果的统一。②

三、应对方法的思考

（一）加强网络监管、建立多方联动预警机制

新型电子商务的发展为我国经济带来蓬勃生命力的同时，也为金融投资带来了相同的风险。做好风险防控，引导金融体制稳定、健康发展是我国民生的根本。我国近年来民间资本充足，民间金融游资具有强烈的投资需求，网络投资理财行业

---

① 张宝华、王向东：《非法传销被害人可就损失另行提起民事诉讼——日照中院判决韩培胜诉任增富财产损害赔偿》，载《人民法院报》2011年第6版。
② 孟璐：《论涉众型经济犯罪被害人的权益保护》，载《重庆科技学院学报（社会科学版）》2019年第4期。

极易触碰非法吸收存款、非法集资、网络传销等经济犯罪,加强网络平台的监管、电子理财产品的审查及新型电子商务的甄别有助于金融的绿色发展,避免影响社会经济市场的稳定,应从两点进行考量。一,规范网络公司的注册审批机制。网络平台的注册需进行严格的管控,在批准入市之前进行审核,对具有高风险的理财产品及经营模式进行平稳处理,做好风险防控。我国经济市场仍处于转型阶段,对于现今市场仍不能把握的电子商务及理财产品应进行多方位的评估。二,多部门联动。我国现今有多家互联网服务公司如腾讯、阿里巴巴等大型第三方企业,均对网络金融犯罪设置了不同的预警机制,及时发现高风险数据,进行监控并报告至相关部门。但鉴于我国个人信息保护的相关规定,在调取第三方公司电子证据时仍有着较大的难度,往往易错过最佳锁定证据的时机,造成打击不力,且现今网络平台服务器均搭载在不同互联网服务公司的服务器上,调取证据投入了大量的司法资源,故缩短此程序有利于案件的侦破。

(二)管辖权冲突的解决

对于发生管辖权冲突的案件,由发生争议的工商行政管理机关报共同上级机关,以指定形式解决冲突或异议。但对于网络传销案件跨区域犯罪广、各地发案时间不同、各地办案水平及侦察水平不一等情况,极有可能导致案件经过长时间的调查而延误了最佳的打击时间,难以追回涉案财产。上级机关在指定管辖地时,应遵循有利于公正、高效执法,有利于保护人民

危害后果、社会影响、执法机关的办案能力、执法水平、负担能力等因素,指定特定地区的工商行政管理机关对全案进行管辖。从以下四点结合考量。一,组织者所在地。本罪主体为传销犯罪组织的组织、领导者,案发后,结合已有的证据进行初步的传销组织结构描绘,通过层级的分布,将案件归至主要组织者所在地进行进一步的调查和处理。二,资金所在地。由于本罪层级严密的特征,故资金的所在地并不会分散,均由组织者自身持有,银行账户开户地址是涉案财产的主要所在地,由资金所在地办案机关介入进行调查,有利于证据的保全和后期涉案财产的处理,最大限度地挽回群众损失。三,网络服务器所在地。网络传销案件的最大技术支持即为互联网技术的支持,网络平台搭载的服务器也是办案的突破口之一。但网络服务器的所在地较前两者所在地并不易被发觉,会受到技术的阻碍,更有众多网络传销案件的网络服务器所在地并不在中国境内,而设置在国外。网络服务器所在地更易为网络传销案件的侦破提供最大的证据,发现网络服务器所在地更可以为网络传销案件的证据提取与保存提供保障。四,重大影响地。网络案件的特征是涉案范围广,影响巨大,但由于各省的发展情况并不尽相同,经济差异等原因导致传销组织在当地的发展参差不齐。案件社会影响巨大的地区涉案群众基数较大,易发生社会群体性事件,故选择网络传销案件社会影响重大的地区作为案件的管辖地,可为涉案群众提供实时办案信息,避免社会群体性事件的发生。

（三）完善附带民事诉讼制度，为被害人救济提供有效途径

刑事附带民事诉讼制度已经成为制约刑事诉讼发展的重要问题，现行刑事诉讼法对附带民事诉讼部分仅有两条原则性规定，缺乏可操作性。虽然最高人民法院公布的关于审理刑事案件程序的具体规定对附带民事诉讼作了一些完善，但仍有许多问题没有明确下来，有的规定还存在法律冲突。司法实践中，刑事附带民事诉讼审限短、附带民事赔偿难亦十分突出。刑事附带民事诉讼程序作为一种特殊的民事诉讼，与刑事案件一并审理，涉及诸多利益关系，必须作出平衡。在保证该程序不违背公平理念，无损正义实现的前提下，重点考虑被告人的人权保障和被害人的权利保护问题，平衡被害人与被告人的利益。①

组织、领导传销活动罪的伊始混合着逃税、非法拘禁等多种犯罪行为，既对国家的正常财政造成损失，也对被害人的财产利益和人身权益造成伤害。然而随着信息时代变革的到来，本罪侵害的法益有着明显的改变，对于网络传销犯罪侵害的法益，无异于变成了社会主义市场经济秩序以及被害人的合法财产，前者侵害的法益是宏观的，且无法估量，仅能由司法机关进行自由裁量，进行风险防控，控制犯罪面的进一步扩大；而对于后者侵害的法益则是具象的，被害人的财产损失有着明确的数据，如转账记录等证据进行统计，但是对于该法益，我国理论界及实务界有着较大的分歧，对于被害人的财产具体如何返还并无明确的依据。鉴于组织、领导传销活动罪的罪名设置，本罪的所有违法所得均需没收上缴国库，本罪的设置显然未考虑到众多被害人的合法财产如何返还，而是一刀切的将组织、领导者的犯罪行为概括至所有的参与者承担，被害人的合法财产无法返还且还有面临罚金的风险，这对于一般参与者是无法承受的处罚。

我国对于被害人的合法权益保护规定了三种救济途径：第一种是在刑事判决书中直接判决赔偿，刑法第36条第1款规定："由于犯罪行为而使被害人遭受经济损失的，对犯罪分子除依法给予刑事处罚外，并应根据情况判处赔偿经济损失。"第二种是提起附带民事诉讼，刑事诉讼法第77条规定："被害人由于被告人的犯罪行为而遭受物质损失的，在刑事诉讼过程中，有权提起附带民事诉讼。"但是，最高人民法院《关于刑事附带民事诉讼范围问题的规定》第1条对可以提起附带民事诉讼的范围进行了限定："因人身权利受到犯罪侵犯而遭受物质损失或者财物被犯罪分子毁坏而遭受物质损失的，可以提起附带民事诉讼。"第三种是另行提起民事诉讼，刑法第64条规定，"犯罪分子违法所得的一切财物，应当予以追缴或者责令退赔；对被害人的合法财产，应当及时返还"；最高人民法院《关于刑事附带民事诉讼范围问题的规定》第5条规定，"犯罪分子非法占有、处置被害人财产而使其遭受物质损失的，人民法院应当依法予以追缴或者退赔。被追缴、退赔的情况，人民法院可以作为量刑情节予以考虑。经过追缴或者退赔仍不能弥补损失，被害人向

---

① 李爽：《论刑事附带民事诉讼制度的立法完善—寻求利益平衡的途径》，载《中国人民公安大学学报（社会科学版）》2012年第1期。

人民法院民事审判庭另行提起民事诉讼的，人民法院可以受理。"由此可见，被害人提起民事诉讼的前提是"经过追缴或者退赔仍不能弥补损失"。

结合本罪，第一种救济途径在实践中并没有对应的判决可以追寻，判决中均仅写明如何对本罪的组织、领导者进行定罪，且追缴的涉案财产及罚金的数额多少，均无对一般参与者的财产如何返还进行说明，更因网络传销案件涉案范围巨大，被害人人数在几百万名时更无法进行一一解决。第二种救济途径在现今的网络传销犯罪案件中已属极少数的情况，网络传销犯罪早已脱离物理空间而转向虚拟空间进行肆意发展，对于强迫集中洗脑授课的情形已不复存在，所以被害人的人身权益受到侵害的情况已无须进行重点考虑，网络传销犯罪案件的被害人也无法通过这一途径进行自身合法财产权益的主张。第三种救济途径的前提是"经过追缴或者退赔仍不能弥补损失"，这一情形在网络传销案件中也无法适用，对于传销犯罪的违法所得均需上缴国库，被害人的财产作为组织、领导者的违法所得均需没收，如何向国家申请主张退赔是实践中无法逾越的鸿沟，也由此引发了众多的群体性事件的发生。大量被害人的财产因受到犯罪分子的迷惑而卷入传销犯罪的资金池中，更有因传销而倾家荡产的被害人不在少数。但我国对于本罪的被害人秉持的是均为自愿加入，且因被害人的加入而使传销罪组的扩大导致有扰社会主义市场经济秩序的风险，虽有规范性文件做出对一般参与人秉持惩罚教育相结合，但财产利益是个体在社会群体生活中的物质基础保障，如若无法做到妥善的处置，那么群体性事件的发生仍会困扰着我国社会的稳定。

对于网络传销案件中的一般参与者，应合理解释网络传销案件中的底层一般参与人的法律地位，应作为被害人进行返还财产，允许被害人主张财产的返还及退赔。本罪名属于法定犯、组织犯，且犯罪手法迷惑性较强，对于本罪中被害人的认定应作合理的解释，打击的重点应是组织、领导者。在没收违法所得后，应对一般参与人员的财产进行及时返还，不应将打击面扩大至一般参与者。主张教育惩罚相结合的理念应分为事前与事后，事前做好反传销的教育，预防群众受到迷惑，关闭有传销危险因素的网站平台，杜绝聚众宣传，而事后更应将教育放置在惩罚之前，参考逃税罪的设置。对于第一次参与传销的一般参与人员应进行教育，而并非进行惩罚，惩罚应是在劝阻无效并造成严重后果时才可纳入刑罚进行规制。罚金刑的适用应谨慎，将一般底层参与人员做被害人解释，则可结合刑事诉讼法中对被害人的规定进行保护，从源头上解决社会群体性事件的发生。

第三章　网络股权众筹的刑事治理研究

第一节　股权众筹概述

一、众筹的概念和分类

（一）众筹的概念

随着第二代互联网（Web2.0）和社会网络（socialnetworks）的发展，众筹（crowdfunding）这一通过互联网向公众筹集小额资金的新型融资模式在世界各地迅速崛起，在短短几年内就发展成为一个规模达数百亿美元的全球性产业，并作为互联网金融体系中的革命性力量，改变着公众进行资本分配的方式。[1]"众筹"一词译自英文"Crowdfunding"，是Crowdsourcing（众包）和Micro-financing（微型金融）[2]二词含义的融合，指的是面向公众筹集资金，特别指以资助个人、公益慈善组织或商事企业为目的的小额资金募集。[3]如果从融资者角度看，众筹是指小企业、艺术家或个人为进行某项活动或为创办企业而依托互联网和SNS（Social Networking Services），在众筹平台上向公众募集资金的一种融资方式。[4]

（二）众筹的分类

众筹作为一种新兴的互联网融资模式，有着投资门槛低、数额小且融资效率高、数量大的优势。众筹模式的核心思想体现在"众"多的投资者，通过互联网平台的无界性，可以在短时间内聚集数量庞大的参与者；而每位投资人的投资额度可以很低，有利于通过分散化的方式降低融资风险。[5]众筹融资根据投资者投资回报形式的不同可以分为四种类型，分别是捐赠型众筹、预售众筹、借贷型众筹和股权

---

[1] 毛海栋：《股权众筹规制问题研究》，北京大学出版社2019年版，第3页。

[2] 众包（Crowdsourcing），指的是个人或企业突破雇员与供应商的界限，从大量人群中征集服务、概念、技术或者人力。众筹征集的资金，实质是面向资金的"众包"；微型金融（Micro-financing），即为穷人和小微企业提供小额资助，以解决其生存和发展问题。肖凯：《论众筹融资的法律属性及其与非法集资的关系》，载《华东政法大学学报》2014年第5期。

[3] See Shahrokh Sheik: Although Donation-Based Crowdfunding Has Experienced Some Success, Questions Remain about the Practicality of Equity-Based Crowdfunding, *Los Angeles Lawyer*, May, 2013, p.1. 转引自杨东、苏伦嘎：《股权众筹平台的运营模式及风险防范》，载《国家检察官学报》2014年第4期。

[4] 刘海：《网络众筹、微筹的风险监管与发展路径》，载《商业经济研究》2015年第5期。

[5] 杨东、黄超达、刘思宇：《赢在众筹》，中国经济出版社2015年版，第14页。

型众筹四种类型。① 捐赠型众筹的性质类似于赠与，投资者参与捐赠型众筹并不会取得相应的回报或者补偿，我国常见的捐赠型众筹有"水滴筹""轻松筹"等。预售众筹的本质是投资者的预购，即以具体商品的或者特定服务提供给投资者，例如在京东众筹、淘宝众筹上进行的预售众筹即属此类众筹。借贷型众筹即为P2P网络借贷，众筹平台作为投融资双方的信息中介机构，投资者通过众筹平台进行投资，融资者在约定时间内偿还投资者的出资额。股权型众筹（以下简称股权众筹）则是融资者通过出让一定比例的股权来筹集资金，其运作模式较其他三种众筹类型更为复杂。股权众筹以其独特的回报形式和筹资规模上的潜力，逐渐受到投资者与融资者的青睐，成为一种新兴的融资模式，对金融市场也发挥出了显著的影响力。

二、股权众筹的概念和主体架构

（一）股权众筹的概念

股权众筹的概念有广义的股权众筹和狭义的股权众筹之分。广义的股权众筹是指通过中介机构撮合融资企业和投资者的权益性融资方式。狭义的股权众筹是指初创企业通过众筹网络平台将所需融资项目情况、融资需求及出让股份公布在众筹平台上，由注册的合格投资者认购股份，支持创业项目的发展，投资者获得一定的股权（而非实物）作为回报。② 本书所称的股权众筹是指狭义的股权众筹。

（二）股权众筹的主体架构

股权众筹的主体主要有融资者、投资者以及众筹平台三部分构成，此外多数情况下也有资金托管机构的参与。

1. 融资者

融资者通常是指通过众筹平台发布项目融资信息，并承诺出让一部分的股权来筹得所需资金的小微企业或创新创业者。融资者通常是创新型的小微企业或者有一定的创业经验或专业技术的创业者，所发布的多数是有好的创意理念且有一定的市场发展潜力的创新型或专业型项目。融资者需要在众筹平台上进行注册，与众筹平台签订服务合约，并经众筹平台审核通过才能进行项目融资。③

2. 投资者

投资者是指通过众筹平台对融资项目进行一定额度投资的"草根天使"。投资者需要向众筹平台提供规定的信息并注册成为平台会员，经平台资格审核合格后，方能选择项目进行投资。投资项目启动后，投资者将享有与其投资额对等的股权

---

① See Bradford, C. Steven, Crowdfunding and the Federal Securities Laws, *Columbia Business Law Review*, Vol. 2012, No. 1, 2012, p14-27. 转引自肖凯：《论众筹融资的法律属性及其与非法集资的关系》，载《华东政法大学学报》2014年第5期。
② 邱勋、陈月波：《股权众筹：融资模式、价值与风险监管》，载《互联网金融》2014年第9期。
③ 邱勋、陈月波：《股权众筹：融资模式、价值与风险监管》，载《互联网金融》2014年第9期。

和一定的股东权利,并同融资者一起共担风险,同享收益。

3. 众筹平台

众筹平台是众筹融资活动的运营平台,也是投融资双方参与众筹活动的中介机构。众筹平台通过对融资者进行资格审查,对融资项目进行筛选,承担着融资者的审核者、监督者和辅导者;通过对投资者进行资格审核和投资风险教育,承担着投资者的利益维护者;同时还为投融双方提供诸如技术支持、交易撮合等各种服务。

4. 资金托管机构

资金托管机构是指同股权众筹平台进行签约并接受其委托,具体负责融资资金存管的第三方机构,例如商业银行或第三方支付机构。资金托管机构主要负责对投资者的资金进行第三方托管及分期支付,防止平台挪用资金,保障投资者的资金安全。[1]

三、股权众筹的发展概况

(一)域外股权众筹的发展概况

1. 美国股权众筹的兴起与发展

互联网众筹以一系列知名众筹网站的出现为标志,距今不过十余年的时间。Kiva 是在 2005 年创建的。全球最大的预购型众筹融资平台 Kickstarter 成立于 2009 年。股权众筹的兴起源于 2010 年创建于美国硅谷的 AngelList,它是全球首个股权众筹平台,此外 FundersClub、Wefunder、Crowdcube 等也是几个比较重要的股权众筹平台。[2] 从美国典型的众筹平台公布的数据可以看出众筹行业的发展速度。例如,美国 Kickstarter 平台,自 2009 年 4 月 28 日启动以来,有 1682 万人参与募资,认缴总额达 45.3 亿美元,169,959 个项目成功获得资助。[3] 成立于 2007 年的众筹网站 Lending Club,截止到 2019 年第二季度,发放的贷款总额高达 503 亿美元。[4]

2. 欧美股权众筹的立法情况

2012 年 4 月,美国颁布的《工商初创企业推动法案》(即 Jumpstart Our Business Startups Act,以下简称 JOBS 法案)赋予了股权众筹在美国的合法地位。JOBS 法案的第三编"众筹",又被称为《众筹法案》。《众筹法案》通过以下三个方面,为股权众筹融资做出豁免规定:(1)在《1933 年证券法》中新增第 4(6)节,将符合特定条件的众筹发行豁免于《1933 年证券法》第 5 节规定的公开发行、注册要求;(2)为解决众筹融资平台被认定为"经纪人"而导致的监管成本过高问题,法案创制了"筹资门户"(fundingportal)这一新的中介类型,有条件地将"筹资门户"豁免于"经

---

[1] 邱勋、陈月波:《股权众筹:融资模式、价值与风险监管》,载《互联网金融》2014 年第 9 期。
[2] 陈晨:《股权众筹的金融法规制与刑法审视》,载《东方法学》2016 年第 6 期。
[3] Kickstarter 官网,载 https://www.kickstarter.com/about?ref=global-footer,访问日期:2019 年 9 月 3 日。
[4] Lendingclub 官网,载 https://www.lendingclub.com/info/statistics.action,访问日期:2019 年 9 月 3 日。

纪人"的注册和规制要求;(3)法案要求 SEC 制定规则,将众筹发行的证券豁免于《1934 年证券交易法》第 12(g)节的要求,从而使众筹发行人不因股东人数过多而触发《1934 年证券交易法》规定的信息披露义务。①

《众筹法案》虽然规定了股权众筹的豁免制度,但并不能直接生效。美国证监会(SEC)要根据《众筹法案》制定相应的实施细则。只有在实施细则也获得通过后,《众筹法案》才能生效。2015 年 10 月,美国证监会(SEC)通过《众筹条例》,并于 2016 年 5 月实施,标志着 JOBS 法案第三编正式生效。

意大利是欧盟最早对股权众筹立法的国家。2012 年 12 月,意大利议会通过 221 号法令,将股权众筹合法化,即允许创新型初创企业在意大利全国公司和证券交易委员会(CONSOB)注册为"门户"(portal)的股权众筹平台上在线融资②。2013 年 6 月意大利全国公司和证券交易所监管委员会(CONSOB)发布《创新创业企业通过网络平台募集风险资本的规定》,明确具体要求。2015 年 1 月,意大利通过 3 号法令,扩大了适用范围,将股权众筹发行人范围由"创新型初创企业"扩大到"创新型中小企业"。2016 年 11 月,意大利通过 232 号法令,再次扩大适用范围,允许所有中小企业通过股权众筹进行融资。③

2013 年 5 月,法国金融市场管理局(AMF)发布了两部有关众筹的指导意见,旨在提高投资者、众筹平台、项目所有者的风险意识。2014 年 5 月,法国国会通过《参与性融资条例》,将众筹分为股权众筹、借贷众筹和捐助众筹三类,并制定了不同的监管规则,其中借贷众筹、股权众筹受金融监督,分别由金融市场管理局、审慎监管与处置局发放参与性投资顾问和参与性融资中介的牌照。④2016 年 10 月,法国对法律框架进行了修改,调高了募集资金上限,并扩展了合格证券类型。⑤

2013 年 10 月,英国金融行为监管局(FCA)发布了《关于众筹及其他类似业务监管方式的征求意见报告》,对规范众筹业务提出了若干监管建议。2014 年 3 月,FCA 发布了《关于网络众筹和通过其他方式发行不易变现证券的监管规则》。⑥该规则要求企业在众筹平台上提供的不易变现证券只对特定类型的投资者发行,包括:(1)专业客户;(2)接受了顾问服务的零售客户;(3)被归类于公司融资联系人或风险投资联系人的零售客户;(4)被认定为成熟或高净值的零售客户;(5)被确认其投资不会超过其可投资资产的 10% 的零售投资者。众筹平台的义务主要

---

① 毛海栋:《股权众筹规制问题研究》,北京大学出版社 2019 年版,第 44 页。
② 顾晨:《欧盟众筹市场与监管制度研究》,载北京大学金融法研究中心主编:《金融法苑(2014 总第八十九辑)》,中国金融出版社 2014 年版,第 373 页。
③ 李至斌、安永勇、郭健:《欧美股权众筹立法与实践》,载《清华金融评论》2019 年第 4 期。
④ 顾晨:《法国众筹立法与监督介绍》,载彭冰主编:《互联网金融的国际法律实践》,北京大学出版社 2017 年版,第 243-255 页。
⑤ 李至斌、安永勇、郭健:《欧美股权众筹立法与实践》,载《清华金融评论》2019 年第 4 期。
⑥ PS 14/4: The FCA's Regulatory Approach to Crowdfunding over the Internet, and the Promotion of Non-readily Realisable Securities by Other Media: Feedback to CP 13/13 and Final Rules. 转引自毛海栋:《股权众筹规制问题研究》,北京大学出版社 2019 年版,第 56 页。

集中于信息披露和尽职调查方面,现有的金融产品推介和信息披露规则仍然适用。进行相关活动的企业应当确保其行为没有违规,特别要注意推介应当公平、明确以及不具有误导性。①

德国股权众筹立法过程则充满争议。2014年11月立法草案发布后受到热议,2015年2月参议院针对豁免发行额上限是100万欧元、发行人不得通过网络和社交媒体进行广告和公开劝诱等规定,对草案提出反对意见声明。2015年4月,联邦议会在举行公开听证会后向参议院提交建议稿。2015年6月,德国参议院通过《小投资者保护法》,为德国众筹构建了法律框架。②

在欧盟层面,对众筹的监管主要是为了统一各成员国对众筹的监管制度,对众筹在欧盟范围内的跨境发展与合作提供公平、统一的平台。早在2013年10月,欧盟委员会就曾向包括众筹平台、项目发起人、投资者、政府及学术机构等在内各方发出一份名为《众筹在欧盟——发掘欧盟行动的潜在附加值》的意见征询书,就众筹的定义、优势、风险、监管等方面征集意见,并以此考察是否需要对欧盟各成员国的众筹立法进行协调统一或采取必要监管措施。③2018年3月,欧盟就《欧洲企业众筹服务提供方规则提议》公开征求意见,主要包括:众筹平台可选择在欧洲证券及市场管理局(ESMA)或本国相关监管机构获得批准,如选后者则将受ESMA监管,可在欧盟营业;经营范围包括借贷、股权和债券众筹;项目筹集资金最多不超过100万欧元。2018年11月,欧洲议会经济和货币事务委员会通过股权众筹新规,众筹平台在本国监管机构获得批准后,只需通报ESMA即可在欧盟营业,并将众筹金额提高至单个主体年内累计不超过800万欧元。④

(二)我国股权众筹的发展概况

1.我国股权众筹的概念界定及立法进展

我国监管部门对股权众筹的界定是有一个变化的过程:前期以是否采取公开的方式为标准,将股权众筹划分为私募股权众筹和公募股权众筹,即私募股权众筹和公募股权众筹都是股权众筹的类型;随后监管的立场发生转变,认为股权众筹是一种公开的融资活动,原先的私募股权众筹是通过互联网形式进行的非公开股权融资,并不是股权众筹。

(1)前期区分私募股权众筹和公募股权众筹

2014年12月18日,中国证券业协会发布了《私募股权众筹融资管理办法(试行)(征求意见稿)》(以下简称《征求意见稿》)。《征求意见稿》第2条将私募股权众筹定义为"通过股权众筹融资互联网平台以非公开发行方式进行的股权融资

---

① 毛海栋:《股权众筹规制问题研究》,北京大学出版社2019年版,第56页。
② 李至斌、安永勇、郭健:《欧美股权众筹立法与实践》,载《清华金融评论》2019年第4期。
③ Crowdfunding in the EU-Exploring the Added Value of Potential EU Action. 转引自毛海栋:《股权众筹规制问题研究》,北京大学出版社2019年版,第54页。
④ 李至斌、安永勇、郭健:《欧美股权众筹立法与实践》,载《清华金融评论》2019年第4期。

活动"且设置了较高的投资门槛。① 虽然《征求意见稿》并未对股权众筹做出界定，但值得注意的是，中国证监会在《征求意见稿》发布的前后两次新闻发布会上，均表示证监会正在抓紧制定股权众筹融资的相关监管规则，并积极研究以公开发行方式开展股权众筹融资试点的相关政策。② 由此可见，至少在 2014 年底之前，证监会是将股权众筹区分为私募股权众筹和公募股权众筹。

（2）以互联网非公开股权融资取代私募股权众筹

出乎意料的是，2015 年 7 月 18 日中国人民银行等十部委联合发布了《关于促进互联网金融健康发展的指导意见》（以下简称《指导意见》）。《指导意见》明确规定股权众筹"主要是指通过互联网形式进行公开小额股权融资的活动"③，其"公开"性也确定了股权众筹的"公募"性质。这是官方第一次对股权众筹作出界定，同时也否定了上述《征求意见稿》对股权众筹的"私募"定性。2015 年 8 月 7 日，中国证监会在《指导意见》的基础上，发布了《关于对通过互联网开展股权融资活动的机构进行专项检查的通知》（以下简称《专项检查通知》）。该通知进一步强调了股权众筹融资属于公开募集股本的活动，指出股权众筹具有"公开、小额、大众"的特征，明确此前开展的私募股权众筹不属于股权众筹的范围，并将开展股权众筹融资

---

① 《征求意见稿》第 2 条将私募股权众筹界定为"融资者通过股权众筹融资互联网平台以非公开发行方式进行的股权融资活动"。围绕"非公开发行"这一要点，《征求意见稿》第 12 条进一步明确为"融资者不得公开或采用变相公开方式发行证券，不得向不特定对象发行证券。融资完成后，融资者或融资者发起设立的融资企业的股东人数累计不得超过 200 人。"同时《征求意见稿》第 14 条要求投资者要符合下列条件之一："（1）《私募投资基金监督管理暂行办法》规定的合格投资者；（2）投资单个融资项目的最低金额不低于 100 万元人民币的单位或个人；（3）社会保障基金、企业年金等养老基金，慈善基金等社会公益基金，以及依法设立并在中国证券投资基金业协会备案的投资计划；（4）净资产不低于 1000 万元人民币的单位；（5）金融资产不低于 300 万元人民币或最近三年个人年均收入不低于 50 万元人民币的个人。上述个人除能提供相关财产、收入证明外，还应当能辨识、判断和承担相应投资风险。"

② 《征求意见稿》发布前，证监会 2014 年 11 月 28 日发布会表示"对股权众筹融资的相关监管规则正在抓紧制定中，以公开发行方式开展股权众筹融资试点的相关政策也在积极研究中。"《证监会 2014 年 11 月 28 日新闻发布会》，载 https://www.sac.net.cn/hyfw/hydt/201412/t20141201_111526.html，访问日期：2019 年 9 月 5 日。《征求意见稿》发布后，中国证监会 2014 年 12 月 26 日发布会再次表示"以是否采取公开发行方式为划分标准，股权众筹分为面向合格投资者的私募（非公开发行方式）股权众筹和面向普通大众投资者的公募（公开发行方式）股权众筹。……目前，我会正在抓紧制定股权众筹融资的相关监管规则，以公开发行方式开展股权众筹融资的相关政策也正在研究中。"《证监会 2014 年 12 月 26 日新闻发布会》，载 https://www.sac.net.cn/hyfw/hydt/201412/t20141229_114433.html，访问日期：2019 年 9 月 5 日。

③ 《指导意见》由中国人民银行、工业和信息化部、公安部、财政部、工商总局、法制办、银监会、证监会、保监会、国家互联网信息办公室等十部委发布。《指导意见》在第二部分第九点关于"股权众筹融资"的规定指出："股权众筹融资主要是指通过互联网形式进行公开小额股权融资的活动。股权众筹融资必须通过股权众筹融资中介机构平台（互联网网站或其他类似的电子媒介）进行。……股权众筹融资业务由证监会负责监管。"

的主体限定为"创新创业者或小微企业"。① 随后中国证券业协会也把《场外证券业务管理办法》中的"私募股权众筹"修改为"互联网非公开股权融资"。在此之后，不管是证监会所开展的有关检查活动②，还是证监会、国家发改委等部门发布的系列文件，都进一步重申了这种新的监管立场和思路。③

（3）股权众筹试点的立法进展

开展股权众筹试点工作最早是在 2014 年 11 月的国务院常务会议上提出的，然而，此后几年股权众筹试点工作却一波三折，少有实质性进展，至今仍未正式启动。所以，我国目前还尚未开展过真正的股权众筹活动。下面按时间顺序，对股权众筹试点的推进情况进行梳理：

2015 年 3 月 2 日，国务院办公厅印发了《关于发展众创空间推进大众创新创业的指导意见》，指出"开展互联网股权众筹融资试点，增强众筹对大众创新创业的服务能力"。

2015 年 3 月 5 日，国务院总理李克强在十二届全国人大三次会议上所做的《政府工作报告》中，明确将开展股权众筹融资试点。

紧接着，广东、山东、北京、天津等省市相继出台文件，旨在加快推动本地股权众筹试点工作的进程。④ 在此期间，网上有消息称京东、蚂蚁金服、平安等三家企业取得了股权众筹试点的牌照，⑤ 但该消息并未得到官方证实。然而，从中国证监

---

① 证监会发布的《关于对通过互联网开展股权融资活动的机构进行专项检查的通知》（证监办发〔2015〕44 号）指出："股权众筹融资主要是指通过互联网形式进行公开小额股权融资的活动，具体而言，是指创新创业者或小微企业通过股权众筹融资中介机构互联网平台（互联网网站或其他类似的电子媒介）公开募集股本的活动。由于其具有'公开、小额、大众'的特征，涉及社会公众利益和国家金融安全，必须依法监管。未经国务院证券监督管理机构批准，任何单位和个人不得开展股权众筹融资活动。目前，一些市场机构开展的冠以'股权众筹'名义的活动，是通过互联网形式进行的非公开股权融资或私募股权投资基金募集行为，不属于《指导意见》规定的股权众筹融资范围。"

② 2015 年 12 月 11 日，证监会在总结"证监会派出机构配合查处区域性股权市场挂牌企业涉嫌非法活动"情况时指出，在区域性股权市场获得会员资格的中介机构，设立"股权众筹"融资平台，为区域性股权市场挂牌企业以"股权众筹"名义从事非法发行股票活动提供服务，证监会有关派出机构及时配合当地公安机关和有关部门进行了查处。《证监会派出机构配合查处区域性股权市场挂牌企业涉嫌非法活动》，载 https://www.csrc.gov.cn/pub/newsite/zjhxwfb/xwdd/201512/t20151211_288005.html，访问日期：2019 年 9 月 5 日。

③ 2016 年 4 月 14 日，证监会等部门联合发布的《股权众筹风险专项整治工作实施方案》，该方案要求，对于整治中发现以"股权众筹"等名义从事股权融资业务或募集私募股权投资基金的，积极予以规范。2016 年 10 月 21 日，国家发改委发布了《互联网市场准入负面清单（第一批，试行版）》（征求意见稿），该清单规定，非公开募集基金，不得向合格投资者之外的单位和自然人募集资金不得通过报刊、电台、电视台、互联网等公众传播媒体形式或者讲座、报告会、分析会等方式向不特定对象宣传推介。任何机构或个人依托互联网开展金融活动，应当经过相关金融监管部门批准，或到相关金融监管部门办理备案。

④ 例如：2015 年 7 月底，广东省金融办发布《广东省开展互联网股权众筹试点工作方案》，加快推动广东省股权众筹融资试点工作。2015 年 9 月，山东省金融办出台《关于开展我省互联网私募股权融资试点的意见》，打造具有地方特色的互联网私募股权融资平台。2015 年 10 月，北京市政府制定并发布《北京市关于大力推进大众创业万众创新的实施意见》，着力打造中关村股权众筹中心。2015 年 11 月 13 日，天津出台的《天津市金融改革创新三年行动计划》中提到"积极申请股权众筹试点，支持创新创业企业发展。"

⑤ 《公募股权众筹豁免已明确 3 家试点平台笑到最后》，载 http://news.hexun.com/2017-03-20/188554773.html，访问日期：2019 年 9 月 7 日。

会在 2015 年 8 月 7 日发布的《专项检查的通知》来看,此时股权众筹试点并未取得进展。

2016 年 4 月 14 日,为化解全国集中爆发的互联网金融风险,证监会等 15 部门联合发布《关于印发〈股权众筹风险专项整治工作实施方案〉的通知》,对互联网股权融资中的非法金融活动进行惩治。该通知同时也指出"对股权众筹融资试点,证监会会同有关部门继续做好试点各项准备工作,根据国务院统一部署,适时发布股权众筹融资试点监管规则,启动试点"。

此后,股权众筹融资试点的任务被束之高阁,股权众筹融资试点的提法也鲜见于证监会的公开表态之中。

在股权众筹试点一度沉寂之后,2018 年 3 月证监会发布的 2018 年度立法工作计划将《股权众筹试点管理办法》列入 15 件"力争年内出台的重点项目"之首。① 2018 年 12 月,证监会打击非法证券期货活动局负责人公开表示,证监会正在制定完善《股权众筹试点管理办法》,准备先行开展股权众筹的试点,建立小额投融资的制度。②

2019 年 1 月 24 日,《中共中央、国务院关于支持河北雄安新区全面深化改革和扩大开放的指导意见》明确指出"研究建立金融资产交易平台等金融基础设施,筹建雄安股权交易所,支持股权众筹融资等创新业务先行先试。"③

2019 年 3 月 15 日,证监会在官网印发 2019 年度立法工作计划,表示"力争年内公开发布《股权众筹试点管理办法》"。

2019 年 12 月 28 日,新修订《证券法》获得通过,并于 2020 年 3 月 1 日施行。虽然此前向社会征求意见的《证券法(修订草案)(三次审议稿)》第 11 条规定了对股权众筹的发行进行豁免,并授权国务院证券监督管理机构制定管理办法。④ 但令人遗憾的是,草案第 11 条的规定最终并未被纳入新修订的《证券法》。所以,截至目前,股权众筹的相关立法工作并未取得实质性进展。

2. 我国股权众筹的兴起与发展

如前所述,由于我国涉及股权众筹的专项立法还未出台,当前并不存在真正意义上的股权众筹。我国的"股权众筹"只是公开进行广告宣传的私募。⑤ 然而,互

---

① 《证监会发布 2018 年度立法工作计划》,载 http://www.csrc.gov.cn/pub/newsite/zjhxwfb/xwdd/201803/t20180330-335996.html,访问日期:2019 年 9 月 7 日。
② 《证监会李至斌:目前证监会正在制定完善〈股权众筹试点管理办法〉》,载 https://stock.qq.com/a/20181202/007167.htm,访问日期:2019 年 9 月 7 日。
③ 《中共中央 国务院关于支持河北雄安新区全面深化改革和扩大开放的指导意见》http://www.gov.cn/zhengce/2019-01/24/content_5360927.htm,访问日期:2019 年 9 月 7 日。
④ 《中华人民共和国证券法(修订草案)(三次审议稿)》11 规定:"公开发行证券,有下列情形之一的,可以豁免核准、注册:(一)通过国务院证券监督管理机构认可的互联网平台公开发行证券,募集资金数额和单一投资者认购的资金数额较小的;(二)通过证券公司公开发行证券,募集资金数额较小,发行人符合规定条件的。依照前款规定公开发行证券的管理办法,由国务院证券监督管理机构制定,并报国务院批准。"
⑤ 杨东、苏伦嘎:《股权众筹平台的运营模式及风险防范》,载《国家检察官学报》2014 年第 4 期。

联网非公开股权融资平台的运作模式与股权众筹具有相似之处,互联网非公开股权融资的发展为股权众筹积累了经验。因此,本部分主要是对我国互联网非公开股权融资平台的兴起与发展进行梳理和介绍。

我国第一家众筹网站是"点名时间",成立于2011年5月。创立之初的"点名时间"将自己定位为预购型众筹网站,它采用的是一种团购的形式,以实物(如产品,出版物),服务或者媒体内容(如提供视频或者音乐的流媒体播放或者下载)作为项目回报,由支持者出资购买。项目发起人不允许给予支持者资金或股权上的回报。①

成立于2011年11月的"天使汇",被业内认为是中国第一家股权众筹平台。"天使汇"模仿美国私募股权融资平台AngelList的商业模式,采用的是"领投+跟投"的融资模式。"领投+跟投"模式是指拥有一定领域投资经验和风险承担能力的投资人经过特别的资格认证成为"领投人",由"领投人"根据自身的投资经验来选取有投资价值和潜力项目,并带领"跟投人"进行合投。领投人除了能和跟投人进行利益分成之外,还能额外获得项目方的股份奖励。②

根据中关村众筹联盟等单位联合发布的《2017年互联网众筹行业现状与发展趋势报告》显示:(1)在平台数量方面,截至2016年底,全国互联网非公开股权融资平台数量共计145家,其中正常运营的平台有118家。以北京地区为例,从2011年起,互联网非公开股权融资平台数量呈现出增长趋势。2014年取得高速发展,全年新增平台数13家。2015年为增长爆发期,全年新增平台数达21家。2016年,在整体大环境趋严的背景下,平台数量增速放缓,行业进入洗牌期,全年新增平台数5家;(2)在平台融资项目方面,2016年全年新增融资项目共计3268个,同比减少4264个,降幅高达56.6%;(3)在投资人次方面,2016年全年新增项目投资人次为5.8万人次,同比减少4.5万人次,降幅达43.6%。③

2017年互联网非公开股权融资平台的有关数据仍呈现出下滑的趋势。根据中关村众筹联盟等单位联合发布的《2018年互联网众筹行业现状与发展趋势报告》显示,截至2017年12月底,全国互联网非公开股权融资平台共计76家,同比减少42家,降幅高达36%。同时,2017年全年项目投资人次达3.55万,同比下降约39%。④可见,由于股权众筹的监管规则一直未能出台,该行业的发展逐渐陷入低谷。

四、股权众筹的金融创新价值

股权众筹本质是通过互联网进行股本筹集,是一种金融+互联网的融资模式。

---

① 《"点名时间"试水中国版众筹融资模式》,载http://finance.caixin.com/2012-10-31/100454490.html,访问日期:2019年9月7日。
② 杨东、苏伦嘎:《股权众筹平台的运营模式及风险防范》,载《国家检察官学报》2014年第4期。
③ 参见中关村众筹联盟等单位联合发布的《2017年互联网众筹行业现状与发展趋势报告》。
④ 参见中关村众筹联盟等单位联合发布的《2018年互联网众筹行业现状与发展趋势报告》。

但其并非简单的"1+1=2",股权众筹具有重大的金融创新价值①。股权众筹金融创新价值主要表现在:

(一)有利于缓解小微企业和初创企业融资难的问题

小微企业和初创企业往往很难通过银行贷款、公开发行股票等传统的融资方式获得资金。一方面小微企业和初创企业一般规模较小,资产有限。公开发行股票需要有雄厚的资金成本,且融资周期长。对于小微企业和初创企业而言,不管是资金成本还是时间消耗,选择公开发行股票都是不现实的。另外,小微企业和初创企业也无法满足公开发行股票的对企业自身条件的要求。另一方面小微企业和初创企业缺少必要的担保物和信用记录,且现金流有限,基于风险考虑,银行往往会拒绝向此类企业提供贷款。所以,小微企业和初创企业的发展普遍面临融资困难问题。

股权众筹的出现为小微企业和初创企业融资难问题提供了新的解决途径。首先,股权众筹融资的门槛较低,对融资企业自身没有过高限制,小微企业和初创企业很容易就能注册成为平台的融资者。其次,股权众筹融资的成本较低,周期短,融资资金规模也符合小微企业和初创企业的实际需求。再者,决定融资成功与否的关键在于融资项目是否有价值,小微企业和初创企业如果好的创意和优秀的项目,那么融资成功的概率很大。最后,如果小微企业和初创企业在获得融资后,能够取得发展和收益,那么,投资者也将因此获得丰厚的投资收益分成,投融资双方可实现双赢。②

(二)有利于拓宽投资渠道,引导民间金融走向正规化

随着我国经济的高速发展,民间资本的积累数额已相当庞大。银行存款虽然安全有保障,但利率太低,往往赶不上物价上涨的速度;而民间借贷利率虽高,风险却很大。所以,民间资本长期以来缺乏高效、合理的投资方式和渠道。股权众筹的出现为民间资本提供了一个新的投资选择。一方面股权众筹的投资回报率远高于银行的存款利率;另一方面股权众筹由第三方资金托管机构负责资金托管,资金的安全系数比民间借贷要高。所以,随着监管的逐渐完善,对于民间资本而言,股权众筹将是一种更规范和有保障的投资渠道。

(三)有利于鼓励创新创业,提高就业率

小微企业和初创企业通过股权众筹融资能够解决企业所面临的资金短缺的问题,为企业持续"造血"。同时,能通过股权众筹成功获得融资的项目,必定是有价值和潜力的项目,而且大多数众筹成功的项目都是创新型项目。从这个意义上来看,股权众筹不仅有利于创业,还能够鼓励创新,有助于"大众创业、万众创新"。此外,小微企业和初创企业通过股权众筹融资得到了成长和发展,在为社会创造财

---

① 刘宪权:《互联网金融股权众筹行为刑法规制论》,载《法商研究》2015年第6期。
② 白江:《我国股权众筹面临的风险与法律规制》,载《东方法学》2017年第1期。

富的同时也提供了更多的就业岗位。所以,股权众筹对就业率的提高和经济的增长将具有重要的作用。

(四)有利于实现经济正义和社会平等

传统的融资形式往往存在地域与行业偏见。例如,相关经济研究显示,中国的风险投资机构存在投资本地企业的偏好,并且目前创投资金 82.3% 汇聚于北京、江苏、浙江等发达地区。① 此外,相比传统行业,互联网、金融科技等部分热点行业更容易得到风险投资与天使投资人的青睐。因此,欠发达地区与非热门行业的初创企业通过传统融资形式获得资金支持的机会更低。② 股权众筹基于互联网技术,可以消解因地理空间或行业差异所引起的不平等问题。股权众筹中融资者可以借助互联网,面向全世界,向对其项目有兴趣的人进行募资。股权众筹通过网络社区发布、交流投资机会和投资信息的,打破地域的界限,有助于建设更加公平、平等的社会。

第二节　股权众筹的刑事风险

股权众筹方兴未艾,却困境重重。一方面,在我国现有的法律框架下,股权众筹的"普惠金融""草根金融"特征,天然地存在一定的刑事风险,管理者在模式的运作上如履薄冰;另一方面,股权众筹作为一种新生行业,内部风控能力弱,容易异化成非法集资类犯罪等风险,影响社会发展稳定。这些风险如果得不到有效的规制,将严重制约股权众筹行业的发展。

股权众筹面临的最主要刑事风险是涉嫌非法集资类犯罪,对此学术界已达成共识。刘宪权教授根据风险来源不同,将股权众筹的刑事风险来源区分为准入限制和异化可能两种类型。准入限制是指股权众筹目前在我国受到法律规定或准入门槛的限制;异化可能有以下两种:(1)借助股权众筹的形式实施违法犯罪;(2)开展真实股权众筹活动的过程中实施了违法犯罪行为。与之相对应,股权众筹行为涉嫌的犯罪也表现为准入风险型犯罪与异化风险型犯罪。准入风险型犯罪主要指擅自发行股票罪;异化风险型犯罪主要有集资诈骗罪、非法吸收公众存款罪、洗钱罪、职务侵占罪、挪用资金罪、诱骗投资者买卖证券罪、侵犯知识产权罪和非法提供公民个人信息罪等。③

阴建峰教授认为现行刑法对于股权众筹的异化行为(包括借股权众筹之名实

---

① 张俊芳、张明喜:《2015 年中国风险投资发展的现状与形势分析》,载《高科技与产业化》2016 年第 11 期。
② 黄辉:《中国股权众筹的规制逻辑和模式选择》,载《现代法学》2018 年第 4 期。
③ 刘宪权:《互联网金融股权众筹行为刑法规制论》,载《法商研究》2015 年第 6 期。

施犯罪的异化行为和在股权众筹活动中所派生出的异化行为),都有相应的条款加以规制。例如,以集资诈骗罪或组织、领导传销活动罪规制非法占有型股权众筹异化行为;以非法吸收公众存款罪规制违规融资型股权众筹异化行为;以洗钱罪及相关罪名规制利用股权众筹掩饰资金来源和性质的异化行为;以挪用资金罪、职务侵占罪、违规披露、不披露重要信息罪、侵犯知识产权犯罪、侵犯公民个人信息罪等相关罪名规制股权众筹过程中派生的异化行为。① 下面我们将股权众筹刑事风险区分准入风险和异化风险分别论述。

一、股权众筹准入的刑事风险

(一)涉嫌构成擅自发行股票罪和非法吸收公众存款罪的刑事风险

1. 涉嫌构成擅自发行股票罪的刑事风险

如上所述,虽然《指导意见》在一定程度上奠定了股权众筹的合法地位,但此次被寄予厚望的《证券法》修订却并未给予股权众筹发行豁免,所以,股权众筹由于类似于公开发行证券的行为仍有可能涉嫌构成擅自发行股票罪。

(1)《证券法》对公开发行证券的规制

根据新修订《证券法》第9条第1款的规定,证券公开发行必须经过法定的注册程序。② 由于公开发行股票对发行人的要求很高,③ 核准程序也相当复杂和不确定,所以,如果不符合公开发行的条件要求,发行人就只能以"非公开发行"的方式进行。虽然新修订的《证券法》第9条第2款对"公开发行"标准进行了完善,明确规定员工持股计划可以突破200人的限制,④ 然而,这也仅仅为公司实施员工持股计划提供便利,除此之外,"非公开发行"必须是向特定对象发行,并且最终发行对象的人数累积不超过200人。

(2)股权众筹融资行为形式上类似于公开发行证券

首先,股权众筹的本质是以股权回报的形式筹集资金,股权众筹的过程类似股票的发行和认购的过程。融资者在众筹平台上发布项目融资信息(如资金需求的公告、股权让与的承诺等);投资者通过众筹平台对项目进行投资(本质是以资

---

① 阴建峰、刘雪丹:《互联网股权众筹的刑法规制问题论纲》,载《法律科学》2018年第1期。
② 《证券法》第9条第1款规定:"公开发行证券,必须符合法律、行政法规规定的条件,并依法报经国务院证券监督管理机构或者国务院授权的部门注册。未经依法注册,任何单位和个人不得公开发行证券。证券发行注册制的具体范围、实施步骤,由国务院规定。"
③ 《证券法》第12条规定了公开发行股票的条件,包括(一)具备健全且运行良好的组织机构;(二)具有持续经营能力;(三)最近三年财务会计报告被出具无保留意见审计报告;(四)发行人及其控股股东、实际控制人最近三年不存在贪污、贿赂、侵占财产、挪用财产或者破坏社会主义市场经济秩序的刑事犯罪;(五)经国务院批准的国务院证券监督管理机构规定的其他条件。此外,证监会颁布的《首次公开发行股票并上市管理办法》、《首次公开发行股票并在创业板上市管理办法》和《非上市公众公司监督管理办法》等规章,对发行人公开发行股票必须满足的各项条件做出了细致的规定。
④ 《证券法》第9条第2款规定:"有下列情形之一的,为公开发行:(一)向不特定对象发行证券的;(二)向特定对象发行证券累计超过200人的,依法实施员工持股计划的员工人数不计算在内;(三)法律、行政法规规定的其他发行行为。"

金换取等额的股权);在项目筹资成功后,投资者与融资者签订协议(股权转让协议),投资者取得股东身份,与融资者共担风险,同享收益。这样看来,股权众筹在本质上与证券发行是一致的,只是股权众筹融资的过程是在互联网上的股权众筹平台上完成的,而证券发行的过程是借助证券交易机构(证券交易所或全国中小企业股份转让系统)完成。①

其次,股权众筹类似于"公开发行"。一是在股权众筹融资活动中,融资者是借助股权众筹平台在互联网上发布筹资项目。由于互联网的开放性,在网络上公开发布筹资需求,也就意味着融资活动面向的是"不特定对象";二是实践中众筹平台为了规避"不特定对象",企图通过对投资者采取实名认证并设置一定的投资门槛等措施,让投资者能成为"特定对象"。但是,这些措施并不能实现转化效果,具体原因在后文有论述;同时,为了不突破200人的投资者数量上限,股权众筹投资利用"领投+跟投"的投资模式,先由领投人选定具体投资项目、投资金额和股权比例,再由领投人和众多跟投人组成团队以一个投资人的名义进行合投。这种领投人与众多跟投人组成团队进行投资的方式,尽管形式上只有一个投资人,但是,形式上的投资人数单一并不能掩盖实质上的人数众多,②一个团队中的众人仍然是各自分别投资的。所以,股权众筹始终无法绕开"公开发行"的诘问。③

(3)股权众筹融资行为极易构成擅自发行股票罪

综合刑法典④及司法解释⑤的有关规定,未经批准,小微企业或创新创业者通过股权众筹平台发行股票或者以转让股权的方式发行股票数额在50万元以上或者向30名以上的不特定对象发行或者向200名以上特定对象发行的,构成擅自发行股票罪。那么,如果以此标准,大多数股权众筹行为都涉嫌构成擅自发行股票罪。

首先,股权众筹的融资者多为小微企业或初创企业,难以达到公开发行证券的发行人条件。由于股权众筹融资行为形式上类似于公开发行证券,所以,融资者通过股权众筹平台对外开展融资的行为属于未经批准公开发行证券的行为。

其次,无论是融资数额还是投资者人数,股权众筹都极易达到擅自发行股票罪

---

① 阴建峰、刘雪丹:《互联网股权众筹的刑法规制问题论纲》,载《法律科学》2018年第1期;张杰:《互联网众筹融资模式的刑法风险与规制》,上海社会科学院2015年硕士学位论文,第13页。
② 阴建峰、刘雪丹:《互联网股权众筹的刑法规制问题论纲》,载《法律科学》2018年第1期。
③ 刘宪权:《互联网金融股权众筹行为刑法规制论》,载《法商研究》2015年第6期。
④ 《刑法》第179条:"未经国家有关主管部门批准,擅自发行股票或者公司、企业债券,数额巨大、后果严重或者有其他严重情节的,处五年以下有期徒刑或者拘役,并处或者单处非法募集资金金额百分之一以上百分之五以下罚金。单位犯前款罪的,对单位判处罚金,并对其直接负责的主管人员和其他直接责任人员,处五年以下有期徒刑或者拘役。"
⑤ 2010年12月13日最高人民法院《关于审理非法集资刑事案件具体应用法律若干问题的解释》(以下简称《非法集资解释》)第6条:"未经国家有关主管部门批准,向社会不特定对象发行、以转让股权等方式变相发行股票,或者向特定对象发行、变相发行股票累计超过200人的,应当以擅自发行股票罪定罪处罚"。2010年5月最高人民检察院、公安部发布的《关于公安机关管辖的刑事案件立案追诉标准的规定(二)》[以下简称《追诉标准(二)》]第34条:"未经国家有关主管部门批准,擅自发行股票或者公司、企业债券,涉嫌下列情形之一的,应予立案追诉:1)发行数额在50万元以上的;2)虽未达到上述数额标准,但擅自发行致使30人以上的投资者购买了股票或者公司、企业债券的;……"。

入罪标准。实践中,筹资成功的股权众筹融资项目,募集的资金数额绝大多数都高于 50 万。另外,关于投资者人数,由于互联网的开放性和去中心化特点,投资者人数众多且不受地域限制,30 名投资者人数限制的门槛与互联网上的广大投资者相比更是微乎其微。

以 2013 年股权众筹第一案"美微传媒"为例:

  2012 年 6 月,爱奇艺高管朱江离职创立美微传媒,公司性质为"有限责任公司"。2012 年 10 月,美微传媒在淘宝网上成立了一家名为"美微会员卡在线直营店"的店铺,销售的产品为"美微传媒凭证登记式会员卡",每张"会员卡"售价 120 元。从网店购买"会员卡"就是在购买公司的原始股票,每股价格 1.2 元,最低认购 100 股。即任何网民只要花费 120 元购买一张公司"会员卡",就变身为持有公司 100 股的原始股东。与传统股权出售模式不同,美微传媒本次淘宝网出售的股份全部由法人代表统一代持股,后续进行统一管理。"股东"通过淘宝网认购后,美微传媒会向"股东"发出公司盖章的《出资证明》和《代持协议》。美微传媒希望通过这样的途径来募集资金支持节目运作,并集结更多的社会资源为节目所用。为了募集更多资金,公司还专门设立了 QQ 群,集中为"股东"解答疑惑。据统计,其通过淘宝网公开转让原始股共 161 笔,涉及投资人 153 名,累计获得投资款 18 万余元。美微传媒在淘宝网上售卖原始股权的做法引发了社会广泛关注和争议,并最终被证监会叫停。证监会并没有对美微传媒进行严厉处罚,而是通过约谈该公司负责人,告知其行为涉嫌擅自发行股票,要求其立即停止违法行为并及时纠正,责令其按照募资说明承诺的条款主动退还所募资金,通过互联网进行公开澄清并消除不良影响。[①]

  监管层其对"美微传媒"事件不置可否的态度,可能是认识到股权众筹具有金融创新功能,并在金融收益与金融风险之间进行反复权衡的结果。[②]但不能因为监管层可能出于特殊考虑对此次事件不予追究,就忽视此类行为存在涉嫌擅自发行股票罪的风险。一方面,美微传媒采取了由法定代表人代持股份,以试图规避法律对有限公司股东人数的限制。但是,其通过淘宝网向不特定的公众售卖原始股行为,属于公开发行股票,而美微传媒作为一家有限责任公司,根本不具有公开发行股票的资质,显然该行为违反《证券法》。另一方面,美微传媒通过淘宝网共向 153 名人员出售公司原始股,远远超出《追诉标准(二)》规定的构成擅自发行股票罪的 30 人的入罪标准,已然涉嫌构成擅自发行股票罪。

2. 涉嫌构成非法吸收公众存款罪的刑事风险

非法吸收公众存款罪,是指非法吸收公众存款或者非法变相吸收公众存款,扰

---

① 《北京某文化传播公司利用淘宝网非法发行股票被及时叫停》,载 http://www.csrc.gov.cn/pub/newsite/djffzqqhhdj/ffzqqhjs/201309/t20130906_233653.html,访问日期:2019 年 9 月 15 日。

② 刘宪权:《互联网金融股权众筹行为刑法规制论》,载《法商研究》2015 年第 6 期。

乱金融秩序的行为。a 根据《非法集资解释》，同时符合"非法性""公开性""利诱性"和"社会性"等四个特征的集资行为构成非法吸收公众存款罪[②]。实践中，大多数股权众筹行为符合非法吸收公众存款罪的四个特征：

其一，非法性特征。非法性特征是指"未经有关部门依法批准或者借用合法经营的形式吸收资金"。非法性特征包括实质特征和形式特征，即"未经有关部门依法批准"属于非法性的形式特征，而"借用合法经营的形式吸收资金"是非法性的实质特征。实践中，相关行为只要符合实质特征或形式特征两者之一，即可认定有"非法性"。[③] 根据上文可知，股权众筹类似于公开发行证券，根据新修订的《证券法》，公开发行证券必须依法报经国务院证券监督管理机构或者国务院授权的部门注册。然而，由于新修订的《证券法》并未给予股权众筹发行豁免。所以，在现行的《证券法》规制下，股权众筹行为仍然具有"非法性"，即股权众筹行为未经中国证监会的核准。

其二，公开性特征。公开性特征指的是"通过媒体、推介会、传单、手机短信等途径向社会公开宣传"。"向社会公开宣传"不限于《非法集资解释》所列举的媒体、推介会、传单、手机短信等几种途径，也包括互联网宣传或其他各种途径。[④] 就股权众筹而言，融资者通过众筹平台在互联网上发布相关的融资项目，实际上也属于通过互联网进行宣传，所以，符合"公开性"的特征。

其三，利诱性特征。利诱性特征是指"承诺在一定期限内以货币、实物、股权等方式还本付息或者给付回报"。所承诺的回报不必具有确定性，只要承诺的回报具有可能性即可。[⑤] 有学者认为，在真正的股权众筹中，投融资双方是共担风险、同享收益的，融资方并不向投资方承诺到期后必然有回报，而非法吸收公众存款罪的利诱性特征的本质是承诺还本付息或必然的回报，所以，股权众筹行为不符合"利诱性"特征。[⑥] 然而，事实上"利诱性"在刚性兑付基本成为行业潜规则的竞争环境下是普遍存在的。[⑦] 对于股权众筹同样也是如此，融资者如果没有向投资者宣传

---

① 张明楷：《刑法学》，法律出版社 2016 年版，第 778 页。
② 最高人民法院 2010 年 12 月《关于审理非法集资刑事案件具体应用法律若干问题的解释》第 1 条："违反国家金融管理法律规定，向社会公众（包括单位和个人）吸收资金的行为，同时具备下列四个条件的，除刑法另有规定的以外，应当认定为刑法第一百七十六条规定的'非法吸收公众存款或者变相吸收公众存款'：（一）未经有关部门依法批准或者借用合法经营的形式吸收资金；（二）通过媒体、推介会、传单、手机短信等途径向社会公开宣传；（三）承诺在一定期限内以货币、实物、股权等方式还本付息或者给付回报；（四）向社会公众即社会不特定对象吸收资金。未向社会公开宣传，在亲友或者单位内部针对特定对象吸收资金的，不属于非法吸收或者变相吸收公众存款。"
③ 王新：《非法吸收公众存款罪的规范适用》，载《法学》2019 年第 5 期。
④ 2014 年最高人民法院、最高人民检察院、公安部联合发布《关于办理非法集资刑事案件适用法律若干问题的意见》，就"向社会公开宣传"的认定问题提出意见认为："向社会公开宣传"，包括以各种途径向社会公众传播吸收资金的信息，以及明知吸收资金的信息向社会公众扩散而予以放任等情形。
⑤ 张明楷：《刑法学》，法律出版社 2016 年版，第 779 页。
⑥ 刘宪权：《互联网金融股权众筹行为刑法规制论》，载《法商研究》2015 年第 6 期。
⑦ 彭志娟：《从互联网金融视角看非法吸收公众存款罪》，载《人民检察》2018 年第 12 期。

并承诺未来的收益,那么基本上不会获得投资。[①]例如,在股权众筹过程中,融资者均是通过众筹平台展示项目信息,其中对于投资回报部分的介绍,融资者往往采取"回购计划""基础收益率""预计年化收益""预计投资回报率"等描述来吸引投资者。融资者的上述做法,其实是向投资者承诺认购股权后将来定会有客观的收益,只是收益率不确定,是预计收益率而已。所以股权众筹是符合"利诱性"特征。

其四,社会性特征。社会性特征是指"向社会公众即社会不特定对象吸收资金"。由于股权众筹立足于网络平台进行融资,在网络上发布融资项目信息面向的无疑是不特定的互联网用户。正如上文提到的,众筹平台企图通过实名认证、投资门槛限制等方式,将原本不特定的投资者转化为具有一定资质条件的特定的投资者,以此来规避非法吸收公众存款罪的规制。[②]然而,通过这种方式能否实现规避效果?根据《非法集资解释》第1条第2款的规定,[③]"单位内部人员"和"亲友"应排除在"公众"范围之外,也就是说"单位内部人员"及"亲友"属于特定对象;而"亲友"和"单位内部人员"之外的人员属"不特定对象"的范畴。所以,根据现行立法,在股权众筹中,通过实名认证且具有一定资质条件的投资者仍不能排除在"公众"范围之外,不能被认定为是"特定对象"。

所以,根据现行刑法典及司法解释,多数的股权众筹行为已然涉嫌非法吸收公众存款罪且可能受到刑事制裁。

3. 擅自发行股票罪和非法吸收公众存款罪的竞合

如前所述,融资者通过股权众筹平台向投资者开展融资的行为可能涉嫌构成非法吸收公众存款罪,同时也可能构成擅自发行股票罪,那么实践中如何具体认定?

一方面,依照《非法集资解释》第6条的有关规定,擅自发行股票罪的客观方面要件包含向不特定对象发行和向超过200人特定对象发行两种情形。而非法吸收公众存款罪"社会性"特征要求必须向社会公众即社会不特定对象吸收资金,如果融资者的筹资行为针对的是特定对象,就不会涉及非法吸收公众存款罪。所以,面向特定对象(单位内部人员或亲友)发行股票的,只需判断是否涉嫌擅自发行股票罪即可。

另一方面,融资者如果是通过众筹平台向不特定的对象,以发行股票或转让股权的方式筹集资金的,在此情形下,行为人的一系列行为可能既符合擅自发行股票罪,也会涉及非法吸收公众存款罪,那么对此该如何定性?根据《非法集资解释》第1条[④]可知,相对于擅自发行股票罪,非法吸收公众存款罪属于非法集资犯罪的

---

① 阴建峰、刘雪丹:《互联网股权众筹的刑法规制问题论纲》,载《法律科学》2018年第1期。
② 杨东、苏伦嘎:《股权众筹平台的运营模式及风险防范》,载《国家检察官学报》2014年第4期。
③ 《非法集资解释》第1条第2款:"未向社会公开宣传,在亲友或者单位内部针对特定对象吸收资金的,不属于非法吸收或者变相吸收公众存款"。
④ 《非法集资解释》第1条第1款:"……同时具备下列四个条件的,除刑法另有规定的以外,应当认定为刑法第176条规定的'非法吸收公众存款或者变相吸收公众存款'"。

一般法规定,擅自发行股票罪则属特别法规定。① 换句话说,符合四个条件(非法性、公开性、利诱性、社会性)的集资行为,如果也符合刑法规定的其他罪名,则按照其他罪名定罪,只有在不符合其他罪名时,才以非法吸收公众存款罪定罪。② 所以,对于股权众筹行为,在非法吸收公众存款罪和擅自发行股票罪发生竞合时,应按照擅自发行股票罪定罪处罚。

(二)涉嫌构成擅自设立金融机构罪和非法经营罪的刑事风险

1. 涉嫌构成擅自设立金融机构罪的刑事风险

擅自设立金融机构罪,是指未经国家有关主管部门批准,擅自设立商业银行、证券交易所、期货交易所、证券公司、期货经纪公司、保险公司或者其他金融机构的行为。擅自设立金融机构罪的成立不以开展相应的金融业务活动为前提,只要擅自设立了金融机构,就属于犯罪既遂。③ 擅自设立的金融机构包括金融机构的筹备组织。④

一方面,股权众筹平台具备了证券交易所的功能。根据《公司法》、《证券法》和《非上市公众公司监督管理办法》的规定,证券交易所和全国中小企业股份转让系统是经国务院或国家有关主管部门批准成立进行股票公开发行或转让的法定交易机构。⑤ 股权众筹平台实际上也是投融资双方进行股权转让的场所,并且以收取项目一定比例的佣金或服务费为盈利模式,所以,在功能及盈利模式方面,股权众筹平台与证券交易所或全国中小企业股份转让系统都是相似的。⑥

另一方面,对于股权众筹平台的准入标准、法律定位、设立程序等,在我国目前尚不明确。而在其他多数国家,股权众筹平台属于持牌金融机构,即股权众筹平台须向本国的金融监管部门申请注册,在获得批准后,持有金融牌照才有能开展业务。⑦ 同时,我国在股权众筹发展初期的诸多不规范,股权众筹平台设立通常并未

---

① 刘为波:《〈关于审理非法集资刑事案件具体应用法律若干问题的解释〉的理解与适用》,载《人民司法》2011年第5期。

② 彭冰:《非法集资行为的界定——评最高人民法院关于非法集资的司法解释》,载《法学家》2011年第6期。

③ 张明楷:《刑法学》,法律出版社2016年版,第775页。

④ 《追诉标准(二)》第24规定:"未经国家有关主管部门批准,擅自设立金融机构,涉嫌下列情形之一的,应予立案追诉:(1)擅自设立商业银行、证券交易所、期货交易所、证券公司、期货公司、保险公司或者其他金融机构的;(2)擅自设立商业银行、证券交易所、期货交易所、证券公司、期货公司、保险公司或者其他金融机构筹备组织的。"

⑤ 根据中国人民银行制定的《金融机构编码规范》第3.29条规定:交易所是经国家有关主管部门批准设立的,提供证券、商品、期货等集中竞价交易的场所,不以营利为目的的法人;《全国中小企业股份转让系统有限责任公司管理暂行办法》第2条规定:全国中小企业股份转让系统(以下简称全国股份转让系统)是经国务院批准设立的全国性证券交易场所。

⑥ 随鲁辉:《互联网众筹的刑事法律风险防控》,华东政法大学2016年硕士学位论文,第23页。

⑦ 陈晨:《股权众筹的金融法规制与刑法审视》,载《东方法学》2016年第6期。

经过中国证监会等有关主管部门的批准。① 所以,由于股权众筹平台具有金融机构的功能,行为人只要未经批准擅自设立股权众筹平台,便可能涉嫌构成擅自设立金融机构罪。

2. 涉嫌构成非法经营罪的刑事风险

根据刑法典及有关司法解释的规定,未经国家有关主管部门批准非法经营证券、期货、保险业务的,或者非法从事资金支付结算业务的,情节严重的,涉嫌构成非法经营罪。② 如上所述,股权众筹平台具有类似证券交易所和全国中小企业股份转让系统的功能,众筹平台充当融资者与投资人之间的桥梁,为投融资双方的股权交易提供中介服务,事实上相当于证券经纪、证券投资咨询等业务。③ 所以,股权众筹平台涉嫌未经国家主管部门批准非法经营证券业务。另外,根据《追诉标准(二)》非法经营证券业务数额在30万元以上或违法所得在5万元以上的,即可立案追诉。④ 据此,如果股权众筹平台作为中介机构,为投融资双方提供中介服务,且日常营业总额在30万元以上或实际违法所得5万元以上的,就可能涉嫌非法经营罪而面临刑事处罚。

3. 擅自设立金融机构罪和非法经营罪的关系

如前所述,股权众筹平台具备了证券交易所的功能,行为人只要未经批准擅自设立股权众筹平台,便可能涉嫌构成擅自设立金融机构罪。与此同时,股权众筹平台作为中介机构,为投融资双方提供中介服务,相当于未经批准从事证券业务,从而涉嫌非法经营罪。两罪均与证券行业有关,前罪关涉证券行业金融机构的市场准入,后罪涉及证券行业日常业务的市场经营。⑤ 所以,就股权众筹而言,有必要对擅自设立金融机构罪与非法经营罪关系进行梳理。

第一种情况:平台是为开展其他业务设立的,在发展到一定阶段后,转型涉足股权众筹业务。在此情况下,如果在设立相关平台时,该平台不属于金融机构或金

---

① 据业内消息,2015年京东东家、蚂蚁达克、平安众+等三家股权众筹平台已获准公募股权众筹试点。参见:《公募股权众筹豁免已明确3家试点平台笑到最后》,载http://news.hexun.com/2017-03-20/188554773.html,访问日期:2019年9月21日。但笔者未查到官方部门发布的消息。

② 《刑法》第225条:"违反国家规定,有下列非法经营行为之一,扰乱市场秩序,情节严重的,处五年以下有期徒刑或者拘役,并处或者单处违法所得一倍以上五倍以下罚金;情节特别严重的,处五年以上有期徒刑,并处违法所得一倍以上五倍以下罚金或者没收财产:……(三)未经国家有关主管部门批准非法经营证券、期货、保险业务的,或者非法从事资金支付结算业务的;(四)其他严重扰乱市场秩序的非法经营行为。"最高人民法院、最高人民检察院、公安部、中国证券监督管理委员会2008年1月联合发布的《关于整治非法证券活动有关问题的通知》明确了非法经营证券业务的责任,规定"任何单位和个人经营证券业务,必须经证监会批准。未经批准的,属于非法经营证券业务,应予以取缔;涉嫌犯罪的,依照《刑法》第二百二十五条之规定,以非法经营罪追究刑事责任。"

③ 阴建峰、刘雪丹:《互联网股权众筹的刑法规制问题论纲》,载《法律科学》2018年第1期。

④ 《追诉标准(二)》第79条:"违反国家规定,进行非法经营活动,扰乱市场秩序,涉嫌下列情形之一的,应予立案追诉:……(三)未经国家有关主管部门批准,非法经营证券、期货、保险业务,或者非法从事资金支付结算业务,具有下列情形之一的:1)非法经营证券、期货、保险业务,数额在30万元以上的;……4)违法所得在5万元以上的。"

⑤ 张杰:《互联网众筹融资模式的刑法风险与规制》,上海社会科学院2015年硕士学位论文,第24页。

融机构筹备组织,那么不会构成擅自设立金融机构罪,只可能涉嫌构成非法经营罪;第二种情况:为开展股权众筹业务而设立股权众筹平台,但实际运营过程中,没有成功开展股权众筹业务。此情况下,由于没有实际的经营活动,不会涉及非法经营罪,只可能涉嫌构成擅自设立金融机构罪;第三种情况:为开展股权众筹业务而设立股权众筹平台,并实际开展了股权众筹业务。此种情况下,属于非法经营罪和擅自设立金融机构罪的法条竞合,在具体法律适用时可依据重法优于轻法的原则进行。①

二、股权众筹异化的刑事风险

刘宪权教授将股权众筹异化风险型犯罪分为两类:一是借股权众筹之名实施犯罪。融资者或者投资者并未真正开展股权众筹活动,而是以股权众筹作为幌子,实施违法犯罪活动;二是在开展股权众筹活动的过程中实施犯罪。在股权众筹活动过程中,利益诱惑和道德风险并存,加之相关的制约机制并不完善,容易滋生犯罪。②

由于我国法律未对股权众筹公开发行豁免,股权众筹法律障碍仍然存在,所以,笔者未能收集到以股权众筹之名实施犯罪的已决案例。截至2019年9月15日,笔者以"股权众筹"为内容在"北大法宝"搜索到刑事一审案由的裁判文书有26份(存在同一个案件不同被告分开审理的情况,实际案件少于以上数据)。经研读,这些案件表面上都与"股权众筹"相关,但均不属于真正意义上的股权众筹。例如,多数案件是线下集资组织利用股权众筹在我国发展时间尚短、社会认知度不高等特点,通过在线下发传单向不特定人群宣传"股权众筹",以"股权众筹"的名义发行"原始股",进行集资诈骗、非法吸收公众存款或者合同诈骗。还有的是部分传销活动亦冠以"众筹"之名大量吸纳会员和资金。

基于以往司法实践,一旦破除股权众筹的法律障碍,那么,诸如近几年频发的P2P网络借贷平台非法集资犯罪案件以及线下借"股权众筹"之名实施违法犯罪的等类似案件,很可能出现在股权众筹平台上。所以,可以借鉴类似案例,对股权众筹异化行为进行预判和分析。

(一)借股权众筹之名实施犯罪的刑事风险

1. 涉嫌构成集资诈骗罪的刑事风险

集资诈骗罪是指以非法占有为目的,使用诈骗方法非法集资,数额较大的行为。结合《非法集资解释》第2条和第4条的规定,以非法占有为目的,使用诈骗方法实施非法吸收公众存款或变相吸收公众存款行为的,便构成集资诈骗罪。③换

---

① 随鲁辉:《互联网众筹的刑事法律风险防控》,华东政法大学2016年硕士学位论文,第25页。
② 刘宪权:《互联网金融股权众筹行为刑法规制论》,载《法商研究》2015年第6期。
③ 《非法集资解释》第2条:"实施下列行为之一,符合本解释第一条第一款规定的条件的,应当依照刑法第一百七十六条的规定,以非法吸收公众存款罪定罪处罚……";第4条:"以非法占有为目的,使用诈骗方法实施本解释第二条规定所列行为的,应当依照刑法第一百九十二条的规定,以集资诈骗罪定罪处罚。……"

句话说,如果客观行为属于非法吸收公众存款或变相吸收公众存款,且具有非法占有为目的,就以集资诈骗定罪处罚。① 所以,是否具有非法占有为目的,是判断是否构成集资诈骗罪的关键。《非法集资解释》第 4 条第 2 款进一步明确了认定非法占有为目的标准。②

就股权众筹而言,如果行为人以非法占有为目的,通过虚设项目、伪造企业信息、设立虚假股权众筹平台、高利返本付息等手段向公众开展"股权众筹"活动,骗取投资人资金的,构成集资诈骗罪。③ 例如,在段某某涉嫌集资诈骗案中,段某某于 2013 年设立上海优索环保科技发展有限公司。2014 年 5 月,上海优索环保科技发展有限公司在河南省进行城市垃圾处理项目建设宣传,随后组织河南省环保厅的相关负责人到上海市进行项目考察。2015 年 8 月,公司利用与政府机关的互动以及在上海某地方股权交易市场挂牌上市之机,对外大肆宣传"城市垃圾处理再生可燃煤"项目,并以出售原始股的方式进行股权众筹融资和股权理财融资,承诺年收益达到 48%。城市垃圾处理再生可燃煤项目得到了广大投资者的青睐,在两个月的时间就获得了 2 亿多的融资,投资者人数上千人。但是融资结束后并没有建起一座城市垃圾处理厂,投资人血本无归。2015 年 11 月,公司原法定代表人段国帅被依法批准逮捕。④

在本案中,我们不难看出段某某实际上是以股权众筹为幌子,以高额回报为诱导向社会公众吸收资金,属于非法吸收公众存款。同时,由于段某某集资后并未将资金用于生产经营,可以认定主观上具有"以非法占有为目的",所以,段某某属于借股权众筹之名行集资诈骗之实,应该以集资诈骗罪定罪处罚。

再如,天津市有这样一个案例:⑤

> 被告人郭某某 2015 年 4 月担任上海雅鉴互联网金融信息服务有限公司天津分公司(以下简称:"雅鉴天津分公司")负责人。该公司于 2015 年 4 月 14 日由上海雅鉴互联网金融信息服务有限公司(以下简称:"上海雅鉴公司")法定代表人徐某 1 伙同他人在天津市南开区注册成立。同年 4 月至 9 月,被告人郭某某在徐某 1 的授意下,以给付业务团队一定比例的资金,由该团队负责对外吸揽资金,并在人群密集地区散发小广告、随机拨打电话,以股权众筹形式对外宣传,以 1 万元为投资起点上不封顶,以年化收益 20%—24% 为标准,

---

① 张明楷:《刑法学》,法律出版社 2016 年版,第 796 页。
② 根据《非法集资解释》第 4 条第 2 款规定,下列情形可以认定为"以非法占有为目的":(1)集资后不用于生产经营活动或者用于生产经营活动与筹集资金规模明显不成比例,致使集资款不能返还的;(2)肆意挥霍集资款,致使集资款不能返还的;(3)携带集资款逃匿的;(4)将集资款用于违法犯罪活动的;(5)抽逃、转移资金、隐匿财产,逃避返还资金的;(6)隐匿、销毁账目,或者搞假破产、假倒闭,逃避返还资金的;(7)拒不交代资金去向,逃避返还资金的;(8)其他可以认定非法占有目的的情形。
③ 刘宪权:《互联网金融股权众筹行为刑法规制论》,载《法商研究》2015 年第 6 期。
④ 参见胡启忠:《非法股权众筹的刑法适用与现时策略》,载《西华大学学报(哲学社会科学版)》2019 年第 6 期;阴建峰、刘雪丹:《互联网股权众筹的刑法规制问题论纲》,载《法律科学》2018 年第 1 期。
⑤ 天津市南开区人民法院刑事判决书(2017)津 0104 刑初字第 681 号。

以6个月、12个月等为周期,与集资参与人签订《上海雅鉴互联网金融信息服务有限公司(股权众筹)合同书》,非法吸揽社会公众存款。

2015年9月至2016年8月,被告人郭某某在明知上海雅鉴公司徐某1及其团伙成员因涉嫌非法集资案件被浙江省、上海市公安机关侦查并被羁押、集资参与人的资金无法兑付等的情况下,隐瞒上述事实,继续带领雅鉴天津分公司员工采取上述方法,对外吸揽资金,或鼓动集资参与人将到期的资金续投。同时,让涉案集资参与人将投资款通过刷涉案公司POS机、交现金、银行转账等方式将吸揽的资金归置涉案公司账号后转至被告人郭某某个人账户或其实际控制的他人名下银行卡账户内或有部分现金直接由公司人员交付郭某某。而吸揽的资金除小部分用于涉案公司租房费用、员工工资、集资参与人返利外,其余涉案款未用于生产经营活动或者其他投资。截至案发,被告人郭某某利用雅鉴天津分公司吸揽资金共计1345万余元,除返还了集资参与人共计77万余元外,现造成55名集资参与人的经济损失共计1268.779万元。天津市南开区人民法院审理认为,被告人郭某某以非法占有为目的,使用诈骗方法非法集资,骗取涉案集资参与人共计1345万余元,造成经济损失共计1268.779万元,属数额特别巨大,其行为依法构成集资诈骗罪。

本案中,被告人郭某某组织人员通过在人群密集地区散发小广告、随机拨打电话等方式,以开展"股权众筹"为幌子,以年化收益20%—24%诱惑投资人进行投资认股,吸收社会公众资金。法院对被告人的行为以集资诈骗罪定罪处罚,笔者认为主要是由于被告人在归集资金后,只将小部分资金用于涉案公司租房费用、员工工资、集资参与人返利外,其余涉案款未用于生产经营活动或者其他投资,最后造成巨额经济损失。这种情形符合《非法集资解释》所关于"非法占有为目的"的认定标准,属于"集资后不用于生产经营活动或者用于生产经营活动与筹集资金规模明显不成比例,致使集资款不能返还的",应该以集资诈骗罪论处。

司法实践中,集资诈骗罪的认定往往容易和其他非法集资类犯罪相混淆,特别是非法吸收公众存款罪。不同司法机关可能对同一行为是构成非法吸收公众存款罪,还是成立集资诈骗罪的认定结果不同。正如有学者指出:"以非法占有为目的"和从事了非法集资活动是集资诈骗罪的两大核心要件,如果某非法集资活动具有"以非法占有为目的",即使其表面上符合了某个具体罪名,例如擅自发行股票、债券罪,也只能以集资诈骗罪来处罚。[①] 所以,实践中对集资诈骗罪的认定,关键还是要牢牢把握住"非法占有为目的"这一核心要件。如下案例可以予以说明。

陈某非法吸收公众存款案[②]

2016年9月,被告人陈某通过股权转让方式成为天津市龙云资产管理有

---

① 彭冰:《非法集资行为的界定——评最高人民法院关于非法集资的司法解释》,载《法学家》2011年第6期。
② 天津市南开区人民法院刑事判决书(2018)津0104刑初字第619号。

限公司法定代表人并担任公司经理,同年10月该公司更名为天津中信融通资产管理有限公司(以下简称"中信融通公司"),11月变更注册地为天津市南开区宾水西道188号-1。2016年11月至2017年11月间,陈某以经营"公积金提取业务需要资金"为由,招募业务员向社会散发传单宣传"安信宝""月月通""季度盈""双季富"等年化收益率为7%—24%不等的"理财产品",承诺定期返本付息,同时陈某要求应聘到中信融通公司工作的员工向公司投资。中信融通公司以转让陈某债权的形式与投资人签订《中信融通协议书》《债权转让及受让协议》,向投资人吸揽资金,吸揽的资金由陈某控制,除少部分吸揽的资金被陈某用于返还投资人及个人购置汽车外,大部分集资款项去向不明。经审计,陈某共向15名投资人吸揽资金376.88万元,返还10.745万元,造成损失366.135万元。

天津市南开区人民检察院以非法吸收公众存款罪对被告人陈某提起公诉。天津市南开区人民法院经审理认为被告人陈某应构成集资诈骗罪而不是非法吸收公众存款罪。理由是:被告人陈某以不真实的、高回报率的"债权"转让给投资人的方式,向投资人吸揽资金,其行为属于使用诈骗方式进行非法集资。在案证据显示,涉案吸揽的资金被被告人陈某取现,除有少部分资金用于其个人购置车辆及返还投资人使用外,大部分资金去向不明。虽然,被告人陈某辩称将吸揽资金用于足疗店经营的事实,但没有证据予以证实。故被告人陈某属于法律规定的"拒不交代资金去向,逃避返还资金"情形,应认定其具有非法占有目的。

2. 涉嫌构成非法吸收公众存款罪的刑事风险

如上所述,股权众筹融资实际属于一种吸收公众资金的行为,存在涉嫌非法吸收公众存款的刑事风险。那么,股权众筹异化行为就更有可能涉嫌非法吸收公众存款罪。以下两种情况融资者或股权众筹平台可能涉嫌非法吸收公众存款罪:(1)融资者并非通过第三方筹资平台筹集资金,而是擅自融资,并将所筹集的资金继续投放于金融市场;(2)股权众筹平台超越单纯的中介机构功能,通过伪造企业信息,发布虚设的融资项目等归集投资者资金,搭建资金池,之后再寻找投资项目。[①] 例如,实践中有这样一个案件可供参考:

安徽银瑞林投资有限公司、王某某非法吸收公众存款案[②]

王某某是安徽银瑞林投资有限公司法人代表及实际控制人,为进行非法集资活动,王某某以安徽银瑞林投资公司为主体分别成立了安徽银瑞林国际大酒店有限公司(法人代表王某1)、安徽华银投资咨询有限公司、安徽丝路金融信息服务有限公司等三家子公司,并以这三家子公司为依托,通过股权众筹的名义向社会不特定公众募集资金用于经营。

---

① 刘宪权:《互联网金融股权众筹行为刑法规制论》,载《法商研究》2015年第6期。
② 安徽省合肥市庐阳区人民法院刑事判决书(2018)皖0103刑初字第58号。

2015年3月至2016年4月，王某某及银瑞林投资公司以银瑞林酒店开展股权众筹的名义，将华银投资咨询公司作为中介方，开展非法集资活动。王某某及银瑞林投资公司在华银投资咨询公司设立融资办公室，并组织华银投资咨询公司的员工以银瑞林酒店投资喀什酒店等项目需要融资为由，通过散发传单、召开投资交流会的形式对外进行宣传，并以年利率9%至18%的高息吸引投资者投资。姜某负责以现金、转账等方式收取融资款、兑付利息、签订股权众筹合同，并按照王某某、王某1等人的安排将融资款转入到王某某指定的银行卡由王某某支配。至2016年4月，共吸收205名投资人资金共计2076.30万元，造成实际损失779.6666万元。

2015年7月至2016年4月，王某某及银瑞林投资公司同样以银瑞林酒店股权众筹的名义，将丝路金融信息服务公司作为中介方，开展非法集资业务。王某某及银瑞林投资公司组织丝路金融信息服务公司员工（与华银投资咨询公司相同人员）以银瑞林酒店投资喀什酒店等项目需要融资为由，通过散发宣传单、召开投资交流会的形式对外进行宣传，并以年利率9%至18%的高息吸引投资者投资。姜某负责以现金、转账等方式收取融资款、兑付利息、签订股权众筹合同，并按照王某某、王某1等人的安排将融资款转入到王某某指定的银行卡由王某某支配。至2016年4月，共吸收357名投资人资金共计4482.25万元，造成实际损失3336.5463万元。

本案中，被告人王某某及银瑞林投资公司以银瑞林酒店股权众筹为名，通过银瑞林投资公司的子公司华银公司、丝路公司作为中介方，向社会不特定群体开展项目融资，且承诺定期还本付息。该行为属于以"股权众筹"为名，进行自我融资的非法集资行为，被告人将募集资金用于生产经营，不具有非法占有目的，不构成集资诈骗罪。所以，安徽省合肥市庐阳区人民法院经审理，对被告单位安徽银瑞林投资有限公司以及直接负责的主管人员被告人王某某均判处构成非法吸收公众存款罪。

此外，融资者虽然没有实际占有资金，但以股权众筹之名，通过虚设股权众筹项目，非法吸收资金的，应以非法吸收公众存款罪定罪处罚。例如，实践中有这样一个案件：

熊某某非法吸收公众存款案[①]

2015年2月以来，同案人张某3等人先后注册成立镇江市统资联电子商务有限公司、丹阳市统资联股权投资基金企业等公司，在相关公司均无任何生产经营活动的情况下，张某3等人通过广告、发放宣传单等方式，向公众大肆宣传公司名下有电动汽车、房地产开发等生产经营项目，以骗取公众对公司经济实力的信任，同时在未经政府有关部门批准的情况下，以投资入股为名、高

---

① 江西省安义县人民法院刑事判决书（2017）赣0123刑初字第140号。

额回报为诱饵,在全国多地开设统资联连锁超市作为投单点大量吸收公众资金。张某 3 等人推出的股权投资分红模式为:投资第一股 3000 元、从第二股开始每股 2400 元,每股每周三分红 100 元,共分红 48 周,并赠送统资联连锁超市购物卡。

2016 年 1 月,被告人熊某某加盟统资联连锁超市,注册成立了安义县统资联百货连锁超市。熊某某租用了安义现代名门小区 20 号楼 101、102、201、202 号铺面,将 1 楼建成超市,2 楼用作统资联投资办公地点接受公众投单。熊某某通过分发宣传图册、播放宣传影片、利用网络微信、口口相传等方式,大肆宣传镇江统资联电子商务有限公司、丹阳市统资联股权投资基金企业等公司的经济实力和高额投资回报,以吸引公众投资。截至 2017 年 2 月 21 日,熊某某以投资入股为名、高额回报为诱饵,通过邹某、张某 2 等人,非法向集资参与人于某、徐某等共 60 名集资参与人吸收资金共计 551.7907 万元,均全部转入张某 3 的银行账户或者由张某 3 担任法定代表人的公司银行账户。熊某某则根据张某 3 等人制订的股权投资分红模式,以其吸收的公众资金的金额和集资参与人在安义县统资联百货连锁超市的消费金额为依据,获取相应比例的提成,共计获得提成 28 万元。以上非法吸收的 551.7907 万元资金,除已通过每周三分红的形式返还给各集资参与人共计 234.2424 万元外,上述 60 名集资参与人共计损失投资本金 317.5483 万元无法收回。

江西省安义县人民法院审理认为,被告人熊某某违反国家金融管理法律规定,未经有关部门依法批准,利用其开设的安义县统资联百货连锁超市,通过分发宣传图册、利用网络微信等方式向社会公开宣传,以投资入股为名、高额回报为诱饵,伙同同案人非法向社会不特定对象吸收资金共计 551.7907 万元,给集资参与人造成直接经济损失共计 317.5483 万元,其行为严重扰乱了正常的金融秩序,已构成非法吸收公众存款罪,且数额巨大。在本案共同实施的非法吸收公众资金 551.7907 万元的犯罪中,被告人熊某某起主要作用,系主犯,应按照其所参与的全部犯罪予以处罚。被告人熊某某归案后如实供述了自己所犯罪行,依法可从轻处罚。其未直接占用非法吸收来的资金,但其从中非法获利 28 万元应予以追缴,发还集资参与人。

本案中,张某 3 是"股权众筹"的发起人,被告人熊某某通过加盟统资联连锁超市,并注册成立了安义县统资联百货连锁超市,负责为张某 3 募集资金。熊某某以投资入股为名,通过高额返利等方式向社会不特定公众吸收资金,所募集资金最后都进入了张某 3 本人或者担任法定代表人的公司账户,熊某某根据对应比例的获得提成。所以,被告人熊某某是通过虚设融资项目吸收资金,由于其没有占有资金,即没有非法占有的目的,应认定构成非法吸收公众存款罪。具体而言,被告人熊某某违反国家金融管理法律规定,未经有关部门依法批准开展集资活动,符合了"非法性"特征;被告人熊某某通过分发宣传图册、播放宣传影片、利用网络微信、口口相传等方式向社会公开宣传,这符合了非法吸收公众存款罪的"公开性";以高额回报为诱饵,通过每周分红的形式返还给各集资参与人的行为,属于变相允诺还本付息、给付回报,符合"利诱性"特征;向社会公开宣传并吸引了60名投资者,属于向"不特定对象"吸收资金,符合"社会性"特征。

3. 涉嫌构成组织、领导传销活动罪的刑事风险

组织、领导传销活动罪,是指组织、领导以推销商品、提供服务等经营活动为名,要求参加者以缴纳费用或者购买商品、服务等方式获得加入资格,并按照一定顺序组成层级,直接或者间接以发展人员的数量作为计酬或者返利依据,引诱、胁迫参加者继续发展他人参加,骗取财物,扰乱经济社会秩序的传销活动行为。根据《追诉标准(二)》①,组织、领导的传销活动人员在30人以上且层级在3级以上的,对组织者、领导者,应予立案追诉。

非法组织、领导传销的形式往往比较复杂且隐蔽,但其本质是通过"拉人头",收取入门费的方式,进行非法牟利。所以,在实际认定中要把握其本质并对个案的经营模式进行剖析。如果股权众筹活动,不是通过项目实际经营获取的收益作为投资者的股权收益,而是以"拉人头"方式收取"股本",以发展的人数分配收益,那么就可能涉嫌组织、领导传销活动罪。② 以下面这个案件为例:

曾某、陈某组织、领导传销活动案③

2016年1月,被告人曾某在广州经朋友介绍加入 UCM(XOOM)中美众筹理财公司组织。UCM(XOOM)中美众筹理财公司(登录网址为××和 AXMHK.COM)从2015年4月在国内向社会以公开出售股权众筹理财产品为名搞传销活动,参加者需交纳人民币9000元、27000元、81000元三个等级获得加入资格,参加者计酬返利的依据除了平台每天返还投资金0.8%-1.2%外(例如投资9000元每天收益63元或72元;投资27000元每天收益270元;投资81000元每天收益891元),推荐别人投资还有推荐奖,可获取8%-12%的提成(例如推荐别人投资9000元有8%即720元提成,投资27000元有10%即2700元提成,投资81000元有12%即9720元提成)及以后每天0.1%的提成,按层级可提成4至8代,发展下线人数越多提成越多。被告人曾某见有利可图,遂于2016年2月联系上被告人陈某并将其发展为下线,由陈某负责在湛江地区推广 UCM 中美众筹理财项目并积极发展下线。陈某从2016年2月至11月27日期间,发展了何某1、张某2、吴某3等数名下线,何某1、张某2等人再往下发展陈

---

① 《最高人民检察院、公安部关于公安机关管辖的刑事案件立案追诉标准的规定(二)》第78条:组织、领导以推销商品、提供服务等经营活动为名,要求参加者以缴纳费用或者购买商品、服务等方式获得加入资格,并按照一定顺序组成层级,直接或者间接以发展人员的数量作为计酬或者返利依据,引诱、胁迫参加者继续发展他人参加,骗取财物,扰乱经济社会秩序的传销活动,涉嫌组织、领导的传销活动人员在三十人以上且层级在三级以上的,对组织者、领导者,应予立案追诉。
② 阴建峰、刘雪丹:《互联网股权众筹的刑法规制问题论纲》,载《法律科学》2018年第1期。
③ 广东省湛江市霞山区人民法院刑事判决书(2018)粤0803刑初字第15号。

某2、张某1、张某3、梁某1等人,经公安机关核实,由曾某、陈某直接或间接发展参与UCM中美众筹理财传销组织的人员有42人,最多层级达6级。参与传销人员通过现金或银行转账将所谓的"投资"款交给陈某,由陈某转给曾某或直接转入UCM(XOOM)中美众筹理财公司平台的账户,在该平台注册后获得以姓名首写拼音字母+数字的用户代码(例如:陈某CH1699、张某1ZJF169)。被告人曾某及陈某根据下线的交款情况,享受8%-12%"推荐奖"及下线的收益10%提成。2016年11月27日该平台关闭并冻结所有投资人款项,经查询,该平台所谓的金融项目和股权都是虚假的。目前来报案参与传销的41人被骗投入资金为2081000元,平台关闭后损失金额为1630050元。

广东省湛江市霞山区人民法院认为,被告人曾某、陈某无视国家法律,为牟取非法利益,以推广UCM(XOOM)中美众筹理财项目为名,要求参加者按照不同等级缴纳相关费用而获得加入资格,并按照一定顺序组成层级,直接或者间接以发展人员的数量作为计酬或者返利依据,引诱参加者继续发展他人参加,骗取财物,扰乱经济社会秩序。被告人曾某将被告人陈某发展为下线后,通过陈某在湛江地区推广中美众筹理财项目并先后发展了2—6代下线共42人参与该传销组织,其传销组织内部参与传销活动人员层级在三级以上,参与人数已达三十人以上,被告人曾某、陈某的行为已构成组织、领导传销活动罪。

侯某某、尹某某组织、领导传销活动案[①]

2014年9月,被告人侯某某接手杨某的"湖南五军春鑫茂科技有限公司"并将公司名称变更为"湖南脉络咖啡制品有限公司",公司总部设在湖南省长沙市银盆南路305号金荣科技园B座7楼,法定代表人为侯某某,注册资本人民币10亿元,经营范围包括咖啡制品的研发、销售;农业技术开发及其技术咨询;农业机械零配件的销售等。公司变更登记后被告人侯某某要何某某(未查明身份)设计了一个会员系统软件,并聘请被告人王某甲在互联网制作公司网站,将会员系统软件放在公司网站中,并由被告人王某甲负责对公司网站及会员系统进行日常维护。

2014年10月,被告人侯某某与李某癸签订合同,李某癸将自己的草本咖啡系列产品授权给侯某某的公司销售,主要销售咖啡酥糖、咖啡粉、咖啡酒等系列产品。被告人侯某某又委托湖南省怀化市通道县特色食品开发有限公司生产养颜咖啡酒和营养咖啡酒,分别以4元/瓶、11元/瓶的价格购进;委托鄢陵李义咖啡有限公司生产咖啡酥糖,以5-8元每包的价格购进;委托广东挺佳食品有限公司生产咖啡粉,以5元/包的价格购进;并从北京世纪富民李义科技发展有限公司以40元/斤的价格购进咖啡豆。公司将上述产品销售给会员的价格为:500克装咖啡粉270元/袋,290克装咖啡豆380元/罐,500ML装

[①] 湖南省邵东县人民法院刑事判决书(2015)邵东刑初字第479号。

咖啡酒 1100 元/瓶，两罐装咖啡花茶 7500 元/套，1000 克装咖啡糖 200 元/袋。

被告人侯某某组织策划了公司的营销模式：以公司在深圳某地方股权交易中心挂牌登记为由，通过欺骗宣传，夸大公司产品的功效，引诱新会员加入，宣称注册成为新会员，就取得公司的股权。加入会员的条件为交纳 1.6 万元、3.6 万元、6.6 万元和 66.6 万等不同金额的会费。会员分为 11 个等级，通过拉新人入会可提升会员级别，并与新人形成上下级关系。一个会员可介绍无数新人加入，被介绍加入的人又可介绍其他新人入会。会员介绍新人入会后，系统会自动生成各个奖金额。如果会员业绩未达到标准，经被告人侯某某同意，可以由被告人王某甲在会员系统内操控数据提升会员的级别。

同时，被告人侯某某将低价从湖南怀化、河南等地购进的产品改为事先设计好的脉络公司的包装，再高价出售给公司会员，公司会员加入公司所交的会费都打入了侯某某的个人账户。被告人侯某某还聘请了被告人向某等人管理公司、聘请被告人王某甲管理公司网站、操控会员系统，组织高级会员被告人尹某某等积极发展下线会员。

湖南省邵东县人民法院认为，被告人侯某某、尹某某等人以加入会员可获得股权为名，要求参加者缴纳会费，并按照一定顺序组成层级，直接或者间接以发展人员的数量作为计酬或者返利依据，引诱参加者继续发展他人参加，骗取财物，扰乱经济社会秩序的传销活动，情节严重，已构成组织、领导传销活动罪。

上述两个案例，都是以出售股权的名义，要求参与者缴纳数额不等的费用，之后就能成为公司的股东或管理者。然而，所谓的股东只是一个名号，并没有真正持有股份，也没有对应的权利义务；所谓的管理者也只是一个空衔，除了发展新人外，没有具体其他业务。此外，收取的资金也并不用于组织生产、研发或其他经营活动，而是用来抽取提成。所以，上述两个案例是以股权众筹之名，行非法传销之实，本质是要求参与者缴纳入门费，并以发展人员数量和层级作为返利的依据，骗取钱财的新型互联网传销。

4. 涉嫌构成洗钱罪的刑事风险

洗钱罪是指明知是毒品犯罪、黑社会性质的组织犯罪、恐怖活动犯罪、走私犯罪、贪污贿赂犯罪、破坏金融管理秩序犯罪、金融诈骗犯罪的所得及其产生的收益，掩饰、隐瞒其来源和性质的行为。为预防洗钱犯罪，传统的金融机构要按规定履行相应的反洗钱监管义务，如客户身份识别、保留交易记录和向有关主管部门报告可疑活动等等。互联网金融行业因为进入门槛低，用户数量大，交易次数多等特点，为洗钱犯罪提供了更广阔的资金隐匿与掩饰渠道，成为洗钱犯罪的重要场所。为此，央行、银保监会、证监会在 2018 年 10 月 10 日联合发布《互联网金融从业机构反洗钱和反恐怖融资管理办法（试行）》（下简称《管理办法》）。《管理办法》明确了互联网金融从业机构包括但不限于网络支付、网络借贷、网络借贷信息中介、股权众筹融资、互联网基金销售、互联网保险、互联网信托和互联网消费金融等。同时《管理办法》规定了互联网金融从业机构的反洗钱义务,主要有以下五个方面:一是建立健全反洗钱和反恐怖融资内部控制机制;二是有效进行客户身份识别;三是提交大额和可疑交易报告;四是开展涉恐名单监控;五是保存客户身份资料和交易记录。

股权众筹融资存在涉嫌洗钱犯罪的高风险是由其"普惠性金融""草根金融"的性质决定的,主要表现在:①互联网金融改变了传统点对点的中心化的交易模式,这使得股权众筹金融交易脱离了传统的反洗钱的监管;②投资者与项目发起人的信息不对称,投资者不了解项目发起人的情况,项目发起人也无法知晓投资人钱款来源。由于无法有效识别投资钱款来源是否合法,为洗钱犯罪提供了便利。③互联网金融资金规模庞大,投资者将违法所得钱款汇入庞大的互联网金融中,能够起到掩护和隐匿的作用,增加了洗钱的认定和追踪的难度。

利用股权众筹洗钱的方式主要有:①上游犯罪的行为人直接作为投资者,将违法所得资金投放于众筹项目获利;或者通过收买股权众筹平台或融资者,制造分红的假象从而将钱"洗白"。此种情况,若股权众筹平台融资者及资金托管机构明知投资人的资金来源是上游七类犯罪,而为其提供帮助或便利的,构成洗钱罪。②投资者明知是上游七类犯罪的违法所得及其收益,仍帮助犯罪分子将资金投资于众筹项目进行洗钱。此时,如果股权众筹平台及融资者、资金托管机构明知投资人实施上述行为而为其提供帮助或便利的,与投资人构成洗钱罪的共犯;如果并不知情,则只有投资人构成洗钱犯罪。①

(二)开展股权众筹过程中实施犯罪的刑事风险

1.涉嫌构成职务侵占罪、挪用资金罪的刑事风险

《刑法》第271条规定了职务侵占罪,即公司、企业或者其他单位的人员,利用职务上的便利,将本单位财物非法占为己有,数额较大的行为。第272条规定了挪用资金罪,根据该条第1款:挪用资金罪是指公司、企业或者其他单位的工作人员,利用职务上的便利,挪用本单位资金归个人使用或者借贷给他人,数额较大、超过三个月未还的,或者虽未超过三个月,但数额较大、进行营利活动的,或者进行非法活动的行为。在股权众筹活动中,融资者及资金托管平台可能会出现涉嫌职务侵占罪或挪用资金犯罪的风险。

(1)融资者恶意侵占企业资金。在股权众筹活动中,融资者利用自己经营企业、参与项目等便利条件,通过采用虚设支出、虚增成本等方式恶意侵占融资资金的,数额较大的,可以构成职务侵占罪。

(2)融资者将所融资金挪作他用。一是融资者和投资者共同成立有限合伙企业。此时,融资者作为合伙事务的普通合伙人完全符合挪用资金罪的主体要件,如

---

① 阴建峰、刘雪丹:《互联网股权众筹的刑法规制问题论纲》,载《法律科学》2018年第1期;刘宪权:《互联网金融股权众筹行为刑法规制论》,载《法商研究》2015年第6期。

果融资者将所融资金挪为他用,未投放于融资项目的,情节严重的构成挪用资金罪。二是融资者以小微企业或初创企业的名义筹集资金的。这种情况下,融资者未将筹集资金用于融资项目而挪用他处的,应该根据挪用资金的用途认定是否构成挪用资金罪。2010年5月最高人民检察院、公安部《追诉标准(二)》第85条明确了属于"归个人使用"的三种情形。① 所以,如果融资者将资金供本人、亲友或者其他自然人使用,那么构成挪用资金罪;如果融资者以个人名义将资金供融资企业之外的单位使用,那么也构成挪用资金罪;如果融资者个人决定以企业名义将所筹资金供其他单位使用,谋取个人利益的,那么也构成挪用资金罪;如果融资者未将资金供个人使用,也未将资金供融资企业之外的其他单位使用,而是用于该融资企业的其他项目,则不构成挪用资金罪。②

(3)资金托管机构擅自挪用投资者资金。资金托管机构一般为签约的商业银行或第三方支付机构。根据刑法的有关规定,金融机构的工作人员利用职务上的便利,挪用"客户资金"的行为也构成挪用资金罪③。毫无疑问,资金托管机构挪用的是"客户资金"。所以,如果签约的资金托管机构是商业银行,那么商业银行工作人员利用职务便利挪用客户资金的,应按挪用资金罪定罪处罚(如果是国有商业银行,则可能涉嫌挪用公款罪,此种情况暂不予讨论);如果签约的资金托管机构为第三方支付机构,那么第三方支付机构工作人员利用职务之便挪用客户资金的行为是否构成挪用资金罪,关键看第三方支付机构是否属于金融机构。有学者认为,无论是从机构的本质还是从未来的发展趋势看,第三方支付机构都应当属于金融机构的一种。④ 我们对此表示赞同,支付业务是商业银行最主要业务之一,从这一点看,同样具备支付功能的第三方支付机构无疑属于金融机构。另外,所上所述,《管理办法》亦明确了网络支付机构属于互联网金融从业机构。所以,我们认为,签约的资金托管机构无论是第三方支付机构还是商业银行,其工作人员利用职务便利挪用客户资金的,都可能涉嫌构成挪用资金罪。

(4)实践中,也有可能存在股权众筹平台违规挪用或非法占有投资者资金的情况,例如,资金托管机构为了吸引客户资源,明知股权众筹平台违规挪用或意图将资金据为己有,而没有尽到监管职责,不履行其监管义务,对众筹平台的违规挪用资金或侵占资金的行为放任不管。那么此类行为是否也可能涉嫌挪用资金罪或职务侵占罪?首先,投资者存入资金托管机构的资金不属于股权众筹平台的单位

---

① 最高人民检察院 公安部《关于公安机关管辖的刑事案件立案追诉标准的规定(二)》第85条第2款:具有下列情形之一的,属于本条规定的"归个人使用":(1)将本单位资金供本人、亲友或者其他自然人使用的;(2)以个人名义将本单位资金供其他单位使用的;(3)个人决定以单位名义将本单位资金供其他单位使用,谋取个人利益的。
② 刘宪权:《互联网金融股权众筹行为刑法规制论》,载《法商研究》2015年第6期。
③ 《刑法》第185条规定:"商业银行、证券交易所、期货交易所、证券公司、期货经纪公司、保险公司或者其他金融机构的工作人员利用职务上的便利,挪用本单位或者客户资金的,依照本法第二百七十二条的规定定罪处罚。……"
④ 刘宪权:《互联网金融股权众筹行为刑法规制论》,载《法商研究》2015年第6期。

资金,所以,股权众筹平台非法占有资金的行为不能构成职务侵占罪。其次,如前所述,股权众筹平台在我国并不属于金融机构,其违规挪用资金的行为,也不能以挪用资金罪来评价。再次,虽然存在资金托管机构,但由于股权众筹平台可以随意支配资金,可以认为股权众筹平台事实上是在自设资金池,进行自融。所以,如果股权众筹平台仅仅挪用资金,没有非法占有为目,则涉嫌非法吸收公众存款罪;如果股权众筹平台以非法占有为目的,将所融资金据为己有,则涉嫌集资诈骗罪。最后,资金托管机构则可能构成非法吸收公众存款罪或集资诈骗罪的共犯。

笔者目前未收集到股权众筹领域挪用投资款的现实案例,暂以实践中P2P平台挪用资金的一个案件[①]作为参考:

  温州翼龙贷公司是北京翼龙贷公司的全资子公司,其在张家口市开设了温州翼龙贷张家口分公司,其具有网络借贷(P2P)信息中介机构的性质,营业范围包括网络借贷撮合服务,温州翼龙贷公司负责网络线上运营并提供网络借贷居间业务,北京翼龙贷公司负责线下加盟商管理等业务。温州翼龙贷公司允许温州翼龙贷张家口分公司在其辖区范围内开设县级体验店。2013年9月,被告人龚某1向张家口翼龙贷申请在尚义县开设翼龙贷体验店,后经温州翼龙贷公司及北京翼龙贷公司同意后,龚某1在尚义县开翼龙贷尚义县体验店,作为县级的运营商,龚某1负责尚义县范围内的翼龙贷公司业务,后于2015年4月8日与北京翼龙贷公司及温州翼龙贷张家口分公司负责人焦某某签订了《翼龙贷网网络借贷平台使用协议》;主要业务包括借款客户的前期核查、筛选,对借款人进行催收及借款逾期后的债权收回等。借款人通过翼龙贷尚义县体验店向北京翼龙贷公司申请贷款后,北京翼龙贷公司审核后从借款本金中扣除6%的平台成交服务费及200元家访、保险费等其他费用后,通过国付宝第三方支付平台将剩余的借款转到借款人的银行账户上,借款人取款时再向翼龙贷尚义县体验店交纳6%的服务费作为龚某1的业务提成。借款人偿还借款利息时由借款人本人或者龚某1(借款人将利息给龚某1)将款项打到借款人在翼龙贷公司的借款账户上,然后公司直接定期扣除;偿还借款本金时由借款人交给龚某1,龚某1转给温州翼龙贷张家口分公司,最后由温州翼龙贷张家口分公司转账到北京翼龙贷公司。

  2014年至2015年,被告人龚某1在管理翼龙贷尚义县体验店的过程中,在办理贷款手续时,龚某1称贷款需要借款人的银行卡和银行卡密码,其私自向部分借款人要了银行卡和银行卡密码,而后在借款人不知情的情况下将银行卡内的借款取出挪用或者在借款人表示不想借款了要求龚某1将借款返还给翼龙贷公司的情况下将借款挪用;另外,其还将部分借款人偿还给温州翼龙贷公司的借款截留挪用。经法院认定被告人龚某1挪用资金的数额为人民币

---

① 河北省尚义县人民法院刑事判决书(2016)冀0725刑初字第30号。

425200元。

河北省尚义县人民法院认为，被告人龚某1在北京同城翼龙贷网络科技有限公司及温州冀龙贷经济信息咨询有限公司张家口分公司授权其在尚义县开展网络借款业务期间，利用职务上的便利，挪用公司资金人民币425200元归个人使用，数额较大，超过三个月不退还，其行为构成挪用资金罪，应予定罪处罚。

本案中，龚某1在开展网络借贷业务过程中，利用职务之便，挪用了两部分的资金，其中一部分是客户的借款，属于"客户资金"；另一部分是客户的还款，属于单位资金。在P2P借贷领域，挪用这两类资金都应当以挪用资金罪定罪处罚。本案虽然是发生于P2P借贷领域，但是股权众筹活动中，完全有可能出现资金托管机构等利用职务便利挪用客户资金的类似案件，所以值得借鉴和参考。

2. 涉嫌构成侵犯知识产权犯罪的刑事风险

《刑法》将"侵犯知识产权罪"作为一个独立的犯罪类别规定于"破坏社会主义市场经济秩序罪"中，主要包括假冒注册商标罪、销售假冒注册商标的商品罪、非法制造或者销售非法制造注册商标标识罪；侵犯著作权罪、销售侵权复制品罪；假冒专利罪；侵犯商业秘密罪。

股权众筹活动中，可能涉嫌侵犯知识产权犯罪，例如，项目发起人假冒他人注册商标或专利进行项目宣传，如果情节严重的可能涉嫌假冒注册商标罪、假冒专利罪。如果众筹项目涉及文学、艺术或科学作品等创作，而项目发起人未经著作权人许可复制发行其文字、音像、计算机软件等作品的，可能涉嫌构成侵犯著作权罪。[①]例如，美国纽约大学的学生Shimada在Kickstarter平台上推出的电影项目"同步"，该项目成功融资到1726美元，且所拍电影还在校园的电影节上获奖。但后来该电影被发现是抄袭了法国一部名为"重播"的动画短片。[②]对于项目发起人侵犯知识产权的行为，股权众筹平台如果不知情且已尽到审查义务，那么股权众筹平台不用承担责任；如果众筹平台明知项目发起人存在严重侵犯知识产权行为，仍对发起项目予以支持，那么股权众筹平台可能构成侵犯知识产权犯罪的共犯。[③]

此外，股权众筹还可能面临侵犯商业秘密的风险。商业秘密作为一种无形资产能为企业带来巨大的竞争优势和效益，是企业在激烈的市场竞争中克敌制胜的有效武器，是企业创新能力的重要标志。[④]对于进行股权众筹融资的初创企业而言，好的创意是成功的关键，属于商业秘密的范畴。然而，一方面股权众筹项目主要以创新创意型的产品为主，且必须要公开发布项目的创意信息才能吸引投资者关注；另一方面，项目创意信息一旦在众筹平台上公开后，能被一定范围的投资者自由获取，无可避免地存在着被抄袭和模仿的风险。特别是以创意为核心竞争力的项

[①] 刘宪权：《互联网金融股权众筹行为刑法规制论》，载《法商研究》2015年第6期。
[②] 肖本华：《美国众筹融资模式的发展及其对我国的启示》，载《国际金融》2013年第1期。
[③] 阴建峰、刘雪丹：《互联网股权众筹的刑法规制问题纲论》，载《法律科学》2018年第1期。
[④] 刘介明、杨祝顺：《我国商业秘密保护的法律现状及完善建议》，载《知识产权》2015年第12期。

目,一旦创意被他人剽窃并抢先应用上市,那么之后上市的众筹项目产品就可能成为"过时的产品"而失去市场。而原先寄希望于项目的成功并带来收益回报的投资者,也可能因此颗粒无收。所以,股权众筹活动中的侵犯商业秘密的行为,不仅侵害了投资者的利益,也打击创业者的信心,情节严重的,可能涉嫌构成侵犯商业秘密罪。

3. 涉嫌构成违规披露、不披露重要信息罪的刑事风险

违规披露、不披露重要信息罪,指依法负有信息披露义务的公司、企业向股东和社会公众提供虚假的或者隐瞒重要事实的财务会计报告,或者对依法应当披露的其他重要信息不按照规定披露,严重损害股东或者其他人利益,或者有其他严重情节的行为。在股权众筹中,为有效缓解股权众筹中投融资双方信息不对称的现象,保障投资者的权益,项目发行方承担的主要义务就是信息披露,包括向投资者的信息披露以及向监管者报告。一是项目发行方进行股权众筹融资前有义务向众筹平台及投资者等有关方提供对包括发行人的基本信息、财务状况以及融资项目的基本信息等相关信息;二是项目发行方在取得项目融资后,有向投资人及监管方持续报告项目后续经营状况以及资金使用情况的义务。

在传统金融领域,上市公司借助于证券交易市场平台,以公开发行股票的方式进行融资,该融资活动会对社会公众产生较大的影响。因此,在互联网金融出现以前,违规披露、不披露重要信息罪多用来规制上市公司违规信息披露行为。然而,对于股权众筹而言,其所涉及的投资人数和资金均不在少数。如果在股权众筹过程中,相关融资公司、企业没有如实履行信息披露义务,同样也会对投资人造成不小的风险。尽管我国相关立法尚未确立股权众筹有关制度,但参照世界其他各国股权众筹的立法,信息披露制度都是至关重要的一方面。所以,在股权众筹中由于融资方没有尽到信息披露义务,给投资方造成损失,影响市场经济秩序的,可以违规披露、不披露重要信息罪追究其刑事责任。①

4. 涉嫌构成侵犯公民个人信息罪的刑事风险

《刑法》第 253 条规定了侵犯公民个人信息罪。本罪的主体为一般主体,对在履行职责或者提供服务过程中获得的公民个人信息,出售或者提供给他人的,从重处罚。单位犯罪的,对单位判处罚金,并对其直接负责的主管人员和其他直接责任人员进行处罚。

在股权众筹活动中,侵犯公民个人信息罪主要表现为侵犯投资人的个人信息。② 投资者在注册成为众筹平台会员时,需要按规定提交相关的个人信息供平台审核和进行身份认证,包括身份证信息、联系电话、工作单位、职务、收入、投资经验及过往投资案例等。投资者在通过身份认证后才能对项目进行投资。所以,股权众筹平台汇集了大量的投资者个人信息,而融资方或股权众筹平台方的相关人

---

① 阴建峰、刘雪丹:《互联网股权众筹的刑法规制问题论纲》,载《法律科学》2018 年第 1 期。
② 阴建峰、刘雪丹:《互联网股权众筹的刑法规制问题论纲》,载《法律科学》2018 年第 1 期。

员可以通过股权众筹活动获取这些大量的个人信息。如果融资方或股权众筹平台方的相关人员将上述投资者个人信息出售或提供给他人,情节严重的,可以侵犯公民个人信息罪定罪处罚。

5. 涉嫌构成诱骗投资者买卖证券罪的刑事风险

诱骗投资者买卖证券罪,是指证券交易所、证券公司的从业人员,证券业协会或者证券监督管理部门的工作人员,故意提供虚假信息或者伪造、变造、销毁交易记录,诱骗投资者买卖证券,造成严重后果的行为。诱骗投资者买卖证券罪是身份犯,犯罪对象为证券。

在采用"领投+跟投"融资模式的股权众筹活动中,领投人还可能涉嫌构成诱骗投资者买卖证券罪。因为在"领投+跟投"的模式下,领投人基于其丰富投资经验和专业知识而受到跟投人的信任,一般由领投人先行选择投资项目,之后众多跟投人追随领投人一起投资。那么,在这种投资模式下,可能存在项目融资者为了筹得更多资金而买通或串通领投人对项目进行夸大评价和宣传,诱导作为跟投人的投资者参与投资的情况。此种情况下,如果领投人同时也是证券交易所或证券公司的从业人员,或者是证券业协会或证券监督管理部门的工作人员,那么有可能涉嫌构成诱骗投资者买卖证券罪。首先,由于股权众筹行为类似于公开发行证券,所以,股权众筹中的股权亦可归入证券的范畴;其次,领投人夸大评价和宣传投资项目,对投资者进行误导,使其产生错误认识而投资的,属于诱骗投资者的行为;再次,根据《追诉标准(二)》第38条规定①,如果领投人通过诱骗投资人投资,自身获利或给投资者造成经济损失在5万元以上的,应立案追诉。

第三节 股权众筹刑法规制的完善

刑法对股权众筹的规制应着力于对股权众筹异化行为的规制,然而,目前正常的股权众筹行为也存在着受刑法规制的风险。具有金融创新特质的股权众筹行业虽然通过《指导意见》得以在宏观政策上具备一定的合法性,但也因容易触犯刑法,使得行业发展举步维艰。因此,能否摆脱陷入刑法规制的泥潭,是股权众筹行业能否得以继续发展的关键。那么,在当前"政策先行,法律未动"的环境下,刑法对正常的股权众筹行为应该保持宽容态度,不宜轻易打击。而对严重的股权众筹异化行为,刑法要予以坚决的打击。所以,刑法对股权众筹行为的规制应该在区分正常的股权众筹行为和股权众筹异化行为的前提下,贯彻宽严相济刑事政策。

与此同时,要为正常股权众筹行为找到一条非犯罪化的出路。股权众筹行为所涉犯罪属行政犯,刑法对其进行规制必须依据有关行政法律法规等前置性规范。

---

① 《追诉标准(二)》第38条:"证券交易所、期货交易所、证券公司、期货公司的从业人员,证券业协会、期货业协会或者证券期货监督管理部门的工作人员,故意提供虚假信息或者伪造、变造、销毁交易记录,诱骗投资者买卖证券、期货合约,涉嫌下列情形之一的,应予立案追诉:(一)获利或者避免损失数额累计在五万元以上的;(二)造成投资者直接经济损失数额在五万元以上的;(三)致使交易价格和交易量异常波动的;(四)其他造成严重后果的情形。"

目前我国专门针对股权众筹的具体行政规范正在制定和修过中,[①] 虽然 2019 年 12 月份新修订通过的《证券法》并未将股权众筹发行豁免纳入其中,这未免令人遗憾。但是,纵观国外发达国家的立法进程,随着我国金融业改革的深入和互联网金融的进一步发展,通过修订相关行政法律法规,将股权众筹纳入规范化治理的轨道是大势所趋。最后,在前置性行政法规修订后,刑法也要进行适当的调整,从而形成一个能够适当限制将股权众筹行为轻易入罪的"缓冲带",有效区分股权众筹犯罪行为和违法行为,并对股权众筹犯罪行为合理裁量刑罚。

一、股权众筹行为的刑法规制原则

(一)贯彻宽严相济刑事政策

宽严相济刑事政策的基本含义是"亦宽亦严的区别对待,相济互补的协调平衡"[②],基本要求是"根据经济社会的发展和治安形势的变化特别是犯罪情况的变化,在法律规定的范围内,适时调整从宽和从严的对象、范围和力度"。[③]

首先,对正常的股权众筹行为一般应当从宽。如上所述,因准入限制,正常的股权众筹行为也可能具备违法性,此时,刑法不应过多介入,应保持谦抑性,可以根据《刑法》第 13 条但书之规定作非罪化处理。

其次,对股权众筹异化行为也不能一概认定为犯罪。国家刑罚权的发动限于迫不得已需要第二次法的干预,但如果能采取其他法律方式干预的,应尽量不选择刑法方式。[④] 对于股权众筹异化行为,特别是对于危害程度较轻的股权众筹异化行为,不能一概认定为犯罪行为,要尽量采用行政法等前置性法规进行干预,并审慎适用刑法。

再次,对股权众筹中有严重危害的异化行为一般应当从严。严重异化的股权众筹行为不仅侵犯正常的金融管理秩序,侵害广大投资者的利益,甚至会危及互联网金融行业的发展。互联网金融市场刑法保护的价值在于为风险无处不在的互联网社会中日益深化的金融风险设置必要且具有最强震慑力度的保障机制。[⑤] 对于借助股权众筹的形式实施集资诈骗、洗钱等严重的异化行为,刑法应该给予严厉打击。

(二)系统化监管的原则

对于股权众筹行业而言,特别是异化风险型犯罪,往往是多重因素共同作用的

---

① 如证监会 2019 年 3 月印发的《2019 年度立法工作计划》表示"力争年内公开发布《股权众筹试点管理办法》"。
② 龙宗智:《宽严相济政策相关问题新探》,载《中国刑事法杂志》2011 年第 8 期。
③ 卢建平:《坚持宽严相济,做好新时代的刑事审判工作》,载《人民法院报》2019 年 10 月 26 日,第 002 版。
④ 梁根林:《刑事政策:立场与范畴》,法律出版社 2005 年版,第 111 页。
⑤ 刘宪权:《互联网金融市场的刑法保护》,载《学术月刊》2015 年第 7 期。

产物,如行政法规滞后、金融服务市场和金融监管体系不完善、投资者风险意识不足等。经济和行政的监管措施才是维护金融秩序稳定的最有效措施,不能意图通过刑法甚至重刑来维系金融市场,刑法只能作为"最后手段"。[①] 所以,对股权众筹领域的犯罪行为规制,不能单一地采用刑罚措施,而应该以体系化治理的思维,建立起系统化的股权众筹监管体系。系统化股权众筹监管体系要求从投资者、融资者及平台等参与主体到监管主体,从政府管理到行业自治等有关股权众筹的各种制度安排,要作为一个统一的整体,相互协调,密不可分,并有选择性地运用经济、政治、法律(包括民事、行政、刑事)等不同程度的监管措施,有效预防并惩治股权众筹的违法犯罪行为。

二、行政法律法规的修正

通过修订相关行政法律法规,给予股权众筹合法化"身份",并将其纳入规范化的治理轨道。从参与主体看,股权众筹平台、融资者和投资者是股权众筹最主要的三类主体,所以,对有关股权众筹的行政法律法规的修正,可以从融资者、股权众筹平台、投资者三方面展开。

(一)融资者方面

对于股权众筹的融资者,可以从主体范围、融资限额以及信息披露义务三个方面着手。首先,融资者的主体范围。根据《指导意见》《专项检查通知》的相关规定,股权众筹融资者应为创新创业者或小微企业。所以,现行行政规范将股权众筹融资者的主体限定为创新创业者和小微企业。那么对小微企业的主体限定是否合理呢?根据工业和信息化部等四部委2011年研究制定的《中小企业划型标准规定》第2条规定:"中小企业划分为中型、小型、微型三种类型,具体标准根据企业从业人员、营业收入、资产总额等指标,结合行业特点制定。"该规定第四条也列明了各行业划型标准。虽然该规定对小微企业的范围作出相对精确的界定,然而,企业可以很容易通过调整从业人员数量或者营业收入额,来满足主体资格。可以借鉴美国《JOBS法案》以及SEC制定的《众筹条例》,通过规定哪些主体不得利用众筹豁免,实现对主体范围的限制。[②] 因此,法律只需将明显不属于政策鼓励范围内的早期企业、非中国企业、上市公司、没有确定的商业计划的企业以及主要从事证券投资业务的企业排除在外即可。[③] 如果不符合主体资格的融资者,提交虚假材料,骗过股权众筹平台审核,开展股权众筹活动,即为违法,如果情节严重的,可以擅自

---

① 蔡道通:《特别法条优于普通法条适用——以金融诈骗罪行为类型的意义为分析视角》,载《法学家》2015年第5期。
② 美国《JOBS法案》以及SEC制定的《众筹条例》规定,以下企业不得利用众筹豁免:(1)非美国企业;(2)《1934年证券交易法》下的报告公司;(3)投资公司;(4)没有明确的商业计划或者其商业计划是参与不明确的企业进行合并或收购的企业。
③ 毛海栋:《股权众筹规制问题研究》,北京大学出版社2019年版,第146页。

发行股票罪追究其刑事责任。其次，融资限额。股权众筹的融资限额和融资者的融资需要及资金缺口相关，美国《JOBS法案》规定融资者每年通过网络平台募集资金不超过100万（经2017年调整后为107万）美元。[①] 我国融资限额如何确定，需要政策制定者和监管者进行市场调研。有学者建议融资者每年通过股权众筹平台所融资资金不超过500万元。[②] 如果融资者违反融资限额规定，即为违法，情节严重的，可以擅自发行股票罪追究其刑事责任。再次，信息披露义务。融资者要及时向投资者和股权众筹平台如实披露规定的信息。相比传统的证券交易市场，股权众筹并没有强制的信息披露制度，投资方关于融资方以及相关的交易信息了解相当有限。投融资双方的信息是不对称，这也会让投资者面临合同欺诈的风险。[③] 所以，如实披露规定的信息是股权众筹融资者应该承担主要义务。信息披露的内容应该包括融资者及融资项目的基本信息、财务信息等。可以借鉴美国《JOBS法案》的有关规定，根据融资额的高低对信息披露内容及详略程度给予不同要求。[④]

（二）股权众筹平台方面

美国《JOBS法案》对股权众筹的中介机构提出了十点要求。[⑤] 我国可以结合实际，从以下几个方面明确股权众筹平台的资格与义务：（1）股权众筹平台必须向证券监督管理机构进行合法备案。有关备案的要求可借鉴开展场外证券业务机构的备案条件，从内部管理制度、资本实力、专业人员、技术配备、风控机制、保护措施等方面进行考察。[⑥]（2）股权众筹平台需接受行业自律组织的监管。通过成立股权众筹行业协会，健全以股权众筹行业协会为主体的体系外证券机构自律性监管体系，实现股权众筹的良性运转；（3）股权众筹平台要做好投融资双方的审查工

---

① 美国证监会（SEC）为适应通货膨胀，在2017年调整了融资额上限和投资门槛。黄辉：《中国股权众筹的规制逻辑和模式选择》，载《现代法学》2018年第4期。

② 杨东、刘翔：《互联网金融视阈下我国股权众筹法律规制的完善》，载《贵州民族大学学报（哲学社会科学版）》2014年第2期。

③ 刘宪权：《互联网金融股权众筹行为刑法规制论》，载《法商研究》2015年第6期。

④ 例如，财务信息的披露，法案根据发行人在最近12个月内的融资额采取差异化的披露方式：（1）目标融资不超过10万美元：应披露由发行人的主要执行官对其准确性进行保证的近一年联邦所得税申报单中的总收入、应税收入、总税额，以及由主要执行官保证其真实性和完整性的财务报表；（2）高于10万美元但不超过50万美元的：应披露由独立会计师审查的财务报告；（3）高于50万美元的：应披露由独立会计师审计的财务报表。转引自：肖本华：《美国众筹融资模式的发展及其对我国的启示》，载《国际金融》2013年第1期；毛海栋：《股权众筹规制问题研究》，北京大学出版社2019年版，第152页。

⑤ 十项要求包括：要求股权筹资的中介机构必须在SEC登记成为经纪人或资金门户、必须向投资者揭示融资过程中蕴含的和可能发生的风险并对其进行教育、必须按法案规定向SEC和投资者提供相应的信息和履行披露义务、必须登记成为一家被认可的自律性协会的会员并受协会的约束、必须采取相应措施防范股权众筹融资过程中的欺诈现象、必须采取措施保护投资者的个人信息、必须确保投资者没有超过投资数额限制进行投资、必须确保融资目标未实现时将所筹资金退还给投资者、必须限制对促销的补偿、必须限制中介机构与融资者产生某种利益关系或关联关系。

⑥ 《场外证券业务备案管理办法》第5条：备案机构开展场外证券业务应当符合下述要求："（一）公司治理制度健全，决策与授权体系清晰，相关内部管理制度完整；（二）具备与相关场外证券业务相适应的资本实力、专业人员和技术系统；（三）具有能够有效防范利益输送、不公平交易、市场操纵等行为的风险控制机制；（四）具有完善的投资者教育和投资者权益保护措施；（五）协会的其他要求。"

作①。对于投资者,股权众筹平台要对他们的收入水平、抗风险能力和投资经验等方面进行评估,以确定是否为合格的投资者;对于融资者,股权众筹平台要充分考察他们的信用情况以及融资项目的真实性、可行性,确保进入众筹的融资者可信,融资项目可靠;(4)股权众筹平台要做好信息披露和保密义务。股权众筹平台必须在规定时间内,向监管部门和投资者准确地披露相关信息与风险。股权众筹平台对属于投资者隐私的相关信息负有保密义务;(5)资金交由银行或可信任的第三方平台托管,股权众筹平台不能直接经手或负责管理资金。股权众筹在融资的期间内,不断有投资者注入资金到众筹平台指定的账户。在这期间,股权众筹平台作为投融资双方的信息中介的作用,如果能够控制资金的流动,那么也看能擅自转移或使用资金。而一旦出现投资者的资金被平台运营者挪用甚至卷款跑路,那么投资者可能血本无归。

(三)投资者方面

要明确投资者的资格及投资限额。保护投资者是各国证券法及证券监管者的共同目标。出于控制投资风险的需要,各国往往会对投资者资质提出要求,以避免缺乏风险承受能力或没有投资经验的公众因盲目投资而造成巨大损失。例如,美国《众筹条例》根据年收入或净资产对投资者进行分类并规定了相应的投资限额,规定发行人在 12 个月内向任一投资者出售的证券总额不得超过:(1)当该投资者的年收入和净资产中任一项低于 10 万(调整后为 107000)美元时,为 2000(调整后为 2200)美元或者年收入或净资产的 5%;(2)当该投资者年收入或净资产高于 10(调整后为 107000)万美元时,可投资金额为年收入或净资产的 10%,但无论年收入或净资产多高,其投资金额均不能超过 10 万(调整后为 107000)美元。②

对于是否要对投资者进行资格限制,此前学界有不同意见。有学者认为如果对投资者设置门槛,将违背了股权众筹的"草根金融"的定位,不能充分发挥出其具有的降低投资门槛,丰富投资渠道功能。③ 也有学者持不同观点,认为降低投资门槛并非取消门槛,通过设定合理的投资门槛,能更加明确投资方向和要求,从而降低投资风险,增提高投资者的积极性。④ 我们认为有必要对参与股权众筹的投资人设置一定的门槛,特别是近年来,互联网金融领域非法集资犯罪高发,很多投资人损失惨重,甚至倾家荡产。另外《指导意见》已经就投资者主体资格、投资额度作了导向性的规定,指出"投资者应当充分了解股权众筹融资活动风险,具备相应风险承受能力,进行小额投资"。所以,一方面要对投资人的年收入或净资产设置门槛,确保具备一定的风险承受能力。另一方面,对投资额上限进行限制,将风险

---

① 莫洪宪、刘芷含:《互联网股权众筹的刑事风险防范及规制》,载《广西大学学报(哲学社会科学版)》2018 年第 2 期。
② 黄辉:《中国股权众筹的规制逻辑和模式选择》,载《现代法学》2018 年第 4 期。
③ 钟维、王毅纯:《中国式股权众筹:法律规制与投资者保护》,载《西南政法大学学报》2015 年第 2 期。
④ 刘宪权:《互联网金融股权众筹行为刑法规制论》,载《法商研究》2015 年第 6 期。

控制在可承受的范围内,不至于因为投资者盲目投资而酿成恶果。

三、刑法的相应调整

在行政法律法规等前置性规范修订后,刑法也应做出相应调整。刑法的调整可以分为三个方面:首先,通过实质解释,限缩或限制相关犯罪的适用,避免正常的股权众筹行为受到刑法规制;其次,提高相关犯罪入罪门槛,为轻微的股权众筹违法行为构建区别于犯罪行为的"缓冲带";最后,明确有关罪名的司法适用,使股权众筹犯罪行为得到准确的定罪和合理的刑罚裁量。

(一)限缩或限制相关犯罪的适用

刑法所保护的法益不是一成不变的,其实质会随着经济社会的发展而变化。所以,对法益的解释会发生变化。[①] 对股权众筹的规制也要在准确理解刑法条文真正想要保护的法益基础上,通过实质解释,将没有侵害刑法所保护法益的正常的股权众筹行为予以出罪。

1. 限缩非法吸收公众存款罪的适用范围

在上世纪九十年代初期,我国的金融市场相对比较保守,金融活动尚属于市场的禁区,存款、贷款等金融业务也只有金融机构才能开展。所以,在当时的环境下,通过设立非法吸收公众存款罪来维护国家金融管理秩序的稳定,保障国家金融体系的安全是很有必要的。但随着经济的发展,特别是近年来互联网金融的兴起,对金融市场产生了巨大的影响,并出现从金融机构中心主义向金融交易中心主义的转变[②]。在金融市场逐步开放化和市场化的当下,开展金融活动亦不再是金融机构的专属权利。所以,对非法吸收公众存款罪而言,不应再将非法吸收公众存款罪的侵害法益仅仅局限于金融管理秩序,而应与时俱进地将法益保护的视角聚焦于公众的资金安全,即非法吸收公众存款罪的保护法益是金融管理秩序或者公众资金的安全性。[③]

(1)将"欺诈"作为入罪的要素考虑。将"欺诈"作为入罪的要素,保护的是公众资金的安全性。由于集资者和投资者双方信息的严重不对称,如果集资者再采用虚假宣传或夸大经营收益等欺诈行为诱惑投资者出资,投资者将无法准确评估投资风险。此种情况下,投资者一旦经不住高额回报而出资,其资金将处于极不不安全的状况。就股权众筹而言,如果融资者以反常的高利润虚假宣传并承诺必能获得收益引诱投资者投资,那么涉嫌构成非法吸收公众存款罪。例如,金融市场的

---

① 张明楷:《刑法分则的解释原理(上)》,中国人民大学出版社 2011 年第 2 版,第 85—86 页。
② 姜涛:《非法吸收公众存款罪的限缩适用新路径:以欺诈和高风险为标准》,载《政治与法律》2013 年第 8 期。
③ 魏东:《论非法吸收公众存款罪的保守解释——侧重以〈网络借贷信息中介机构业务活动管理暂行办法〉为参照》,载《河南财经政法大学学报》2017 年第 3 期。

集资行为往往容易触发"羊群效应"。所谓羊群行为指的是在不确定的环境中，先行投资者的投资行为为后来者提供了额外的信息，使其产生模仿其投资决定的倾向，而降低其依赖自身私人信息的程度。① 为了应对大众投资者可能受"羊群效应"影响出现的非理性的同质化倾向，国内一般采用"领投+跟投"模式。在"领投+跟投"模式下，如果融资者与领投人存在关联关系，并通过领投人进行虚假宣传或夸大经营收益，误导大众投资者跟投。而作为跟投人的大众投资者由于盲目信赖领投人，往往忽视了风险，最后可能蒙受重大损失。此种情况，由于融资者采用了欺诈手段诱导大众投资者，即使并非虚构项目，因其行为侵害了非法吸收公众存款罪所保护的公众资金的安全性法益，也应受到非法吸收公众存款罪的规制。

（2）将"集资款项用途"限定为用于货币、资本经营或投资于证券、期货、地产等高风险领域。② 由于《非法集资类解释》及 2018 年最高人民检察院发布规范办理涉民营企业案件的 11 个执法司法标准③ 并未将"合法经营和及时清退资金"作为明确的出罪事由，甚至变相确认了其具有"违法性"，这给司法上的选择性执法留下了巨大的空间。所以，有必要通过"集资款项用途"限定，让正常的股权众筹行为得以脱离非法集资犯罪的泥潭。

在股权众筹活动中，如果融资者未将投资者资金用于项目经营，而是用于货币、资本经营或投资证券、期货、地产等高风险领域，那么该行为就侵害了非法吸收公众存款所保护的公众资金安全的法益。具体来说，如融资者将所募集资金用于诸如放贷等货币、资本经营，那么侵害的法益是国家的金融管理秩序；如融资者将募集资金主要用于诸如炒股、炒房等高风险投资领域，那么侵害的法益是公众资金安全，这两种情况都可以纳入非法吸收公众存款罪的规制范围。值得注意的是，融资者虽将募集资金是用于证券、期货、地产等高风险领域以外的生产经营或其他非放贷用途，但如果存在有欺诈等手段，那么还是侵害公众资金的安全性的法益保护，仍可以非法吸收公众存款罪规制。④

（3）调整"不特定对象"认定标准。《非法集资解释》以"单位内部人员"和"亲友"作为区分特定对象和不特定对象的标准，致使股权众筹融资者面临较大的刑事处罚的可能性。然而，该标准是有缺陷的，首先，很多非法集资案件都是发生在熟人之

---

① 宋军、吴冲锋：《证券市场中羊群行为的比较研究》，载《统计研究》2001 年第 11 期。
② 刘宪权：《互联网金融股权众筹行为刑法规制论》，载《法商研究》2015 年第 6 期。
③ 《非法集资解释》第 3 条规定："……非法吸收或者变相吸收公众存款，主要用于正常的生产经营活动，能够及时清退所吸收资金，可以免予刑事处罚；情节显著轻微的，不作为犯罪处理。"2018 年最高人民检察院发布规范办理涉民营企业案件的 11 个执法司法标准，其中要求"严格把握正当融资行为与非法吸收公众存款罪的界限，对于民营企业非法吸收公众存款，主要用于正常的生产经营活动，能够及时清退所吸收资金的，可以不起诉或者免予刑事处罚；情节显著轻微的，不作为犯罪处理。"
④ 魏东：《论非法吸收公众存款罪的保守解释——侧重以〈网络借贷信息中介机构业务活动管理暂行办法〉为参照》，载《河南财经政法大学学报》2017 年第 3 期。

间,而且是利用亲友关系造成的信任骗取钱财的,如非法传销中盛行"杀熟"技巧。[①]其次,亲友的标准是模糊的,并没有一个精确的范畴,如果作为定罪标准,则将导致非法集资犯罪界限的模糊。[②]

以不特定对象作为认定社会性的标准,主要考虑是认为在亲友和单位内部之外的社会公众,对集资者及融资项目缺乏了解,投资的过程信息是不对称的,同时,大多数投资者又缺乏投资经验,无法准确评估存在的风险,且难以承受损失。所以,结合非法吸收公众存款罪所保护的公众的资金安全法益,禁止向不特定对象集资的规定也正是基于对投资者的保护。而特定还是不特定,只是一个相对的说法。[③]因此,应当结合投资者的身份和资质,以投资者是否需要得到法律保护作为最终的判断依据。在私募领域,各国界定投资者范围的标准主要有三种:投资经验、特殊关系和财富标准,即符合上述标准之一的投资者不需要法律的特殊保护,可以自主参与私募投资。其主要依据是基于具有丰富投资经验的投资者,有能力识别投资风险;与集资者有特殊关系的人,往往也熟悉集资者的情况,能做出合理的投资判断;拥足够的财富的人有能力承担投资风险。[④]所以,可以在借鉴国外界定私募中的交易对象范围的基础上,调整我国不特定对象的认定标准:如果投资者符合以下特征之一的,不应该认定为不特定对象:(1)投资者对集资的必要信息已有充分了解;(2)投资人具有一定的风险识别能力和风险承担能力。[⑤]对于股权众筹融资而言,对于符合上述两个条件之一的合格投资者不应该认定为不特定对象,从而避免落入非法吸收公众存款罪"口袋"。

2.限制非法经营罪的适用

《刑法》第225条第4项的兜底性条款规定,让非法经营罪在司法实践中常被扩张适用,成为公认的"口袋罪"。对于正常股权众筹而言,同样面临着非法经营罪的规制。在现行的刑法规范下,要通过实质解释,将没有侵害市场经济秩序法益的正常股权众筹行为予以出罪,即只要其遵循普惠金融的商业目的,而非对国家金融秩序造成威胁,便不具备侵犯法益的可能性。具体而言,股权众筹平台作为中介机构,为投融资双方提供中介服务等类似证券承销行为,不宜认定为非法经营证券业务,以及第三方支付机构作为资金托管方开展资金支付和结算,也不能认定为非法

---

① 彭冰:《非法集资行为的界定——评最高人民法院关于非法集资的司法解释》,载《法学家》2011年第6期。

② 李有星、范俊浩:《非法集资中的不特定对象标准探析——证券私募视角的全新解读》,《浙江大学学报(人文社会科学版)》2011年第5期。

③ 例如,某一时刻全上海市年满18岁的市民,一定是一个可以确定的群体,他们是否构成了特定对象?向他们集资是否构成了向社会公众筹资?仅仅向不超过200人的年满18岁的上海市民集资是否就不构成向公众集资?参见彭冰:《非法集资行为的界定——评最高人民法院关于非法集资的司法解释》,载《法学家》2011年第6期。

④ 彭冰:《非法集资行为的界定——评最高人民法院关于非法集资的司法解释》,载《法学家》2011年第6期。

⑤ 金善达:《非法吸收公众存款罪中"不特定对象"标准之改良》,载《政治与法律》2015年第11期。

从事资金支付结算业务。

3. 限制擅自设立金融机构罪的适用

根据现行刑法规定，擅自设立金融机构罪的成立，不以开展相应的金融业务活动为前提，行为人只要是未经国家有关部门批准设立金融机构，包括金融机构的筹备组织，即属于本罪的既遂。① 在正常股权众筹活动中，股权众筹平台性质上类似于投融资双方的股权转让场所，其在盈利模式上也与证券交易所或全国中小企业股份转让系统相似，如果因此就以擅自设立金融机构罪将设立股权众筹平台行为入罪，从法益侵害的角度来看是不合理的。擅自设立金融机构罪设立的目的是维护国家金融机构的正常有序运行，保护的是国家金融管理秩序。如果股权众筹平台的设立不但没有不利于国家金融管理秩序，反而能引导民间金融走向规范化，那么显然不具备法益侵害性。因此，对于这一罪名的实质解释，应当从看重"设立行为"本身向关注"设立结果"转变，② 将没有造成法益侵害的正常的股权众筹行为排除在擅自设立金融机构罪的规制之外。也有学者建议将本罪由行为犯变更为情节犯，将"情节严重"作为入罪的必要条件，从而限制擅自设立金融机构罪的适用。③

（二）提高相关犯罪的入罪数额

股权众筹的违法行为和犯罪行为不应一概而论，只有股权众筹犯罪行为才应受到刑法规制，而尚未严重突破前置性行政法规的违法行为应该被排除在犯罪圈之外，由行政法规等前置性规范来调整。虽然，我国《证券法》《公司法》等行政法律法规都规定了非法集资行为的法律责任，但由于《非法集资解释》以及《追诉标准（二）》对非法集资犯罪设置了较低的入罪门槛，加之，股权众筹是借助互联网进行资金募集，往往参与的投资者人数以及所募集的资金额都比较大，基本上都可达到入罪门槛。换言之，股权众筹行为一旦违法，就可能涉嫌构成非法吸收公众存款罪或擅自发行股票罪等犯罪，也就是说，股权众筹的违法行为与犯罪行为之间没有任何缓冲的空间。④ 所以，通过提高相关犯罪的入罪数额，构建能有效区分股权众筹违法和犯罪行为的"缓冲带"。

考虑到股权众筹的融资数额及参与的投资者人数远远大于一般的融资活动，有学者建议参照单位犯罪的犯罪数额一般是自然人犯罪的犯罪数额的5倍的标准，提高股权众筹犯罪行为的入罪门槛。⑤ 例如根据《追诉标准（二）》第34条，擅自发行股票数额在50万元以上或有30人以上的投资者购买了擅自发行的股票就可立案追诉；根据第79条如果股权众筹平台作为中介机构，为投融资双方提供中介服务，且日常营业总额在30万元以上或实际违法所得5万元以上的，可能就成立

---

① 张明楷：《刑法学》，法律出版社2016年版，第775页。
② 祁凯颉：《股权众筹刑法规制的不当介入及出罪探究》，吉林大学2019年硕士学位论文，第25页。
③ 阴建峰、刘雪丹：《互联网股权众筹的刑法规制问题论纲》，载《法律科学》2018年第1期。
④ 刘宪权：《互联网金融股权众筹行为刑法规制论》，载《法商研究》2015年第6期。
⑤ 刘宪权：《互联网金融股权众筹行为刑法规制论》，载《法商研究》2015年第6期。

非法经营罪。同样,《非法集资解释》对于非法吸公众存款罪的设定了较低的入罪标准。① 所以,对于股权众筹活动而言,以上述规定标准的 5 倍作为相关犯罪的入罪标准比较合理。

(三)明确相关犯罪的司法适用

1. 明确股权众筹中非法吸收公众存款与集资诈骗行为的界限

非法吸收公众存款罪和集资诈骗罪是股权众筹行为被认定为犯罪时最常涉及的两个罪名,同时也是司法认定中容易被混淆使用的两个罪名。根据相关司法解释,区分非法吸收公众存款罪和集资诈骗罪的关键是有无"以非法占有为目的"。然而,实践中多数情况是因为集资款项无法返还才导致案发的,这给行为人的主观认定造成一定的困扰。显然,并不能因为集资款项无法返还就认定主观上具有非法占有的目的,而应该结合集资款项的具体用途和无法返还款项的原因进行分析。对于涉嫌非法吸收公众存款罪的股权众筹活动,要进一步分析集资款项的用途,如果融资者将大部分投资款用于个人消费而不是项目经营的,则具有非法占有目的,应以集资诈骗罪定罪处罚;如果融资者并没有将投资款大部分用于个人挥霍,而是用于货币经营或投资高风险行业,导致资金链断裂的,不能认定为具有非法占有目的,应该认定构成非法吸收公众存款罪。

2. 对股权众筹犯罪行为合理裁量刑罚

基于刑事立法的滞后性和股权众筹的金融创新性,股权众筹在正常发展过程中不可避免会突破现有的法律规范。对此,在司法适用时要给予此类金融创新行为一定的调整和发展空间,要宽容对待股权众筹活动中因准入风险而导致的犯罪。一是对于股权众筹业务中较为轻微的犯罪人可以适用《刑法》第 37 条②,尽可能启用非刑罚处置措施③;二是确有必要适用刑罚时要合理裁量,要尽量在 3 年有期徒刑以下判处刑罚且不并处罚金,并尽可能适用缓刑。④

---

① 《非法集资解释》第 3 条第 1 款规定:"非法吸收或者变相吸收公众存款,具有下列情形之一的,应当依法追究刑事责任:(1)个人非法吸收或者变相吸收公众存款,数额在 20 万元以上的,单位非法吸收或者变相吸收公众存款,数额在 100 万元以上的;(2)个人非法吸收或者变相吸收公众存款对象 30 人以上的,单位非法吸收或者变相吸收公众存款对象 150 人以上的;(3)个人非法吸收或者变相吸收公众存款,给存款人造成直接经济损失数额在 10 万元以上的,单位非法吸收或者变相吸收公众存款,给存款人造成直接经济损失数额在 50 万元以上的;(4)造成恶劣社会影响或者其他严重后果的。"

② 《刑法》第 37 条:对于犯罪情节轻微不需要判处刑罚的,可以免予刑事处罚,但是可以根据案件的不同情况,予以训诫或者责令具结悔过、赔礼道歉、赔偿损失,或者由主管部门予以行政处罚或者行政处分。

③ 阴建峰、刘雪丹:《互联网股权众筹的刑法规制问题论纲》,载《法律科学》2018 年第 1 期。

④ 刘宪权:《互联网金融股权众筹行为刑法规制论》,载《法商研究》2015 年第 6 期。

第四章 网络证券犯罪的专题研究

第一节 证券犯罪概述

一、证券犯罪的概念及特征

(一)证券犯罪的概念

法律概念是一切法律活动的起点,法律概念的科学、准确的界定,对于罪与非罪的认定、此罪与彼罪的认定具有重要的意义。目前中外学界关于证券犯罪的概念众说纷纭,并没有形成一个统一的标准。究其原因在于,证券犯罪的动态性和易变性。但是我们不能基于此,就终止对其的讨论,对于证券犯罪内涵和外延范围的厘清,是司法实务正确处理证券违法犯罪行为的前提和基础。

1. 证券的定义

在对证券犯罪含义的厘清之前,我们首先需要了解的是关于证券的含义。证券一词,本是民法上的概念。以其功能可划分为金券,如邮票和印花;资格证券,如银行存折和车船票;有价证券,如货币和商品证券。[①] 按照通说的理解,证券一般是指有价证券中的资本证券,即股权证券和债券证券。[②] 域外关于证券的定义,主要是通过对证券种类的有限列举来界定的。

日本在2017年《金融商品交易法》中,以有价证券的内容为划分依据,将其分为两种类型。第一种类型为发行了的证券或证书等实物的证券(《金融商品交易法》第2条第1款);第二种类型为没有发行了的证券或证书等实物的证券(《金融商品交易法》第2条第2款)。有价证券的具体范围包括国债证券、地方债证券等。值得注意的是,即使没有发行证券或者证书等实物的证券,但是设定了上述有价证券的权利,那么该权利也被视为有价证券,但是这些权利必须被包含在以下范围:(1)信托的受益权;(2)对于外国业者所享有的信托受益权;(3)合名公司和合资公司的社员权(仅限政令规定的),或者合同公司的社员权;(4)具有第3所列权利性质的外国法人的社员权;(5)集团投资的出资份额;(6)外国法令规定的集团投资的出资份额;(7)政令所指定的权利等。[③] 从上述日本关于有价证券的规定

[①] 韩哲、李鄂贤:《证券业犯罪风险防范与罪刑适用》,中国金融出版社2018年版,第4页。

[②] 刘宪权:《证券期货犯罪理论与实务》,商务印书馆2005年版,第4页;王晨:《证券期货犯罪的认定与处理》,知识产权出版社2008年版,第2页;武英芝:《证券与期货》,中国财政经济出版社2012年版,第2页。

[③] 朱大明、陈宇:《日本金融商品交易法要论》,法律出版社2017年版,第42-43页。

可以看出,主要是通过有价证券的发行是否以实物为载体进行区分的,这源于以实物为记载的有价证券的流通量比较大,但随着电子商务的发展,传统的流通方式也逐渐受到了冲击,以互联网的发展为依托,电子票据的发展也逐渐深入,因此有价证券的范围也不断得以扩充。为了适应日新月异的证券市场的发展,在对证券范围有限列举的同时,也留有一定的发展空间,比如集团投资的出资份额即是对基金的发展所作出的概括性规定。

美国在 1933 年《证券法》和 1934 年《证券交易法》中对于证券的含义作出了明确的规定,其对有价证券种类的列举范围十分广泛,包括资本证券和货币证券在内①,这与美国作为当今证券发展成熟国家的地位是分不开的。

我国《证券法》关于证券的规定也是通过有限列举的方式实现的,同时为了适应证券发展的需要,对于证券范围的界定授权国务院依照原则规定,为以后新的证券形式的列入预留了空间,不可避免的是也造成了司法实务中认定的不明确性。

2. 证券犯罪的定义

对于证券犯罪的内涵阐释,我国学界存在着不同的观点。(1)有的学者在不区分证券犯罪和证券违法的基础上,将证券犯罪定义为:"证券违法犯罪是证券违法和证券犯罪的总称。所谓证券违法犯罪,顾名思义是围绕有价证券的犯罪"。②(2)有的学者根据其侵害的客体不同,对于证券犯罪侵害法益进行有限列举。③(3)有的学者根据证券犯罪的范围,从广义和狭义两方面进行界定。广义上的证券犯罪,"包括一切与证券相关的犯罪,包括违反证券规定的行为和与证券发行、交易相关的犯罪;狭义的证券犯罪仅指证券发行、交易活动中的犯罪。"④(4)有的学者根据证券犯罪是否直接侵害证券市场的管理秩序,将证券犯罪分为典型的证券犯罪和非典型的证券犯罪,前者如内幕交易罪、操纵证券期货市场罪;后者如贿赂、盗窃等犯罪。⑤(5)有的学者根据证券犯罪所侵害的客体或者主要客体,以及欺诈为核心的经济学特征,认为证券犯罪是指,"单位和个人,违反证券法律法规从事证券的发行、交易及相关活动,严重破坏证券市场的正常秩序,应该承担刑事责任的行为。"⑥

笔者认为,对于第一种观点,在没有严格区分证券犯罪和证券违法的情况下,将二者进行概括的规定,容易导致司法认定上的混乱,会将大量的证券违法行为认定为证券犯罪行为,从而侵害行为人的合法权益;对于第二种观点,通过对于侵害客体的有限列举的方式来划定证券犯罪的范围,无法适应证券市场易变性的特点,会导致许多新型的证券犯罪不能包罗其中,如对于上市公司利益的侵害;就第三种

---

① [美]托马斯·李·哈森:《证券法》,张学安等译,中国政法大学出版社 2003 年版,第 23-24 页。
② 顾肖荣:《证券犯罪与证券违规违法》,中国检察出版社 1998 年版,第 13 页。
③ 李宇先、贺小电:《证券犯罪的定罪与量刑(修订版)》,人民法院出版社 2009 年版,第 36-37 页。
④ 韩哲、李鄂贤:《证券业犯罪风险防范与罪刑适用》,中国金融出版社 2018 年版,第 29—30 页。
⑤ 祝二军:《证券犯罪刑事立法原理》,中国方正出版社 2000 年版,第 17—18 页。
⑥ 王崇清:《全流通时代的证券犯罪问题研究》,武汉大学 2012 年博士论文,第 14 页。

观点中的广义说来看，其将与证券有关的一切犯罪都归类于证券犯罪，虽然在司法实务的操作中简单明了，但是却忽略了证券犯罪的独特性，同时与我国《刑法典》根据行为侵害的法益不同将个罪进行归类的体系不符，而狭义说在客观行为的表述方面比较混乱，同时对于行为的主体没有进行限定；对于第四种观点，典型与非典型的证券犯罪的划分中，对于非典型的证券犯罪如由证券犯罪所引起的腐败犯罪，对于证券市场的管理秩序的侵害并非间接的，直接侵害和间接侵害的认定标准并非不言自明；相较于上述四种观点，笔者赞成第五种观点关于证券犯罪的界定，该种观点从"行为主体（单位和个人）+行为客体+行为后果"三个方面对于证券犯罪的概念进行阐释，首先在主体方面明确了单位和个人都可以成为证券犯罪的主体，其次明确了证券犯罪的行为必须达到严重破坏证券管理秩序的程度，最后明确严重破坏证券管理秩序的行为所承担的责任类型为刑事责任。综上，可以有效地区分证券违法行为和证券犯罪行为。

（二）证券犯罪的特征

1. 犯罪的专业化、组织化和智能化

证券犯罪是一种优势犯罪，这一点体现在证券发生领域的专业化。证券犯罪的主体往往具有财税、金融、会计、管理、法律等多方面的知识储备，具有更高的教育背景，他们往往是这个领域的专家，对于特定领域的专业知识、市场前景、法律规制具有深入的了解，因此深知如何去规避处罚。因此不管是事前犯罪手段的隐秘性，还是在事后辩护环节，都给司法实务部门带来很大的困扰。以利用未公开信息交易罪为例，不管是李旭利案、还是马乐案，在法庭辩论环节，涉案人员的专业风采和深厚的知识储备，从另一方面映射出了监管部门和司法部门专业知识的欠缺。由此也引发了我们对于立法和司法的思考，立法对于行为性质的界定是否准确；司法对于行为性质的确定是否能够准确操作。[①] 在组织性方面，由于证券犯罪的复杂性、专业性，对于犯罪行为的实施，往往需要更多的人分工合作，联合作案。在智能化方面，随着互联网+时代的到来，证券犯罪也进入了无纸化作案的阶段，通过网络非法设立证券交易平台、通过网络编造、传播证券虚假信息的行为层出不穷，对于后期公安机关的侦查取证也产生了诸多障碍。

2. 被害人涉及面广，案件影响范围大

我国相对于美国等发达国家，证券业的发展仍处于初始阶段，相应的监管措施不健全，中小投资者的规模比较大。而随着信息技术的迅猛发展，证券市场的交易主要依托于互联网，因此相对于传统证券交易的方式，用户足不出户就可以在全国各地开设的交易点进行交易。以股票市场的交易为例，由于中小投资者的规模之大，很容易出现"跟庄"行为，一旦有一点内幕信息的风吹草动，就会使中小投资者一窝蜂跟进，从而影响证券市场的稳定。以2009年的"董正青等内幕交易、泄露内

[①] 毛玲玲：《经济犯罪与刑法发展研究》，法律出版社2017年版，第28页。

幕信息案"[①]为例,当时持有延边公路股票的资产被冻结在股市迅速贬值,涉案被害人数之广,给社会造成了很大的影响。因此对于涉众型证券犯罪来说,一方面要处理好案件的定性量刑问题,同时也要处理好附随的民商事关系,对于被害人的经济损失如何追偿的问题,关涉社会的稳定、健康发展。

二、证券犯罪的法益分析

犯罪的本质是对法益的侵害,而法益,就是对社会利益的保障。法益概念与我国的犯罪客体大致相同。因此,对于个罪保护法益的正确界定,具有重要的立法和司法价值,这也是法益的解释规制机能和立法规制机能的体现。故证券犯罪中,证券违法行为和证券犯罪行为的明确界分,也以证券犯罪的保护法益的明确为必要。

根据日本《金融商品交易法》第 1 条的规定,结合立法目的,日本有学者对于证券犯罪的保护法益认定为"国民经济的运营和投资者的保护"以及"投资者的保护"。同时也有学者反对此观点,认为不应当将立法目的作为保护法益,证券市场作为资本流通的市场,通过对于资本的高效配置机能的发挥,来达到维护国民经济的运营和保护投资者利益的目的,因此证券犯罪的法益应当是市场机能的维持。[②]我国学者关于证券犯罪的保护法益的认定有以下几种观点:刘宪权老师认为是证券市场的正常管理秩序和投资者的合法权益[③];马松建老师认为是证券市场的管理秩序。[④]对比我国学者和日本学者关于证券犯罪保护法益的认知,其主要争议点在于是否应当将"投资者权益的维护"作为证券犯罪的保护法益。

综上,笔者更赞同刘宪权老师的观点,将证券市场的保护法益界定为证券市场的正常管理秩序和投资者权益的保护。将市场机能的维持作为证券犯罪的保护法益,笔者认为有一定的不足之处。市场机能的维持即市场作用的发挥,对于证券市场来说,对于资金的高效配置具有重要的作用,但是对于市场机能的有效发挥,前提在于市场秩序的正常运行。对于将证券市场正常管理秩序作为保护法益,是否具有法益精神化的危险?笔者认为,法益概念从产生之初就有精神化的危险,从其创始人李斯特将法益概念由毕尔巴模的"财"转换为"利益",就明确了法益和行为客体的界分,从而使法益摆脱自然意义的建构,具有抽象性、观念性的特点。因此对于法益概念的抽象化本身并不需要过多苛责。法益概念仍然是一种现实的存在,尽管某种意义上脱离了自然主义的建构。在证券犯罪中,将维护证券市场的正常秩序作为保护法益,在某种程度上,虽然具有一定的抽象性,但是对于证券市场秩序的维护,从根本上仍是维护广大市场参与者的个人利益,个人利益仍然是国家利益抑或是社会利益赖以存在的基础。而国家利益的保障可以进一步还原为对国

---

① 广东省广州市天河区人民法院刑事判决书(2008)天法刑初字第 689 号。
② 陈建旭:《日本规制证券犯罪的刑法理论探析》,载《北方法学》2010 年第 6 期。
③ 刘宪权:《证券期货犯罪理论与实务》,商务印书馆 2005 年版,第 61 页。
④ 马松建:《证券期货犯罪比较研究》,郑州大学出版社 2002 年版,第 16 页。

民个人利益的维持。国民作为国家的重要组成单元,国民的利益不能脱离国家利益单独存在,能够还原为国民利益的国家利益,才是应当受到刑法规范保护的利益。① 对于证券市场秩序的维护的根本诉求仍在于对于投资者利益的维护。在这里,可能会产生这样的疑问,既然对于证券市场正常管理秩序的维护在一定意义上可以还原为对投资者个人利益的保护,那么对于将投资者个人权益的保护也作为法益保护,不免有重复之义。然而,正如笔者上文所述,对于投资者权益的维护和市场交易秩序的维持是法益观在不同历史时期的侧重,在证券市场不断完善的今天,有必要将投资者个人权益的维护当作法益来进行维护,从而体现对于人权的保障,在一定程度上提示司法者和执法者在实务中,不能仅仅将关注重心放在对于秩序的维持同时应当注重对被害人权益的保障,实现个人利益与国家利益、社会利益的统一。

第二节 证券犯罪的认定与刑法解释

一、刑法谦抑原则的内涵

谦抑原则作为刑法的基本原则,是近代以来的事,但是早在罗马法中就有关于"法不理微事"等体现刑法谦抑主义的思想。刑法谦抑主义要求刑法具备补充性、片段性和宽容性。

我国刑事立法的主导方向一直是犯罪化,聚焦于证券犯罪,通过历次的刑法修正案,增设了背信损害上市公司利益罪、背信运用受托财产罪、操纵期货市场罪、违法运用资金罪、利用未公开信息交易罪等。在一定程度上,体现了我国金融犯罪立法的活性化。面对当前刑事立法的不断扩张,有的学者主张应当中止刑法立法的不断扩张,认为刑法立法的扩张有违谦抑主义的立法传统,是重刑主义的中国传统思想的体现。② 有的学者认为,在"自由对安全让路"的观念深入人心的过程中,必然面对刑法谦抑主义的消减可能导致的犯罪圈的不断扩张。③

就证券犯罪的刑事立法而言,基于刑法谦抑主义,主流观点认为应当限缩刑罚的处罚范围,主要原因在于证券犯罪本身的独特性。一方面是随着信息技术的迅速发展,证券交易的方式、对象,以及发生的领域都发生了翻天覆地的变化;另一方面在于,证券犯罪相较于自然犯而言,属于法定犯。因此,在立法技术和立法设计方面都与一定的社会背景相联系。对于法定犯的处罚,主流观点提出应当坚持二次违法性原则,刑罚权的行使以前置法律规范规定为限。

刑法谦抑主义贯彻到刑法的方方面面,不管是刑事立法还是刑事司法,都应当

---

① [日]西原春夫:《刑法的根基与哲学》,顾肖荣译,法律出版社 2004 年版,第 57 页、第 59 页。
② 刘艳红:《我国应该停止犯罪化的刑事立法》,载《法学》2011 年第 11 期。
③ 陈璐:《论刑法谦抑主义的消减》,载《法学杂志》2018 年第 9 期。

体现谦抑性。就证券犯罪而言,对于刑事立法的扩张与刑法谦抑主义的"冲突"也不断引起学者的关注。证券犯罪的刑事立法扩张,是否一定程度上造成了刑法谦抑主义的消减,是一个值得深思的问题。对于谦抑主义的理解,并不在于禁止一切刑事立法活动。这同时关涉到对于"谦抑主义"内涵的重构,即谦抑主义的本质应当是慎刑的思想,应当控制刑法对于证券业的不当介入,但不是意味着刑法毫无原则的一味退让。以科斯的社会成本论为视角,以国家的强制力来控制社会经济活动的管理也并非天然有效,那么用刑法这种最具有国家强制力的手段去调整经济的运行,应当更加慎重。正如我国学者所言:"经济'不法'行为的性质在历史上具有跨度性,它代表的是既定市场准入和市场交易规范,对它的违反和偏离构成'越轨'或'失范'的经济不法行为。但是从社会发展的角度考察,特定时期的越轨或失范活动对于社会发展的作用并非一律是消极的。越轨或失范的不法经济活动可以分为两类,一类是'消极的越轨',它破坏现存稳定的秩序,使社会财富和他人利益遭受损失;另一类是'积极的越轨',它包含着一些社会创新的因素,预示着新的交易规则与交易秩序,对经济社会的发展起到推动作用。"[①] 有鉴于此,刑法对证券市场的干预,应当保持审慎的态度,在罪刑法定原则的基础上,合理区分积极不法和消极不法行为,理性控制金融刑法的立法圈,同时在司法解释方面,不管是扩大解释还是缩小解释,都应该符合立法的目的。"反对法解释也不应意味着反对法解释的扩张,而是反对法解释的恣意"。[②]

二、证券犯罪刑法解释的立场

刑法解释问题一直以来都是学界关注的重点,关于刑法解释的方法、解释的技巧等学术成果,可谓是层出不穷,形成了百家争鸣之势。各种学术观点中,张明楷教授的"实质解释论"和陈兴良教授的"形式解释论"[③]可谓是整个刑法解释论著汪洋大海中的两颗耀眼明珠。但是,学者关于刑法解释的研究主要集中在传统罪名的基础上,如"强奸罪""抢劫罪"等,对于证券犯罪刑法解释规制的研究却乏善可陈。

(一)走出形式解释和实质解释之争的误区

刑法形式解释和实质解释是刑法解释的两种基本立场,是刑法的理解和解释过程中需要解决的问题。对它的深入研究,对于长期以来学界只关注静态的立法而忽视动态的司法过程,从而改变刑法走向大有裨益。

形式解释和实质解释在传统维度方面的争论,如构成要件违法性的判断是否

---

① 毛玲玲:《经济犯罪与刑法发展研究》,法律出版社2017年版,第79页。
② 刘仁文、赵希:《证券期货刑法规制中的谦抑性原则反思》,载刘仁文主编:《证券期货犯罪的刑法规制与完善》,社会科学文献出版社2018年版,第20页。
③ 张明楷:《实质解释论的再提倡》,载《中国法学》2010年第4期;陈兴良:《形式解释论的再宣示》,载《中国法学》2010年第4期。

应当加入价值判断的因素、构成要件是否具有违法推定的机能等,有学者提出,无论是从解释的结果来看,或者是从定罪量刑的过程来看,形式解释和实质解释之间的对峙实际上是虚无的,二者之间并不存在真正的差别,在一些具体案件中的争论,根本原因在于价值观念和信仰体系的区别,与解释的立场无涉。① 笔者赞成这种观点,刑法的形式解释和实质解释如同一个硬币的正反两面,其本身应当是和谐统一的。

形式解释和实质解释之间的误区主要在于:(1)二者区分的标准并没有一个明确的界限。形式解释和实质解释都是在罪刑法定原则的框架内进行的规范解释,对于形式解释论者和实质解释论者所坚守的在罪刑法定原则基础上的,将虽然形式上符合构成要件特征,但不具有处罚必要性的行为,予以出罪;那么在罪刑法定原则的基础上,什么样的扩大解释属于实质解释?怎样的限制解释属于形式解释,本身并没有明确的标准。同时,对于两种解释论都明确赞同用"可能文义"对刑法解释进行限制,但是什么是"通常含义"以及什么是"语义的预测可能性"并没有提供足够明确的界分,仅仅是一种文字游戏而已。②(2)争论偏离了"形式"和"实质"的内涵。③ "形式"一词最早被用在法理学中,被概括为形式法律主义,即对于法律的解释不应当夹杂价值判断,就如同数学中的数字或者抽象的记号。④ 后经自由法学和利益法学的发展,形式法律主义日渐没落,形成了一些新的法律思想,如法律现实主义,逐渐强调价值判断的重要性。⑤ 在刑法中,关于"形式"和"实质"的概念,主要表现在三个方面,一是对于违法性的判断中的实质违法性和形式违法性,即行为侵害的是法益还是违反规范;二是对于刑法概念的规定,形式的犯罪概念和实质的犯罪概念,主要聚焦点仍在于价值因素的考量;三是对于罪刑法定内容的理解,即罪刑法定的形式侧面和实质侧面。而对于作为发源地的德国,对于形式和实质的引入,起源于对于构成要件的判断是否与价值无涉。而当今德日刑法对于形式解释与实质解释的判断,对于实质的理解在于是否合目的性,而与价值无关,形式的理解在于解释的结果不应受刑事政策价值的影响。⑥ 因此,在中国语境中,基于解释限度的不同,从而做出"形式"与"实质"的界分,其合理性未置可否。

(二)走向形式解释和实质解释的融合

刑法解释中的形式解释和实质解释,其实都建立在罪刑法定原则的基础之上。而罪刑法定原则的内涵包括形式的侧面和实质的侧面两个方面,因此,建立在此基础之上的刑法解释应当也具有一体两面的性质,刑法的实质解释和形式解释应当

---

① 陈坤:《形式解释论与实质解释论:刑法解释学上的口号之争》,载陈兴良主编:《刑事法评论》,北京大学出版社2012年版,第301-316页。
② 罗世龙:《形式解释论与实质解释论之争的出路》,载《政治与法律》2018年第2期。
③ 罗世龙:《形式解释论与实质解释论之争的出路》,载《政治与法律》2018年第2期。
④ 杨仁寿:《法学方法论》,中国政法大学出版社2012年版,第69-78页。
⑤ [美]博登海默:《法律哲学与法律方法》,邓正来译,中国政法大学出版社1998年版,第145-175页。
⑥ 劳东燕:《刑法解释中的形式论与实质论之争》,载《法学研究》2013年第3期。

具有整合性。对于形式解释和实质解释合理性的分析,有学者提出对此可以从法律理性的角度进行阐述,从自然法时期的实质理性到实在法时期的形式理性之后,应当是法律多元化时期的整合理性。① 在整合理性中,法律的形式理性与实质理性只是分析性的工具而已,前者是后者的存在状态。② 据此有学者指出,首先,法律的理性主要体现在法律的动态运行中,而法律动态运行的过程,实际上是法律解释的过程。因此,刑法解释的形式解释应当是实质解释的载体,而载体即意味着二者是结合的关系。其次,作为形式理性的集大成者马克思·韦伯所认为的形式,实际上是作为处理问题的明确性和独立性,与此相对的实体,则是没有被形式包含在内的价值因素,因此作为价值因素的实体事实上和形式处于结合的状态,马克思·韦伯使实体理性和形式理性真正的结合起来。最后,从哈贝马斯的真理共识性的角度为切入点,通过对事实有效性、价值合理性、逻辑贯通性、语义容忍性四个向度的阐释可以看出,后三个向度代表的是刑法解释的基本方法,即目的解释、体系解释和语义解释,因此从刑法解释适用的角度来看,也是形式解释和实质解释相结合的体现。③

(三)形式解释和实质解释的融合在证券犯罪中的适用

证券犯罪属于法定犯,因此证券犯罪的刑法解释必须以证券犯罪本身的特点作为把握的前提。因证券犯罪的认定,往往以前置的行政法规的违反为依据,但是在关注其依附性的特点的同时,也应注意到其独特性,对于证券犯罪构成要件的用语规范即使在相应的行政法规中有相应的评述,也应进行单独的评价。证券犯罪的刑事责任的认定,未必以相应的行政责任为直接依据,其应当具有独立的评价基准。

证券犯罪的刑法规制解释,应当坚持形式解释和实质解释的融合为标准,因为形式上违法性的判断是依托和载体,连形式上都不符合犯罪特征的违法行为,必然难以纳入证券犯罪的规制范围;而随着证券行业的不断发展、完善,特别是网络技术的发展对此产生的巨大冲击,因此考虑到证券交易行为的方式不断翻新等特点,又必须坚持构成要件实质解释的立场,当某种行为并不具有证券犯罪的社会危害性,而相应的刑法条文的语义范围又能将该行为包含其中时,实质的规范解释应当优先考虑;当某个行为并不能为证券犯罪的现有构成要件的语义范围所包含,但其实质危害性已经与现有的证券犯罪无异,此时也应当通过实质解释,将此行为纳入犯罪范围;有些行为从形式上看,可以由不同的两个刑法条文进行规范评价时,也应当从实质解释的角度出发,来确定此罪与彼罪的实质界分。

1.开放构成要件与法官的自由裁量权的平衡

鉴于证券犯罪的实质特点,如何在罪刑法定原则的基础上,来实现对于证券犯

---

① 宋公德:《法哲学视野中的法律理性》,载《法制与社会发展》2000年第6期。
② 周少华:《刑法思维的理论分野及思想资源》,载《环球法律评论》2012年第4期。
③ 马荣春:《刑法形式与实质融合解释观的提倡——兼论刑法扩张解释和类推解释的区别》,载《甘肃政法学院学报》2018年第6期。

罪的构成要件的规范解释,学者提出了"开放的构成要件"理论。我国学者白建军教授在其《坚硬的理论、弹性的规则——罪刑法定研究》一书中,将其与弹性刑法进行比较研究,认为弹性刑法和开放的构成要件虽然都承认刑法规范的明确性是相对的,但是二者有其本质的区别。刘艳红教授对于开放的构成要件理论的倡导,主要基于司法实践中机械理解罪刑法定原则的暗流。司法实践中,法条文字表述的丝毫不明确,就被认定为违反罪刑法定原则。法官在处理一些复杂疑难的案件时,如对于情节严重、数额较大的认定标准,主要依托于司法解释进行详细的规定,因此司法者的自由裁量权在一定程度上大打折扣。① 因此,在司法实务中,对于罪刑法定原则的理解应当树立一种科学的态度,一定程度上承认其相对性,司法工作者应当摆正试图将所有的刑法规范细节化、规范化的看法,在一定程度上,承认开放的构成要件的合理性和不可避免性,从而恢复司法能动作用的本质,发挥司法机关的自由裁量权,重视刑法典的重要地位,避免司法解释越俎代庖。

法律本身是有漏洞,并不是完美的逻辑体现,即使承认构成要件具有定型化、类型性特点,"就目前刑法解释的研究仍然停留于主客分离的认识论研究的范式,仍然停留在近代知识论阶段:法官(解释者、认识主体)和文本(被解释者、认识客体)相分离,只有通过法官基于其理性而进行的认识活动,通过法官对于法律文本中客观存在的意义这一认识的桥梁、中介,才能实现解释者和文本、主体和客体的统一。"② 因此,在对刑法进行静态分析的同时,我们也应当重视对于刑法动态的考察,重视法官等解释主体的作用,根据伽达默尔等人的刑法诠释学,理解和解释具有同一性,刑法解释的目的并不在于对于刑法文本本身存在的意义以及作者写作意图的考察,而在于通过刑法的解释者将自己的认识域与刑法文本本身的结合、对话,探究刑法规定的动态价值,从而为刑法的适用开拓更广阔的空间,使法官的自由裁量权得到极大程度的发挥。然而,从中国当前的语境考察,尽管司法自由裁量权的发挥和开放构成要件的价值,对于解决司法过程中唯法条"马首是瞻",僵化理解罪刑法定原则具有一定的价值,但是自由裁量权的发挥必须以法官本身素质的提高为前提,因此如何提高司法人员的法律素养,仍是当前亟须解决的问题。

2. 证券犯罪的罪状设计与刑法解释

由上文所述,开放的构成要件的必要性,结合我国证券犯罪易变性的特点,在证券犯罪的构成要件中规定一些概括性条款,是适应证券犯罪发展的现实需要,具有一定的必要性和合理性。尽管经济犯罪中的概括性条款一直受到诟病,但基于犯罪的特点和适应不断变化的社会现实的需要,概括式的罪状设计又具有一定的现实合理性。对于证券犯罪的行为规范,不能通过大面积的禁止性规定来确定。根据法无规定即自由,对于法律没有明确规定的行为,人们在交易过程中可以享受更多的自由,从而使法律的稳定性和明确性之间保持一定的平衡。以"赵喆操纵市

---

① 毛玲玲:《经济犯罪与刑法发展研究》,法律出版社2017年版,第153页。
② 王政勋:《刑法解释的语言论研究》,商务印书馆2016年版,第54页。

场价格案"为例,本案的主要争议点在于利用修改计算机中存储的报盘数据,抬高股价的行为并以此获利,应该如何处理?根据刑法第182条关于操纵证券、期货市场罪的规定,前三种是操纵证券价格或交易量的行为,但是现实中操纵证券价格的行为不限于前三种的规定,因此第四项的规定,相当于一个概括性的规定,以此来达到刑法严密规制犯罪行为的目的。在上述的案件中,行为人利用网络数据的修改来达到操纵证券价格的目的,对于行为性质的认定主要围绕于《刑法》第286条第2款的破坏计算机信息系统罪和第182条操纵证券市场罪。计算机犯罪通常表现在两个方面:一是对计算机硬件和软件的破坏;二是以计算机为工具实施其他犯罪。对于计算机本身的破坏,刑法规定了专门的罪名,如故意对计算机硬件进行破坏的,一般以故意毁坏财物罪论处;对计算机信息系统中存储、处理或者传输的数据应用程序进行删除、修改、增加的操作,后果严重的,构成破坏计算机信息系统罪。但是以计算机为工具实施的犯罪,根据《刑法》第287条的规定,应当以行为人的犯罪目的行为定罪。[①]因此,对于赵喆利用信息网络数据修改来实现操纵证券的行为,应当以操纵证券罪定罪处罚。

对于上述案件的分析,也涉及对于证券犯罪,概括性罪名的使用问题。在证券犯罪中,以上述的操纵证券市场罪为例,我国1979年刑法以及相应的单行刑法,对于利用资金优势进行的连续买卖、自买自卖、相互委托的行为并没有规定为犯罪,但是随着证券市场的不断发展,随着行为出现的频次越来越高,司法部门逐渐意识到了这种问题的重要性,所以在1997年刑法中将这三种行为规定为犯罪。根据操纵证券犯罪的立法经验的域外对比,操纵证券市场的行为远不止于上述三种,因此在第四项中关于其他操纵证券市场价格的行为这一弹性规定,也为操纵证券类犯罪的立法留下了空间,通过司法或者学理的补充,使刑法的规定能够适应动态的社会发展。最高人民法院、最高人民检察院于2019年6月28日公布的《最高人民法院、最高人民检察院关于办理操纵证券、期货市场刑事案件适用法律若干问题的解释》中,对于操纵证券、期货市场罪行为方式,在原来的三种基础上增加了蛊惑交易操纵、抢帽子交易操纵、重大事件操纵(主要指编故事、画大饼的操纵行为)、利用信息优势操纵、恍骗交易操纵(也称虚假申报操纵)、跨期、现货市场操纵。上述六种操纵证券行为范式的增加,即是司法部门在面对证券市场不断发展变化所作出的灵活应对。

证券犯罪中,概括性条款的解释,历来是司法实践中存在较大争议的问题。证券犯罪概括性条款的解释,包含相当性解释、体系解释和实质解释三种解释路径。实质解释的内容,在前文已经提及,在此不再赘述。相当性解释和体系解释的方法,其旨趣在于证券犯罪概括性条款规定的行为类型,与前文具体陈述的行为方式在性质上应当具有相似性。经济犯罪的罪状设计和构造应当由主词(犯罪主体,以

---

① 刘宪权、高扬捷:《金融犯罪证据规格》,上海人民出版社2018年版,第227页。

动宾搭配为基本结构)、动词(犯罪行为的具体样态,之前可能有犯罪时间、犯罪地点等附随条件的介绍)、宾词(情节、结果)三个部分构成。① 对于概括条款,从构成要件的层面上看,对于罪状的描述应当符合这种动宾结构,符合语义的函摄范围。有的学者提出,可以借鉴法律解释学的基础理论,提出类型性的解释方法,对于规范意义的探寻,必须回溯到"作为规范基础的类型",对超出类型轮廓的行为予以排除。② 对于类型理解的过程,也是解释者与解释对象之间互动的过程,同时也是将客观的现实生活中的类型概念与解释者主观思维中的类型概念转换的过程,此种解释的优点在于对解释者学识涵养、法律思维的重视。因此,类型解释的重要借鉴意义在于,无论是形式解释的限缩刑法扩张,还是实质解释中的扩张解释,其背后的目的仍在于对法律条文与事实之间关系的探索,而这个过程离不开解释者和解释文本之间的对话过程。"对于法律文本的解释,既不能完全局限于立法者立法时的认识,也不能完全局限于法律条文本身的表述,更不能任意解释,解释的选择应当以合理性为限度。就刑法的解释而言,解释的结果如果能够使刑法条文所体现的刑法精神更趋合理,更有利于刑法目的的实现,就是可接受的,否则,就很难说是一种可取的解释"。③ 哈特的"空框结构"理论也说明了,基于立法技术的有限,试图将所有的犯罪行为都进行详细的列举是不合实际的,基于证券犯罪的特点,罪状设计上的概括性具有一定的合理性,对于实践中的运用,关键在于把握解释的限度,将形式解释和实质解释结合起来,不失为一种有效的路径。

第三节　证券犯罪行政执法与刑事司法衔接

一、行政认定和刑事认定关系概览

证券犯罪作为行政犯,对于证券犯罪的认定必须具备刑事违法性和行政违法性的双重属性。我国的犯罪概念的界定与其他国家有明显的区别,我国犯罪概念的界定模式为"定性+定量",就行政犯罪而言,一般是行政法定性,刑法定量,其他国家一般没有定量的规定。④ 对于行政犯罪的概念界定,我国有学者认为行政犯罪是因为严重违反了国家的行政管理活动并因此被立法者规定在刑法中从而具有刑事违法性的行为,它最大的特征在于兼具刑事违法性和行政违法性。⑤ 这一概念实际上从两个方面体现了行政犯罪的特征:一是行政犯罪严重危害行政法规范;二是行政犯罪因情节严重而违反了刑事法规范。它实质上是一种刑事与行政违法

---

① 马荣春:《经济犯罪罪状的设计与解释》,载《东方法学》2013年第5期。
② 杜宇:《刑法解释的另一种路径:以"合类型性"为中心》,载《中国法学》2010年第5期,转引自毛玲玲:《经济犯罪与刑法发展研究》,法律出版社2017年版,第164页。
③ 张智辉:《刑法理性论》,北京大学出版社2006年版,第188页。
④ 储槐植:《刑事一体化与关系刑法论》,北京大学出版社1997年版,第271页。
⑤ 周佑勇、刘艳红:《行政刑法的科学定位》(上),载《法学评论》2002年第2期。

相互交叉而形成的双重违法性行为。① 笔者认为上述概念对于行政违法行为和刑事违法行为的界分，虽然在量上规定了只有达到了刑事违法性的程度，才能认定为刑事违法的行为，但是对于"严重"这个副词的规定，并没有一个清晰的概念，也没有提出明确的标准；再者，根据犯罪的三个特征，即社会危害性、刑事违法性和应受刑罚处罚性来看，达到严重社会危害性、具备刑事违法性的行为，还必须具备刑罚处罚性的要件，才能认定为犯罪，从上述概念中并不能体现出应受刑罚处罚性的一面。

行政认定的概念或分类一般是基于行政法的角度进行阐释的，而本节主要论述重点在于证券犯罪中行政认定的功能和地位，因此本节中行政认定的准确界定为行政执法机关、行政监管机关对于行政相对人是否违反行政规范或者违反何种行政规范的法律评价行为。因此，在行政犯罪中，对于行政认定的种类还应当包括行政处罚、行政鉴定，以及公文文书（移送函或者认定函）。

对于刑事认定的内涵，有学者从广义和狭义两个方面进行界定。从广义上来看，是指刑事司法机关对刑事案件的性质、事实、所违反法律规范等所做出来的一系列判断和确认的职权性活动；从狭义上来看，指法院对于刑事案件所做出来的相关认定，一般是以裁判文书的形式呈现出来的。② 笔者认为，刑事认定的活动是一个动态的过程，因此刑事认定应当贯穿于刑事诉讼的全过程，公安机关、检察机关和法院对于自己侦查、起诉和审判的案件，有权对是否满足构成要件、是否达到追诉标准以及是否构成犯罪进行确认，因此刑事认定是就广义的范围而言的。刑事认定的过程，其实也是刑事违法性判断的过程。

行政认定和刑事认定是两个不同的法律关系，就二者而言，在认定主体、依据、时间等方面存在区别。尽管行政认定和刑事认定有诸多的不同之处，但是作为行政犯罪判断的重要组成部分，二者相互补充，从证券犯罪的规定可以看出，行政认定是刑事认定的基础，许多刑事认定的作出依托于行政认定或者是在行政认定的基础上作出的。

二、刑事与行政认定的关系错位及原因探析

（一）刑事与行政认定的关系错位
1. 行政认定并非刑事认定的前置程序

行政认定的本质是对行政违法性的确认，行政认定对刑事认定起到一定的补充作用。刑事认定的实质即是刑事违法性的认定。

行政认定是否应当是刑事认定的前置程序，我国有学者从行政权与司法权价值取向和运行机理的区别，以及证券刑法规范的相对独立性和刑事违法性判断的相对独立性，以及行政违法性认定与刑事违法性认定的角度阐释了行政认定不应

---

① 周佑勇、刘艳红：《行政刑法的一般原理》，北京大学出版社2008年版，第13页。
② 林慧慧：《刑事与行政认定的关系探析》，华东政法大学2015年硕士学位论文，第10页。

当是刑事认定的前置程序。① 有学者认为行政认定应当属于刑事认定的前置程序。在行政犯罪案件处理的过程中，如果案件不涉及犯罪，则刑事司法机关不能启动刑事司法程序，因为行政犯罪是指违反行政法律法规的行为，由于行政犯罪的专业性，对于行政犯罪违法性的认定绝不能由刑事司法机关独立、自由的完成。因此，在行政违法性尚未确定之前，就直接启动刑事司法程序，会导致程序的非正当性，基于此，行政认定程序应当优先于刑事认定程序。② 笔者比较倾向于第一种观点，在现行法律法规未对行政认定和刑事认定程序的顺位作出明确规定时，刑事认定应当由刑事司法机关独立作出，不应当依附于行政机关。但是行政认定的结论有时会成为被告人定罪量刑的关键证据。③ 现行《刑事诉讼法》第52条的规定从立法的角度，明确了行政机关在行政执法中获取的证据可以作为刑事诉讼中的证据使用。此外，根据，2011年最高人民法院、最高人民检察院、公安部、中国证监会联合印发的《关于办理证券期货违法犯罪案件工作若干问题的意见》第4条、第5条的规定从司法解释的层面阐释了行政执法中的证据可以作为刑事证据使用。刑事认定具有独立性，行政认定只是行政犯罪判断的一小部分，是否构成犯罪以及刑事责任的承担的决定权应当掌握在法院手中。

2. 刑事认定与行政认定的冲突

刑事认定和行政认定的冲突即行政认定和刑事认定对于同一行为的事实和结果的认定不一致。主要表现在两个方面：一是行政机关认为某一行为符合行政犯罪的构成要件而移送到司法机关，而司法机关认为不构成犯罪，仅当作一般的行政违法行为处理；二是司法机关认为某一行为符合行政犯罪的构成要件规定，但是行政机关却认为属于一般的行政违法行为，没有达到刑事立案追诉的标准。这种现象的产生一方面是由于行政执法人员和司法人员的业务水平有限所致，另一方面源于立法方面的纷繁复杂。

以我国《刑法》第180条证券、期货内幕交易罪、泄露内幕信息罪为例，从该条的规定中，可以看出对于"利用内幕信息"并没有规定，但是《证券法》第50条规定："禁止证券交易内幕信息的知情人和非法获取内幕信息的人利用内幕信息从事证券交易活动。"从上述《刑法》和《证券法》关于行为人是否"利用"内幕信息的不同规定，在行政认定和刑事认定的过程中将会产生分歧。持否定说的学者认为，如果将利用内幕信息作为该罪的成立要件，将增加了刑事司法证明的难度。对于是否具有利用的意图属于主观认定的范畴，只要行为人不承认利用内幕信息，则会使指

---

① 王崇清：《全流通时代的证券犯罪问题研究》，武汉大学2012年博士论文，第68-74页。
② 田宏杰：《行政优于刑事：行刑衔接的机制构建》，载《人民司法》2010年第1期。
③ 以肖时庆内幕交易案为例，在该案中，公安部向中国证监会发出《关于商请对肖时庆涉嫌北京化二股票内幕交易案有关事项进行认定的函》，中国证监会对光大证券与中石化就借壳北京化二进行谈判属于内幕信息，对于内幕信息敏感期的确认为2006年8月17日至2006年11月25日进行了回函，同意公安机关的认定意见。中国证监会对于公安机关的回函意见实际上是对公安机关所收集的证据作出的综合性、专业性书面材料，在刑事诉讼中可以当作证据使用。

控搁浅。① 持肯定论的学者提出否定意见,从文义解释的角度来看,利用内幕信息也是该罪固有的含义;刑事构成要件的规定与刑事证明难度不是一个层面的问题,不能因为证明的困难,而否认利用的意思,对于行为人主观意图的认定,符合责任主义和保障人权的要求。② 再者,关于短线交易的行为,我国《证券法》第 36 条禁止短线交易行为,我国《刑法》对于短线交易的行为,并没有纳入刑法的规制范围,而短线交易行为因其主体的特殊性,因此与内幕信息总有千丝万缕的联系,这也引起了对于短线交易行为是否具有内幕信息性质刑事认定和行政认定的困扰。

(二)刑事与行政认定关系错位的原因探析

1. 立法方面的原因

行政刑法的立法模式主要有三种形式:一是独立法典型立法,这种模式的优点是法典整体性强,法律规定直观明了,缺点是立法为了适应社会发展的需要朝令夕改,影响法典的稳定性和权威性;二是分散式立法,这种模式的优点是针对性较强、灵活,可以根据经济发展的需要及时修订,避免对于刑法典的频繁修改,但是缺点也一目了然,刑法规范内容分散,不利于社会公众及时、全面地了解、熟悉刑法规范;三是统一附属型立法模式,这种模式将行政犯罪的罪名和法定刑统一规定在刑法典中,而对于行政犯罪的罪状则规定于附属行政法律规范中。附属刑法本身,只是对刑事责任进行概括的规定,如"构成犯罪的,依法追究刑事责任"或者"构成犯罪的,依照有关法律规定追究刑事责任"。这种立法模式的好处在于,既能保证刑法典的稳定性,又能随着社会的不断发展及时作出调整。缺陷在于行政法规的纷繁复杂,对于刑事司法者来说,并不能像行政机关那样对于行政规范了解地那么清楚,这也导致了行政认定与刑事认定的不一致。同时,对于行政犯罪刑事责任的划定,由于刑事执法机关本身知识水平的限制,对于刑事违法性的认定过度依赖于行政违法性的认定,在一定程度上有行政权干预司法权之嫌。

首先我国刑法典中存在大量的空白罪状条款,空白罪状条款即对于刑法条文分则中的具体行为的构成要件没有进行详尽的叙述,而是援引其他法律法规的规定。空白罪状条款,有两种表现形式,一是完全空白罪状条款,二是不完全空白罪状条款。完全空白罪状条款,是指刑法规范对于行为的具体构成要件未作任何表述,直接援引其他法律规范,形式一般为"违反××规定",如我国《刑法》第 180 条第 2 款对利用未公开信息交易罪的规定以及我国《刑法》第 185 条之 1 第 2 款对违法运用资金罪的规定。不完全空白罪状条款,是指刑法分则条文对于具体行为的构成要件进行了类型化的规定,但是具体的构成要件细节仍需参照其他的法律规范。不完全空白罪状条款,最典型的是我国刑法第 225 条的非法经营罪的规定,对应的证券规范有《证券法》第 51 条、第 55 条。故不论是完全空白罪状条款还是

---

① 赵秉志:《破坏金融管理秩序犯罪疑难问题司法对策》,吉林人民出版社 2000 年版,第 205 页。
② 程皓:《内幕交易、泄露内幕信息罪若干问题研究》,载《法学评论》2006 年第 4 期。

不完全空白罪状条款,在适用的过程中,对于构成要件的认定都需要依托于其他相关法律法规的补充。一方面使行政认定为刑事认定鉴定了基础,同时也是行政认定和刑事认定关系错位发生的根源。

2. 司法方面的原因

行政犯的双重违法性的特征决定了行政犯的刑事违法性的认定要以行政违法性的认定为基础,这也导致了"以罚代刑"案件的屡禁不止。证监会前主席肖刚2013年曾指出:"近年来证监会每年立案调查案件110件左右,能够顺利作出行政处罚的平均不超过60件。每年平均移送涉刑案件30多件,最终不了了之的超过一半。"[①] 由此可以看出,行政违法认定程序的启动早于刑事认定程序的启动,是导致行政认定先于刑事认定的根源所在,行政认定对刑事认定产生了潜移默化的作用。而人民检察院和监督机关,监督权行使的限制也是导致案件移送难,行政认定代替刑事认定的重要原因。2001年国务院关于《行政执法机关移送涉嫌犯罪案件的规定》对于行政执法机关向刑事执法机关移送案件的程序以及不移送案件的后果等作出了明确的规定,同时赋予了人民检察院和监察机关对于行政执法机关移送案件监督的职权。但是监察机关从性质上看,属于行政机关,因此对于行政执法机关的监督属于内部监督。检察机关监督的范围主要是进入刑事司法程序的案件以及相应的行政执法人员,而对于行政执法机关内部的执法行为的监督则无暇顾及,从而造成行政执法机关缺乏外部的有效监督。

司法人员专业知识储备的不足,也对行政认定与刑事认定关系的错位产生了重要的影响。一些刑事司法人员,虽然对于刑法规范烂熟于心,但是对于证券法律法规却一知半解。因此,在证券犯罪的行政违法认定和刑事违法认定的过程中往往产生困惑。基于此,在处理证券犯罪的相关案件中,往往过分依赖于证券监管部门的行政认定,或者过分相信证券监督部门出具的对于事实和法律规范认定意见,从而导致行政权对于司法权的不当干预,在一定程度上有损司法的权威。

三、证券犯罪刑事司法与行政执法的有效衔接

（一）行政执法与刑事司法衔接现存问题

我国深化行政体制改革的重要工作在于处理行政执法与刑事司法的衔接问题。实现公安机关、执法机关、检察机关、审判机关的信息共享,完善案件移送制度。从以上文件可以看出,实现行政执法和刑事司法的有效衔接,是当前社会主义法治化进程中的重要内容,并且已经从国家战略层面予以确认。而就证券犯罪行政执法和刑事司法衔接的现状来看,所存在的问题主要集中于案件移送、责任承担,以及证据转化三个方面。

1. 案件移送中的衔接问题

从案件移送的主体来看,以现有的证券法律法规为依据,证监会内有权移送案

---

① 肖刚:《监管执法:资本市场健康发展的基石》,载《求是》2013年第15期。

件的主体包括调查部门、审理部门以及派出机构。在案件的调查阶段或者审理阶段，调查部门或者审理部门如果发现相关的行政违法行为涉嫌犯罪，应当由稽查部门或者行政处罚委员会将案件移送公安部证券犯罪侦查局。而由派出机构立案的案件，如果派出机构认为相关的行政违法行为涉嫌犯罪，对于重大案件应当上报稽查部移送公安部证券犯罪侦查局，对于一般案件则直接移送派出机构所在地公安局的经侦部门。[①] 由此可以看出，中国证监会内部有三个部门都可以将案件移送给公安机关，就涉及三个部门如何进行协调的问题。第一，对于何种行政违法行为涉嫌行政犯罪应当具有明确的标准；第二，对于三个部门将相应的行政违法行为移送到行政处罚委员会，则行政处罚委员会如何对于行政违法行为是否涉嫌犯罪进行判断；第三，派出机构对于具体的行政违法行为，如何判断是否属于重大案件的标准应当明晰。

从案件的接收主体来看，首先，基于证券犯罪的专业性以及手段的隐蔽性等特点，2003年正式成立了公安部证券犯罪侦查局和6个直属分局。从表面上来看，对于证券犯罪的案件，应当由公安部证券犯罪侦查局和6个直属分局进行管辖，但是根据《关于公安部证券犯罪侦查局直属分局办理证券期货领域刑事案件适用刑事诉讼程序若干问题的通知》，对于直属分局管理案件的范围仅包括下面五种类型的案件即欺诈发行股票、债券案件、上市公司提供虚假财会报告案件、内幕交易、泄露内幕信息案件、操纵证券、期货、交易价格案、公安部交办的其他经济犯罪的案件。因此，对于具体的行政违法行为，如果涉及多种犯罪类型，既有上述规定的案件，又有其他种类的犯罪案件，则如何移送处理。其次，根据我国《刑法》和《行政法》的规定，对于刑事犯罪和行政违法行为的管辖地，主要是以案件的发生地为管辖地。但是随着互联网技术的发展，证券交易的场所、方式都发生了巨大的变化，对于虚拟领域的证券违法行为和证券犯罪行为的发生地的确认，本身就不是一件容易的事。再次，我国《证券法》第178条，明确规定了国务院证券监督管理机构为行政违法行为的查处主体，但是2013年中国证监会发布的《中国证券监督管理委员会派出机构行政处罚工作规定》，又明确指出，除了重大疑难案件或者其他对当事人的权益造成重大影响的案件由证监会负责外，其他案件则由36家派出机构按照管辖范围进行审理。那么，从上述的规定可以看出，对于案件的管辖地并不是以属地原则来确定，而是依照案件的疑难程度来确定的。

从案件移送后行政行为的状态来看，是否应当中止相应的行政行为，根据国务院2001年7月颁布的《行政执法机关移送涉嫌犯罪案件的规定》第12条、第13条的规定可以看出，行政执法机关对于公安机关决定立案的案件，应当在公安机关对违法行为是否涉嫌刑事犯罪进行审查后，对于无犯罪事实或者情节显著轻微不需要追究刑事责任的，待公安机关移送同级行政执法机关后，才能对行为人处以行

---

① 练育强：《问题与对策：证券行政执法与刑事司法衔接实证分析》，载《上海政法学院学报》2018年第4期。

政处罚。基于此，在案件既涉及刑事违法行为又涉及行政违法行为时，在案件移送的过程中，应当中止相应的行政行为。但是，根据证监会公布的行政处罚决定书，对于移送的案件，行政执法机关并没有中止相应的行政行为，如〔2006〕16号、〔2009〕20号、〔2010〕46号、〔2013〕47号。①

2. 责任承担中的衔接问题

从责任承担的主体来看，行政违法行为承担的责任主体与刑事违法行为承担的责任主体的规定不同。我国《证券法》对于行政责任承担主体的设计，有三种类型。一种是只针对自然人规定行政处罚的，如《证券法》第195条、第199条等；一种是针对单位和单位的工作人员一同进行处罚的，如《证券法》第201条、第207条等；一种是只处罚单位，对单位的直接责任人员以及其他直接责任人员不处罚，如《证券法》第210条。我国《刑法》对于涉及证券犯罪的处罚中，只处罚单位的有违规披露、不披露重要信息罪、背信运用受托财产罪、违法运用资金罪。在其他证券犯罪的规定中，只处罚自然人的有利用未公开信息交易罪、挪用资金罪等。从我国《证券法》和《刑法》的规定来看，《证券法》以规定对单位的处罚为主，而我国《刑法》则以处罚自然人为主，附带处罚单位。基于责任主体设计对象的区别，必然引起承担责任主体的差异，我国《证券法》和《刑法》对于虚假陈述责任主体的规定，就是一个显著的例证。

从责任承担的类型来看，《行政处罚法》关于责任承担的方式主要有警告、罚款、没收违法所得、没收非法财物等；我国《刑法》对于责任承担的方式主要有主刑和附加刑，主刑分为管制、拘役、有期徒刑、无期徒刑、死刑；附加刑有罚金、剥夺政治权利、没收财产以及驱逐出境。当两种责任承担的种类相同或者类似时，如罚款和罚金如何进行衔接；当种类不同时，责任如何承担等。

3. 证据转化中的衔接问题

对于行政机关在行政执法过程中所搜集的证据，依照《刑事诉讼法》第52条的规定，可以作为刑事诉讼证据适用。因为，对于移送到公安机关的证券犯罪案件，前期的大量证据都是由证券监督管理机构调查取证的，如果对于行政机关移送的证据进行排除，将导致公安机关在后期取证的过程中，大量的证据可能因为案件移送的缓冲时间，被犯罪嫌疑人毁灭，在一定程度上增加了公安机关的办案难度，使相关的案件搁置。肯定行政执法机关所移送的证据具有一定的合理性，但是对于证据的认定尤其是行政认定的证据属性问题，以及证据转化的程序、相关的标准并没有一个清晰、明确的规定。

（二）证券犯罪行政执法与刑事司法衔接的完善路径

1. 效率优先与同步协调原则并行不悖

法律的价值在于通过作为客体的法律对于主体的人所体现的在法律上的积极

---

① 练育强：《问题与对策：证券行政执法与刑事司法衔接实证分析》，载《上海政法学院学报》2018年第4期。

意义和有用性,这种积极意义或有用性,体现为秩序、自由、公正和效率。[①] 效率和公正作为法律的价值,一直以来关于效率和公正何者优先的问题就存在很大的争议。效率和公正之间并不是相互排斥、非此即彼的关系,而是你中有我、我中有你的关系。法律价值的优先性,并不排斥法律价值的多元性。效率和公正之间的顺位,往往与一定的社会背景、价值追求、功能目的相联系。证券市场作为社会主义市场经济的重要组成部分,通过对于资源的优化配置,来实现资源由低效率向高效率运转,从而促进证券市场的平稳、健康发展。就证券市场的发展现状来看,我国证券市场相对于其他发达国家来看,仍处于发展的初级阶段,中小投资者所占比例较大,为了最大限度地维护中小投资者的权益,就需要国家对于证券市场的有效调控,从而维护证券市场的正常秩序。因此,对于违反证券法律法规的行为人,必须有效进行打击。基于此,就当前证券市场发展的价值取向来看,效率应当是首要价值,效率价值的实现是保障投资者权益从而实现公正价值的重要环节。但是,效率优先,并不意味着刑事制裁的优先,对于违法行为要采取同步协调的原则。同步协调原则的模式主要有四种:一是刑事制裁先行,待刑事处理好后再施以行政处罚;二是行政处罚先行,待行政处罚完毕,再移送司法机关施以刑罚制裁;三是行政处罚和刑事制裁分别独立进行;四是行政机关和司法机关先立案的先处罚,再行移送。[②] 笔者认为,在效率优先的法律价值取向下,对于违法行为,无论是行政执法机关还是司法机关,应当坚持先立案,先处理的原则,对于需要移送的案件,应当采取"不中止审理",即行政处罚的作出不必等待刑事处罚程序的终结,同样刑事程序的开始也不需要以一定的行政处罚的作出为依据。

2. 建立信息共享平台

公安机关侦查权的适当前移,对于解决长期以来证券监管机构有案不移、有案难移、以罚代刑问题具有重要的意义。实现公安机关和行政执法机关的有效衔接,可以采取案件会商制度,实现信息的共享。根据《关于在行政执法中及时移送涉嫌犯罪案件的意见》(高检发〔2006〕2号)、《关于在打击证券期货违法犯罪中加强执法协作的通知》(证监发〔2006〕17号)、《关于加强行政执法与刑事司法衔接工作意见》(中办发〔2011〕8号)、《关于办理证券期货违法犯罪案件工作若干问题的意见》(证监发〔2011〕30号)对于证券违法行为的查处,证券监管机构应当联合公安机关并肩作战。具体实施措施为:第一,对于证券监管机构查处的违法行为,如果认为有可能涉嫌犯罪,可以要求公安机关提前介入,特别是对于重大、疑难、影响范围大的案件,对于证据如何调取、保全、固定进行协商,同时也为后期证据的移送鉴定基础。第二,对于证券监管部门对于违法行为的定性存在争议的案件,公安机关的提前介入,可以要求证券监管部门移送相关案件,从而严密刑事法网,

---

[①] 张中秋:《法理学——法的历史、理论与运行》,南京大学出版社2001年版,第238-240页。
[②] "证券行政处罚与刑事制裁衔接问题研究"课题组:《证券行政处罚与刑事制裁衔接的问题及解决思路》,载桂敏杰主编:《证券法苑》(第8卷),法律出版社2013年版,第204页。

减少以罚代刑行为的发生。

3.完善证据转化程序,加强法院的司法审查制度

证据的有效衔接也是执法机关和司法机关有效衔接的重要内容。我国《刑事诉讼法》第52条已经明确了行政执法机关所采集的证据可以作为刑事诉讼证据的地位。但是对于证据的定性,以及完善程序并没有提出一个明确的标准。特别是对于行政认定中的认定函和移送函是否具有证据地位存在很大的争议。现在理论界和实务界的通说承认其证据地位,并且认为是公文书证的一种。如上海祖龙内幕交易案的判决书中就明确指出证监会出具的认定函系公文书证,可以作为证据适用。[①] 在肯定证据地位的同时,需要考虑的问题是由于刑事证明标准相对于行政证明标准来说要达到排除合理怀疑的程度,而行政证明标准相比就要低一些,因此对于行政机关作出的行政认定,需要加强法院的司法审查。对于行政执法机关作出的行政认定,应当对其进行形式和实质两方面的审查,对于明显错误的证据,应当不予采信。

第四节 证券犯罪因果关系的认定

一、走出行为犯与结果犯争论的迷思

（一）行为犯和结果犯的内涵

证券犯罪因果关系的认定是行为人刑事责任承担的基础,只有行为的后果或者法益侵害的危险是由行为人的行为所造成的,才能对行为人进行归责。这也是责任主义的要求。而对于因果关系的认定,则以行为犯和结果犯的区分为必要。"行为犯是行为与结果同时发生的犯罪,因果关系不成其为问题;结果犯则是行为与结果之间具有时间间隔的犯罪,需要认定行为与结果之间的因果关系。"[②]

关于行为犯和结果犯之间的区分标准,存在以下四种观点:观点一认为,对于二者的区分标准在于构成要件的内容中是否包含结果;观点二认为,二者的区分标准在于构成要件的行为与结果的发生之间是否存在间隔;观点三认为,二者区分的标准在于是否造成特定对象的侵害;观点四认为,只有结果犯,不存在行为犯。[③] 对于上述四种观点,作为通说观点的观点一认为行为犯和结果犯之间的区别,在于构成要件要素是否包含结果,观点二对于二者的区分在于构成要件的行为与结果的发生是否存在间隔,上述两种观点的阐释中实际上存在相互矛盾之处,即行为犯是否存在结果。对于上述四种观点,笔者比较赞成第四种观点,即不存在行为犯的概念,所有的行为犯都是结果犯。

[①] 福建省厦门市中级人民法院刑事判决书(2009)厦刑初字第109号判决书。
[②] 张明楷:《刑法学》,法律出版社2016年版,第169页。
[③] 张明楷:《法益初论》,中国政法大学出版社2003年版,第346页。

（二）行为犯概念的否定

我国有学者认为："犯罪是针对于保护法益的加害行为的类型，现实地由于加害行为而发生了'结果'的场合，则成立犯罪（在未遂犯的场合，既遂发生的具体危险这一结果为必要），可以说，结果成为所有犯罪所共通的构成要件要素（构成要件的结果），'不存在没有结果的犯罪'。"① 这也涉及对于结果犯中的"结果"的理解，应当从两个方面进行界定，即结果犯中的"结果"，不仅指的是现实的、物理的侵害意义上的结果，还包括法益侵害的危险，因此结果犯应当包括实害犯和危险犯。这在我国《刑法》总则和分则的规定中也明确地体现出来。如刑法总则中第14条故意犯罪的规定，和第15条过失犯罪的规定，都要求应当有犯罪结果的构成，以及对于未遂犯可以比照既遂犯从轻或者减轻处罚的得减主义的规定，说明对于未遂犯的结果的理解，应当是法益侵害的危险，只有这样才能与《刑法》第14条的规定相契合。我国《刑法》分则中有很多危险犯的规定，如放火罪的规定等也体现了对于结果的理解应当包括法益侵害的危险。

行为犯和结果犯的划分，与对犯罪概念的分类具有一定的亲缘性。对于犯罪概念的理解，存在形式的犯罪概念和实质的犯罪概念的不同类型。正如德日的三阶层犯罪论体系，对于构成要件符合性、违法性和有责性的判断，实际上是从形式上理解犯罪的概念，而我国《刑法》第13条关于犯罪的定义则以犯罪对于不同客体的侵害为划分依据，对于犯罪概念的划分应当从实质方面进行理解。依照过去通说的观点，行为犯与结果犯的划分，以构成要件中的结果是否实现为依据，这里的结果应当是形式意义上的结果，即构成要件行为所要求的特定事实的发生，以故意杀人罪的未遂为例，发生的特定的"人的死亡"是构成要件所要求的既定事实，而未遂所发生的事实可能是"伤害他人或者根本未对他人的身体造成任何的伤害"，那么刑法对于故意杀人未遂的处罚规定的根据即在于可能造成他人死亡的危险，因此对于"结果"的内涵阐释，应当从实质方面进行理解，既要考虑到构成要件的具体表述，同时也不能忽视构成要件的保护目的。而肯定行为犯具有存在意义的观点认为："在行为犯的情况下，不法构成要件仅限于行为人的行为，无须发生时空上可区分的外部效果意义上的结果。符合构成要件的结果必须与对受到保护的法益的侵害区别开来。结果意味着对行为客体与由行为在时空上分开的侵害或危害，而法益侵害是指符合构成要件的行为对刑法条款予以保护的价值的注意要求的关系。行为犯也具有法益侵害。"② 持肯定论的学者认为行为犯也有法益侵害的事实，但是将符合构成要件的结果与受到法益保护的侵害区别开来，一方面与传统关于法益的概念不协调，据此得出的"行为犯也具有法益侵害"的结果值得商榷；另一方面，在某种意义上，单纯行为犯并非完全不需要法益侵害的危险，而只是具

---

① 付立庆：《行为犯概念否定论》，载《政法论坛》2013年第6期。
② ［德］汉斯·海因里希·耶赛克、托马斯·魏根特：《德国刑法教科书（上）》，徐久生译，中国法制出版社2016年版，第358页。

备尚且称不上是抽象危险的极其轻度的间接危险就够了,而这种极度轻微的间接危险,较之抽象危险犯的抽象危险,往往更难以把握,因此会导致在没有任何法益侵害的危险的情况下,也会使行为按照犯罪处理,从而使处罚范围不断地扩大。①基于此,行为犯并不具有法益侵害的危险。

二、证券犯罪立法模式比较分析

由于各个国家证券发展的程度不同,因此关于证券犯罪的立法存在很大的差异,而纵观各个国家关于证券犯罪的立法规定,在不同之处,却也体现着一定的共性。对于操纵证券市场犯罪、内幕交易犯罪以及虚假陈述犯罪,在不同国家的立法中都有一定的体现。因此,下文关于证券犯罪的立法现状分析,主要围绕上述三种犯罪展开。

(一)操纵证券市场犯罪

各个国家对于操纵证券市场犯罪的规定,主要分为两种模式,即是否以实害结果的发生,来作为操纵证券市场犯罪成立的依据。

日本关于操纵市场行为类型,在《金融商品交易法》第159条作出了明确的规定,即假装交易(第1款第1-3项);串通交易(第1款第4-8项);变动操作(第2款第1项);通过表示操纵市场(第2款第2项、第3项);稳定操作(第3款)。对于上述五种行为的成立,法律并没有要求以一定的操纵实害后果的出现为要件。②

德国学界认为,操纵证券市场的客观要件应当由三个方面组成:一是操纵行为,包括虚假陈述和隐瞒重大事项的行为;二是行为状况,即市场禁令和细化规则中所列举的行为情状;三是行为结果,即市场操纵行为所引起的市场价格的波动等。但是,新的证券监管法并不要求影响市场行情的结果发生。根据德国《有价证券交易法》第20条a和《市场操纵定义条例》第4条的规定,在违反秩序的层面,行为人的操纵市场行为,即使没有造成市场行情变化的影响,但是只要有操纵市场行为的发生,即具备追究相应的民事责任、行政责任、刑事责任的客观条件。但是在刑事层面,行为人操纵证券市场的行为必须造成市场行情变化的结果。③

我国台湾地区关于操纵证券市场犯罪,根据2013年新修订的《证券交易法》第155条的规定,对于在证券交易所上市之有价证券,除了第一款违约交割行为要求有损害结果发生,其余四款并没有明确规定。④

(二)内幕交易犯罪

内幕交易犯罪,在美国当前刑法体系中虽未获得成文化的处理,但国会与SEC

---

① 付立庆:《行为犯概念否定论》,载《政法论坛》2013年第6期。
② 朱大明、陈宇:《日本金融商品交易法要论》,法律出版社2017年版,第189-194页。
③ 王崇清:《全流通时代的证券犯罪问题研究》,武汉大学2012年博士论文,第74页。
④ 《台湾证券交易法》,载https://wk.baidu.com/view/977ee4acdd88d0d233d46ac8?ivk_sa=1023194j&from=singlemessage,访问日期:2019年8月10日。

一直坚持通过日就月将的法官造法和出台新旧叠加的行政规章的方式对内幕交易罪的内涵予以清晰化、具体化的处理。美国现行法律中,《1934 年证券交易法》中的 Section10b,以及为指导司法机关实施的 Section10b 而由 SEC 颁布的 Rule10b-5 是最为重要的文本信息。①

日本关于内幕交易的规定内容大致可以分为两类,一类为针对内幕交易行为本身的规制,另一类为旨在防止内幕交易行为的规制。前者是针对上市公司的相关人员制定的内幕交易禁止规定(《金融商品交易法》第166条、第167条),是内幕交易规制的重要组成部分;后者具体包括上市公司等的董事、主要股东等的买卖报告书提交义务和短期买卖利益上交义务(《金融商品交易法》第163条、第164条、第 165 条之 2)以及卖空的禁止规定(《金融商品交易法》第 165 条)。内幕交易规制的目的在于防止相关人员利用普通投资者无法获取的信息获利,因此,要构成内幕交易必须满足以下要件:(1)相关人员所获知的信息应为可影响投资者的投资判断的重要事实;(2)禁止进行内幕交易的期间截止至重要事实公布时;(3)内幕交易的主体为公司相关人员、要约收购者等相关人员和信息受领者;(4)公司相关人员禁止进行的内幕交易行为包括该上市公司的特定有价证券的买卖行为(买卖和其他有偿转让或受让、合并或分立所引起的继承以及金融衍生品交易,《金融商品交易法》第 166 条第 1 款)和相关人员在重要事实公布之前不得向他人传达该重要事实(第 166 条第 1 款)、也不得向他人推荐进行买卖等行为(《金融商品交易法》第 162 条之 2 第 1 款)。②

我国台湾地区关于内幕交易罪,规定在其"证券交易法"第 157 条之 1 的第 1 项,对于内幕交易罪的主体进行了明确的限定。

(三)虚假陈述犯罪

美国关于虚假陈述行为的规定,主要体现在《证券法》第 17 条(a)节和 10b-5 规则所规定的证券欺诈犯罪,前者主要针对的是在证券的销售和购买环节,为了获得财物,对事实进行的歪曲陈述;后者是指在证券销售和购买环节中,发生的所有不实说明或者遗漏,禁止一切种类的歪曲陈述,行为人的目的也在所不问。这里的虚假陈述必须具有重要性,即足以对被害人的证券交易行为产生直接影响,或者对被害人的财产造成损失。此外,还有《证券法》规定了证券注册登记中的虚假说明罪和《证券交易法》规定的向证券交易委员会提交的文件中作虚假说明罪。③

我国台湾地区关于虚假陈述犯罪,规定在其"证券交易法"第 174 条,该条第 1 项规定为(1)对依第 30 条、第 44 条第 1 项至第 3 项、第 93 条、第 165 条之 1,或者第 165 条之 2 准用第 30 条规定之申请事项为虚伪之记载;(2)对有价证券之行

---

① 宋颐阳:《内幕交易罪犯罪主体识别理论之检讨——以美国法为视角》,载《法学》2019 年第 3 期。
② 朱大明、陈宇:《日本金融商品交易法要论》,法律出版社 2017 年版,第 195-206 页。
③ 周密:《美国经济犯罪和经济刑法研究》,北京大学出版社 1993 年版,第 258-273 页;转引自王崇清:《全流通时代的证券犯罪问题研究》,武汉大学 2012 年博士论文,第 75 页。

情或认募核准之重要事项为虚伪之记载而散布于众;(3)发行人或其负责人、职员有第 32 条第 1 项之情事,而无同条第 2 项免责事由;(4)发行人、公开收购人或其关系人、证券商或其委托人、证券商同业公会、证券交易所或第 18 条所定之事业,对于主管机关命令提出之账簿、表册、文件或其他参考或报告资料之内容有虚伪记载;(5)发行人、公开收购人、证券商、证券商同业公会、证券交易所或第 18 条所定之事业,于依法或主管机关基于法律所发布之命令规定之账簿、表册、传票、财务报告或其他有关业务文件之内容有虚伪记载;(6)于前款之财务报告上签章之经理人或会计主管,为财务报告内容虚伪记载。但经他人检举、主管机关或司法机关进行调查前,已提出更正意见并提供证据向主管机关报告者,减免或免除其刑;(7)就发行人或特定有价证券之交易,依据不实之资料,作投资上之判断,而以报刊、文书、广播、电影或其他方法表示之;(8)发行人之董事、经理人或受雇人违反法令、章程或逾越董事会授权之范围,将公司资产提供担保、保证或为票据之背书,致公司遭受重大损害;(9)意图妨碍主管机关检查或司法机关调查,伪造、变造、湮没、隐匿、掩饰工作底稿或有关记录、文件。①

日本关于虚假陈述犯罪的规定,体现在《金融商品交易法》第 157 条和 158 条。该法第 157 条第 2 项规定在有价证券买卖或市场衍生品交易中,对重要事项存在虚伪表示,或对重要事实的表示缺少必要的文书以避免误解或利用其他表示获得现金或财产;该条第 3 项规定有价证券买卖或者衍生品交易中,以诱引为目的利用虚假的市场价格;该法 158 条规定任何人不得进行以影响有价证券的募集、销售或买卖或者市场衍生品交易为目的,或以变动有价证券等的市价为目的的散布谣言、欺诈、暴行及胁迫行为。②

(四)笔者的观点

对于证券犯罪的规定,在操纵证券市场罪的规定中,除了德国和我国台湾(仅指不履行交割行为)要求有影响证券市场行情的实害结果发生,其余对于该罪的规定并不要求有实际损害结果的发生。在内幕交易犯罪中,美国、日本和我国台湾地区的立法规定中,没有提及实际损害结果的发生。在虚假陈述犯罪中,除了我国台湾地区"证券交易法"中,对于发行人之董事、经理或者委托人违规提供担保或者对票据进行背书的行为,要求有实际损害结果的发生外,其他国家并没有对实际损害结果的要求。据此,有学者认为大部分证券市场发达的国家都将证券犯罪规定为"行为犯"。③ 笔者认为,其他国家和我国台湾地区之所以在证券犯罪的立法模式中,采取"行为犯"的概念,与其国家或地区的行政犯罪的立法模式有关,上述国家或地区在立法中,并没有严格区分证券违法行为和证券犯罪行为,而是将证券犯

---

① 《台湾证券交易法》,载 https://wk.baidu.com/view/977ee4acdd88d0d233d46ac8?ivk_sa=1023194j&from=singlemessage,访问日期:2019 年 8 月 10 日。
② 朱大明、陈宇:《日本金融商品交易法要论》,法律出版社 2017 年版,第 624 页。
③ 王崇清:《全流通时代的证券犯罪问题研究》,武汉大学 2012 年博士论文,第 78 页。

罪以附属刑法的方式规定在证券法中，因此，只要实施证券不法行为，即可追究相应的刑事责任。但是，在我国这样的二元处罚体制（行政罚和刑事罚）和立法的单轨制模式（所有的刑事罚则都规定在刑法中）下，采用上述模式显然不适应中国的国情。因为，一种违法行为，对其适用行政处罚还是刑事处罚，应当根据其违法的程度进行比较衡量，因此在刑事犯罪的领域承认行为犯的概念，就会模糊行政处罚和刑事处罚的界限，进而严重萎缩行政处罚的范围。所以，即便是在对违法实施一元处罚体制的德日尚有保留"行为犯"的概念，对于我国来说，也应当摒弃"行为犯"的概念。① 正如笔者上文所论述的，对于"结果犯"的"结果"的认识，应当从广义的结果出发，应当包含对法益危险的结果。我国对于证券犯罪的规定中，除了违规披露、不披露重要信息罪和滥用管理证券职权罪，对于损害结果的发生有明确要求外，其他涉及证券类的犯罪，对于损害的结果并没有明确的规定。② 笔者认为，即使没有明确的规定，也不意味着只要实施相应的证券违法行为，就一律构成犯罪。能够进行刑事违法处罚的行为，应当是对刑法保护的法益至少具有抽象危险的行为。因此，就我国关于证券犯罪的规定中，除了构成要件中明确规定以实际损害结果的发生为构成要件的实害犯外，其余的应当认定为危险犯。

对于结果犯概念的重构和对行为犯概念的否定，并不是一个简单的文字游戏。认为证券违法行为一旦实施，不管是否具有侵害法益的危险，就一律认定为犯罪，实际上是行为无价值一元论者的观点。而从行为无价值二元论或者结果无价值论出发，就更容易否定这种观念。从主观主义或者行为无价值一元论的观点出发，将仅仅违反证券法律规范的行为认定为犯罪，可以有效增强公民的规范意识，从而更好地实现社会防卫的目的，但是刑法保障人权的目的将会落空。因此，将没有明确要求以具体实害结果的发生为构成要件要素的证券犯罪，理解为危险犯，这样不仅与刑法规制证券犯罪的初衷相契合，同时也符合刑法本身的机能、目的的要求。从证券市场发展的现状来看，当前证券市场违法行为频发、犯罪专业化、智能化越来越高，有许多证券违法犯罪，如果等到实害结果出现之后，再允许刑法介入，将会对证券市场的发展造成更加严重的影响，因此通过危险犯的引入来实现对于法益保护的早期化，有利于维持社会秩序的稳定。但是，从保护投资者权益的角度来看，将仅仅违反规范而没有法益侵害危险的行为规定为犯罪，就会导致处罚范围的扩大，因此将对法益侵害的危险作为成立的要件，可以有效地限缩刑法处罚的范围。这也涉及证券犯罪保护法益的问题，即如何处理维护市场秩序的需要和保护投资者权益之间的关系。笔者认为证券市场的保护法益应当包含对于社会秩序的维持和对于投资者利益的保护两个方面这是基于当前证券发展现状下的必然选择，保护证券市场秩序的社会利益与保护投资者的权益的个人利益并不是矛盾的，对于证券犯罪中危险犯概念的引入，也是为了实现维护证券市场秩序和保护投资

---

① 付立庆：《行为犯概念否定论》，载《政法论坛》2013年第6期。
② 王崇清：《全流通时代的证券犯罪问题研究》，武汉大学2012年博士论文，第78页。

者权益之间的平衡。通过对于证券犯罪行为犯概念的承认,可以克服"行为犯"行为一旦实施完成,即构成犯罪的弊端,尽管危险犯的行为一旦实施完毕就推定危险的存在,但是仍给行为人留下了反证的机会,即只要行为人有证据证明危险不存在,即否定犯罪的成立,这也是立法的实益所在。

三、传统刑法因果关系学说与证券犯罪因果关系的认定

(一)传统刑法因果关系的评析

1. 大陆法系刑法因果关系的评析

条件说是由德国学者布黎所展开的。到现今为止,德国的判例和理论上的通说仍是条件说。日本目前判例的主流是条件说,但是理论上只有草野豹一郎、齐藤金作、江家义男等少数学者支持条件说。① 条件说认为,要认定存在因果关系,应当以实行行为与结果之间存在条件关系为必要,条件关系,通过"若无A则无B"这样的假定消去公式来判断。② 在条件说看来,在促使结果发生的所有条件中,任何一个条件的缺失都有可能导致结果不再发生,因此所有的条件都是结果发生的原因,所以条件说也被称为等价说、同等说、平等原因说。

相当因果关系说,是指根据社会生活的经验,对于因果关系进行一般的考察,如果一定的行为产生一定的结果被认为是相当的,那么就认为具有相当因果关系。相当因果关系说,也被称为相当说,定型因果关系说。该说从统计学和概率学的角度出发,认为根据一般的经验法则,由该行为引起该结果是通常现象,即可认定为具有相当因果关系。

客观归属论起源于黑格尔的法哲学思想,刑法关于"归属"的分类,包括两种:即主观归属和客观归属,前者指一定的行为引起一定的结果是由行为人的故意或过失导致的;后者指一定的结果是由行为人的行为所导致的。因此,客观归属论即客观的归属理论,是不包含任何主观方面的内容。客观归属论由三个方面的内容组成:(1)制造不被容许的风险;(2)实现不被容许的风险;(3)在构成要件规范保护目的的范围内。客观归属理论试图通过纯客观的判断来对行为人进行归责,但是刑法毕竟不是自然科学,纯粹客观的不夹杂任何价值色彩的判断,尤其是对行为人主观心理(故意或过失)的忽视,有违责任主义的要求,而在面对特殊认知的问题时,对于行为人主观方面的承认,被称为客观归责论者在背的芒刺。

2. 英美法系刑法因果关系的论述

美国刑法因果关系就整体而言,注重实用的双层次原因学说。即将原因分为事实原因和法律原因两个方面。事实原因建立在直观的基础上,根据民事侵权理论,对于事实原因的分析可以用"but-for"的公式去表达,即"如果没有a就没有b",

---

① 陈家林:《外国刑法理论的思潮与流变》,中国人民公安大学出版社、群众出版社2017年版,第167页。
② [日]松原芳博:《刑法总论重要问题》,王昭武译,中国政法大学出版社2014年版,第49页。

事实原因对于因果关系比较简单的案件大都能适用,但是对于案情比较复杂的,比如"共同原因"的情形,在两个彼此独立的因素共同作用于结果的发生时,就无法分辨哪个因素是造成结果的原因,则两个都不是原因。"法律原因"是为了弥补第一层次事实原因的不足,对于第一层次中的事实原因进行筛选,找出法律所关注的那一部分,从而对于事实原因的范围进行有效的限缩。对于法律原因筛选标准的不同,存在着近因说、预见说和刑罚功能说,三者都被称为法定原因理论。[①]

近因说在制定法上并没有一个明确的定义,对于近因说的内涵界定散见于刑法的判例中。所谓近因,是指没有被介入因素打断因果链条的,当然地或盖然地引起结果的事实原因。但是,并不是所有的事实原因都是近因,根据原因对于结果作用力的大小和强弱,被分为远因和近因,作用力大的叫近因,作用力小的叫远因,远因和近因并不是一个时间或者空间上的概念。[②]

预见说是以行为人的主观认识作为筛选法定原因的标准。行为人的行为要想成为结果发生的法定原因,必须具备客观方面和主观方面的条件,从客观上看,行为人的行为必须是结果发生的实际条件;从主观方面看,结果的发生在行为人的主观预见的范围内,即行为的结果与行为人意图发生的结果相似或相同。

刑罚功能说认为,由于因果关系的复杂性和刑事政策的多变性,因此因果关系不会有一个明确的定义。近因说、预见说对于因果关系的判断都只是基于某种特定的角度,无异于"瞎子摸象"。对于刑法因果关系的判断,应当与刑事责任联系起来,从众多的事实原因中筛选出能够体现刑罚的目的和功能的原因。

3. 我国刑法因果关系的评述

我国刑法传统理论认为因果关系是指原因和结果之间的一种引起和被引起的关系,引起者是原因,被引起者是结果。因果关系不包含原因和结果,而是指原因和结果之间引起和被引起的关系。这种引起和被引起的关系,不以人的主观意志而转移,因此是一种纯客观的判断。我国传统刑法理论将因果关系分为必然因果关系和偶然因果关系。

必然因果关系是指一定的危害行为合乎规律的引起一定的危害结果,即一定的危害行为是一定的危害结果产生的内在原因或者根据时,危害行为与危害结果之间就存在必然的因果关系。刑法上所指的因果关系只能是必然的因果关系。

偶然因果关系是指当一定的危害行为并不是一定的危害结果发生的内在根据,危害结果的发生,是由于其他因素的介入才发生的,那么危害行为与危害结果之间就是偶然因果关系。

偶然因果关系和必然因果关系的划分,是基于哲学中关于因果关系的划分为依据的。但是在哲学中,"偶然"和"必然"的划分标准本身就是不明确的。必然的发生,是偶然因素量的积累的结果,必然之中必然蕴含着偶然。基于此标准而

---

① 储槐植、江溯:《美国刑法》(第四版),北京大学出版社 2012 年版,第 38-39 页。
② 郭自力:《论英美刑法上的因果关系》,载《法治研究》2014 年第 6 期。

得出的刑法中的必然因果关系和偶然因果关系,也无法回避必然和偶然区分标准不明确的问题。鉴于此,我国有学者提出当前我国刑法因果关系的走向应当采取修正的相当因果关系说,该学者从修正的相当因果关系说与我国犯罪构成理论、实行行为理论的契合度出发,认为我国刑法因果关系的判断可以借鉴危险现实化说的判断框架,由于危险现实化说是实行行为危险性的判断依据,因此不能作为因果关系相当性的判断标准,对于因果关系相当性的判断可以参照结果的抽象化说和综合判断说。[①] 还有学者以事实和价值之间的关系为视角,对于刑法因果关系的判断,应当包含刑法事实因果关系和刑法价值因果关系两个方面。刑法事实因果关系旨在厘清事实上的因果及流程;刑法上的价值因果关系旨在通过在事实因果关系的基础上,筛选出具有刑法价值、可引起刑事责任的因果关系。承认刑法因果关系的价值判断并不意味着刑法因果关系客观色彩的消减,而是在事实的基础上,开启科学建构、完善价值判断的大门。[②] 笔者认为,上述学者关于刑法判断的事实判断和价值判断,实际上与英美刑法的双层次判断理论有异曲同工之妙,实际上不管是大陆法系的相当因果关系说,还是英美法系的双层次判断理论,都是在事实的基础上,选择值得刑法规范进行价值判断的因素,因此都离不开价值判断的内容。

(二)传统刑法因果关系理论在证券犯罪因果关系认定中的适用困境

1. 证券犯罪信息化特征明显,举证难度较大

证券市场具有参与主体众多,犯罪智能化、专业化、组织化等特征,特别是随着网络技术的突飞猛进,对证券的交易的方式、范围都产生了很大的影响,证券市场的交易逐渐以网络为载体,人们足不出户只需要敲击几下键盘,就能在全国各地的证券市场进行交易。但是网络发展带来便捷的同时,也使得证券犯罪的手段越来越隐蔽,范围不断扩大,从而使举证的难度不断增大。在2011年宣判的"带头大哥777"一案中,调查组就关于证券犯罪的新特点提出了四个方面的问题:一是证据的保全问题,因为网络的瞬息万变,一旦有时间间隔,网页就可能被删除;二是犯罪主体的身份问题,由于网络的虚拟性,很多主体在登记时的身份就真假难辨;三是被害人的身份问题,由于网络犯罪的涉案主体众多,因此被害人的身份难以确定;四是电子证据的保存问题,如聊天记录,在尚未立案阶段,相关部门在调查案件时,很难得到相关网络公司的积极配合,而等到立案阶段时,很多证据就会被删除。其次,金融的全球化,也使得证券犯罪跨国跨境的趋势更加明显,以首例"沪港通"跨境操纵案为例,唐某博等人涉嫌操纵"沪港通"标的股票"小商品城",非法获利4000余万元。在案件的查处过程中,由于犯罪手段的隐蔽性,给两地办案人员的查处带来了很大的难度。此案,也使中国证监会和香港证监会在2014年10月17日共同签署了《沪港通项目下加强监管执法合作备案录》。

---

① 李冠煜:《我国刑法因果关系论宜采取修正的相当因果关系说》,载《政治与法律》2017年第2期。
② 杨岩、刘士心:《事实、价值缠结中的刑法因果关系解析——以希拉里·普特南事实与价值缠结理论为分析视角》,载《北京理工大学学报(社会科学版)》2016年第6期

2. 影响证券交易价格或交易量的因素众多,传统因果关系难以证明

首先,在证券市场上,影响证券价格的因素众多,既有外部的社会因素的影响,如宏观经济政策、行业发展规划、国际国内的政治局势变幻、地区的军事冲突、国家的CPI宏观经济数据的发布,也有内部架构调整的作用,如公司的经营管理决策、增资扩股、人事调整等。因此,在众多影响价格变动的因素中,试图通过条件关系的运用,排除其他因素对于证券交易价格的影响是不切实际的。证券市场价格的波动是由于多种因素共同作用的结果,是"多因一果",而非"一因一果",条件关系的消去公式在此运用,无法认定一定条件的欠缺结果是否会发生。

其次,证券犯罪的结果往往通过证券交易的价格或者交易量的影响来体现,但是对于结果的认定,往往需要其他的证据进行佐证,从这个角度来看,证券犯罪的结果就具有一定的抽象性。将投资者的损失归咎于证券操纵者或者违规披露、不披露信息的人员,通过"相当性"中一般经验规则判断,就存在很大的不明确性。英美刑法中的原因说,虽然承认结果发生的盖然性理论,但是对于盖然性要达到多大的程度,并没有明确的说明。刑罚功能说中,以刑罚目的和刑事政策作为认定因果关系的标准,但是刑罚的目的具有一定的抽象性,刑事政策又处于不断调整的过程中,因此,以上述两项为标准,就会使法官的自由裁量权被扩大,有损法律的权威。我国的必然因果关系和偶然因果关系,对于因果关系的判断,其必然性和偶然性的本身就存在争议,以此为基础对于因果关系的判断结论就值得商榷。

(三)因果关系推定理论的提倡

1. 因果关系推定理论的内涵

因果关系推定理论是指对于某种表见事实所引起的损害,推定该事实与损害的因果关系存在,受害人无须证明因果关系的存在,即可请求损害赔偿,行为人只有以反证证明因果关系不存在,方可免责。① 从上述因果关系的推定概念可以看出,因果关系推定应分为三个步骤:一是被侵害人的初步证明,被侵害人应当就案件的基础事实进行初步的证明;二是推定,在被侵害人就案件的基础事实进行初步证明的基础上,推定损害事实与行为具有因果关系;三是,加害人就案件事实与损害之间的因果关系进行反证,以此作为免责法则。②

因果关系推定与举证责任倒置并不相同,不能将二者混为一谈。虽然二者的目的都在于减轻被害人的举证责任,但是二者在逻辑和适用上存在着很大的差异。举证责任倒置是指应当由此方当事人承担的举证责任予以免除,由彼方当事人对于待证事实从相反的方向承担举证责任。而因果关系推定则要求被侵害人就案件的基础事实和基础事实与损害事实的因果关系进行初步的证明,并非将所有的因果关系的证明责任都转给加害人承担。③

---

① 邱聪智:《民法研究》,中国人民大学出版社2002年版,第225页。
② 王崇清:《全流通时代的证券犯罪问题研究》,武汉大学2012年博士论文,第89页。
③ 叶增胜:《推定、倒置抑或第三条道路——环境污染侵权中因果关系举证责任分配研究》,载《社会科学家》2017年第8期。

2. 证券犯罪因果关系推定理论的合理性证成

第一,从因果关系推定理论在英美法系国家关于证券欺诈行为中的适用为视角,分析我国证券犯罪引入因果关系推定理论的合理性。① 美国关于证券欺诈行为的规定,主要体现在美国1934年《证券交易法》第10条b款和由SEC颁布的Rule10b-5中。根据10b的规定:"任何使用操纵性、欺骗性的手段或者计谋,旨在买入或者卖出任何类型证券"的行为都是被禁止的。该规则是美国反证券欺诈行为全方位的条款,对于操纵证券市场、内幕交易、虚假陈述行为进行有效的规制。在英美法系中,构成欺诈必须满足四个要件:一是存在不真实的陈述;二是该陈述涉及的事实具有重大性;三是陈述人明知进行不真实陈述会诱使对方信赖其陈述;四是对方因信赖陈述而遭受了损失。② 上述关于欺诈的构成要素可以看出,对于虚假陈述案件因果关系的认定,投资人需要证明因信赖虚假陈述而进行投资,从而造成自己的不当损失。因此,虚假陈述行为的因果关系认定包含两方面的内容:一是投资行为与虚假陈述之间的因果关系(交易因果关系);损失结果与虚假陈述之间的因果关系(损失因果关系)。然而,由于证券市场的专业性、特殊性,由投资者承担对于上述因果关系证明十分困难。因此为了解决上述问题,美国提出了欺诈市场理论,推定信赖原则的存在,即在一个发展良好的证券市场环境下,不实陈述行为,一般都会使投资者信赖,从而导致市场价格的波动。③ 美国对于虚假陈述行为因果关系的认定,采取的是因果关系推定理论。然而,有学者认为欺诈市场理论建立在有效市场假说的基础上,而我国证券市场属于弱势有效市场,直接借鉴市场欺诈理论推定因果关系存在不符合我国的国情。④ 笔者认为,市场欺诈理论虽是建立在有效市场假说的基础之上,美国关于欺诈市场理论的适用范围为交易因果关系的认定,这是建立在因果关系二分说的基础上。我国关于因果关系理论虽然没有采取二分说的立场,但是对于刑法因果关系的判断包括事实因果关系的判断和价值因果关系的判断两个方面,对于事实因果关系的判断采取因果关系推定理论,适当降低投资方的证明责任,并不会有失法律的公正。再者,我国对于交易因果关系和损失因果关系的区分,不仅获得了学理上的支持,同时也被我国的司法实践认可,以最高人民法院《关于审理证券市场因虚假陈述引发的民事赔偿案件的若干规定》第18条和第19条的内容可以看出,司法解释实际上在本条中同时推定了交易上因果关系和损失上因果关系。⑤

第二,从刑法因果关系推定理论的渊源来看,我国在环境污染犯罪案件中,很

---

① 之所以引入英美法系国家对于证券欺诈行为因果关系的认定,在于英美法系国家刑法因果关系与民事侵权的因果关系一脉相承,通过对比分析,对我国证券犯罪因果关系的认定具有重大的借鉴意义。
② 宋颐阳:《内幕交易罪犯罪主体识别理论之检讨——以美国法为视角的分析》,载《法学》2019年第3期。
③ 廖升:《操纵证券市场侵权责任之因果关系》,载《法学评论》2017年第1期。
④ 廖升:《操纵证券市场侵权责任之因果关系》,载《法学评论》2017年第1期。
⑤ 樊健:《我国证券市场虚假陈述交易上因果关系的新问题》,载《中外法学》2016年第6期。

早就引入了因果关系推定理论。环境污染犯罪和污染环境民事侵权案件一样,因果关系的认定具有间接性,原因在于环境污染手段的专业性以及时间的持续性。传统因果关系理论无法满足环境污染案件因果关系认定的需要,因此为了解决因果关系认定难的问题,环境污染刑事案件因果关系的认定借鉴了民事环境侵权案件因果关系推定理论,这一做法对于证券犯罪案件因果关系的认定具有同样的借鉴意义。对于特殊领域适当降低因果关系的证明标准,也有助于从当事人之间的公平出发,调和长久以来在特殊领域加害人和被害人因果关系举证的不平等现象。

第三,因果关系推定理论在证券犯罪因果关系认定中的适用,是把握证券犯罪新特征,与时俱进的彰显。在互联网背景下,网络证券犯罪较传统证券犯罪具有犯罪牵涉面广,涉案人数众多,犯罪行为的发生具有瞬时性等特征,传统证明证券犯罪因果关系相当性理论,在犯罪行为和危害结果之间关系的认定上往往显得捉襟见肘。同时相当因果关系说中,对于经验法则的认定也具有抽象性和模糊性,也难以为司法实践的具体操作提供可资借鉴的标准。相反,因果关系推定理论,首先通过公诉部门对于犯罪行为相关的具体事实进行举证,其次法院通过对相关事实的真实性进行审查,推定行为与结果之间因果关系的存在,最后由行为人对于行为与结果之间是否具有因果关系进行反证,不仅为行为人留下反证的机会,同时相比相当因果关系理论更具有可操作性。

第四,因果关系推定理论在证券犯罪中的适用,不仅仅是一种论证上的方法,更体现了程序上的正义。因果关系推定理论中间接反证理论的适用,为被告留下了反证的机会,有利于实现控辩双方之间的平衡。在证券犯罪因果关系的认定中,经验法则的判断往往因法官个人业务素质的高低存在着认识上的偏差,先验的认知对于案件处理的结果往往具有重大的影响。而影响案件结果的众多因素,如维稳的社会需要,被害人的呼声,导致案件的处理更注重实体上的正义,轻视程序上的公正。因果关系推定理论的引入是程序正义的彰显,是犯罪嫌疑人权益的保障。

(四)因果关系推定理论在个罪中的适用

1. 操纵证券市场罪因果关系的认定

我国《刑法》第 182 条关于操纵证券、期货市场罪的规定中,以及 2019 年 6 月 28 日,最高人民法院官网发布的《最高人民法院、最高人民检察院关于办理操纵证券、期货市场刑事案件适用法律若干问题的解释》中,对于操作证券市场行为除了集中资金优势、持股或者持仓优势或者利用信息优势联合或者连续买卖,操纵证券、期货交易价格或者证券期货交易量的规定中,对于实害结果的发生没有明确规定外,其余 8 种操纵证券市场的行为明确要求造成证券交易价格或者交易量的变动,因此在操纵证券犯罪的行为中,即有实害犯的规定,又有危险犯的规定。但是对于因果关系的讨论,以实害犯因果关系的认定为必要。正如学者所称,"结果犯的构成要件是以对行为客体产生不同于行为的空间和时间上可限制的效果为前提的……但是仅仅狭义的结果概念才具有解释学上的意义,因为只有狭义的结果概念才能提出因果关系问题。"① 由于危险犯没有讨论因果关系的必要,因此下文关于操纵证券犯罪因果关系的认定,是就实害犯而言的。

在证券市场中,影响证券市场行情的原因众多,以汪建中抢帽子交易案为例,最新出台的《最高人民法院、最高人民检察院关于办理操纵证券、期货市场刑事案件适用法律若干问题的解释》中,明确将"抢帽子交易行为"作为其他操纵证券市场行为。因此其构成操纵市场罪当无异议,但是本案的审理过程中对于因果关系的认定却值得我们深思。本案在一审过程中,汪建中及其律师辩护称对于典型的操纵证券市场行为,应当证明操纵行为与股票外在表现之间的因果关系,只有在行为人的操纵行为与股票的外在表现之间具有内在联系,才能认为行为和结果之间具有因果关系,汪建中的抢帽子交易行为与证券交易价格之间没有必然的因果关系,股票价格的变动是因为宏观经济面的刺激。② 上述案件中的争议,可以看出由于股票价格的变动是受多种因素综合作用的结果,直接证明操纵证券的行为与结果之间的因果关系并非易事。但是根据《证券市场操纵行为认定指引》第 14 条的规定,对于操纵行为与结果之间的因果关系的证明是认定操纵行为构成犯罪的构成要件之一。有学者认为,"考量某证券的交易价格和交易量是否受影响,可从该证券的基本面和相关外围因素如证券的市场状况入手,如果该只证券的基本面没什么变化,相关外围因素亦比较稳定,而其价格与大盘指数偏离较远,趋势明显与基本面不符的,则可认定影响证券交易价格。资金量是影响交易价格和交易量的重要因素,但不是唯一因素。在汪建中操纵证券一案中,北京首放发布的'掘金报告'影响广泛,影响投资者的投资行为,进而影响证券交易价格和交易量。"③ 而《证券市场操纵行为认定指引》第 14 条关于操纵证券行为对于股票交易价格或交易量的影响的认定,也是依据价格与大盘之间偏离的指数,以及价格的异常变动来认定的。该法第 15 条规定:"证券执法人员可以根据证券市场有关状况或证券市场发展规律,依据普遍的经验法则和证券市场常识,对行为人的行为是否是证券交易价格或者证券交易量变动的重要原因进行判断,并说明判断的依据和结果。"基于此,不管是学理上的意见还是法律上的规定,对于操纵证券行为的认定都是采取推定的方式。

操纵证券市场罪因果关系的认定采取推定的方式,首先,是基于证券犯罪市场的隐蔽性比较强、行为人往往处于绝对优势的地位;其次,证券犯罪的周期比较长,涉及面广,与环境犯罪案件的因果关系具有相似性;最后,基于证券犯罪的复

---

① [德]汉斯·海因里希·耶赛克、托马斯·魏根特:《德国刑法教科书(上)》,徐久生译,中国法制出版社 2016 年版,第 354 页。
② 田宏杰:《操纵证券市场行为的本质及其司法认定》,载刘仁文主编:《证券期货犯罪的刑法规制与完善》,社会科学文献出版社 2018 年版,第 103 页。
③ 王崇青:《"抢帽子"交易的刑法性质探析——以汪建中操纵证券市场案为视角》,载《政治与法律》2011 年第 1 期。

杂性，基于诉讼经济性的考虑。①证券市场的非正常价格因素，既可能是由于证券操纵行为的影响，也可能是由于投资者的投资决策发生作用，或者是由于其他因素的介入所导致。因此，对于操纵证券行为采取因果关系的推定模式，具体适用过程，学者提出应当包括三个方面的内容即：基础事实的证明、推定和反证。②笔者认为具有一定的合理性，首先，由检察院对于行为人操纵行为的事实和操纵行为对于价格影响的事实进行举证，证券交易价格与证券所关涉的金融商品以及与之相关的交易信息具有千丝万缕的关系，因此，控方并不需要证明操纵行为与投资者受引诱有直接的因果关系，而只需要证明操纵等市场滥用行为实际上影响了证券市场信息，如造成价格的波动。③其次，检察院对于上述关于操纵行为所引起的价格变动或者交易量的变动事实进行举证，与对方的辩护律师就事实的真伪进行辩论。最后，被告人如果能证明投资者是以合理的价格进行交易或者从事的金融商品交易或者涉案操纵行为对于价格的变动没有重大影响，则可以阻断操纵行为与投资者受引诱之间的因果关系。④在这里值得注意的是对于证券市场上的羊群行为，是否可以以被害人承诺为阻却事由，从而阻却行为人的刑事违法性。笔者认为，对于证券市场上的羊群行为，即使投资者明知自己的投资行为可能是他人操纵市场的结果，而仍然选择投资，也不能认为是被害人的有效承诺。因为，被害人即使承诺了操纵的行为，但是对于操纵行为所产生的结果（对于自己利益造成损坏）并没有承诺。

2. 内幕交易罪因果关系的认定

我国《刑法》第180条关于内幕交易罪的规定中，并没有要求具体的侵害结果的发生，因此我国对于内幕交易罪的立法规定应当为危险犯，即只需要具有法益侵害的危险即可。因此，对于内幕交易罪因果关系的认定本无必要。但是对于内幕交易罪中的主观认定是否以"利用"为构成要件要素，即持有内幕信息与交易之间的因果关系问题，值得我们去思考。

"刑事追诉的直接目标，在于确认被告人是否犯有一定的犯罪事实。而犯罪事实，不过是符合构成要件的犯罪事实。"⑤就内幕交易罪而言，行为人主观上是否利用内幕信息的证明非常困难。因此，通过推定的方式对于待证事实进行可反驳的推定，对于待证事实与构成要件的契合具有重要的意义。我国《刑法》第180条未将利用内幕信息作为必要要件，但《证券法》第50条明确规定："禁止证券交易内幕信息的知情人和非法获取内幕信息的人利用内幕信息从事证券交易活动。"我国对于内幕交易是否应当将利用作为构成要件，存在肯定说和否定说之争。

---

① 王崇清：《全流通时代的证券犯罪问题研究》，武汉大学2012年博士论文，第92-93页。
② 王崇清：《全流通时代的证券犯罪问题研究》，武汉大学2012年博士论文，第94-97页。
③ 谢杰：《反思操纵证券、期货市场罪的犯罪实质》，载刘仁文主编：《证券期货犯罪的刑法规制与完善》，社会科学文献出版社2018年版，第70页。
④ 谢杰：《操纵资本市场犯罪刑法规制研究》，上海人民出版社2013年版，第50页。
⑤ 杜宇：《犯罪构成与刑事诉讼之证明——犯罪构成程序机能的初步拓展》，载《环球法律评论》2012年第1期。

肯定说认为应当以利用内幕信息进行内幕交易作为内幕交易罪的构成要件之一。对于内幕交易罪的认定，应当明确交易行为是否利用内幕信息。即使是内幕人员，如果没有利用内幕信息，也不构成该罪。① 还有学者认为，对于内幕交易罪的认定，应当纠正长期以来以内幕人员为中心论的观点，并不是内幕人员一旦实施买卖、建议的行为就构成内幕交易罪。② 还有学者从立法的精神、《刑法》和《证券法》对于内幕人员是否明确划分"应当知悉内幕信息"和"实际知悉内幕信息"，以及立法中关于证券交易行为的限制等方面，阐释了利用内幕信息的必要性。③

否定说认为，从证明的角度出发，如果将利用内幕信息行为作为构成要件，将会对举证带来很大的困难。从法条的原意出发，我国《刑法》未将利用行为作为要件，是一种严格责任制度。以立法的对比为视角，美国法中未将利用作为要件，同时如果将利用作为要件，会加重控方的证明责任，也会使被告轻易逃避处罚，扰乱证券市场的有序运作。④

笔者认为，对于内幕交易罪的认定应当肯定"利用"的构成要件地位。这即符合立法的目的，同时也符合刑法谦抑主义的要求，避免处罚范围的扩大。同时刑事程序法中证明程度的难易与实体法中是否将利用作为构成要件是不同层面的问题，不能因为证明的困难，就否定对行为人主观的认定。对于内幕信息和交易行为之间的因果关系，可以采用推定的方式。具体包括三个方面：（1）基础事实的证明：控方对于交易时间（一般行为人接触到内幕信息会立刻进行交易）、交易规模（行为人接触到内幕信息后交易量与平日相比会有很大变化）、交易方式和交往记录（在内幕信息敏感期内，行为人是否改变交易量、行为人与他人的谈话聊天记录）相关的事实进行举证；（2）推定：通过控方对于上述事实的举证，由法院对于事实的真伪进行判断，推定行为人利用内幕信息；（3）反驳：行为人可以通过存在先前计划，如行使可转换债券或认股权证等权利、分红再投资计划、股权转让安排等。⑤

第五节　证券犯罪中共同犯罪的认定

一、共同犯罪基础理论与证券犯罪

（一）问题的提出

我国《刑法》第 25 条第 1 款规定："共同犯罪是指两人以上共同故意犯罪。"这

---

① 刘宪权：《证券期货犯罪理论与实务》，商务印书馆 2005 年版，第 334 页。
② 薛瑞麟：《金融犯罪研究》，中国政法大学出版社 2000 年版，第 268 页。
③ 张小宁、解永照：《证券内幕交易罪行为的若干问题探析》，载《江西科技师范学院学报》2011 年第 2 期。
④ 张小宁、解永照：《证券内幕交易罪行为的若干问题探析》，载《江西科技师范学院学报》2011 年第 2 期。
⑤ 缪劲翔：《证券内幕交易罪的认定——基于刑事推定的展开》，载《比较法研究》2013 年第 4 期。

种简单粗暴型的立法,在面对现实中的疑难案件时往往左支右绌。而共同犯罪问题,作为刑法基础理论中的重要命题,对于疑难案件的解释能力无疑会引起司法实务界的广泛关注。

从司法实践来看,证券犯罪体现出了智能化、专业化、组织化、跨区域性等特征。这种情况不仅对于案件的侦查、起诉和审判带来了很大的挑战,同时还要求刑法的适用理论以及认定机制在面对新问题时进行重构和必要的调整。根据现行的共同犯罪的通说,两人以上共同故意犯罪,要求具备"共同的犯罪行为"和"共同的犯罪故意"两个方面的条件。在这种"整体认定犯罪"的模式下,基于刑事证明的高规格标准,适用共同犯罪来处理经济社会中的危害行为显得力有不逮。① 特别是随着互联网技术的迅速发展,证券犯罪的作案手段不断翻新,对于为实施证券犯罪提供网络平台的行为,应当以证券犯罪的帮助犯论处还是以非法经营罪论处,也对司法实践带来了很大的困惑。再者案件的跨区性特征日渐明显,在案件的侦查、起诉、审判过程中,当案件的涉案人员不能全部归案时,对于共同犯罪的认定就会非常困难,由于证明案件事实的证据不能完整呈现出来,对于相关人员就无法以共同犯罪处罚。此外,证券犯罪中有些罪名的设置以特定的身份者作为构成要件,如内幕交易、泄露内幕信息罪、利用未公开信息交易罪、对于无身份者能否构成相应身份者的共同正犯,对传统的共同犯罪理论也带来了很大的冲击。通过对裁判文书网中,关于证券犯罪案件的检索,在涉及多名犯罪人的案件中,是否具有共同的故意,往往是控辩双方争论的焦点,辩方常常以对案件的不知情,而主张自己无罪。特别是在证券犯罪的组织性日益明显的情况下,一些看上去与案件无关的的帮助行为,如提供专业的金融知识咨询,却对于案件的发生具有重要的作用。是否以共同犯罪对行为人进行定罪处罚,关乎罪与非罪的判断,以及罪刑均衡原则的体要求。但是,就目前关于共同犯罪的研究成果中,学者的主要聚焦点仍在于对传统犯罪的解读。因此,在证券犯罪中如何构建共犯认定规则,不管是理论层面的学说争鸣、还是立法层面的规则完善甚至司法层面的规范裁量,都具有重大的意义。

(二)我国传统共犯认定模式在证券犯罪适用中的困境

我国传统共犯理论在认定共同犯罪中,要求二人以上应当具有共同的犯罪行为和共同的犯罪故意。这种整体认定共同犯罪的思维模式,得出成立共同犯罪的结论之后,对各共犯人按照该罪定罪处罚,再考虑各共犯人在共同犯罪中所起的作用予以量刑。这种抽象的判断参与人是否实施了所谓的犯罪行为,而不考虑各犯罪人对于结果发生的因果力的大小,会不当的扩大处罚范围。②

"整体认定犯罪"的模式与证券犯罪中"共同的犯罪行为"认定中的困境。"共同的犯罪行为"是指各行为人共同实施相同的犯罪行为或者各行为人之间相互配

---

① 毛玲玲:《经济犯罪中共同犯罪问题的解决路径》,载《上海政法学院学报(法治论丛)》2017年第6期。
② 张明楷:《刑法学》,法律出版社2016年版,第380页。

合协作完成相同的犯罪行为。对于证券交易涉及多个领域的问题,一只股票的上市往往需要涉及上市公司、证券公司、律师事务所、证券登记结算机构等,因此证券领域的犯罪行为,仅靠一人是难以完成的,这也导致了证券领域内外勾结作案的发生。而侦查机关对于案件的侦查、取证,必须证明各行为人的共同犯罪行为指向同一犯罪,但是由于不同环节的分工合作,各行为人的犯罪行为所侵害的法益有时候会不同,特别是在内外勾结作案中,利用内部人员职权行为所具有的便利实施犯罪,在一定程度上又导致了职务腐败的发生,在这种情况下,能否以共同犯罪定罪就是很大的问题。

"整体认定犯罪"的立法模式与证券犯罪中"共同故意"认定的冲突。"共同犯罪故意"是指行为人在对共同犯罪行为具有同一认识的基础上,对于犯罪结果的发生所持有的故意或放任的态度。"共同犯罪故意"的认定,往往以各行为人之间是否具有意思联络或者事前通谋为载体,这也导致了在证券犯罪中,侦查机关对于"共同犯罪故意"举证的困难。特别是随着互联网技术的发展,意思联络的方式也发生了很大的变化,在过去往往以计划书、意愿书的形式展现,现在更多的是通过微信、QQ 聊天记录的方式存在,但由于网络的虚拟性,证据很容易被破坏,这也成为行为人脱罪的事由。如在广发证券总裁董甲与其弟董乙的内幕交易案中,被告人董甲在公安机关侦查阶段曾承认自己将内幕信息泄露给了弟弟董乙,但是在起诉和审判阶段却突然翻供。董乙也一直否认对于内幕信息知情,并且强调自己对于内幕信息的判断是基于技术分析和炒股经验。[①]

(三)犯罪共同说与行为共同说

1. 犯罪共同说

传统的犯罪共同说认为,共犯是指数人共同实施犯罪,犯罪是应当符合客观构成要件特征,传统的犯罪共同说要求的是"数人一罪"。但是,在数人实施的犯罪具有轻微的差异时,如甲和乙一同对丙实施犯罪行为,甲以抢夺的故意,乙以抢劫的故意,在这种情况下,甲和乙是否构成共同犯罪?根据处理结果的不同,犯罪共同说又分为严格的完全犯罪共同说、完全犯罪共同说和部分犯罪共同说。

2. 行为共同说

行为共同说认为,共同犯罪是指数人共同实施了行为,而不是数人共同实施了特定的犯罪。对于共同犯罪的认定,既不需要数人实施的行为构成特定的犯罪,只需要具有共同的行为即可,也不需要数人之间具有共同实施犯罪的意思联络,数人数罪是这一学说最典型的特征。

关于共犯的本质,存在行为共同说和犯罪共同说之间的对立。持行为共同说的学者认为,第一,共同犯罪是不法形态,共同犯罪中的"犯罪"应当是不法层面上的犯罪,而完全意义上的犯罪是指不法和有责两个层面。第二,行为共同说能够全

---

① 彭晶:《内幕交易罪的认定及有关争议问题》,载《中国检察官》2011 年第 5 期。

面地认定共同犯罪,而且没有扩大处罚范围,行为共同是指构成要件的重要部分共同,即使承认共同犯罪,各共犯人也只能在自己的故意、过失的限度内承担责任。第三,行为共同说并不违反我国的立法规定。我国《刑法》第 25 条规定:"二人以上共同故意犯罪"可以理解为"二人以上共同去故意犯罪",因此,25 条第 1 款只是限制了共同犯罪的成立范围,而不是否认了行为共同说。① 反对者认为行为共同说违反了刑法罪刑法定原则、罪责刑相适应原则,对《刑法》第 25 条的规定中添加一个"去"字,实际上是对实定法障碍的突破,从构成要件的位置、责任主体、责任的整体性与个别性的关系以及连带责任等角度,可以得出行为共同说是对责任主义的违反。② 上述对于共同犯罪中的"共同"的理解,并结合我国共同犯罪认定的理论,笔者认为部分犯罪共同说的观点具有优越性。部分犯罪共同说不仅对于行为的共同进行了修正,突破了完全犯罪共同说对于行为的认定必须为相同的犯罪的极端,同时还对行人的主观方面进行了规定,行为人应当在犯罪重合的部分存在共同故意,这样的规定是共犯本质与时俱进的要求。在部分犯罪共同说的前提下,结合证券犯罪本身的特点,对于证券领域的共同犯罪的认定,在坚持传统的以"正犯"为中心的同时,也要注重"规范"的作用,因为正犯是整个犯罪行为中的核心人物,通过对于法益造成侵害结果或者危险,从而支配犯罪的结果的发生与否,同时证券犯罪又是侵害证券市场秩序的犯罪,因此对于支配的理解应当从因果力的角度出发,只有对于法益侵害结果具有因果力的行为,才是刑罚处罚的对象,仅仅通过表面上的行为是否具有相互配合、相互协作的特征去认定共犯的成立,是不可取的。

二、证券犯罪中共同犯罪认定的疑难问题

(一)一般主体利用未公开信息交易行为的认定

为了维护证券市场正常的交易秩序,刑法修正案七专门规定了利用未公开信息交易罪。我国《刑法》第 180 条第 4 款关于利用未公开信息交易罪的规定,包含了两个方面的内容:一是证券交易所、期货交易所等金融机构从业人员或行业协会的监管人员自己利用职务便利,从事相关的证券、期货交易;二是,明示、暗示他人进行交易。就第二种情况,才涉及一般主体利用未公开信息进行交易的行为能否认定为利用未公开信息交易罪的共犯问题。

一般主体能否成为利用未公开信息交易罪的共犯,涉及无身份者能否成为特定身份犯的共犯。对于此问题的争论,存在着肯定说和否定说两种观点。持否定说的学者认为一般主体不能成为对于犯罪主体身份有特殊要求之罪的共犯,因为在特定犯罪中,对于犯罪主体的特定身份的要求,是基于特定主体所享有的权利,

---

① 张明楷:《刑法学》,法律出版社 2016 年版,第 393-394 页。
② 马荣春:《行为共同说的法教义学批判》,载《法律科学》2018 年第 5 期。

既然特定主体所享有的特定权利一般主体不能享有，那么特定主体相对应的义务，一般主体也不应当承担。在以特殊主体为基础的共同犯罪中，如果缺少特殊主体的作用，剩下的只是刑法需要禁止和惩罚的某种行为。① 持肯定说的学者存在两种观点，一是一般主体能够实施部分有特殊主体要求之罪的行为，也不代表其可以实施该罪的实行行为，一般主体无法构成有特殊主体要求之罪的实行共犯。构成要件的实行行为，只能由具有特殊身份的人实行，因为在特定的身份犯中，行为人的特定构成要件的身份也是构成要件客观方面的主要内容。② 二是无身份者可以构成真正身份犯的正犯。因为从规范层面来看，我国法律规定中并不排斥无身份者成立正犯；从教义层面看，形式客观说减弱；从现实层面看，可罚性大小需要实质进行判断。③ 笔者认为，对于正犯和共犯的划分，一直以实行行为作为划分的依据，实施构成要件要求的行为人，为正犯。但是随着形式客观说逐渐式微，实质客观说以及行为支配理论的兴起，对于共犯与正犯的划分应当采取实质的标准。应当以行为对于法益侵害结果作用的大小来认定正犯和共犯。对于身份犯处罚的根据应当由"义务违反说"向"法益侵害说""行为支配说"转变。在"法益侵害说"及"行为支配说"的背景下，之所以身份会受到很大的关注，在于有些法益的保护与身份息息相关，共犯只能依托于正犯对法益进行侵害。④ 但是，这并不意味着有身份者在共同犯罪中对于法益的侵害具有更大的作用，而必然是正犯。⑤ 满足构成要件的行为，被认为是实行行为，只是从形式上进行判断，对法益的侵害大小才是从实质上判断的标准，因此无身份者也可以构成身份犯的正犯。具体到利用内幕信息交易罪的共犯认定中，利用内幕信息交易罪的实行行为既能由特定身份的人实施，其他人也能认定为内幕信息交易罪的正犯、帮助犯或者教唆犯。在明示或者暗示他人从事证券期货交易中，如果被明示或暗示的人，没有进行相关的证券、期货交易的行为，那么双方行为人都不构成利用未公开信息交易罪，因为本罪的立法目的在于处罚特定主体的交易行为对于其他投资者造成的损失，在被明示、暗示进行交易活动的人未进行交易的情况下，并没有对于证券市场的交易秩序造成损害，因此不应当以犯罪论处。单纯泄露内幕信息的行为不属于利用未公开信息交易罪的保护范围，该罪的本质在于"交易"。⑥

此外，本罪中对于一般主体与特殊主体构成共同犯罪，根据一般主体与特殊主体之间有无意思联络，对于共犯的认定可以分为以下几种情形：（1）未公开信息的知情人与他人合谋，他人利用未公开信息进行证券期货交易，则未公开信息的知情

---

① 杨兴培、何萍：《非特殊身份人员能否构成贪污罪的共同犯罪》，载《法学》2001年第12期。
② 刘宪权、林雨佳：《利用未公开信息交易共同犯罪的认定》，载《政治与法律》2019年第4期。
③ 陈文昊：《无身份者可以构成真正身份犯的正犯——从实质立场出发的考察》，载《行政与法》2018年第2期。
④ 吴飞飞：《身份犯的处罚根据论》，载《现代法学》2009年第4期。
⑤ 刘艳红：《论正犯理论的客观实质化》，载《中国法学》2011年第4期。
⑥ 刘宪权、林雨佳：《利用未公开信息交易共同犯罪的认定》，载《政治与法律》2019年第4期。

人与行为人成立利用未公开信息交易罪的共同正犯；（2）未公开信息知情人明示、暗示他人从事相关的证券、期货交易活动，他人并不知道是未公开信息，只是按照指示进行相关的交易活动，则未公开信息的知情人构成利用未公开信息交易罪的间接正犯；（3）未公开信息知情人明示、暗示他人从事相关的证券期货交易行为，他人知道是未公开信息并愿意提供帮助，则他人构成利用未公开信息交易罪的帮助犯。对于是否具有意思联络，可以根据《最高人民法院、最高人民检察院关于办理利用未公开信息交易刑事案件适用法律若干问题的解释》第 4 条的规定进行判断。如，华夏基金公司童汀在 2009 年 1 月至 2014 年 6 月担任华夏红利基金和华夏成长基金经理期间，负责独立决策基金投资股票市场，能够查询华夏红利二组和成长基金各组的交易、持仓情况等保密信息，其父童学毅曾主动询问其任职华夏基金公司股票池里的股票信息，童汀也曾主动向童学毅推荐股票信息，为了规避监管，童学毅和童汀各自办理了不少不记名手机号传递股票信息。童学毅利用自己操控的"赵某""徐某""支某""金某""王某"五个证券账户先于（1—5 个交易日）、同期或者晚于（1—2 个交易日）童汀管理的红利基金二组、成长基金一组进行相同的股票交易。根据沪深交易所核算，上述账户累计成交金额 71518 万余元，实际盈利 1256.8858 万余元。法院认为童汀与其父童学毅构成利用未公开信息交易罪的共犯。① 因此，如果一般主体与特殊主体之间存在亲属关系、利益关系，又存在多次交易行为，一般可推定二者之间具有意思联络。

（二）非法帮助设立网络平台行为的认定

以杨某甲非法私设证券网络交易平台非法经营案② 为例，被告单位东方财经（福州）网络有限公司与陕西融泰投资咨询有限公司（具有证券投资咨询业务资质）签订合作协议，双方共同开发建设操盘英雄汇网站。东方财经网络有限公司负责技术开发、管理以及网站推广等具体事务，陕西融泰投资咨询有限公司主要负责提供网站上的财经文章、有关财经信息和证券研究成果信息以及音像言论信息等。2010 年被告人杨某作为被告单位东方财经网络有限公司的总经理负责公司事务，杨某在此期间聘请杨某乙、周某甲、杨某丙等人为业务员，利用操盘英雄汇网站上的内容从事向客户推荐股票类资讯信息的相关业务行为，并收取相应的股票资讯费等费用。2010 年 1 月至 12 月，被告单位东方财经网络有限公司共收取咨询费计人民币 110 余万元。本案经福州市鼓楼区人民法院一审，判处杨某及被告单位东方财经网络有限公司犯非法经营罪，陕西融泰投资咨询有限公司未被起诉。

随着互联网技术的发展，网络平台在证券行业中的发展也越来越广泛，网络平台的引入，为传统证券市场的发展注入新鲜血液、带来极大便利的同时，也为犯罪分子非法设立、帮助设立网络平台进行不法的证券交易活动提供了契机。司法实

---

① 重庆市第一中级人民法院刑事判决书（2016）渝 01 刑初 63 号。
② 福建省福州市鼓楼区人民法院刑事判决书（2012）鼓刑初字第 441 号。

践中，以设立网络平台进行证券交易的案件层出不穷，对于设立网络平台进行证券交易的行为，依据我国《刑法》第 225 条第 3 项的规定："未经国家有关主管部门的批准非法经营证券、期货、保险业务的，或者非法从事资金支付结算业务的。"往往以非法经营罪定罪处罚。如在上述案件中，被告人杨某及其所属单位东方财经网络有限公司被处以非法经营罪。笔者认为，对于非法设立网络平台进行证券交易的案件，以非法经营罪定罪的观点，其着眼点在于"未经国家批准"而非法经营证券业务，而忽略了对于行为人真实目的的定性，行为人非法设立网络平台只是其进行证券期货交易行为的载体，因此计算机网络只是行为人实施特定证券犯罪的工具，因此对于行为人应当以其实施的特定证券犯罪定罪处罚。

对于为行为人实施证券、期货交易非法帮助设立网络平台的行为人或者单位如何进行定罪，司法上并没有一个统一的标准。在上述案例中，对于具有合法资质帮助设立网络平台的陕西融泰投资有限公司，法院并没有对其进行处理，笔者认为主要原因在于刑法规范并没有明文规定对于帮助设立网络平台的处罚规定。但是，帮助设立网络平台为行为人非法进行证券交易提供便利，不论从其社会危害性还是应受刑罚处罚性来看，都不缺乏刑法规制的正当性。从非法帮助设立网络平台行为所侵犯的法益来看，笔者认为并没有触及新的法益，非法帮助设立网络平台的行为，所侵犯的法益仍然是证券市场的秩序和投资者的合法权益，因此对于非法帮助设立网络平台的行为人和单位，应当与利用网络平台进行证券交易的行为人构成共同犯罪。因此，就上述案件来说，陕西融泰有限公司应当与杨某构成共同犯罪，其中陕西融泰有限公司为帮助犯，具体罪名应当以杨某所实施的特定证券犯罪定罪处罚。

第六节　互联网证券犯罪的刑法规制路径

一、互联网证券犯罪的规范阐释

（一）问题的提出

随着互联网金融的迅速发展，不仅对传统的银行行业，同时对新兴的证券市场也产生了重大的影响。作为互联网金融的重要组成部分，网络证券在我国的发展始于 2000 年中国证监会及证券协会发布的《网络证券委托暂行管理办法》《证券公司网络委托业务核准程序》。2013 年 3 月，中国证券协会和中国证券登记结算公司发布的《证券公司开立客户账户规范》《证券账户非现场开户实施暂行办法》，为证券市场的进一步完善提供了法律上的依据。2014 年 5 月，国务院印发的《关于进一步促进资本市场的健康发展的若干意见》中明确指出：支持证券、期货服务业利用高新技术创新产品，参与资本市场的发展过程，促进互联网金融稳步、健康发展，这一政策性指引,为网络证券的发展提供了良好的社会环境。①互联网证券的发展改变了传统证券发展的模式,一是证券经营机构实行网上开户的模式,并且明显降低了佣金;二是加快证券市场的全球化,取消公司外资股比限制。2019年10月11日,证监会发布消息,自2020年1月1日起,在全国范围内取消期货公司外资股比限制;自2020年4月1日起,在全国范围内取消基金管理公司外资股比限制;自2020年12月1日起,在全国范围内取消证券公司外资股比限制。除了证券业的开放,嘉信理财在2019年10月1日宣布"零佣金",引发了TD Ameritrade等主流互联网券商的跟随,美国进入了零佣金时代。②三是网络证券平台的建立,使得融资、融券等业务可以在网上进行,同时可以根据网络的特点提供适合的网络理财产品;四是推进网络综合服务的建立,提供包括消费、支付、理财、融资、风险管理在内的综合证券服务。③

但是,网络证券市场不断创新的同时,以"带头大哥777"王秀杰非法经营证券业务案为例的全国互联网证券犯罪第一案的发生,以及近几年来网络股权众筹平台的发展,所引发的金融风险涉及集资诈骗罪、非法吸收公众存款罪、擅自设立金融机构罪等法律红线,因此在网络创新的同时,有效防控金融风险,成为现阶段我国金融业健康发展的重要课题。2016年国务院发布《互联网金融风险专项整治工作实施方案》,明确指出要实现金融创新和金融风险防控并重。因此,笔者从互联网证券犯罪的基础概念入手,结合当前互联网证券犯罪的表现形式,提出针对性的措施,从而深化互联网证券的体系改革。

(二)理论概览:网络证券犯罪的概念与类型

1. 网络证券犯罪的概念

网络证券的表现形式体现在两个方面:一是券商业务;二是基金业务。前者的模式为(1)通过网站、移动客户端进行证券网上交易;(2)通过网络在线销售银行理财产品;(3)提供与证券有关的咨询服务,如财经咨询、投资信息等;(4)提供融资、融券服务以及小额股权质押业务;(5)股权众筹和私募股权业务。表现方式为以网络股权众筹为平台,在投资者和融资者之间搭建桥梁。后者主要是指以在网上销售基金为主要业务。④

从网络证券的表现形式可以归纳出所谓的网络证券犯罪,指的是自然人或者单位违反证券管理法律法规,侵犯他人合法利益,应当受到刑法处罚的行为。从网络证券犯罪的主体来看,包括自然人和单位,既包括投资者,也包括券商和基金从业者;从网络证券犯罪的侵害法益来看,包括证券市场的管理秩序以及投资者的合

---

① 杨程、刘坤:《网络证券犯罪及刑事救济路径研究》,载《中国刑警学院学报》2017年第2期。
② 《证券业加速开放 国内券商影响几何?》,https://emwap.eastmoney.com/news/info/detail/201910171263510890?from=singlemessage,访问日期:2019年10月18日。
③ 刘宪权:《互联网金融时代证券犯罪的刑法规制》,载《法学》2015年第6期。
④ 杨程、刘坤:《网络证券犯罪及刑事救济路径研究》,载《中国刑警学院学报》2017年第2期。

法利益。

2. 网络证券犯罪的类型

网络证券犯罪的类型与传统证券相比，因其发生于网络空间，因此更多体现了信息化的特征。关于网络证券犯罪的类型，有的学者从网络证券的行为方式进行区分，从基本型网络证券犯罪和信息型网络证券犯罪两个方面进行论述；① 有的学者从网络证券犯罪的信息化特征出发，认为网络时代的证券犯罪主要表现在信息操纵、信息欺诈和信息滥用三个方面。② 笔者关于网络证券犯罪的类型划分主要以网络证券交易行为可能涉及的犯罪为划分依据。

首先是非法发行、设置网络证券交易行为所涉嫌的犯罪。随着互联网技术的发展使得证券市场交易行为更加的快捷，交易成本更低。传统关于证券市场投资信息的传播，主要是通过人工方式进行，如虚假电话、虚假信息的发送，使特定的虚假信息到达特定的群体之中。但是随着计算机技术的日新月异，关于股票发行、股权众筹的信息，可以通过特定的门户网站、手机移动终端到达投资者的手中，从而对于投资者的决策产生重大的影响。在网络证券的发行过程中，犯罪行为人主要通过虚构公司证券已经获得海外证券机构注册或者已经得到我国证券机构的批准，从而诱骗投资者进行该证券的交易活动。以"PE非法集资第一案"为例，上海汇乐公司控制人黄某在未获得股权发行许可的情况下，以公开的方式向社会不特定群体发行股票募集资金，非法集资13000余万元。非法设置网络证券行为主要指的是私募股权的情形，集资者往往打着股权众筹的幌子，实际上行集资诈骗之实。如在"中晋公司集资诈骗案"中，中晋公司管理人徐某在管理中晋资产管理（上海）有限公司期间，通过投放广告等方式公开宣传，以"中晋合伙人计划"名义设立虚假股权私募基金产品，非法吸收公众资金，涉嫌集资诈骗犯罪。对于非法发行、设置网络证券的交易行为可能涉嫌罪名主要集中在非法吸收公众存款罪、集资诈骗罪。另外在个别情况下，还可能涉嫌欺诈发行股票、债权罪、诱骗投资者买卖证券罪。值得注意的是，诱骗投资者买卖证券的行为与编造并传播证券虚假信息的区别在于前者往往具有盈利的目的，这种股票主要集中于新能源、科创板等高科技产品的开发，投资者对此往往了解甚少。

其次是操纵证券市场罪、编造并传播证券交易虚假信息罪。网络操纵证券市场犯罪中，犯罪行为人往往通过对虚假信息的宣传或者利用自身的优势连续买卖证券，达到操纵证券市场价格的目的，并从中获取巨额利润。自2019年7月1日起施行的《最高人民法院、最高人民检察院关于办理操纵证券、期货市场刑事案件适用法律若干问题的解释》在刑法第182条第1款第1项至第3项规定的联合、连续交易操纵、约定交易操纵、自买自卖操纵三种操纵证券、期货市场的方法下，结合司法实践和实际案例，又增加了六种操纵证券、期货市场的方法，包括"蛊惑交

---

① 杨程、刘坤：《网络证券犯罪及刑事救济路径研究》，载《中国刑警学院学报》2017年第2期。
② 刘宪权：《互联网金融时代证券犯罪的刑法规制》，载《法学》2015年第6期。

易操纵""抢帽子交易操纵"(黑嘴荐股操纵)"重大事件操纵"(指编故事、画大饼的操纵行为)"利用信息优势操纵""恍骗交易操纵"(也称虚假申报操纵)"跨期、现货市场操纵"。其中利用信息优势操纵，即是当前互联网背景下操纵证券犯罪的主要形式。利用信息优势操纵，具体表现在以下两个方面：一是犯罪行为人通过在网上编造、传播虚假的证券交易信息，从而诱导投资者进行相关金融商品的交易活动。这里的虚假信息，既包括证券交易市场的宏观经济信息，也包括针对个别企业、公司的股票行情的分析。基于互联网传播的迅捷性、快速性，传统犯罪和互联网的深度结合，使得一些犯罪离开网络根本产生不了严重的社会危害性。过去证券虚假信息的发布具有空间上的局限性，其波及的范围也具有可控性。但是时下的网络背景中，过去"情节显著轻微危害不大"的行为，经过网络媒介的飞速、广泛传播，这种危害也呈数据性增长，消息一经发布在瞬间就能达到上千甚至更多的点击量。投资者在接收到相应的虚假信息后，可以及时作出相应的投资决策，由此带来的证券市场价格的波动是不可逆的。二是抢帽子交易操纵的行为，如汪建中抢帽子交易第一案，通过提前买入相关的证券，然后通过证券分析师、新闻财经记者等推荐相应股票，利用舆论媒体效应操纵相应证券价格，最后再反向卖出相应证券从中获利。

最后是内幕交易罪、利用未公开信息交易罪。内幕信息、未公开信息是指对于证券交易的价格具有影响的信息。值得注意的是，内幕信息与私有信息不同，证券市场中，因为个体知识储备和对市场信息的敏感度不同，在面对证券市场风云变幻的时候，对于信息的捕捉也不相同。因个人经验作出判断从而获取价格优势并不是对内幕信息的利用。[①]国家严格管控利用内幕信息、未公开信息进行证券交易的目的在于防控证券市场不公平的竞争机制的产生，从而保证证券市场的参与人在相对信息对称的条件下进行证券交易。内幕交易是指内幕信息的知情人员、非法获取内幕信息的人员，在关于证券的发行、交易以及其他对证券交易价格有关的重大信息尚未公开前，从事或明示、暗示他人从事与该证券的交易。利用未公开信息交易是指证券、期货、保险公司、商业银行、基金的从业人员或者监管部门、行业协会的从业人员，利用内幕信息以外的尚未公开的信息进行证券交易的行为。内幕交易、利用未公开信息交易的本质在于对证券市场公平竞争市场价值的破坏。公平的证券市场机制的维护，切身关系到每一个证券市场参与人的经济利益，对于内幕信息的不当披露，以及由于职务便利而获得的客户信息的不当使用，会导致整个证券市场的动荡，尤其是在网络证券日益发展的今天，其危害性之大足以引起理论界和司法实务界的反思。

二、网络证券犯罪的刑法规制路径

当前证券市场的发展依托于互联网、大数据和云计算等工具，促进了资本市

[①] 刘宪权：《互联网金融时代证券犯罪的刑法规制》，载《法学》2015年第6期。

场效率和经济的高效运转。在此背景下,既为大型企业进入证券市场提供了便利,也降低了中小企业进入证券市场的门槛。中共十九大关于当前社会主要矛盾的变化,已经由物质生活的满足转变为如何拓展财富的升值渠道。[①] 就证券市场参与者的人员构成来看,个人投资者(也就是散户)所占的比重越来越大,由于自身专业知识的欠缺,因此辨别风险和抵御风险能力较专业投资者要差。而网络证券犯罪本身就是基于网络的迅捷性特点人为干涉证券的价格发现机制,从而在短时间内谋取巨大的经济效益。由于金融创新所带来的金融风险,在以个人投资者占重要比重的证券市场,极易引发难以控制的社会风险。个人投资者的资金来源往往是整个家庭的全部积蓄,证券市场价格的人为干预所引发的群体性金融风险很可能会成为社会不安定的因素,如何运用法律来维护投资者的合法权益,是司法实践中亟待解决的问题。面对监管部门和行业协会在防控风险时的力不从心,刑法的适当干预,既能实现金融证券犯罪的综合治理,又能实现刑法一般预防的目的。

(一)政策层面:网络证券市场刑法保护的政策指引

1. 以信息安全为重心,建立网络证券市场风险防控体系

证券行为依托于互联网的发展往往涉及面广,涉及人数众多,信息来源更加丰富。特别是随着自媒体的发展,证券犯罪行为虚假信息的传播更加快捷,一旦虚假信息在证券市场上广泛传播,对证券市场安全和投资者的合法权益带来的危害将难以估量。有鉴于此,证券市场信息安全维护的需要与风险防控是现阶段证券犯罪刑事政策规制的核心。

在证券市场中,借助于自媒体、云计算等网络,证券市场信息传播渠道不断扩展。信息安全对于有效规制证券犯罪的发生之重要自不待言。值得注意的是,如何有效化解信息安全维护和言论自由之间的冲突。笔者认为,应当根据信息的内容进行界定。如果信息的内容只是对当前证券市场发展动态的宏观评述,并不涉及特定企业、公司的股市信息,这种行为不应成为法律规制的对象。反之,则应当由行为人对于自己的不当言论负责。但是在网络证券时代对于证券市场信息安全的维护,一方面应当注意刑法介入的尺度,不能将刑法作为唯一的排他性的手段适用,这是金融市场竞争机制有效发挥的需要,也是刑法最后手段原则的体现,同时也不能全部依赖行政监管部门的监管,应当实现刑法和行政法的有效衔接。因为通常情况下,一旦发生信息安全风险,投资者等证券市场的参与者一般会诉求监管部门和行业协会的帮助,因此在面对信息安全的挑战时,不能忽视监管部门、行政部门的力量。而对于疑似违法犯罪的行为,则仅仅依赖监管部门的调查、干预往往力有不逮。在这种情况下,应当充分发挥监管机制外部力量,通过证券集团诉讼的机制,实现信息安全风险的监控和投资者利益的保护。虽然,在网络证券发展的背景下,面对证券市场良莠不齐的信息,投资者应当具有谨慎的注意义务,面对鱼龙

---

① 郑庆宇:《互联网时代证券市场的刑法保护》,载《中国物价》2018年第11期。

复杂的信息应当具有一定的辨别风险的能力。从有效市场理论假说来看，每一个投资者应当是理性的投资人，对于互联网金融平台发布的有关信息在真假存疑时，不能作为自己盲目投资的依据。但是基于证券市场的羊群效应和我国证券市场投资者的结构来看，大量投资者的资本分配和交易都会受到不良信息的影响。尤其是在自媒体迅速发展的今天，虚假信息的投放度更加精确。因此，对于证券市场虚假信息的规制在必要时，应当由刑法予以介入，以此来抵御证券市场的信息风险，促进证券市场的健康发展。

（二）立法层面：完善证券市场刑事立法

1. 填补网络证券犯罪刑法规制盲区

刑法对于传统证券市场的规制所涉及的罪名，主要集中在刑法分则第3章第4节"破坏金融管理秩序罪"，涉及的直接罪名有擅自设立金融机构罪、擅自发行股票、公司、企业债券罪、内幕交易、泄露内幕信息罪、利用未公开信息交易罪、编造并传播证券、期货交易虚假信息罪、诱骗投资者买卖证券、期货合约罪、操纵证券、期货市场罪。侵犯的间接罪名有非法吸收公众存款罪、集资诈骗罪等。关于网络证券市场中的犯罪行为，我国《刑法》中并没有设立专门的罪名进行规制。而关于计算机犯罪的罪名主要有非法侵入计算机信息系统罪、非法获取计算机信息系统数据、非法控制计算机信息系统罪、破坏计算机信息系统罪等。对于互联网证券市场上的犯罪行为，笔者认为在以互联网为实施犯罪的平台的模式中，应当以行为人所欲实施的犯罪意图和侵害的法益为定罪的标准；对于传统证券犯罪的罪名无法包含的犯罪类型，可以设置专门的罪名进行规制。

2. 网络证券交易中罪与非罪界限的厘清

互联网证券的发展，在产生一定金融风险的同时，也为证券市场的发展注入了新鲜血液。传统证券行业与互联网之间的深度结合，使得更多的投资者能够以更加自由的方式和更便捷的渠道参与到资本的配置和流通中。同时，证券经营机构或者其他的证券服务机构，也可以依据大数据、云计算从中获得更具有投资潜力的客户群，通过网上咨询或者推送服务连接的方式，激发投资者的投资激情，增强证券市场的活力。因此，在对于网络证券发展中所出现的新的犯罪如利用程序化交易①进行立法规制，也应当平衡证券市场的发展与保护投资者利益之间的关系，厘清罪与非罪之间的界限。如应当区分概念炒作与信息操纵之间的关系②证券市场价格的波动，一方面可能是证券市场虚假信息操纵的结果，另一方面也可能是基于对高新技术、产业概念炒作的结果。因此，应当在保护市场信息安全的同时，区分信息操纵与概念炒作之间的区别。证券市场价格的波动基于投资者对于证券信息的敏感度的反应。对于投资者并不了解的高新技术产业领域，投资者对于先进技

---

① 利用程序化交易实施的操纵证券市场的行为，是指利用程序化交易的做空者通过计算机高速堆单，然后再迅速撤单，通过证券市场价格的波动来牟取巨大利益。

② 刘宪权：《互联网金融时代证券犯罪的刑法规制》，载《法学》2015年第6期。

术的关切远远超过了技术发展的实际水平。再加上自媒体行业的不当夸大宣传，使得该高新技术的社会效应不断增大，吸引越来越多的投资者进行投资。但是，概念炒作与虚假信息操纵的区别在于，信息操纵中往往是通过虚假信息的传播，诱导投资者进行相关证券的交易活动；而概念炒作中，对于高新技术、产业的宣传虽然有一定的夸大成分，但是本质上仍然是以客观事实为基础，因此由此带来的证券市场价格的波动，是基于正常的市场竞争机制所产生的影响，不能将损害结果的发生归于概念炒作的行为。

对于证券市场做空行为与"抢帽子"交易的证券市场操纵行为之间的界限，笔者认为应当根据发布做空研究报告的证券咨询机构在发出利空报告时，是否对于事前或同时期融券卖空的证券或与特定证券相关的品种的数量、价格、时间进行明确的披露为界分。证券市场的不断发展和扩张，必然引起对证券市场信息分析和研究的竞争。越来越多的证券投资咨询机构依据证券投资的丰富经验，结合特定证券的实地调查报告，分析特定证券的市场价格的制定是否存在偏离实际价格的情形。在发布特定证券的做空报告之前或同时期，融券卖空特定证券的行为，有操纵证券市场价格的嫌疑。对于此种情况，笔者认为，如果做空报告的发布者是基于毫无根据的事实进行利空消息的宣传，并没有对自身融券做空的信息进行有效的披露，其目的旨在通过从投资者融券卖空金融产品的市场价格波动中获取预先利益。对于此种行为，应当作为刑法规制的对象。如果做空报告的投资咨询机构在发布做空报告的同时，准确披露了对特定证券的出售数量、价格以及时间，则该做空报告中所依存的特定信息的真实性在所不问，因为不管是基于真实的信息或者毫无根据的虚假信息，咨询投资机构在作出利空报告时，已经尽到了准确的披露义务，对于利空报告中的特定证券的风险认知尽到了说明的义务。投资者基于该利空消息的判断，仍然决定从事该证券的交易活动，说明投资者本身对于该利空消息的认可。投资者在该利空报告的驱使下，作出的证券交易行为，不论是有效避免了金融风险可能造成的损失，还是该利空消息的不真实性导致的丧失既有的利益，都是证券市场自由竞争机制的结果，投资者应当对自己的行为自我负责。

（三）司法层面：落实证券犯罪刑事司法

1. 有效解决网络证券犯罪中立案、量刑的标准问题

在司法实践过程中，对于证券犯罪法律条文存在冲突抵牾的情况，如在擅自发行股票、公司、企业债券罪中，2010年最高人民检察院、公安部《关于公安机关管辖的刑事案件立案追诉标准的规定（二）》第34条对于擅自发行股票、公司、企业债券罪涉及的投资者人数规定为30人；而2010年最高人民法院《关于审理非法集资刑事案件具体应用法律若干问题的解释》第6条关于本罪投资人数的规定为200人。在不同法律条文的规定存在矛盾的情况下，有学者提出针对司法实践中的困惑，可以颁布新的司法解释，将30人认定为对不特定对象发布的数量，200人

认定为对特定对象发布的数量。[①] 但是根据当前互联网证券犯罪的发展现状,不论是针对不特定对象的 30 人,还是针对特定对象的 200 人,在以网络为背景的情况下,都很容易实现。因此适当提高本罪的适用门槛,既有利于促进证券市场的不断创新,同时也是刑法谦抑主义的要求。

2. 网络证券犯罪中管辖权问题的解决

传统犯罪中关于案件管辖权的规定,一般是根据犯罪行为的发生地或者结果的发生地作为标准。2014 年最高人民法院、最高人民检察院、公安部发布的《关于办理网络犯罪案件适用刑事诉讼程序若干问题的意见》中规定,由犯罪地或者犯罪嫌疑人居住地的公安机关立案侦查。但是在网络证券犯罪中,由于自媒体的发展所带来的信息传播的迅速性,网络证券犯罪具有涉及人数众多、涉及范围广泛的特点。因此将网络案件办理中的犯罪地或者犯罪嫌疑人居住地作为管辖权的发生地显然不适网络证券犯罪的特点。在犯罪地的确定中,是以信号地、移动客户端的基地还是移动终端的所在地为犯罪地本身就不明确。犯罪嫌疑人的居住地或者结果的发生地的确定也存在着很大的问题。因此,就网络证券犯罪的管辖权问题,以司法资源的便利节约为出发点,可以由最初案件的受理地公安机关立案管辖或者由案件的侦破地的公安机关立案管辖。而对于跨国的证券犯罪案件的管辖,可以通过国际间的合作来确定管辖权。

3. 提高司法的专业化水平,建立高素质的司法队伍

互联网证券犯罪多体现出技术的智能化,专业化,而且隐蔽性较高。利用互联网金融实施证券犯罪的企业或者人员已经取得了合法的营业执照,打着金融创新的旗号或更为复杂的权利方法来掩盖经济犯罪的实质。同时,互联网证券犯罪是一种高智商、高智能的犯罪,犯罪分子往往具有一定的计算机知识储备或者是相关领域的专家,他们往往具有较高的智力水平,既熟悉计算机及网络的功能与特殊性,又洞悉计算机网络的缺陷和漏洞。因此,许多互联网金融平台通过聘请一些这方面的技术人员,定期对互联网交易记录进行清理,对网络发动进攻,以此达到目的。在这类刑事案件中,既要建立长效的专家库,借助于专业的计算机人员和专业的计算机技能,来认定案件事实,从而有效的惩治犯罪。同时,建立专业的合议庭也非常重要。对于互联网证券犯罪,加强对司法人员的技能培训,以专业化的司法人员的素养界定事实,认定证据,罪刑适应等程序问题,在必要的时候可适当鼓励证人、鉴定人、专家证人出庭。最后,刑法介入互联网证券是顺应时代发展的结果,对互联网证券犯罪进行分案化管理也成为阶段性难题。在传统的证券犯罪中,促使法官全面接触案件对于培养固定的法律思维大有裨益,但在新型的互联网证券犯罪中,因为还存在过渡阶段,所以建议组成固定的合议庭积累经验,以确保司法的公正。

[①] 杨程、刘坤:《网络证券犯罪及刑事救济路径研究》,载《中国刑警学院学报》2017 年第 2 期。

第五章 "虚拟货币"的刑事治理研究

第一节 "虚拟货币"内容概述

一、"虚拟货币"的界定

(一)虚拟货币的概念

虚拟货币自诞生以来就受到各界的广泛关注,国内外众多学者纷纷对其展开研究,对虚拟货币的定义随着时间的推移有所发展变化,但目前学界尚未就虚拟货币的定义达成共识。

目前我国一些官方文件中已经运用了虚拟货币这一概念,但是并未专门对虚拟货币进行确切的定义。对于虚拟货币的官方规定散见于各个部门出台的法律文件之中,如文化部和商务部出台的《关于加强网络游戏虚拟货币管理工作的通知》就认为虚拟货币是指"网络游戏运营企业发行,游戏用户使用法定货币按一定比例直接或间接购买,存在于游戏程序之外,以电磁记录方式存储于网络游戏运营企业提供的服务器内,并以特定数字单位表现的一种虚拟兑换工具"。但是,这一规定的目的是限制虚拟货币的"相对"范围,便于规定该部门的行政执法,并非对虚拟货币进行的准确的、绝对性的定义。

随着对虚拟货币的深入研究,国内外学者对虚拟货币的概念也出现了一定变化。梳理其概念的发展过程,可以发现虚拟货币的定义随着计算机信息技术的发展和普及发生着变化。

域外的观点

2012年欧洲中央银行将虚拟货币定义为"一种未监管的数字货币,由开发者发行并通常由开发者控制,在特定的虚拟社区的成员之间使用和接受"。[1] 2013年美国财政部将其定义为"在特定环境下运作的一种交易媒介,但其不具备真正货币的全部属性"。[2] 2014年欧洲银行管理局的定义为"虚拟货币是一种代表价值的数值,它不是由央行或政府当局发行,与法定不兑现纸币也没有必然联系,但是它作为一

---

[1] ECB, virtual currency schemes, EuropeanCentralBank, 2012-10, 转引自胡再勇:《电子货币虚拟货币理论前沿问题研究》,经济科学出版社2015年版,第23页。

[2] The Financial Crimes Enforcement Network, *Application of FinCEN's Regulations to Persons Administering, Exchanging, or Using Virtual Currencies*, The Financial Crimes Enforcement Network, March 2013. 转引自胡再勇:《电子货币虚拟货币理论前沿问题研究》,经济科学出版社2015年版,第23页。

种支付方式被自然人和法人所接受,可以以电子方式进行转移、储存或交易。"①

2016年5月25日,日本国会通过法案修改了《资金结算法》,将虚拟货币定义为:"通过电子信息系统处理、可以在不特定主体之间用于清偿债务、既非法定货币也不以法定货币计价的财产性价值。"②有学者认为,这一定义没有把虚拟货币与区块链技术相绑定,是一种技术中立的定义,有一定借鉴价值。③

国内的观点

一开始国内的学者在研究中多将虚拟货币和电子货币混合使用。李翀界定的虚拟货币就是电子货币,即没有实物形态的以电子数字形式存在的货币,同时也将政府和私人发行的各种电子货币都纳入其定义的虚拟货币的范畴。其认为电子货币是指在磁条、电子线路或互联网中的无形的货币,如电子支票、电子现金和网络货币等。④

孙宝文等"将网络企业发行的、不采用法币名称与单位的电子信息价值单位,如Q币、新浪爱问积分等称作虚拟货币"。⑤

苏宁教授在其所著的《虚拟货币的理论分析》一书中认为,"虚拟货币是由非金融机构发行,借助计算机网络在发行者与持有者或发行者与少数商家、与持有者之间流通,能购买现实商品、虚拟财产或电子化服务的充当等价物的近似货币。""在用法定的现实货币购买了虚拟货币后,就可以用所购买的虚拟货币购买此虚拟货币发行者所提供的产品或服务,或者是兑换成此虚拟货币发行商所发行的其他虚拟货币"。⑥

陈岩等人在将上文所提到国内学者对虚拟货币的三种定义划分为三种口径后,将虚拟货币定义为"由非金融企业或者个人依托于互联网技术创造的,主要在虚拟市场充当交易媒介的特殊虚拟商品,其流通的范围取决于人们的信任和接受程度。"⑦其认为虚拟货币与现实世界流通的法定货币之本质区别在于其权威来源,虚拟货币的权威来源是人们自发对某一机构或者某一种制度设计的信任,信任的程度决定了其流通的范围;而法定货币的权威来源是强大的国家机器,是靠国家信誉支持流通的。⑧

余实、汪慧玲在《虚拟货币对货币政策和金融监管的影响》中指出:"通常是从

---

① Eurpean Banking Authority, *EBA Opinion on "virtual currencies"*, July 2014. 转引自胡再勇:《电子货币虚拟货币理论前沿问题研究》,经济科学出版社2015年版,第23页。
② 《资金决济法》,载https://elaws.e-gov.go.jp/search/elawsSearch/elaws_search/lsg0500/detail?lawId=421AC0000000059,访问日期:2019年6月14日。
③ 杨东、陈哲立:《虚拟货币立法:日本经验与对中国的启示》,载《证券市场导报》2018年2月。
④ 胡再勇:《电子货币虚拟货币理论前沿问题研究》,经济科学出版社2015年版,第23页。
⑤ 孙宝文、王智慧、赵胤钚:《电子货币与虚拟货币比较研究》,载《中央财经大学学报》2008年第10期。
⑥ 樊玲:《虚拟货币法律规制研究》,山西财经大学2012年硕士学位论文,第3页。
⑦ 陈岩、周烨:《新型虚拟货币对国际货币体系的挑战——以比特币为例》,载《经济论坛》2015年第1期。
⑧ 陈岩、周烨:《新型虚拟货币对国际货币体系的挑战——以比特币为例》,载《经济论坛》2015年第1期。

使用功能角度定义虚拟货币,即'把互联网企业发行的用于购买网络虚拟产品的一种支付手段视为虚拟货币'。"①

本书将虚拟货币定义为产生于互联网虚拟环境,由私主体发行或没有发行主体的,用于购买商品或服务的近似货币。

（二）虚拟货币的分类

虚拟货币按照不同的标准可以分成很多类别。

1. 按照产生来源和目的

按照虚拟货币的产生来源和目的可以将虚拟货币大致分为三类,第一类与网络游戏一起产生,依附于网络游戏的货币,如游戏金币,这一类虚拟货币虽然在游戏中以货币或金钱的形式存在,但是其与普通的游戏道具并无区别;第二类由网络服务公司提供的,可以在该网络服务公司的用户范围内流通,并享受该网络服务公司相应的服务的货币,如Q币;第三类产生于计算机网络但不依托于实体网络服务商存在,甚至可以在现实生活中使用的类似一般等价物的虚拟货币,如比特币。

2. 按照是否能与法定货币进行兑换

按照是否能与法币进行兑换的标准,可将虚拟货币分为可兑换型虚拟货币与不可兑换型虚拟货币。前者以比特币为典型代表,可与任何一种法定货币兑换;后者则包括网络游戏币、Q币、亚马逊网站等电商积分,它们只能在特定的网络空间使用。不可兑换型虚拟货币还可细分为可在特定的网络空间内部交换流通型与不可在内部交换流通型,可在特定网络空间内部流通的货币有利于用户之间的交流,提高用户之间资源的效用。

3. 按照是否存在货币发行中心

按照是否存在货币发行中心,虚拟货币可以被分为集中型虚拟货币和分散型虚拟货币。集中型虚拟货币指拥有类似中央银行性质的集中储存库的可兑换货币,如Q币。分散型虚拟货币指一种基于点对点网络的支付系统和虚拟计价工具,通常采用密码技术来控制货币的生产和转移,不存在集中储存库和统一的管理者,任何人都可以通过自身的电脑硬件及其计算制造能力获得的货币,比特币是最典型的一种分散型虚拟货币。②

4. 按照虚拟货币是否由加密协议创立和转让

按照虚拟货币是否由加密协议创立和转让,可分为加密虚拟货币和非加密虚拟货币。非加密虚拟货币是传统电子货币,其采用中央服务器,把程序和数据集中储存,不依赖于计算机密码,通常由公司或者机构集中发布,这种货币很容易因受到外部的攻击而被破坏。加密虚拟货币采用对等网络管理技术,通过全球的用户群,间接地将程序和数据分散到全网各个节点中,货币的产生和转让基于一种开源

---

① 余实、汪慧玲:《虚拟货币对货币政策和金融监管的影响》,载《甘肃金融》2010年第9期。
② 胡再勇:《电子货币虚拟货币理论前沿问题研究》,经济科学出版社2015年版,第25页。

的加密协议,依赖于密码电子口令牌,将令牌传输的数字签名点对点网络和分散式网络链接在一起,比特币就是最典型的一种全球通用的加密虚拟货币。

二、"虚拟货币"的历史

(一)互联网的产物——初期发展

互联网技术的发展对各个行业都产生了深远的影响,虚拟货币亦是在网络经济不断发展的背景下产生的。电子商务的出现和发展壮大,网络购物创造出大量的网络虚拟商店,为提高经济效益,虚拟货币作为一种新的交易模式应运而生。

具体而言,虚拟货币出现早期带来的经济效益大致包括三个方面:首先,虚拟货币作为一种支付工具,有助于减少网络厂商和消费者之间的交易成本,网络虚拟商品和服务的交易有高频率小额度的特点,该特点意味着其不适用现金交易,同时在银行网上支付系统不完善的情况下,高频率的转账交易一方面会给网络公司系统造成巨大的负荷,另一方面导致手续费上涨、成本增加;其次,虚拟货币作为一种激励手段,鼓励网络用户之间的相互合作,促进互联网资源信息共享,如百度知道积分,新浪爱问积分等,为用户交换电子资料、交流各类信息提供便利,成为交流信息资料的媒介;另外,虚拟货币还可以作为商家的核算与促销工具,有利于商家记录并分析客户的交易数据,实现对客户的区别管理,对优质客户进行回馈,成为商家培养忠实客户的一种促销手段。

虚拟货币出现初期通常是由网络公司发行的,如Q币,新浪爱问积分等。一开始,虚拟货币只能用来购买发行该虚拟货币网络公司的虚拟产品和服务,随着互联网的普及和网民规模的扩大,虚拟货币开始可以用来购买实际的商品和服务。2008年上半年中国网络购物金额达到了162亿元,网络游戏爱好者高达三千多万,其中付费用户达到一千七百万。互联网的大规模应用,改变了人们的生活方式,包括社交方式、支付方式、信息获取方式等。

(二)区块链的兴起

区块链技术是"利用加密链式区块结构来验证与存储数据、利用分布式节点共识算法来生成和更新数据、利用自动化脚本代码(智能合约)来编程和操作数据的一种全新的去中心化基础架构与分布式计算范式。"[①] 每个个体都可以保留一份自动更新的分账副本,但这些副本都保持不变,即使没有中央管理员或原本。[②] 区块链可以将交易记录展示给所有使用者,并互相比较防止伪造,虚拟货币通过区块链技术可以突破现实距离的隔阂,实现快速安全的交易。

区块链无须第三方可信机构即可执行,可以设置职能合约,且具有去中心化的特色,其出现表达了部分计算机极客对主权国家超发货币和金融危机的厌恶。有

---

① 袁勇、王飞跃:《区块链技术发展现状与展望》,载《自动化学报》2016年第4期。
② [美]凯文·沃巴赫:《信任,但需要验证:论区块链为何需要法律》,林少伟译,载《东方法学》2018年第4期。

学者认为，区块链的出现实际上是民间对金融危机提出的一种解决方案，从经济角度而言，区块链和金融是互为补充、相互融合的关系，①在这种价值观的指引下，区块链多应用于金融领域，金融行业是区块链最早应用的领域之一，也是区块链应用数量最多、普及程度最高的领域之一，区块链从出现发展至今已经快速成为众多金融机构争相布局金融新科技的重要技术之一。②目前，区块链技术已经在银行、支付、票据、证券、保险和会计审计等金融相关领域得到非常广泛的运用。

当下，"区块链+各种行业"成为一个热点，区块链技术被视为继互联网、人工智能后新的技术革命，在国家大力倡导"互联网+"的形势下，区块链为经济的发展提供了一种新的路径。

机遇与风险总是并存的。区块链也成为一些不法分子进行犯罪活动的工具，尤其是在虚拟货币、虚拟货币交易所和首次代币发行（ICO）领域，具体包括发行虚拟货币进行非法集资，传播病毒索取比特币，利用比特币跨境逃汇或洗钱，利用虚拟货币开展线上传销等。

（三）比特币的出现——杀手级应用

比特币以区块链为原始理论依据产生，采用密码技术来控制货币的生产和转移。比特币有别于传统的虚拟货币，具有去中心化、专属所有权、全世界流通、交易便捷且成本低、匿名性等特点。③比特币数量被限定在2100万个，这种稀缺性成为其独特的优点，而现实中超发货币导致通货膨胀使人们对比特币的升值产生了期待，从而开启了比特币的市场交易和炒作历程。

比特币客户端最初在电脑极客圈子中的传播类似于网络游戏的内测，极客们看重的是比特币的技术本质，即加密代码，他们执着于攻克比特币相关的技术难题，开采到的比特币更多地用于个人收藏或赠送。在此阶段，与电脑计算能力提高相关的硬件设备有很大的进步，并在后来发展成为著名的"矿机"。

比特币交易在金融人士和极客的共同推动下开始进入市场，以交易平台为中心的比特币市场商业模式初步建立起来并不断完善。在此期间，比特币交易价格呈上涨趋势，但存在较大波动。比特币的交易处于完全自由的状态，但同时黑客攻击使其安全问题凸显。虽然比特币作为加密型虚拟货币，其自身难以破解和复制，但由于其所处的网络环境十分危险，且比特币逐渐升值并成为财富的象征，比特币被盗事件频发。于是，比特币的拥有者越来越多地选择交易平台来储存比特币。

从成本的角度来分析，比特币价格的增长来自其较高的消耗。比特币的成本主要包括两部分，一部分是生产成本，包括"矿机"的配置和电脑运算所发生的消耗，另一部分是交易平台收取的费用。比特币系统算法难度不断加大使得对高配

---

① 吴桐、李家骐：《区块链和金融的融合发展研究》，载《金融监管研究》2018年第12期。
② 《中国区块链技术和应用发展研究报告（2018）》，载http://www.cesi.ac.cn/201812/4595.html，访问日期：2018年12月18日。
③ 廖愉平：《比特币市场发展阶段分析与反思》，载《西部论坛》2014年第3期。

置"矿机"的需求增加,而高配置的"矿机"价格十分高昂。另外,"挖矿"的难度增加让比特币的爱好者转向为比特币的购买者,相应的,比特币交易平台借此提高手续费或者保管费等。①

比特币继续发展,大量投资者涌入这一领域,据GenesisBlock统计,截至2013年10月底,中国的比特币每天交易量升至10万个,占全球市场份额的50%,已超过美国,成为全球最大的比特币市场。为给比特币市场"降温",我国央行等五部委于2013年12月5日发布了《关于防范比特币风险的通知》,其中就明确规定:"从性质上看,比特币应当是一种特定的虚拟商品,不具有与货币等同的法律地位,不能且不应作为货币在市场上流通使用。"2017年9月4日,七部委联合发布的《关于防范代币发行融资风险的公告》规定"任何所谓的代币融资交易平台不得从事法定货币与代币、'虚拟货币'相互之间的兑换业务,不得买卖或作为中央对手方买卖代币或'虚拟货币',不得为代币或'虚拟货币'提供定价、信息中介等服务"。

比特币领域进一步向多元化发展,往生产、交易、储蓄和投资等多方面拓展,许多主流国家也开始用法律手段监管比特币。全世界范围内对比特币的抑制趋势有所缓解,且各国政府开始意识到与比特币平台公司或网站合作的必要性。比特币在国家政府的合理监管下将有望更好地发挥其对于经济金融的独特价值。

(四)野蛮生长——"虚拟货币"发展现状

随着互联网技术的发展和网络公司的创新,虚拟货币的种类越来越丰富,数量越来越多。据不完全统计,目前市场上已经流通超过400种虚拟货币,比较有代表性的包括腾讯公司发行的Q币、盛大公司发行的点券点卡以及比特币等,而Q币和盛大公司发行的点卡点券已经为其公司贡献了大量的营业额,成为公司盈利的重要部分。②而在金融市场上,越来越多的人开始承认并接受虚拟货币,有投资者认为虚拟货币代表着未来的货币形态,并将投资方向锁定在虚拟货币上,将其作为投资理财的首选。除比特币受到广泛追捧外,也出现了其他类似比特币的虚拟货币。

虚拟货币在对社会和经济产生积极影响外,同时也存在各方面的风险。由于虚拟货币没有中央银行和国家信誉为担保,兑换和账户安全等方面缺少有力保障。③虚拟货币以数据的形式存储在计算机网络系统中,但计算机系统容易受到不法分子的攻击,致使虚拟货币被盗或损坏。虚拟货币的匿名型性和便利性亦会使其被犯罪分子利用,进行赌博、诈骗、洗钱等犯罪活动。

三、"虚拟货币"的影响与挑战

(一)对中央银行及国家货币政策的影响

虚拟货币目前已经发展出庞大的产品类别,虽然许多虚拟货币尚未取得各国

---

① 肖飒、马金伟:《ICO黑洞:创新融资疯狂的背后》,机械工业出版社2018年版,第17页。
② 金岩石:《从腾讯的Q币和微信看资产数字化》,载《中外管理》2018年第7期。
③ 庄雷、赵成国:《区块链技术创新下数字货币的演化研究:理论与框架》,载《经济学家》2017年第5期。

中央银行的认可，但虚拟货币与传统货币在流通中的并行已是不争的事实，尤其在基于互联网的商务平台上，虚拟货币更是有先天的优势。因此，虚拟货币的广泛使用必然会对中央银行与国家货币政策产生冲击。

1. 对中央银行的影响

虚拟货币对中央银行最重要的影响是打破了中央银行对货币发行权的垄断，不仅商业银行以外的金融机构或商业平台可以发行虚拟货币，甚至个人也可以创设虚拟货币，例如比特币、莱特币等，所有拥有网络与计算机的主体均可以通过"挖矿"机制获得货币发行权。虽然一些国家的中央银行通过规定部分虚拟货币没有与法定货币等同的地位，但这种简单的制止并不能使其货币属性消失，虚拟货币客观存在于互联网或新的支付机制中。

当虚拟货币作为支付工具被广泛适用时，中央银行发行的法定货币数量相应会减少，故而中央银行铸币税收入就会减少。铸币税收入是弥补中央银行操作成本的重要来源。铸币税收入下降会使中央银行对政府资金支持的依赖增加，中央银行在实施货币政策时独立于政府部门的特性也就随之被削弱。[1]

中央银行进行传统的货币政策操作不需要政府部门的参与，其自行改变发行存款准备金率，进行公开市场操作，或是窗口指导等。但是对于虚拟货币来说，其不受央行干预，涉及虚拟货币的货币政策操作需要互联网和电子商务监管部门的参与。中央银行与政府部门协调上的问题会对央行的独立性产生影响。而在实际操作中，政府部门与央行对虚拟货币的理解和态度常常产生分歧。与此同时，随着虚拟货币的不断创新，各种虚拟货币的合法性与合规性也在不断变化。这些变化和分歧会加大央行与政府部门的沟通协调成本，导致央行的独立性进一步降低。[2]

2. 对国家货币政策的影响

虚拟货币的发行和流通会影响到法定货币供给和需求，进而冲击现有的货币层次划分结构，最后影响到央行通过货币政策调节经济的功能。

在虚拟货币既可以用来购买虚拟商品也可用于现实商品的购买时，其具备货币流通手段的职能。从货币属性来看，这部分虚拟货币更类似于活期存款中的网络在线支付。[3]

虚拟货币对货币需求的影响因其种类不同而有所区别，不能一概而论：

第一类，既可以在虚拟世界使用也可以在现实世界使用的虚拟货币会降低传统货币的需求量，这种情况下虚拟货币对现实世界货币的影响取决于其在现实世界的使用规模，使用规模越大，则会使现实世界货币需求下降得越多。

第二类，既可以在虚拟世界使用也可以在现实世界使用，且可以使用现实世界

---

[1] 刘刚：《电子商务支付体系构建与应用研究》，武汉大学2011年博士学位论文，第36页。
[2] 杨小锋、张春生：《数字货币发展与国际监管动态》，载《时代金融》2018年第20期。
[3] 李靖、李淼焱：《虚拟货币的现实发展实证研究——基于比特币用户的调研报告》，载《河南社会科学》2017年第4期。

货币购买的虚拟货币对现实世界货币影响分为两个方面。一方面虚拟货币在现实世界的使用会降低现实货币的需求,另一方面,利用现实货币购买虚拟货币又会增加现实世界货币的需求。

第三类,既可以在虚拟世界使用也可以在现实世界使用,且可与现实货币相互兑换的虚拟货币对现实世界货币需求的影响,取决于虚拟货币对现实世界商品和服务的购买所导致的,对现实世界货币需求的降低效应,以及虚拟货币和现实世界货币之间的相互转换所导致的,对现实世界货币需求的增加效应的相对强弱。①

货币供给,需求与供应相对平衡。也即,虚拟货币对货币供应的影响亦因上述种类产生相应影响。因其与需求变动保持一致,故不再赘述。

总的来说,中央银行利用法定准备金率政策、再贴现率政策以及公开市场业务三个传统控制货币政策的工具来实现调整货币供应量的政策目的。而这些工具在一定程度上会受到虚拟货币的冲击而达不到预期效果。②同时,传统的货币传导机制也会受到影响,这进一步增加中央银行对货币的统计难度和监管难度。

(二)对消费者的影响

虚拟货币给消费者带来便利的同时也带来了风险。虚拟货币的出现给消费者生活带来了全方位的改变,包括但不限于社交方式、支付方式、购物方式、娱乐方式等。随着网络虚拟社区的迅速发展,其业务范围不断拓展,有虚拟商品拓展到现实世界的各种商品和服务。以比特币为例,比特币从早期面向计算机科技玩家到之后延伸到实物交易中,产生了许多债券、股票、投资基金和各类金融衍生品,并且在一些国家得到政府的认可。

虚拟货币给消费者带来的风险主要包括安全风险、回赎风险、隐私风险、贬值风险等。虚拟货币大多是匿名的,加之计算机系统的脆弱性,消费者极易因为电脑系统遭受黑客、病毒攻击,使得虚拟货币被盗或者支付虚拟货币的支付信息被截取、修改,给消费者带来经济损失且难以追回。通常来说,一般的网络服务提供商系统安全等级都低于网上银行系统的安全等级,故虚拟货币相较于电子货币面临着更大的安全风险。③

对于回赎风险,任何一个游戏或者企业都不可能永远存在,当虚拟货币的发行者因为各种原因破产时,如何让妥善解决已经发行的虚拟货币是一个需要关注问题。

每个虚拟货币发行者的计算机系统都会尽量收集用户的信息,包括但不限于名字、账号、银行账号等,一些不法的网络服务商可能未经用户同意或强行收集消费者的消费习惯、喜好等,甚至可能将用户的信息卖给其他个人或机构,对消费者

---

① 李礼辉:《数字货币对全球货币体系的挑战》,载《中国金融》2019年第17期。
② 刘刚:《电子商务支付体系构建与应用研究》,武汉大学2011年博士学位论文,第51页。
③ 王冰、袁健洋:《数字货币的法律风险研究》,载《人工智能法学研究》2019年第1期。

的隐私权造成威胁。①

此外,通货膨胀这种常见的经济现象也会发生在网络虚拟货币市场中,现阶段我国对虚拟货币的发行和流通尚未形成完善的法律规制。一些发行商为了盈利,不加计算和控制地大量发行虚拟货币,导致虚拟货币前后期价值差异较大,当网络公司无法控制局面时便关闭服务器了事,这边会极大损害用户经济利益。

(三)对刑事司法领域的影响

由于成文法具有滞后性,新的事物在出现时多处于法律的空白地带。在虚拟货币出现初期,针对虚拟货币的犯罪活动集中在盗窃罪、诈骗罪、破坏计算机系统罪,学界和实务界对此争议较大。典型的如虚拟货币是否属于刑法意义上的"财物"等问题,将在下文讨论。

随着虚拟货币种类的丰富,特别是比特币在金融领域的风靡,政府对金融行业原有的管理秩序受到了冲击。比特币的匿名性和去中心化特点也为犯罪分子利用其进行洗钱、逃汇等犯罪活动提供了便利。此外,虚拟货币发行方还容易因涉嫌非法集资类犯罪被公安机关控制甚至受到刑事追诉。②

虚拟货币的不断发展促使着国家逐步完善相关刑事法律规定,以填补刑法在这一方面的空白,同时也为刑法学者提供了新的研究方向。

第二节 "虚拟货币"的属性

一、"虚拟货币"属性分析

自虚拟货币出现以来,学界就虚拟货币是否属于受法律保护的财产这一问题争论不休,争论焦点又分为"财产说"与"非财产说"。《民法总则》第127条规定"法律对数据、网络虚拟财产的保护有规定的,依照其规定。"该条应作为对保护数据、网络虚拟财产的原则性规定,一方面,确立了依法保护数据和网络虚拟财产的原则;另一方面也指出,鉴于数据和网络虚拟财产的权利性质存在争议,需要对数据和网络虚拟财产的权利属性作进一步深入研究以总结理论和司法实践的经验,为以后立法提供坚实基础。③

(一)财产说

经过多年的学术争论,大多数的学者认为网络虚拟财产具有财产价值且应受到法律保护,并逐渐发展出知识产权说、债权说、物权说等学说,此部分将在后文

---

① 闫晨晨、张美玲:《虚拟货币的风险及监管分析——以比特币为例》,载《现代商贸工业》2020年第4期。
② 贺立:《美国虚拟货币监管经验及对我国的启示》,载《武汉金融》2018年第7期。
③ 张星辰:《论虚拟财产的民法保护》,载《法制与社会》2015年第19期。

详述。

学者们对于法律上"财产"的概念并没有太多争议:"无论是外在于主体,还是内在地与主体相结合,只要能够满足主体的某种需要,都可以被认为是一种财产。"① "财产客体具有价值性,是指其能满足人的某种需要并可以用货币加以衡量,即具有使用价值和交换价值。"② 还有观点认为,不管是有形财产还是无形财产,积极财产、消极财产还是综合财产,财产均须具备使用价值、稀缺性、能为人力所控制和存在于人体之外等四个条件。③ 实务中,也有法院从其使用价值、可管理性和流通性等方面来认定虚拟货币等虚拟财产是否属于财产。④

持财产说的学者们认为,虚拟财产具备以下三个特征:第一,虚拟财产具有经济价值,虚拟财产是玩家通过花费时间和精力、支出法定货币或者通过市场交易等手段获取、创造出来的,除此之外,虚拟财产还能够在市场上交易流转;⑤ 第二,网络虚拟财产具有稀缺性,虚拟财产并不是无限存在的,它有一定的数量限制,并且在虚拟空间中能为人力所支配;⑥ 第三,虚拟财产的价值由市场需求来决定,并且以现实货币作为衡量标准,故虚拟财产具备了商品的基本属性,具有财产价值且应受到法律保护。

(二)非财产说

非财产说主要是基于虚拟数据的信息形式的特点,以及大陆法系物、债两分的属性,认为虚拟货币不属于大陆法意义上的财产。但也有部分"非财产说"学者认同虚拟货币所具有的经济属性,认为其在英美法上是属于财产的范围。

有学者从网络虚拟货币的经济价值入手,以主体行为视角,借助权利客体的理论解析网络虚拟货币的实质。其认为"虚拟货币带来的经济价值赋予了其财产属性,但其性质是由相对权利带来的经济利益,虚拟货币权利客体的缺失使其不能成为物,亦并非法律意义上的'财产',对网络虚拟货币的使用,亦不过是操作权限的获取与扩大,无法成为法律上的财产权利。"⑦

有学者从财产属性、劳动价值和交易价值角度切入,认为虚拟货币是计算机软件模块运行时显示在电脑屏幕上的影像,它不是劳动创造的,没有价值,不属于财产。虚拟货币与真实货币的交易违背价值规律和价值交换规则,扰乱金融秩序,"严重违反金融法"。⑧ 虚拟货币载现实社会中不具有效用性、稀缺性、流转性,故

---

① 薛军:《人格权的两种基本理论模式与中国的人格权立法》,载《法商研究》2004年第4期。
② 马一德:《网络虚拟财产继承问题探析》,载《法商研究》2013年第5期。
③ 张玉敏:《民法》,高等教育出版社2011年版,第2页。
④ 广东省广州市中级人民法院刑事判决书(2006)穗中法刑二终字第68号。
⑤ 李娟:《虚拟财产的界定与保护》,载《中国公证》2019年第11期。
⑥ 翟灵敏:《虚拟财产的概念共识与法律属性——兼论〈民法总则〉第127条的理解与适用》,载《东方法学》2017年第6期。
⑦ 李威:《论网络虚拟货币的财产属性》,载《河北法学》2015年第8期。
⑧ 侯国云、么惠君:《虚拟财产的性质与法律规制》,载《中国刑事法杂志》2012年第4期。

虚拟货币不是财产。

实务中，特别是在刑事案件中，也有法院认为其不属于一般意义上的财物。如北京市朝阳区法院在杨某非法获取计算机信息系统数据、非法控制计算机信息系统罪一案中认为虚拟财产缺乏现实财物的属性，不能认为是公私财物，其法律属性实质是计算机数据。① 此种判决，也代表实务中部分法院否定虚拟财产的财产属性的一般观点。

二、"虚拟货币"财产属性分析

（一）物权说

物权说是网络虚拟化货币财产属性学说中的重要部分，虚拟货币作为虚拟财产的一种，也可以适用网络虚拟财产物权说的理论。当前的物权说认为不论有体物还是无体物，只要符合法律上的支配控制和管理性质，都可以是"物"。物权说看重虚拟货币的所有权和可支配性，认为其是存在于虚拟世界中独立的物，应当使用《物权法》来进行规范。这种观点的基本内容是：在计算机信息时代的背景下，着眼于网络虚拟货币本身的属性和性质，重视人们对虚拟货币进行操控的一面，将其看作现实世界中人们对物进行的操控；因此在能够支配控制虚拟货币并为自己带来收益之时，虚拟货币作为"物"就应获得排他性保护。

具体而言，物权说认为虚拟货币是一种电子数据，其外在表现与现实中的物相同，但又依赖于网络存在；是一种特殊的技术数据。"网络虚拟财产与民法的物之间在基本属性上是相同的所以，在法理上认识网络虚拟财产，应当把网络虚拟财产作为一种特殊物，适用现有法律对物权的有关规定。"② "虚拟财产已经不仅仅在网络中存在，它已经突破了网络虚拟空间的限制，开始和现实中的货币产生了联系，又因为虚拟财产存在着其固有价值，而且应当受到现实社会的法律保护。"③ 而当越来越多的无体物被纳入《物权法》的保护客体时，虚拟货币在符合"物"的定义时被认定为物权法上的法定"物"也就顺理成章了。

此外，物权说提出：由于时代在不断创新与进步，支配权的表现形式和定义也应当与时俱进，发生一定改变。具体而言，通过观念支配或通过网络等介质对物进行控制处分的，也应当认为具有支配权。而虚拟货币显然符合这种特点：虚拟货币存在于网络虚拟世界中，权利人依赖于网络开发商的软件或平台对虚拟货币进行控制支配；这一过程中，软件或平台并不决定权利人对于虚拟物品的支配权是否存在，虚拟世界中的物品仍受权利人的观念所操控，而运营商只是提供了一个操控环境作为虚拟物品存在的现实要求，而非法律上的必然要求。尽管网络虚拟财产

---

① 北京市朝阳区人民法院刑事判决书（2014）朝刑初字第 3017 号。
② 杨立新、王中和：《论网络虚拟财产的物权属性及其基本规则》，载《国家检察官学院学报》2004年第 3 期。
③ 于志刚：《论网络游戏中虚拟财产的法律性质及其刑法保护》，载《政法论坛》2003年第 7 期。

的本质是电子数据,产生并存在于网络世界中,但网络世界已经深刻地影响了人们的生活,权利人为虚拟货币付出了大量的金钱、精力成本,所以虚拟货币拥有独立的价值,而且为人们所支配控制,这即是物权的表现形式。这样的理解正符合我国《物权法》对于"物"及其物权属性的规定。①

(二)债权说

虚拟货币财产属性的另一种解读是债权说。支持债权说的学者认为,应当将网络用户和网络运营商联系起来,以网络游戏为例,每一个网络游戏在安装或注册账号时都会有一个《游戏服务及许可协议》,只有同意了这个协议才能进行游戏。然而就像大多数网络游戏一样,游戏公司控制该游戏中所有的数据,人们的账号、金币、角色之类的都包括在里面。所以其实在整个游戏里,人们通过一定的交易规则买到的东西只不过是在虚拟世界的一种体验与享受,且这种体验是有时限的。正是由于网络用户与网络运营商签订的这个合同,人们通过一定程序有偿或无偿成为特定的程序使用者,获得相应的产品,运营商则按合同规定提供对应的网络产品,这样的形式就表明了用户与游戏公司属于网络产品消费者和出卖者的债权关系。②

虚拟货币自其形成之日起即可进行流转,被转让的虚拟财产是权利人在虚拟世界中的数据记录,这种记录是排他的、不可替代的。网络用户在交易该虚拟货币时,流转的其实是各方拥有的对应债权。虚拟财产产生于网络用户与运营商之间的服务合同关系,只是用户得以请求运营商为其提供特定的服务内容的虚拟债权凭证。③它可以要求服务合同的对方为自己提供相应的服务。这种观点注重的是网络世界中签订的合同,他们认为虚拟货币并不是物权所应保护的客体,双方之间的债权才是法律所应该保护的。

这种观点也认为虚拟货币与银行储蓄合同具有相似性。虚拟货币权利人对于虚拟货币不具有支配性,其权利的实现需要对方的配合。"网络虚拟财产权债权说的定性并不影响网络运营商对网络用户安全保障义务之负担,在其他网络用户作为第三人介入网络虚拟财产行使环节时,网络运营商恰恰应当履行其对网络虚拟财产权人所承担的附随义务/安全保障义务之法定保护义务。网络虚拟财产权债权说不会降低对网络用户的保护力度。"④

(三)知识产权说

主张知识产权说的学者具体又分为两种观点。一种通过探究虚拟货币的本质——电子数据,认为这种电子数据是电子软件的开发者所预先设置的,故其对电

---

① 江平:《中国物权法教程》,知识产权出版社2007年版,第2页。
② 陈书杰:《浅议网络游戏虚拟财产的民法保护》,载《法制与社会》2019年第32期。
③ 赵程:《虚拟财产的法律定位几种观点之评析》,载《法制与经济》2011年第5期。
④ 王雷:《网络虚拟财产权债权说之坚持——兼论网络虚拟财产在我国民法典中的体系位置》,载《江汉论坛》2017年第1期。

子数据拥有著作权,应适用《知识产权法》,而用户通过不断的对游戏进行投入或者直接购买的方式获得虚拟货币的使用权。①

另一种观点认为玩家在获得虚拟货币的过程中付出了一定的时间和精力,其也是用户个人智力成果的体现,用户应当对其所获得的包括虚拟货币在内的虚拟财产拥有知识产权。在具体的归类上,应当将其归入著作权的范围。

三、"虚拟货币"数据属性分析

（一）虚拟货币之数据权

虚拟货币的本质为二进制数字代码的组合,体现为将组成虚拟货币的虚拟化数字资源进行整合,以虚拟数据的形式表示每一种虚拟货币。

数据作为信息的载体,应与所承载的信息相区别。虚拟货币与数据和信息的关系主要体现在虚拟货币的两种存在形式之中。从存储或记录形式看,虚拟货币是一串二进制数字代码的组合,它以二进制代码的形式存储和记录于服务器之中,而这串二进制代码本质上也是一种数据,所以说虚拟货币以数据形式存储或记录在服务器这类物理介质或物质载体之中。同时,从表现或感知形式看,虚拟货币通过显示在手机、电脑等设备的电子屏幕之上的文字、声音、图像使用户获得感知,这些数字化的文字、声音、图像等本质上不仅是一种数据,也是一种包含了各种类型虚拟货币所具有的特定外观、特定功能或其他特定属性的信息表达形式。②所以,虚拟货币是以包含了特定属性的信息为内容的一种数据,也可以说虚拟货币是以数据形式存储于服务器中的一种信息。

虚拟货币在一定程度上是独立的。从本源上,创造虚拟货币与其他网络资源的数据代码完全不同。同时,虚拟货币本身具备独立的价值,即使没货币基础仍然具有价值。与其说网络虚拟货币具有经济价值,不如说其反应的是虚拟数据的使用价值与交换价值。③由于虚拟数据的虚拟性特征以及根植于网络的运用途径,分析虚拟数据的经济价值可从两个方面进行:其一,虚拟数据本身的经济价值,即由其特性带来的使用价值;其二,行为主体在使用网络虚拟货币时,赋予虚拟数据的经济价值,即由有效流通带来的交换价值。

虚拟数据自身价值源于它的效用性,就效用性来讲,虚拟数据具备了一定的稀缺性、创造性与新颖性,技术上的程序支撑也使其具备了生存空间。换言之,虚拟数据本身就体现了效用性,能够满足主体的消费欲望与实际需求,带来了精神满足与部分经济利益,④这也是其使用价值的体现。虚拟货币发展至今,有些种类的虚拟货币已经成为财富的象征,其中最为典型的例子即是比特币。

---

① 石杰、吴双全:《论网络虚拟财产的法律属性》,载《政法论丛》2005 年第 4 期。
② 刘清生、郑海蓉:《论虚拟财产的非财产属性》,载《华南理工大学学报(社会科学版)》2020 年第 1 期。
③ 刘明:《网络虚拟财产的价值单边性特征及其启示》,载《经贸法律评论》2019 年第 6 期。
④ 周路芳:《论网络虚拟财产的民事法益属性》,载《学理论》2019 年第 1 期。

虚拟货币的流通是实现虚拟数据转移的主要形式。转移的方式有两个，第一是法币购买的转移；第二是购买实物的转移。网络用户用法币购买网络虚拟货币主要用于满足其交换的需求，因为这种传统类型的网络虚拟货币主要通过法币直接或间接换取，如在游戏中使用法币换取的游戏币购买装备，或是直接使用虚拟货币购买实物。

虽然虚拟货币的在技术本质上是计算机数据，但在广泛运用当中其已经被赋予了更多的价值和内涵，承担了超越数据的职能。

（二）数据的法律保护

目前存在的与数据相关联的法律概念中，联系最密切的是汇编作品和数据库。具有独创性的数据构成汇编作品受著作权法保护。我国未专门规定对数据库的保护。欧盟《关于数据库法律保护的指令》第1条规定，数据库是指经系统或有序的安排，并可通过电子或其他手段单独加以访问的独立的作品、数据或其他材料的集合。世界知识产权组织1996年提出的《数据库知识产权条约草案》对数据库的定义与欧盟关于数据库法律保护的指令基本相同。

目前我国对数据可以分别情况依据著作权、商业秘密等法律规范来保护。我国《著作权法》第14条规定了汇编作品。具有独创性是作品受著作权法保护的前提，具有独创性的数据如果构成汇编作品，受著作权法的保护。《反不正当竞争法》第10条规定了对商业秘密的保护。第10条第3款规定，"本条所称的商业秘密，是指不为公众所知悉、能为权利人带来经济利益、具有实用性并经权利人采取保密措施的技术信息和经营信息。"符合上述条件的技术信息和经营信息等数据，可以作为商业秘密保护。

目前学界已经有很多关于数据权的讨论，但在国内学者的讨论中，数据权集中于个人信息数据、企业信息数据等，并未系统地将虚拟货币作为数据进行讨论。而在数据技术发展的当下，数据的财产化保护已经成为一种一个趋势，特别是在大数据技术的发展的情况下，更亟需加大对此类问题的深入研究，填补依据教义学难以阐明的理论法律空白。[①]

第三节 "虚拟货币"的域内外立法现状

一、域外立法现状

（一）美国

美国林登实验室曾在模拟现实的"第二人生"游戏中发行"林登币"，游戏玩家可以以游戏中流通的"林登币"与美元双向兑换，该游戏引发围绕虚拟财产在法律

---

① 相丽玲、贾昆：《中外个人数据保护标准研究进展与未来趋势探析》，载《情报杂志》2020年第1期。

上进行定性、税收、反洗钱等等的热烈讨论。①2012年至今，美联储与美国联邦调查局等通过听证会等方式对虚拟货币带来的违法犯罪风险、法律风险、冲击金融体系风险等进行评估，陆续出台关于虚拟货币的业务规则。

以《虚拟货币商业统一监管法》为例，该规则涵盖经营信息披露、储备金设立，到网络安全、业务连续、灾后恢复、反欺诈、反洗钱、反恐怖等内容，并详细规定了检查、执法的具体要求，要求从业者真实保留、提供完整的财务、交易和客户的信息，规定一州监管部门可以联合其他州的监管部门联合检查，也可联合自律机构、联邦和州金融监管部门甚至美国之外的监管部门开展联合执法。法案还规定了执证从业者和临时登记者在其基本信息发生重大变化时的报告制度，以及在执证从业者和临时登记者控制权发生变化时监管部门的处理方式。并对无证经营、或虽有证经营但违反法案规定从事虚拟货币业务活动或者经营者本身发生重大事项（如成为被告、破产、重组等）规定了罚款、暂停营业或直接吊销证照等处罚，甚至进入刑事程序。②

根据相关的报道，美国的对于虚拟货币发展的时间线是这样的："2018年1月，美国证券交易委员会（SEC）和商品期货交易委员会（CFTC）发布《关于对虚拟货币采取措施的联合声明》，打击虚拟货币领域的违法行为。同月，CFTC对三家虚拟货币交易平台提起诉讼，称其欺骗客户并违反了大宗商品交易规则。2018年2月，CFTC在虚拟货币及区块链监管讨论会议上宣布成立虚拟货币委员会和区块链委员会，前者重点关注虚拟货币行业，后者则加强区块链技术在金融领域的应用。联邦当局在如何界定数字资产方面存在争议，四个不同的监管机构在监督数字资产发行时，对其性质界定不同。商品期货交易委员（CFTC）将加密货币视为商品，但美国证券交易委员会（SEC）却坚称它们是证券，而财政部的金融犯罪执法网络（FinCEN）则认为加密货币适用货币规则，国税局则将加密货币视为一种资产。"③

因为美国的政治体制是联邦制，因此在美国，联邦法规的效力由各个州的具体执行决定。根据相关的整理，"首先是纽约州，2014年7月，纽约州金融服务管理局（NYDFS）就虚拟货币活动提出了一个名为'加密货币许可证制度'的全面监管框架。2015年6月3日，该框架开始正式执行，纽约州也成为美国50个州中率先对加密货币实施全面监管的行政单位。其次是宾夕法尼亚州，2019年1月23日，美宾夕法尼亚州银行和证券部门（DoBS）发文澄清，加密货币交易所和相关服务提供商无须获得货币转账经营许可证即可开展加密货币转账业务。再者是新罕布什维尔州，2016年1月，新罕布什维尔州对本州的《货币转移许可法》进行了修改，虚拟货币交易也被纳入该法案的监管范围之内。2017年2月，监管当局正式执行

---

① See Bragg v Linden Research, Inc. 487 F, Supp.2d 593（E.D. Penn.2007）Unites States District Court for the Eastern District of Pennsylvania.
② 《美国加强虚拟货币监管，ICO发行未来有望得到保障》，载https://mp.weixin.qq.com/s/83rlQTGwkJzceHVD3eS42A，访问日期：2019年7月29日。
③ 《区块链全球合规与监管分析报告系列（二）全球区块链政策及监管》，载https://www.linksfin.com/article/329645，访问日期：2019年7月29日。

436法案,法案对'货币转移'这一概念作了延伸,代别人掌管虚拟货币行为也被包括在内。2019年1月29日,新罕布什尔州政府审核一项编号为NHHB270的法案,考虑在2020年将比特币支付费用和税收合法化。还有华盛顿州,2017年7月23日,华盛顿州参议院的《货币转移法》的法案生效,所有的虚拟货币运营商都要在该法案的框架下行事,遵守该法案针对许可证和债券发布的要求。2019年1月28日报道,华盛顿州医院提出《关于承认分布式分类账技术有效性》法案,该提案修改了《华盛顿州电子认证法案》中'目的和结构'以及'定义'两个部分并加以补充,可能编纂区块链中数字签名和许可证法条,以鼓励分布式分类账和区块链技术的发展。最后是佛罗里达州,2018年12月7日,来自佛罗里达州和北卡罗来纳州的两名国会议员提交《2018虚拟货币消费者保护法案》和《2018虚拟货币市场和监管竞争法案》两项议案,旨在帮助改善加密货币的监管框架,降低价格操纵的概率。"①

(二)欧盟

欧盟对虚拟货币的发展相对审慎。欧盟常设执法机构——欧洲刑警组织举行多次数字货币会议,均旨在"进一步加强对虚拟货币在犯罪交易和洗钱方面滥用的打击"② 为打击恐怖主义融资和避税问题,将"虚拟货币"界定为:"……不由央行或政府机构发行的价值的数字体现,其不一定要依附于法币,但它需被自然人或法人所接受,并作为一种支付的手段,可用于传输、存储或电子交易。这一定义虽然广泛,但以太币等很少作为支付手段的虚拟货币该如何定性,至今未有明确。"③ 上述定义将影响其他所有欧盟成员国家关于虚拟货币的定义,这一定义虽然将直接应用于在反洗钱监管,很它可能还会影响其他的规则。

那么欧盟各国的表现呢?根据相关报道:"2018年3月28日,德国联邦金融监督管理局(下称BaFin)发布了《咨询函》,表示BaFin在个案基础上决定代币是否构成德国证券交易法或金融工具市场指引项下的金融工具,在个案基础上决定代币是否构成德国证券招股书法项下的证券,在个案基础上决定代币是否构成德国金钱投资法项下的金钱投资。BaFin在该《咨询函》中对构成金融工具和证券所需符合的特征作出了详细定义,并列明了相关的授权要求。2018年5月,德国监管机构表示,需要对加密代币采取逐案审查的方式。根据个案情况审查首次代币发行,以决定适用哪种法律框架,可能基于银行法、资产管理法、保险法和支付服务法。"④

"法国政府表示将允许采用区块链技术交易特定传统证券,比如基金股份或私

---

① 《区块链全球合规与监管分析报告系列(二)全球区块链政策及监管》,载https://www.linksfin.com/article/329645,访问日期:2019年7月29日。
② 《欧盟举办虚拟货币会议、网传红头文件,今天币圈发生了什么?》,载https://mp.weixin.qq.com/s/hn00fkEVFivn5g30PBU9nw,访问日期:2019年7月29日。
③ 《律师解读欧盟对虚拟货币的重要定义》,载https://mp.weixin.qq.com/s/ticC3UaOscLEB chqVeoywA,访问日期:2019年8月1日。
④ 《区块链全球合规与监管分析报告系列(二)全球区块链政策及监管》,载https://www.linksfin.com/article/329645,访问日期:2019年7月29日。

有公司股份，不必通过在某些特定情况下它们被要求的传统中介。2018年9月，法国财政部长宣布，法国立法者通过了一项法律，为ICO制定了指导方针。该法令允许法国金融监管机构AMF向有意在法国上市ICO的企业发放许可证，但前提是"这些项目为投资者提供具体担保。"①

"瑞士则表现为，2017年9月29日，瑞士金融市场监督管理局（下称FINMA）发布《首次代币发行的监管处理》，表示ICO可能受相关法律的监管：打击洗钱和资助恐怖主义的规定。2018年2月16日，FINMA发布《ICO指导方针》，将代币分成三种类型：支付代币、功能代币、资产代币，根据个案具体情况决定是否受监管。2019年3月，据Cointelegraph消息，瑞士政府的立法机构——联邦议会，已经批准了一项动议，目的是将加密货币纳入监管，并确定如何遏制加密货币相关风险，以及加密货币交易的平台是否等同于金融中介机构，在此基础上受到金融市场的监督。"②

（三）韩国

韩国民众对虚拟货币的投资热情普遍较高，目前韩国比特币交易量位居全球第三。2018年，韩国当局曾因禁止虚拟货币交易遭民众激烈反对。但政府部门还是对国内虚拟货币市场呈现的投机和过热迹象发出强烈警告。③目前热潮渐渐褪去。虚拟货币市场交易量伪造、存在安全漏洞等问题被曝光。虽然韩国金融委员会开始对虚拟货币交易所实行账户实名认证制度，并禁止银行新开设用于虚拟货币交易的虚拟账户，但是由于韩国现有的法律框架无法为监管提供全面的依据，相关问题仍得不到有效的解决。④

（四）日本

日本是首个就虚拟货币进行立法的国家。先后于2016年、2019年两次修改虚拟货币的监管规则。2017年9月，11家交易所获得日本金融厅颁发的交易牌照。在如火如荼的虚拟货币交易过程中，交易厅也出现黑客攻击、洗钱等恶劣事件。为在开放虚拟货币市场的同时，不断完善市场发展，日本政府作出不断努力。目前《支付服务法》（修正）、《金融工具与交易法》草案正在审议中。《支付服务法》（修正）新增"虚拟货币"一章，引进强制注册登记制度，规定了交易服务商的信息与风险提示义务、客户资产保管要求、外部年度合规审计等内容。《金融工具与交易法》则将投资型ICO纳入监管。《支付服务法》和《金融工具与交易法》草案一旦获得通过，日本虚拟货币市场将吸引更多投资者加入。⑤

---

① 《区块链全球合规与监管分析报告系列（二）全球区块链政策及监管》，载https://www.linksfin.com/article/329645，访问日期：2019年7月29日。

② 《区块链全球合规与监管分析报告系列（二）全球区块链政策及监管》，载https://www.linksfin.com/article/329645，访问日期：2019年7月29日。

③ 《20万人请愿！韩国禁止虚拟货币交易计划遭炒币者强烈反对》，载https://mp.weixin.qq.com/s/swDLYy2p8SXTv5KavkmtYg，访问日期：2019年8月1日。

④ 《损失惨重！韩国虚拟货币进入寒冬：矿场关机投资者离场》，载https://baijiahao.baidu.com/s?id=1621469959049591159&wfr=spider&for=pc，访问日期：2019年8月2日。

⑤ 王凤訸：《日本和我国台湾地区有关虚拟财产保护的法律规定》，载《中国公证》2019年第11期。

从立法的时间线上来看，2017年的4月1号，日本正式实施《加密货币法》，政府正式承认比特币为法定支付方式。2018年6月1日，日本金融厅颁布了《部分银行法施行令修订法案》，规定电子支付代理业者全部实行登录制，可能会推动虚拟货币接入银行系统。2018年11月，日本金融厅加密货币交易业研究会第8次会议，将ICO纳入日本现行《资金决算法案》和《金融商品交易法》中。2019年3月，日本虚拟货币商业协会发布"关于ICO新监管的建议"。① 建议的内容主要包括以下四点：（1）日本国内交易所处理虚拟货币扩张的问题，其中包括稳定币等。（2）金融商品交易法的限制对象中代币与结算相关规定，包括控制代币区分和限制级别的调整。（3）安全代币的限制，包括安全代币作为有价证券情况的明确化。（4）对实用代币的限制，需排除对商业法规的某些限制，对虚拟货币交易所施加过度的义务是不妥当的以及会计准则明确化。2019年5月，日本通过《资金结算法》及《金融商品交易法》修正案："虚拟货币"将更名为"加密资产"，虚拟货币将被纳入《金融商品交易法》的监管对象中，从而限制投机交易行为。②

（五）香港

香港地区的立法是一个慢慢推动的过程。"2017年9月5日，香港证券及期货事务监察委员（以下简称SFC）发布了《有关首次代币发行的声明》，该声明指出根据ICO具体情况认定，其发售或销售的数字代币是否属于《证券及期货条例》所界定的'证券'，是否受香港证券法律的管辖。2018年2月6日，香港金融管理局（金管局）发布《虚拟银行的认可》指引修订本，推动虚拟银行在香港的设立。虚拟银行须遵守适用于传统银行的同一套监管原则及主要规定，部分规定须根据虚拟银行的商业模式作出适当调整。2018年11月1日，SFC公布监管加密货币行业的计划，计划概述了针对加密货币交易所、加密货币资产组合经理、中介以及基金分销商的新规。例如，'有关针对虚拟资产投资组合的管理公司、基金分销商及交易平台营运者的监管框架的声明'要求，超过10%资产规模（ALJM）属虚拟资产的基金，只可向专业投资者销售，任何投资虚拟资产的基金和经纪都须向证监会注册等。至此香港地区暂时完成了相应的监管。"③

（六）域外立法的启示与反思

1.虚拟货币监管开放的趋势

从上面域外立法的介绍来看，韩国等采取了与中国大陆一样的、对虚拟货币一刀切的策略，更多的国家与地区则采取了接受与承认的态度。这种态度的表现是

---

① 《日本再次修订虚拟货币相关法规》，载https://mp.weixin.qq.com/s/CUxFC8hxjLE6EcVrg AWAhA，访问日期：2019年8月3日。
② 《区块链全球合规与监管分析报告系列（二）全球区块链政策及监管》，载https://www.linksfin.com/article/329645，访问日期：2019年7月29日。
③ 《区块链全球合规与监管分析报告系列（二）全球区块链政策及监管》，https://www.linksfin.com/article/329645，访问日期：2019年7月29日。

广泛而明确的。如我国香港地区和法国，在域内发生虚拟货币的"野蛮生长"后，采取了亦步亦趋的策略，通过行业自律，慢慢摸索应有的规制。台湾地区则从一开始采取一刀切的思路，后逐渐转变到放开监管、通过行规等自治规范自发监管的模式，并最终以此为基础准备进行立法规制。由上述经验可以看出，对于虚拟货币的规制而言，采取"一刀切"的策略的是少数，大多数国家地区出于发展的考虑，都没有禁止虚拟货币的发展，而或多或少、或快或慢地开始对虚拟货币的合法性进行承认，对其规制展开了探索。①

2. 监管背后的问题

从上文的介绍可以看出，虽然各个国家或地区对于虚拟货币的态度趋于稳定和接受，也逐步出台了相关法规进行规制，但是诸多国家或地区的法规之间缺乏共同点，甚至缺乏相似之处（除了一定程度上承认虚拟货币的证券属性）；而这正是值得研究的。这是因为，社会问题具有普遍性，而对社会问题进行解决的法律虽然"因地制宜"，也应具有一定的共同性，体现相同的法理。②但目前，在对虚拟货币的规制问题中，这种"法理"尚未得到深入的挖掘，也没有得到明确的体现。尤其是在美国这样的联邦制国家中，虽然存在联邦法律这样的规范性文件，但各个州的具体实施存在很多差别。这就导致实际发生效力的规范存在一定差别。如此问题是值得警惕的。

笔者认为，即使存在相应的法规，但由于规范"宜粗不宜细"以及行业尚在发展中，域外一些国家的司法实践仍然表现为具体实施具体分析，依赖于在具体案例中对具体事实的裁量，比如美国和瑞士等国的司法实践就清楚地证明了这一点。如此情形下，统一的法规的效力是否被实现则是值得商榷的。

对此，笔者认为以上问题的产生根本原因在于：虚拟货币作为一种新兴产物，各个国家的立法者都缺乏对其的正确认识和把握。对其监管规律也难以充分了解，只能通过尝试，通过所谓的轰轰烈烈的立法和修订，逐渐完善相关制度。一方面，这样的探索尝试体现了所在国立法技术的完善，另一方面，也可能由于错误的立法带来巨大的政策风险和危机。例如，在将虚拟货币如何理解的问题上就存在许多值得注意的争论。一方面，存在像日本一样是认为虚拟货币实际上是一种货币的立法政策；另一方面，也存在以美国为代表，倾向于认为虚拟货币实际上是证券的政策。孰优孰劣尚无定论，但两种思路无疑为我们提供了参考。

3. 虚拟货币与刑事犯罪关系

从上文的介绍来看，以日本和瑞士为代表，其监管机构都强调了虚拟货币和洗钱，逃汇等刑事犯罪之间可能存在联系，虚拟货币可能助长上述犯罪。以日本为例，其把虚拟货币交易平台列为《犯罪收益转移防止法》中的特定事业者，纳入现

---

① 华秀萍、夏舟波、周杰：《如何破解对数字虚拟货币监管的难题》，载《金融监管研究》2019第11期。
② ［德］康拉德·茨威格特、海因·克茨：《比较法总论》，潘汉典、米健、高鸿钧、贺卫方译，法律出版社2004年版，第24页。

有的成熟反洗钱、反恐怖融资规体系,责令其承担相应的义务,以防止相应的风险。无独有偶,欧盟的相关法规也责令从事相关业务的企业承担特定义务。

域外非常强调虚拟货币的国际刑事风险,我国立法及司法现状也有相同的特征。因此,我国确有必要,加强国际间的合作,遏制虚拟货币去中心化天然的犯罪优势,避免虚拟货币后期发展不受控制。[1]

4. 对中国的启示

笔者认为中国可以从这么多的域外立法实践中吸取一些经验,简单的一刀切并不适合现在以及未来的虚拟货币发展。

首先,加快立法的脚步是必要的。现在中国只有零星的几个部门规章(下文会提到),效力层级并不高;规制相关问题的最新文件则若干年未有更新;在"规范"的层面已经逐步不能满足现状。而这很大一部分的原因也是因为对相关问题"一刀切"的现状下,不需在对问题进行讨论所致。因此,必须紧跟时代步伐,加紧立法的脚步。[2]

其次,必须明确虚拟货币的性质,使用模糊性的描述词语,或者列举几个经典的币种无助于明确相关概念。虚拟货币是立法、司法和学术争论的中心,其法律性质非常重要;无论是将其定义为证券还是货币,最为关键的是要明确认定的标准,切不可含糊其词。[3] 再者,立法也必须考虑目前的金融现状:诚然,虚拟货币的发展中间存在浑水摸鱼的危机,但其作为新兴金融代表,背后的区块链技术也是未来的方向,中国的立法需要考虑整体金融市场的发展。虚拟货币是一把双刃剑,作为直接受害者的民众可能无法辨别,但是立法者要做到将产业往正确的方向引导。

最后,中国必须加强和其他国家的合作,学习世界上的其他就此问题的立法已经相对发展完善国家的经验,努力把握好虚拟货币规制的正确方向。

二、国内立法现状

(一)我国虚拟货币现行法律文件

我国关于虚拟货币的法律文件数量有限,明确对虚拟货币作出规范的文件包括:

(1)针对游戏币,2007年文化部等发布的《关于进一步加强网吧及网络游戏管理工作的通知》、2009年的《关于加强网络游戏虚拟货币管理工作的通知》以及《关于规范网络游戏经营秩序查禁利用网络游戏赌博的通知》等文件;

(2)针对虚拟货币,2013年12月人民银行等五部委发布《关于防范比特币风险的通知》和2017年9月人民银行等七部委发布《关于防范代币发行融资风险的公告》;

---

[1] 许源、赵云、渠昊:《虚拟货币交易群体境外迁移情况研究》,载《法制与社会》2019年第36期。
[2] 向鑫琳:《发达国家虚拟货币监管的国际经验及启示》,载《黑龙江金融》2019第7期。
[3] 李智、黄琳芳:《数字货币监管的国际合作》,载《电子科技大学学报(社科版)》2020年第1期。

（3）国家税务总局发布的《关于个人通过网络买卖虚拟货币取得收入征收个人所得税问题的批复》。

以上文件层级较低，但在一定程度上代表着政府当局对虚拟货币的监管态度。研究虚拟货币不可离开现有法律体系，探究虚拟货币本质属性，还将其纳入现行法律框架下，结合《民法总则》《证券法》《公司法》等背后原理，可知未来可能对虚拟货币的监管有效的法律规则。具体而言：

（1）虚拟货币被认为是特定的虚拟商品的法律规范

2013年12月03日，中国人民银行、工业和信息化部、中国银行业监督管理委员会、中国证券监督管理委员会、中国保险监督管理委员会发布《关于防范比特币风险的通知》（银发〔2013〕289号），该文件指出："比特币具有没有集中发行方、总量有限、使用不受地域限制和匿名性等四个主要特点。虽然比特币被称为'货币'，但由于其不是由货币当局发行，不具有法偿性与强制性等货币属性，并不是真正意义的货币。从性质上看，比特币应当是一种特定的虚拟商品，不具有与货币等同的法律地位，不能且不应作为货币在市场上流通使用。"① 由此可以看出，监管层认为比特币的性质是一种特定的虚拟商品。如果承认比特币是代币的一种典型，那么其余代币也可"类推"被认为是特定的虚拟商品。② 该认定大范围地影响了司法实践，具体案例如下：

北京市东城区人民法院（2015）东刑初字第1252号案件中，法院裁判说理提道："被告人胡志凯利用非法获取的邮箱数据库，登陆被害人李×的邮箱，通过密码找回修改了被害人李×的火币网密码，并在网吧内使用VPN登陆被害人李×的火币网账户，同时通过QQ远程操控自己家中已登陆火币网账户的电脑，利用自动交易软件将被害人的火币网账户中的莱特币交易设置为高买低卖，将自己控制的周×账户中的莱特币交易设置为低买高卖，并自动交易，以此方式窃取被害人账户中的资产。截止到交易停止时，被告人胡志凯从被害人李×账户中获利共计人民币59822.38元，被害人李×损失共计人民币245000余元。法院认为，被告人胡志凯以非法占有为目的，秘密窃取他人财物，数额较大，其行为侵犯了公民的财产权利，已构成盗窃罪，依法应予刑罚处罚。此处莱特币法院按照'财物'进行处理，代币具有了虚拟财产属性。"③

郓城县人民法院（2017）鲁1725民初4932号案件中，法院裁判说理指出："原告袁大伟通过微信出售比特币，被告周子皓在与原告的微信聊天中说明其自愿以17400元/个的价格向原告购买比特币15个，后被告周子皓工商银行卡分六次向原告袁大伟的农业银行账户转入261000元。原告确认款项到账后，被告告知原告比特币收币地址为12ERzcWPYzCe4v91z3iHJ5iNTLuidsMhXS，原告向该收币地址

---

① 《关于防范比特币风险的通知》（银发〔2013〕289号）。
② 王熠珏：《我国虚拟货币规制的嬗变与反思》，载《重庆交通大学学报（社会科学版）》2019年第3期。
③ 北京市东城区人民法院刑事判决书（2015）东刑初字第1252号。

转入 15 个比特币,后因操作失误,又向该收币地址转入 20 个比特币。原告发现误转后,要求被告退还 20 个比特币或支付 20 个比特币的对价 348000 元,被告拒绝。法院认为被告取得原告 20 个比特币构成不当得利,给原告造成了损失,被告应当依法将取得的不当利益返还原告,总计比特币交易价格支付对价 20×17400 元/个 =348000 元。此处,比特币作为一种交易标的,同样具有虚拟商品属性。"①

(2)虚拟货币虽不被认为是证券,但其可能是具有证券属性的金融工具的监管规范

中国制定法中的"证券"有固定含义。《中华人民共和国证券法》第 2 条规定:"在中华人民共和国境内,股票、公司债券和国务院依法认定的其他证券的发行和交易,适用本法;本法未规定的,适用《中华人民共和国公司法》和其他法律、行政法规的规定。政府债券、证券投资基金份额的上市交易,适用本法;其他法律、行政法规另有规定的,适用其规定。证券衍生品种发行、交易的管理办法,由国务院依照本法的原则规定。"在目前的证券法体系中,并没有对证券做明确定义,而是以列举的方式说明什么金融工具是证券,在这个列举的范围内,并没有包括虚拟货币,因此,虚拟货币目前并不在中国证券法的规制范围之内,不能认为是一种证券。

但 2017 年 9 月 4 日,中国人民银行、中央网信办、工业和信息化部、工商总局、银监会、证监会、保监会联合发布的《关于防范代币发行融资风险的公告》,对代币发行融资活动的本质属性进行明确。该文指出"代币发行融资是指融资主体通过代币的违规发售、流通,向投资者筹集比特币、以太币等所谓'虚拟货币',本质上是一种未经批准非法公开融资的行为,涉嫌非法发售代币票券、非法发行证券以及非法集资、金融诈骗、传销等违法犯罪活动。"根据该文件的定性,代币发行涉嫌非法发行证券,那么也就是说监管层认为虚拟货币有可能转化为证券的可能,虚拟货币的发行也会被认为是证券发行。

同时,该文件进一步指出:"代币发行融资中使用的代币或'虚拟货币'不由货币当局发行,不具有法偿性与强制性等货币属性,不具有与货币等同的法律地位,不能也不应作为货币在市场上流通使用。"这点进一步限缩了虚拟货币这一概念在中国大陆的使用范围及具体应用。同时,也正是该文件,明确具体地禁止了 ICO 在中国大陆的发行,该文指出"本公告发布之日起,各类代币发行融资活动应当立即停止。已完成代币发行融资的组织和个人应当做出清退等安排,合理保护投资者权益,妥善处置风险。有关部门将依法严肃查处拒不停止的代币发行融资活动以及已完成的代币发行融资项目中的违法违规行为。"

该文件也禁止数字资产交易所的业务,"本公告发布之日起,任何所谓的代币融资交易平台不得从事法定货币与代币、'虚拟货币'相互之间的兑换业务,不得买卖或作为中央对手方买卖代币或'虚拟货币',不得为代币或'虚拟货币'提供定价、信息中介等服务。",也就是该文件的颁布,导致国内各大数字货币交易所转移

---

① 山东省郓城县人民法院民事判决书(2017)鲁 1725 民初 4932 号。

到中国大陆之外。①

该文件是目前中国大陆关于虚拟货币、ICO、数字货币交易所最新、效力最直接、最有针对性的监管文件,尽管该文件在法律渊源上仅是部门规章,层级较低,但是在目前此方面有针对性立法是空白的情况下,该文件的地位很显然具有不可争议的权威性。②

(3)依据已公布的证券法草案,虚拟货币被认为是证券的可能性很大,其将可能适用证券法规范。

自2015年以来,中国证券法修改被提上议事日程,证券范围的调整也成为该法修订的重要内容。最新的《证券法》第2条规定:

> 本法所称证券是指代表特定的财产权益,可均分且可转让或者交易的凭证或者投资性合同。下列证券的发行和交易,适用本法;本法未规定的,适用《中华人民共和国公司法》和其他法律、行政法规的规定:
> (一)普通股、优先股等股票;
> (二)公司债券、企业债券、可转换为股票的公司债券等债券;
> (三)股票、债券的存托凭证;
> (四)国务院依法认定的其他证券。
> 资产支持证券等受益凭证、权证的发行和交易,政府债券、证券投资基金份额的上市交易,适用本法;其他法律、行政法规另有规定的,适用其规定。

对于证券的定义采用了直接定义与列举两种方式予以确认,依据其中对证券的直接定义,"证券是指代表特定的财产权益,可均分且可转让或者交易的凭证或者投资性合同。"可以看出代币发行,被认定为证券的可能性很大。③

根据一般法理,代币具有一切证券特性,监管政策有必要调整以满足实践需求。证券是指因投资于一项共同的风险事业而取得的主要靠他人的努力而盈利的权益。其包含以下四项构成要件:

(1)投资。金钱、物、工业产权、技术、甚至是劳务等一切有价值的东西都可用来投资;

(2)共同的风险事业。多个投资者的钱投资在同一项事业中,这些事业具有风险;

(3)他人的努力。投资者对投资所营事业并无经营管理权,该权掌握在他人手中,由他人操劳和努力。

(4)盈利的期望。

目前市面上发行的代币也满足上述定义的要求,这也可以说明,为何现行证券法没有包含虚拟货币,但是央行最新的文件却认为代币是一种证券,根本原因是,

---

① 章程:《ICO行业自省:市场理性与监管理性》,载《浙江金融》2019年第11期。
② 肖飒、马金伟:《ICO黑洞:创新融资疯狂的背后》,机械工业出版社2018年版,第25页。
③ 孙国峰、陈实:《论ICO的证券属性与法律规制》,载《管理世界》2019年第12期。

现行证券法列举方式已经无法适应多变的证券形态,因此央行等监管机构只能从证券的本质角度与看待虚拟货币,并出具相关的监管政策。①

(二)我国虚拟货币法律监管存在的问题

1. 因虚拟货币兴起衍生的法律风险尚不可测

区块链越来越多地被运用于国家机构和大型互联网企业中,各类创新应用模式在逐步落地。可以说,区块链正在凭借其公开、透明、不可篡改等优势呈现新一代科技的颠覆性力量。我国一直以来对区块链的发展和创新重视有加,各项支持性及监管性政策层出不穷。与区块链技术本身发展的风生水起相比,同日而生的链上虚拟货币却被监管层专项整治,"露头就打"的强硬打击令币圈人惶惶不可终日或在规则的边缘试探能否还有一日可以上岸。因虚拟货币容易引发的网络犯罪风险、通货膨胀风险、网络安全风险等,②因风险在技术不成熟时的不可预测性,这也成为我国虚拟货币法律监管的难题之一。

2. 对虚拟货币的性质界定不明且缺少完善的监管规则

法学理论与实务界对虚拟货币的法律性质进行诸多讨论。但鉴于目前,区块链技术的成熟与落地还需一段时日,立法对虚拟货币的属性及定位十分审慎。如上文所述,关于虚拟货币的法律规范数量极其有限,正因为虚拟货币监管立法不足,且缺乏详细的实施步骤,监管措施也是很难实施推进。更为重要的是,虚拟货币在不断发展,而一旦以"一刀切"的思路函摄全局,监管的发展必然停滞,产业发展也将陷入违法的"常态"中;这对于监管者和创业者而言都是非常可怕的。比起上文所述国家立法跟着虚拟货币的发展而进行的思路,我国立法先于发展的现状明显倾向于保守的一面,虽然最大限度地保护了现有秩序,但不利于相关产业的进一步发展。③

3. 监管体系与直接监管部门未能建立并发挥作用

监管体系的建立要求对虚拟货币的产出、流通、交易、回兑等均有相应制度约束,且有相应的监管部门。目前,虚拟货币监管遵循"不与法币挂钩"的原则。如游戏币只能在游戏环境中交易;法币可以购买、兑换游戏币,但游戏币不能兑换成法币。基于区块链技术的虚拟货币也被要求"任何所谓的代币融资交易平台不得从事法定货币与代币、'虚拟货币'相互之间的兑换业务,不得买卖或作为中央对手方买卖代币或'虚拟货币',不得为代币或'虚拟货币'提供定价、信息中介等服务"。但原则之外,目前尚未细化监管流程,缺乏系统的法律规范,监管机构也存在责任交叉、分工不明确、管理混乱等问题。目前发布的文件也都是多部委一起发文,那么具体应由哪个部委来监管,抑或是联合监管?上述文件中并没有给出一个确定的答案;或者可能进行这样的解读:监管部门存在踢皮球的可能,没有法定的

---

① 邓建鹏:《区块链的规范监管:困境和出路》,载《财经法学》2019年第3期。
② 王昕玥:《我国虚拟货币法律监管问题探究》,载《科技经济导刊》2018年第22期。
③ 王熠珏:《我国虚拟货币规制的嬗变与反思》,载《重庆交通大学学报(社会科学版)》2019年第3期。

监管部门承担监管的职责。这种情形其实一直都存在，只是"一刀切"地禁止之后，创业者一律被视为违法，不存在由谁监管的问题。那么，如果将来的某一天我们承认了虚拟货币的合法性，应当由哪个部门来承担监管职责呢？

第四节　我国涉"虚拟货币"案件的实践分析

一、涉诈骗罪分析

（一）"公私财物"的认定

正如在第二节所详细讨论的一样，虚拟货币的属性是一个争议很大的问题，不同的人会给出不同的答案，但是注意的是在本节的讨论中，即刑法条文的讨论中，"虚拟货币"的属性需要通过法律解释的。笔者不否认虚拟货币本身有着多重属性，或者说字面解释上"虚拟货币"本来就有"货币"的意思。① 但是在讨论是否构成犯罪的时候，一切都要回归到刑法解释上（当然，刑法解释也不是必然排斥对于"虚拟货币"的分析），所以即使经历了第二节的讨论，在本节，笔者认为仍需对"虚拟货币"是否构成刑法意义上的财物进行分析。同时这不仅仅是诈骗罪需要讨论的，更是之后讨论的盗窃罪的基础。

最简单的当然是法条本身就规定了何为财物。如果法条本身就规定了财物是什么，那么问题就迎刃而解。值得注意的是，这是基于刑法条文，并非其他法律法规，所以虽然有现行的行政法规，但也只能是参考，并不能直接套用。也就是虽然被相关法规认定为"虚拟商品"，但不代表刑法也是这么认为，只是一种倾向而已，不能直接得出刑法就保护或者不保护"虚拟货币"。② 这是因为传统财产犯罪并不是行政犯，其并不以行政法规为基础；有些学者基于此就认为虚拟货币是财产或者不是财产，笔者认为有失妥当。当然基于立法技术和刑法和其他法律的协调性等原则则是可以的，比如刑民一致原则，笔者也会在接下来的讨论中论述这一点。

刑法中对于财产的直接规定是刑法第 91 条和第 92 条，但非常遗憾的是，笔者认为通过这两个条文，无法得出"虚拟货币"是不是财物的解释。因为这两个条文只是重复列举什么是财产。比如这句"个体户和私营企业的合法财产"，其实根本没有解释财产是什么。笔者又把目光投向了司法解释，然而十分遗憾，有关公私财物的司法解释几乎被废除完了，剩下的也没有解释何为财物。这样看来，从法条规定来入手是行不通的。

首先，从文义解释来看，字面上，所谓的财物应该是财和物的结合，即财产和物资。笔者在上文提到，"虚拟货币"一词中的"货币"基本上就表明其类货币性质，

---

① 沈娜、赵冠男：《论盗窃网络虚拟财产的刑法规制》，载《衡阳师范学院学报》2019 年第 4 期。
② 李齐广：《刑民对话视野下窃取虚拟财产刑事责任的认定》，载《武汉大学学报（哲学社会科学版）》2017 年第 2 期。

但笔者在这里并不想讨论"虚拟货币"是不是货币,因为不是货币不代表其不是财物。笔者认为"虚拟货币"在字面上落入财物的范围是不存在争议的。但值得注意的是,字面解释不必然正确的,有学者指出,单纯的对法条做出文义解释,不可能得出妥当结论。

对此,笔者认为,在现行法律没有明确的规定下,刑法解释是唯一的出路,如果文义解释得不到结果,只有进一步的目的解释才行。幸运的是,在"虚拟货币"出生之前,对于财物概念的解释就一直存在,比如电力算不算财物。得益于这些讨论,笔者认为财物有如下三个标准:具有管理可能性,转移可能性和价值性。换言之,只要虚拟货币符合这三个标准,就能将其认定为财物。另外,德日刑法里面有财产性利益这一概念,虚拟货币在这些国家不属于财产而是属于财产性利益,但我国刑法没有区分财物与财产性利益,只有财物的概念。越是抽象的概念就越需要解释,因为它的外延宽泛,若是不解释,很容易使这个概念无边无际,破坏刑法原则。[1]

首先,虚拟货币具备管理可能性,无论是传统的虚拟货币,例如Q币,或者是新兴的虚拟货币,例如比特币,其都有密码功能,是可以被所有人所控制的。其次,就是可转移性,虚拟货币都是可以被转让的(虽然传统的比较麻烦,可能需要转让账户实现),最后价值性也是毋庸置疑,传统的虚拟货币例如Q币可以购买腾讯公司的服务,或者等价交换现实的东西和人民币。而新兴的虚拟货币就更不要说了,比特币、以太币等等虚拟货币都可以在交易平台交易,可以兑换真实的流通的各国货币。所以从这三个标准来看,虚拟货币应该被认为是财物。[2]

另外,还可以从法律体系角度入手。笔者在上文提到过,虽然其他法律不能直接得出刑法下虚拟货币是财物,但是是值得参考的。首先,央行等四部委2013年发布的文件中提到了比特币属于虚拟商品。再者2017年通过的《民法总则》中也规定了网络虚拟财产受法律保护。从民刑一致原则的角度来看,刑法保护民法所保护的财产也是正确之道。所以刑法条文中的公私财物包含虚拟货币。

笔者注意到早年间有过针对虚拟财产的论辩。张明楷教授提到"并不是所有的虚拟财产都可以被认为是财产。"[3] 笔者认为虚拟财产肯定有值得保护和不值得保护的东西,一刀切认为是财产,和一刀切认为不是财产都是有偏颇的。现在说保护虚拟财产,很大程度考虑的因素是明确概念的时机尚不成熟;不可能制定条文把虚拟财产限定为什么什么不包括其中,这样一方面使法律制度更加僵硬;一方面条文也将十分冗长,立法技术上不具有操作可能性。所以,笔者不否认虚拟财产中的一些不是财产,但虚拟货币显然并不应当归为这种不能类比的情况,虚拟货币应当

---

[1] 储陈城、马世理:《比特币的刑法保护方式——从教义学到国家政策的分析》,载《重庆大学学报(社会科学版)》2020年第1期。
[2] 郑泽善:《网络虚拟财产的刑法保护》,载《甘肃政法学院学报》2012年第5期。
[3] 张明楷:《非法获取虚拟财产的行为性质》,载《法学》2015年第3期。

是财产。①

（二）诈骗、欺诈还是盲目逐利？

事实上，虚拟货币被认为是财物，那么诈骗罪就没讨论意义，比如A想诈骗B的Q币或者比特币，这是最简单情形了，确实也没有什么值得讨论的，然而现实中更多的是某某创立某种虚拟货币，然后被认为是诈骗罪的，而该种情况是值得讨论的。

笔者认为，这需要依照情形而论，并不是创立某种虚拟货币的都构成诈骗罪。这就要区分是不是借虚拟货币之名进行诈骗。而是否以借虚拟货币之名行诈骗罪之实，不对具体实施进行具体判断是不可能得出结论的。本文以两个案例为中心，从目前的司法实践分析切入相关内容。

第一个例子是董某某诈骗一案。根据公开的司法文书，"2018年3月初，被告人董某某以网络投资'比特币'获利高为由，引诱被害人马某投资。马某遂于2018年3月至2018年7月先后四十余次在汝州市通过微信、支付宝向董某某转账共计258722元，董某某将上述钱款均用于网络赌博，后经马某催要，董某某归还其81700元。2018年7月，董某某为避免马某继续催要上述钱款将其电话号码拉黑。2019年2月16日，董某某亲属偿还马某钱款70000元。法院认为，被告人董某某以非法占有为目的，虚构事实，骗取他人财物，数额巨大，其行为已构成诈骗罪"。

可以看到，本案中，董某某其根本没有进行投资，其实根本不存在"比特币"这个事物，那么这种当然应该被认定为诈骗罪。然而真正值得讨论的是这种类型案件，就是真的存在虚拟货币，让别人来进行投资，那么这种算不算诈骗呢？典型的就是毛某芸案。

此案中，被告毛某芸在2013年7月于网络上认识了"信念""亨利""小红""威力"等人，经他们劝说，在网络上购买数字货币，做网络投资生意。毛碧芸投入了1万元，三四个月后，其收回本金，还赚了二三千元，她把钱打到"小红"的账户，委托"小红"帮其操作，赚到了很多钱。后毛某芸就加入了"小红"等人的团队，担任宁波慈溪市场领导人的职务。2013年至2015年7月份，毛某芸再投资了70万元左右，经过"千少"的网上操作，其收回了本金，还赚了二三十万元。2015年8月某日，"千少"路过慈溪，两人在其位于杭州湾某酒店总裁行宫711的办公室见面，"千少"给了毛某芸八九万奖金，据"千少"介绍：他的手下有2万多人，别人卖不掉的虚拟货币他能够卖掉，他们上面有财团，只要投资了就能够买到相应的数字货币。

毛某芸开始专门操作虚拟货币，其投资了比特币及类似比特币的维卡币、马某、MFA、STC、国内3M、国际超3M、韩国3M、德国3M、美国3M等虚拟数字货币。虚拟货币依靠一台高配置拥有自带服务器的电脑去开采虚拟矿，开采电子钱包，开采出来相应的虚拟币，通过国际电子钱包来转到自己的电子钱包，并可通

---

① 陈云良、周新：《虚拟财产刑法保护路径之选择》，载《法学评论》2009年第2期。

过拷贝把电子钱包里的虚拟货币转到自己的电脑硬盘上（怕黑客侵入盗走虚拟货币）。毛某芸所在团队需要提前筹备购买虚拟货币的工作，通过网络矿工挖矿、低价购买虚拟货币的方式提前购买好虚拟货币，陈某等人购买虚拟货币时，毛某芸就以略高于成本价的方式转卖给他们。毛某芸让团队里的人操作虚拟币的开户登记，然后把虚拟货币转到陈某的网络账户。

毛某芸把上述信息放在一个硬盘里，账号和记录都为英文，都是电子钱包，没有实际的书面纸质账本。收益大概分为三部分，一是根据数字货币平台上的货币价格波动来赚钱，二是数字货币平台以数字货币的形式将分红分到下家的账户里，三是数字货币平台根据投入的资金量按比例返还，类似于介绍费。房某是其助理，于2016年4月左右到毛某芸这里来工作，毛某芸每月给他3000元左右基本工资，再根据他的工作量给他相应的提成、加班费，房某不懂投资虚拟币的操作，没有参与实际投资，他负责帮其把VIP会员的资料传到网上去，有时编辑陈某等人照片、登记身份证，把虚拟币转成的钱从一个账户转到另外一个账户，就做一些简单的工作，毛某芸没有让他看到投资虚拟货币的具体内容。

2015年4月，毛某芸上家说网络数字货币平台形势很好，投资回报率很大，毛某芸就群发微信，意思是数字货币平台形势很好，有意向投资的客户都可以来投资。之前，有几个客户委托毛某芸在数字货币平台形势好的时候通知他们，毛某芸就打电话给了那些客户，其中包括陈某，陈某陆续投资并赚到相应的分红，陈某另介绍了徐某、包某、周某等人投资毛某芸的网络数字货币生意，他们通过银行转账的方式将款项汇入中信银行、平安银行、农业银行、广发银行、浦发银行、工商银行、建设银行等账户，或者通过POS机进行交易，POS机由团队领导提供给毛某芸。

邵某所称的2016年2月4日投资12万，2万是通过陈某中信银行转账，10万元是通过现金支付，毛某芸表示认可。毛某芸把网络上买到的大量数字货币根据客户投入的资金分给他们相应的数量，以此来免去手续费。毛某芸又根据网络数字货币平台上的价格波动以及分红和业绩返点分给他们相应的收益，如果他们还想持有数字货币，其会根据平台上更新信息，将累计的数字货币转到下家的账户里或者其自己的账户，他们购买数字货币的款项已经由人民币转化成数字货币存在数字货币平台上的账户里了。

2016年10月，毛某芸在网络数字货币平台上看到虚拟货币投资信息，就通过微信告诉她们有几个投资项目比较好，比较稳定，陈某陆续通过银行转账转给其270万，孙乐安通过银行转账转给其30万，徐某转给其三五万。其中，毛某芸把陈某汇给其款项在电脑上投资到国际联合启动的新的虚拟币项目，简称"K币"，2016年10月5日到10日期间，陈某、徐某、周某等人一起来过其办公室，看过网上投资记录，但陈某等人说看不懂，让其负责操作。毛某芸收到钱之后，会通过网络数字货币平台把之前购买好的相应价的数字货币转到她们的网络账户上，这些钱就由其自己持有，由其本人支配。

2016年10月16日、17日，毛某芸发现虚拟数字货币网上平台已经不能提现了，有时候网上进不去，有时候通道关闭了，其还看到虚拟货币网上平台价格大幅度下跌，数字货币被套牢，卖不出去，无法提现，里面的钱取不出来，其就没有钱给下面的客户分红了。除了陈某等人，还有约100人在网上让其投资。毛某芸团队还分出1000多个账号让其管理。毛某芸一共管理投资1200多万元，网络账户上拥有的虚拟货币兑换成现金后，其赚了3000余万元。

2016年10月18日，毛某芸坐黑车去杭州、江西找"班某""亨利"，找了约一星期也没有找到他们。2016年10月17日左右，毛某芸手机摔破了，就用公用电话跟"亨利""班某"联系，也没联系到。其离开慈溪前，告诉房某其去外面管理一些市场，如果时间短，让他等着，如果出去时间长，房某等不了可以换工作。毛某芸没有搬离其位于杭州湾某酒店711房间的办公室，只是把办公室没有用的东西整理掉了。毛某芸平时通过联想笔记本电脑操作虚拟币，其离开慈溪去江西找"班某"前，还放在外面客厅沙发。

此外，毛某芸还通过一台大屏的苹果一体机看虚拟货币的情况，2016年10月份，其离开慈溪前，因为显卡有问题，就拿到修理店维修了。其把存有陈某等人投资资料的硬盘放在某酒店711房间办公室。2016年10月底，毛某芸曾来过道林派出所，想和陈某等人和解，没有成功。

2016年10月31日，毛某芸将其的所有的银行卡共28张、一本房产证和车钥匙交给公安民警，其尾号"3388"的中信银行借记卡已经注销了。公安民警曾让其在电脑上操作进入投资虚拟币的网站，因为电脑的ip地址不能随便改动，换了电脑ip地址就很难操作虚拟币，改动了ip地址，网上的团队就会冻结账号，解冻的手续很麻烦，需要层层审批，有时候网址就进不去，所以操作不成功。陈某等人交给公安民警的一台苹果笔记本、两个U盘、一根数据线、一个鼠标及两本笔记本都是其的，U盘里面存着其个人和下面一部分人投资的虚拟币的账号和密码，公安民警打印出来的是其投资的STC的一部分账户资料，不是全部资料，其他资料都在网上网络云盘里面，其现在记不得网络云盘的情况了，苹果笔记本电脑就是平时听听音乐、浏览网站，不操作虚拟币。

被告毛某芸认为其不构成诈骗罪，因为：（1）投资平台还在正常运行，各被害人的投资款项都是购买相应价值的虚拟货币，从账面上，大家都处于亏损状态；（2）其把投资的账户、密码通过口头或者微信方式告诉过各被害人，他们在其电脑上看过其投资的情况；（3）2016年10月期间，其前往江西寻找"千少"等人，opt平台没有出现问题，而是其苹果一体机出现了问题，其注销中信银行账户主要是其打算以后用招商银行卡转账进行网上投资，担心双重扣款，其并非为了诈骗；（4）MFA、维卡币、KFE均正常运作，其从江西回来后，双方曾协商，没有达成一致意见。另外，其偿还被害人邹某133万余元。

根据上述事实，法院做出了如下判决：

法院认为，被告人毛某芸实施诈骗行为的认定是因为被告人毛某芸以投资虚拟货币为由，在骗得被害人陈某、徐某的钱财后，并没有将上述款项用于投资虚拟货币，即便根据被告人毛某芸的辩解，其通过网络将其先前购买的虚拟货币划分至被害人陈某1、徐某的名下，但被害人陈某、徐某并未实际掌握上述账户，上述账户仍由被告人毛某芸实际控制，被害人陈某、徐某因被告人毛某芸的诈骗行为支付钱财，并未实际取得被告人毛某芸所说的虚拟货币，法院认为其行为构成诈骗行为。①

笔者认为这个判决值得商榷。毛某的行为不应该认定为诈骗行为。被害人确实拥有虚拟货币，只是为了方便给毛某打理，不能简化认为，被害人就是遭受了损失。这种情形可以简化成，A信任B，给B钱去投资一个项目，结果B血本无归，这能认为是诈骗行为吗？只是投资失败的损失难道就认为是被害人的损失吗？笔者认为这种判断是错误的。

笔者认为，该案根本的问题基础在于，诈骗罪本身就有被害人过失的问题，如何处理这种被害人过失就是问题所在。笔者认为一定要分清盲目逐利和诈骗行为。虚构一个不存在的东西或者根本没有投资，这些行为当然应该被认定为诈骗罪。而只是为了风险投资，为了更多利益的情况下，笔者认为应该谨慎认定为诈骗行为。尤其是因为市场原因导致的亏损，笔者并不认为是诈骗行为，不能因为人数多，损失多，就贸然为了维稳定罪，刑法的罪刑法定原则切不可丢弃。

事实上，虚拟货币涉及诈骗的案件多为集资诈骗案，这里笔者无意讨论集资一词的刑法含义，讨论的重点在于"诈骗"行为的刑法定义。而下述案例则更明确地印证了笔者的否定观点，即周某、蔡某、叶某案。

本案中，查明事实如下：

2014年8月左右，LINA、JEFF（均另案处理）等人为骗取钱财，策划并推出了"中怡国际"项目，以珠宝销售为名对外大肆进行虚假宣传，承诺客户购买任一产品获得会员资格后，一是可以每天点击网站的广告获得12积分"劳务费"，1积分相当于1美元，可连续点击300个工作日共计获得3600美元"劳务费"，积分定期可以提现到所绑定的银行账户，扣除中途缴纳的费用后可获得1000多美元的回报；二是可以获得业务"推广权"，即介绍他人购买产品后将获得可观的积分奖励，积分亦可以定期提现；三是可以投资公司即将推出的虚拟货币"K币"，"K币"未来会与比特币接轨，1"K币"从1美元会涨到50美元，以此吸引他人投资购买2160美元/单的产品成为会员（实物单，可获得相应的珠宝，但珠宝实际价值仅为销售价值的5%—10%），或者购买1160美元/单的产品直接成为会员（优惠单，没有珠宝），会员可以无限加单，投单越多所获得的珠宝价值越高，回报也越高。2014年8月至12月，被告人周某华、叶某、蔡某燕先后投资"中怡国际"项目，并逐步建立

---

① 浙江省慈溪市人民法院刑事判决书（2017）浙0282刑初1486号。

各自的销售团队，积极在大陆吸引他人投资。其中，被告人蔡某燕下辖团队主要业务人员有被告人任幼红等人，被告人叶琛下辖团队主要业务人员有徐某7（另案处理）等人。

2014年12月左右，"中怡国际"创建了虚假的虚拟货币"K币"并大量发行，借助真正的比特币的名声及价值进行宣传，操纵"K币"价格行情，并且宣称只有购买产品成为会员才能投资"K币"，"K币"交易出去就能提现，以此欺骗老会员将点击广告所获得的积分投资"K币"或者招揽新客户购买产品点击广告赚取积分后投资"K币"。但到2015年4月或5月左右，"中怡国际"为规避兑现最初的"300天获得劳务费3600美元"的承诺，规定会员的积分不能提现而只能购买"K币"。后因缺乏新的客户投资，"K币"价格持续低迷，多数客户投资款被套，而"中怡国际"高层LINA、JEFF等人赚取客户所投资的钱款后不愿出钱拉动"K币"价格帮助客户解套。

为吸引更多客户投资以抬高"K币"价格，LINA、JEFF等人在2015年7月左右提出"皇家高德"项目，被告人周某华、蔡某燕、叶某在意识到"中怡国际"项目系他人设计的"圈钱"骗局的情况下，参与了"皇家高德"项目启动会议。会议确定了和"中怡国际"项目基本相同的规划及操作模式，即先以高额回报引诱客户购买产品成为会员，后期推出虚拟币等，并明示了参会人员各自的职责，LINA、JEFF等人操控项目整体运作，包括建立珠宝销售网站及会员网站、寻找珠宝购买渠道、后台维护等，受"皇家高德"项目高层安排，被告人周建华负责大陆财务，被告人蔡某燕、叶某负责大陆业务推广。为支持大陆业务线上支付，被告人周某华经"皇家高德"项目高层授意，以其弟弟周某1名义于2015年8月注册成立了深圳市欧瑞特珠宝首饰有限公司，该公司与网上支付服务平台首信易支付签约，将该平台用于客户投资在线付款。

2015年8月，"皇家高德"项目正式推出，为撇清与"中怡国际"的关系以欺骗客户投资，对外宣称推出该项目的"皇家高德"与"中怡国际"非同一家公司，"皇家高德"系全球化大珠宝公司，此次系收购"中怡国际K币"项目，并承诺客户任意购买2360美元/单（实物单）或者1360美元/单（优惠单）成为会员后，即可每天点击网站的广告获得13积分"劳务费"，1积分相当于1美元，可连续点击300个工作日共计获得3900美元"劳务费"，积分一半定期可以提现，一半须购买极具投资前景的"K币"；另介绍他人购买产品将获得可观的积分奖励，积分亦可以定期提现或购买"K币"。

2015年12月左右，因新客户减少，"皇家高德"难以支付前期会员的提现款，遂创建推出虚拟货币"高德币"（实为高层直接掌控价格的内部交易符号），像宣传"K币"一样鼓吹该币的投资前景，欺骗客户投资。虽然"皇家高德"对外宣称客户可以将点击广告所获得的积分一半提现，一半购买"高德币"，"高德币"卖出后就能提现，但在客户投资后，却逐步将会员的积分全部强制转换成"高德币"，导致客户的投资款变成虚拟符号根本无法兑现,此时"皇家高德"也就无须再支付之前承诺的"劳务费"。此外,为牟利,"皇家高德"还在会员提现或者"高德币"卖出时收取一定比例的费用。

根据法院的裁判文书,其判决认为:

"皇家高德"的组织者的获利模式是,先以虚构的高额回报为诱饵,诱使客户缴纳"会费",后将大部分"回报"变成无实际价值的虚拟符号让投资者继续持有,骗取投资者的大部分"会费";组织者的行为本质上是虚构事实、隐瞒真相,骗取广大客户钱款并非法占有,即构成集资诈骗罪。[①] 笔者认为这和毛某案还是有不同,此案中所谓的虚拟货币就是一个不存在的东西,虽然这里面被害人盲目逐利,但不是根本原因,反而在毛某案里面被害人盲目逐利是根本原因。换言之,让别人单纯投资虚拟货币行为不能认定为诈骗行为,尤其是这类虚拟货币是真实存在的。质言之,假借虚拟货币之名的肯定就是诈骗行为,当然更值得注意的是,一开始虚拟货币存在的或者能够真实有效的,也不应该认定为诈骗行为,至于之后隐瞒事实的,那么之后的行为应该是诈骗行为。

根据上述判决,显然不能否认诈骗罪的核心在于非法占有目的;但是犯罪的构成是主客观相统一的,客观要件也是值得推敲的。而这一值得商榷之处也正是笔者讨论"诈骗、欺诈和盲目逐利"的刑法定义的原因。

在现实社会和司法实践中,涉及财产的交易中往往存在着各种情形的欺骗行为。如果将所有的都认定为诈骗行为,这就会导致刑法的适用将无边无际,会导致国民期待的不稳定性,[②] 是十分糟糕的一种状况。事实上如果行为人没有在交易的支付对价上面欺骗对方,最后当事人所期待的用先行支付换得的对价利益,也能够依照约定得到实现,那么,无论在其他事项上有多少欺瞒,也不能因为"若没有这些欺骗,就不会签订合同,就认定一个刑法上的诈骗罪,而至多是民事交往中不诚信的欺诈行为。因为这种民事欺诈,骗取的是作为财产处分前提的信任,并不必然等同于在对价上面也受到了欺骗。"[③] 也就是说,因为市场风险而导致的价格崩盘等情形,这种情形不应认定为是诈骗,这是市场波动,而非行为人有意为之,当然行为人操控价格,那当然是诈骗。回头再看之前提到的毛案,毛某只是一个下线,负责宣传和管理,难道劝人投资虚拟货币,然后虚拟货币崩盘就要找这个人嘛?笔者认为十分不妥,所以问题的关键就是首先检验客观要件是否符合诈骗罪特征,而不是直接进入到主观层面去考查当事人是否具有非法占有目的的故意。

我国有学者曾提出这样一种观点:一是投资者对项目虚假性有明知,但基于渴望获得代币的动机和目的参与 ICO 的,不构成诈骗;二是投资者明知项目虚假,但

---

① 浙江省宁波市中级人民法院刑事裁定书(2018)浙 02 刑终 374 号。
② 石奎、马特丰:《民企发展视野下集资诈骗罪"非法占有目的"司法认定从宽适用的路径选择》,载《西华大学学报(哲学社会科学版)》2020 年第 1 期。
③ 《从安邦吴小晖案谈集资诈骗罪》,载 http://www.law.pku.edu.cn/xwzx/pl/64114.htm,访问日期:2019 年 8 月 10 日。

自认为代币比自己原本持有的数字货币更有升值潜力,而自愿参加ICO,也不构成诈骗;三是ICO项目发起人在项目开始时夸大宣传代币未来的价值,投资者参与ICO项目获得代币后发现其价值并未达到发起人预判的价值,也不构成诈骗。

基于这种观点,ICO投资人基于主观确信而处分财产的,ICO项目发起人成立诈骗罪既遂。ICO投资人基于没有错误认识而处分财产的,属于投资人自我管辖的范畴,即便存在他人的欺骗行为,但也不应由他人负责。此情况下,ICO项目发起人显然不应构成诈骗罪。而对于抽象怀疑和具体怀疑这两种认识状态,需要予以特殊注意。

抽象怀疑和具体怀疑均是对ICO项目虚假的可能性认识状态,并不确定地认识到虚假项目。抽象怀疑是虽有怀疑,但ICO投资人对项目并没有核实的能力和办法。ICO投资人只能依赖于对区块链技术的信赖和ICO项目发起人的可信度作出判断。这种判断是缺乏可靠的依据的,相对应的是,ICO项目发起人利用其信息优势和技术优势使得ICO投资人陷入抽象怀疑的错误认识并基于此错误认识而参与项目。因此,这种情形下,ICO投资人所处于的弱势地位是ICO项目发起人造成的并加以利用的条件,应当认为ICO项目发起人构成诈骗罪。与之相对,具体怀疑虽也是对ICO项目真实性和可靠性存在怀疑,但与抽象怀疑不同的是,此时ICO投资人具有核实的能力和办法。ICO投资人若没有经过核实,宁愿盲目相信ICO项目发起人参与项目的,表明其清晰地意识到自己可能被骗,仍参与项目,应当自行承担自己财产权益的侵害结果。对于ICO投资人怠于维护自己的合法权益的情形下,刑法没有主动介入强加给予保护的必要性。这种情况下,ICO项目发起人并不构成犯罪。①

笔者认为该学者的学说还是有可取之处,尤其是现今虚拟货币犯罪打击严峻的环境,诈骗罪是否构成还需要从主客观相结合而讨论,当然也不能一味苛责被害人;必须结合实际情况,对具体情形作更深入的讨论和更具体的分析。②若被害人"明知山有虎,偏向虎山行",抱着侥幸的态度参与ICO,此时对这种加入行为作入罪处理显然有加害被害者的嫌疑。若被告自己都没有想到自己的虚拟货币会出现状况,此时仍对其入罪处理,无疑超越了对自由意志归责的刑法底线;基于此,笔者支持上述将问题具体化并分类讨论的观点,认为一些学者"一味入罪"的观点是有待商榷的。

二、涉盗窃罪分析

(一)"财物"和"数据"概念辨析

而上述讨论是存在疑问的:虚拟货币首先具有财物的属性;而将其作为"数

---

① 王冠:《基于区块链技术ICO行为之刑法规制》,载《东方法学》2019年第3期。
② 邓建鹏:《ICO非法集资问题的法学思考》,载《暨南学报(哲学社会科学版)》2018年第8期。

据"处理，显然违背了本书上文关于其实"财物"的论证。但这样的疑问是不存在的：首先，因为关于诈骗罪的争论面不会涉及现在被学者激烈讨论的计算机系统类犯罪，而关于盗窃罪的讨论中会涉及相关问题；所以大量的关于虚拟货币不是财物而是数据的讨论都是基于盗窃罪展开的。所以笔者在这里不得不再进一步对虚拟货币的性质问题进行具体的展开。正如上文所述，虚拟货币涉及诈骗罪，大多数并不是直接诈骗虚拟货币；这正成为支持虚拟货币是财物的论据：如果通过欺诈行为取得了虚拟货币，那么此时不认为虚拟货币是财物，将会导致无罪处理；如果认为虚拟货币是财物，则将导致另一个问题，既然在诈骗罪中可以认为虚拟货币是财物，为何在盗窃罪中不能认为其"财物"属性。

继续虚拟货币"财物"属性的话题，可发现，虚拟货币的属性之争或者刑法罪与彼罪的争论在早期并没有很激烈，在早期的案例中分歧也并不是很大。比如曾有过"Q币"一案，就是以盗窃罪结案的。[①] 然而2014年左右最高人民法院研究室的一篇文章可谓是打破了这种宁静，文章直指"虚拟货币犯罪（当然这里并没有涉及新型的虚拟货币而是游戏币）应该以非法获取计算机信息系统数据罪论处为主"。[②] 这可谓一石激起千层浪，虚拟货币类犯罪突然出现了一个新的分支，各级法院也纷纷开始以非法获取计算机信息系统数据罪论处，但是也有法院并不这么认为，比如2019年七月份杭州互联网法院就依然认为盗窃虚拟货币的应该以盗窃罪论处。[③]

事实上，一方面这是因为我国并不是判例法国家，最高人民法院的文件并没有直接的法律效力，所以各级法院判决并没有统一口径。另一方面，一些法律人似乎对最高人民法院的文章理解出现了偏差：游戏币是不是虚拟货币或者具有财产属性还是有待解决的一个问题。因为其不一定具有上文对于虚拟货币是财产的所论述的性质，但是类似于Q币或者比特币这种虚拟货币，其是具有上文所论述的性质的，直接套用游戏币的结论，笔者认为在这里不具有合理性。

但实际上，司法实务已经出现了一定程度的混乱。就以比特币案例而论，支持将其作为"财产"或"数据"处理的两种判决都存在。笔者认为在承认比特币的价值的前提下，就需要反思同样是盗窃比特币的行为为何出现两种评价。以两个不同的案例来看，首先是罗全非法获取计算机系统数据一审刑事判决书，"该案中被告人罗全和赵某（在逃）在广州廉江市的新际网吧，从他人处买了一个木马软件并发布到一些QQ群中，经过远程操控中木马病毒的电脑，发现被害人苏某的电脑信息中有比特币钱包，遂将被害人电脑中的比特币兑换成人民币现金，将钱提现到自己的银行卡账户，造成被害人15万元左右损失。最后法院认为，被告人罗全违反

---

① 《首例Q币案盗Q币200万获13年有期徒刑》，载https://m.zol.com.cn/article/547999.html，访问日期：2019年8月1日。

② 喻海松：《最高人民法院研究室关于利用计算机窃取他人游戏币非法销售获利如何定性问题的研究意见》，载《司法研究与指导》2012年第2辑。

③ 杭州互联网法院民事判决书（2019）浙0192民初1626号。

国家规定，侵入他人计算机信息系统，获取计算机信息系统中的数据，造成被害人经济损失五万元以上，情节特别严重，其行为已构成非法获取计算机信息系统数据罪。"① 但本案中一个被告人陈述很值得玩味，被告人说自己是发现有比特币钱包后有了盗窃比特币的想法。这里盗窃和最后判的罪名对比实在是让人琢磨不透。再者就是陈甲盗窃一案，"此案中被告人陈甲通过网络登陆被害人汪某甲火币网账户，修改汪某甲在该网站注册登记的联系电话、地址、绑定账户等信息后，卖出汪某甲账户内 1.514 个比特币，销售得款人民币 6583.35 元。最后法院认为，被告人陈甲以非法占有为目的，秘密窃取被害人网上钱款人民币 6500 元，数额较大，其行为已构成盗窃罪。"② 其实两个罪差别并不是很大，一个是通过病毒攻击进电脑，另一个是试出了账户，那为什么两个行为的罪名却不同呢？

笔者认为虚拟货币肯定是计算机信息系统数据无疑，但不能否认它不是数据，否则它无法存在。但是是数据和是财物并不是冲突的，不是非此即彼的关系。就像上文论述的一样，虚拟货币只要符合财物特征，它就是财物。

实务中，大量的以非法获取计算机信息系统数据罪来定罪的原因就是根本没有视虚拟货币为财物。因为即是数据又是财物的话，这种情形下就是想象竞合，应该择一重罪，那当然是盗窃罪。而且非法获取计算机信息系统数据罪是归类为扰乱公共秩序罪，盗窃虚拟货币根本没有扰乱公共秩序，若坚持认为虚拟货币只是数据，那么归入这个罪名则显得十分荒谬，侵犯的是个人法益，却归为社会法益，这不是南辕北辙吗？而且侵入计算机信息系统并非其必要条件。也可以不侵入计算机而获得虚拟货币，此时难道还将盗窃虚拟的犯罪行为定性为非法获取计算机信息系统数据罪吗？这显然不可能，所以只有确认虚拟货币是财物才是正确之道。而且就像上文提到的，其他财产犯罪又不可能适用计算机犯罪，单单盗窃却是非法获取计算机信息系统数据，这显然是错误的。

王卫教授曾指出："罪责刑相适应原则的基本含义是犯罪与刑罚、刑事责任相适应、相均衡。但是，如将盗窃比特币的行为定性为非法获取计算机信息系统数据罪，则明显违背该原则。同时，盗窃比特币的行为如定性为非法获取计算机信息系统数据罪，则有损被害人行使追回相关损失的诉讼权利。"③ 笔者认为这种观点具有合理性。非法获取计算机信息系统数据罪的出现只是一个"插曲"，虚拟货币的财产定性不应该被这种认定抹去，数据是财物的载体，这种属性与财物属性并不是非此即彼的关系，可以共同存在。

（二）数额的认定

数额的认定是盗窃虚拟货币的一大难题。因为虚拟货币并不是法币，其价格波动极大，若是犯罪时间较长，其数额认定会更加困难，本文在确定其具有财产性

---

① 邯郸市峰峰矿区人民法院刑事判决书（2017）冀 0406 刑初 18 号。
② 上海市普陀区人民法院刑事判决书（2014）普刑初字第 1162 号。
③ 王卫、南庆贺：《论盗窃比特币的行为性质》，载《西部法学评论》2018 年第 5 期。

质的基础上,试将这种认定标准具体化。

对于盗窃交易平台账户中的虚拟货币,其价值应以被盗时交易平台的价格为基础。以传统的Q币为例,Q币公布的价格基本为1元,(当然在交易市场有小幅度的下降),所以损失的数额基本是确定的。新兴的虚拟货币也基本是按此逻辑进行计算。比如武宏恩一案,其计算方法就是以从火币网卖出所得计算。① 但是相比较传统的虚拟货币稳定的价格(Q币价格一直没有变化),新兴的虚拟货币价格是波动的,若是盗窃完没有提现,那么价格如何计算呢?价格要是升了的话,以现时看比较好,那么若是降了呢?虚拟货币市场行情瞬息万变,很有可能逮捕的那一天就突然降了,这样看来这是一件非常棘手的事,笔者认为应该保护被害人利益优先,看什么时候的价格更高,这样的方法较为稳妥。

值得注意的是,实务中还可能存在盗窃本地存储的虚拟货币,这就是常见的所谓挖矿。通过自己的操作获得相应的虚拟货币。这种情形下虚拟货币还没有上交易平台,某种意义上还是单纯的"数据",笔者认为此种情形下的盗窃数额的认定才是真正的难点,原因是此时会掺杂很多其他成本在里面,对于通过交易平台购买取得的虚拟货币,如同上文所说,可以通过交易平台的价格计算。然而对于通过挖矿取得的虚拟货币,计算的模式就存在着很多问题。因为挖矿的成本包括挖矿设备成本、电费成本、时间成本、人力成本等,这种成本计算是十分困难的,尤其是越往后越难挖出虚拟货币。② 那么是否可以参照交易平台的交易价格呢?笔者认为这不太可取,首先这没有考虑到上面所说的成本,当然会有这样的疑问,挖出来不就是交易的嘛?但正如之前所说虚拟货币市场瞬息万变,当事人并不一定想这个时间段交易,所以以现实的交易平台价格计算有失偏颇。同时虚拟货币是一个新兴产业,价格波动大,各大交易平台的价格可能都差别很大。这和传统的虚拟货币交易平台区别很大,可以说大部分传统的虚拟货币例如游戏币,Q币都是稳定的市场价格,各大交易平台差距可能在几分钱,这是新兴的虚拟货币所不能比的。那么或许也可以根据盗窃者销赃价格来计算,但是销赃价格往往远低于市场价格,有时候只是为了钱而已,不管价格多少,以此为标准几乎是不可能的。王熠珏教授认为最好的方法就是:"以第三方评估机构进行评估,当然这是一个想法,因为第三方的专业性、公正性还是一个问题。"③ 笔者认为数额认定将会是虚拟货币财产犯罪的难点所在。

三、涉洗钱、外汇罪相关分析

(一)逃汇的风险

从理论上来看,虚拟货币不是法定货币、不具货币的法律地位,怎么看虚拟货

---

① 浙江省台州市中级人民法院刑事裁定书(2016)浙10刑终1043号。
② 钱隽逸:《虚拟货币融资发行行为的性质认定与罪名适用问题研究》,载《上海公安学院学报》2019年第6期。
③ 王熠珏:《比特币的性质界定与刑法应对》,载《科学经济社会》2018年第3期。

币都不可能构成我国逃汇罪中的外汇。但事实上虚拟货币又可以直接购买外汇（比如USDT是直接锚定美元的），虚拟货币的出现可能会使我国的外汇监管制度出现失控情形。

虚拟货币可以在互联网上自由流传，并不受国界的限制，而且最为关键的一点是，因为中国大陆禁止相关虚拟货币，所以现存的平台都扎根于国外，天然的就有逃汇的风险。其实虚拟货币本身并不是逃汇，问题的关键是在于以虚拟货币为中介。根据刑法规定，"不得擅自将外汇存放境外，或者将境内的外汇非法转移到境外。"① 在有了虚拟货币的情形下，单位购买相关的虚拟货币，然后在该平台兑换成相应的外币，只要数额满足逃汇罪的数额要求，就可能成立逃汇罪。② 其实讨论到这里不难发现，大额的虚拟货币兑换货币，基本上就会涉及逃汇罪，笔者认为逃汇罪可能是最容易触犯的虚拟货币犯罪，不过此罪是单位犯。个人还不会触犯此行为，但是利用虚拟货币逃避外汇监管制度必然会引起相关部门注意，虚拟货币的逃汇风险十分巨大，值得警示。

（二）洗钱的风险

刑法中的"洗钱罪"，指的是："明知是毒品犯罪、黑社会性质的组织犯罪、恐怖活动犯罪、走私犯罪贪污贿赂犯罪、破坏金融管理秩序犯罪、金融诈骗犯罪的所得及其产生的收益，为掩饰、隐瞒其来源和性质而实施的行为。"③

笔者认为，虚拟货币涉及洗钱风险主要有以下几种情形。第一就是刑法191条第（2）款中的"有价证券"，当然现有的法律法规并没有规定虚拟货币为有价证券（这一点之后笔者将会详细论述），也许在未来虚拟货币会被认为是证券，但就现阶段来看，不太现实；第二就是刑法191条第（5）款兜底条款中的"其他方法"，对于"其他方法"2009年最高人民法院又对其进行了解释。值得注意的是，解释中又一次出现了"其他方式"的兜底表达，在这种双重兜底情形下，虚拟货币的洗钱风险还是颇高的，基本上通过虚拟货币隐瞒上游犯罪所得的行为都会被定为洗钱罪。笔者认为虚拟货币涉洗钱罪还处于蛰伏阶段，或者说已经发生了一些，但是没有侦查到，洗钱犯罪是一个非常复杂甚至跨国的犯罪，本书后文也将对此问题进行详细论述，明确如何处理涉洗钱犯罪。

四、涉组织、领导传销罪分析

（一）组织、领导传销罪的认定

根据我国刑法的规定，组织、领导传销活动罪，是指"组织、领导以推销商品提供服务等经营活动为名，要求参加者以缴纳费用或者购买商品、服务等方式获得加

---

① 《中华人民共和国刑法》第190条。
② 李翠娥：《逃汇罪的认定与预防》，载《武汉金融》2002年第4期。
③ 《中华人民共和国刑法》第191条。

入资格,并按照一定顺序组成层级,直接或者间接以发展人员的数量作为计酬或者返利依据,引诱胁迫参加者继续发展他人参加,骗取财物,扰乱经济社会秩序的传销活动的行为。"[①]

本罪的第一个核心在于人数和层级的判定。根据相关司法解释,[②]组织内部参与传销活动人员在30人以上且层级在3级以上的才会被认定为刑事责任。第二个核心在于骗取财物,关于骗取财物这一点,这是有学术争论的。张明楷教授认为:"组织、领导传销罪需要骗取财物这一要素,这也是符合罪刑法定原则的,而且从刑法修正案(七)的角度来看,修法的目的也是在于规制诈骗型的传销。"[③]如果将所有传销行为都纳入本条规制,则打击范围过广,可能无法解释现在社会上很多存在的合法的类似"传销"的正常经营行为。

(二)"传销"和"虚拟货币"关系

知道了罪的构成要件后,最大的疑问就是为什么虚拟货币会和传销有联系?乍看,虚拟货币和传销毫无联系,但是涉及虚拟货币的传销案件并不少。比如吴青青案,[④]罗助灵案等。[⑤]

笔者认为虚拟货币会和传销有联系有以下两种情况。第一种是急功近利,这种情形下,确实存在并且非常正规的虚拟货币,但是创始人或者代理人为了快速回笼资金,大量的拉下线。[⑥]这是因为虚拟货币本身就有一定的难度和风险,平常人一般不会轻易投资,所以这个时候就会剑走偏锋,通过大量的宣传,走传统传销方式来快速聚集资金。但正如笔者在上文所提及的一样,骗取财物应该是组织、领导传销罪的特征,只是发展下线行为不能直接认为是组织、领导传销罪,[⑦]尤其是该币种是正规情形。如果因为亏损原因加上人数众多,为了"维稳",把此类行为认为是组织、领导传销罪进行处理,将可能违背罪刑法定原则。

第二种是根本就是为了诈骗(此类一般还触犯集资诈骗罪),而且这些人也知道虚拟货币特性,所以所谓的盈利都是通过拉下线,而非虚拟货币本身(因为此时的虚拟货币根本没有任何价值),这种类型是传销无误。就以罗助灵案为例,此案中,虽然存在矿机还有所谓的恒星币,但是该币纯粹是人为控制,所谓的矿机不过是挖了一堆数据而已,其公司也是皮包公司,简而言之,就是建立在谎言的基础上。所以这种类型下,虽然犯罪嫌疑人会用多种方式表明自己是没有诈骗的,但事实上,只不过是幌子。张明楷教授指出:"这种类型的行为应当被认作是组织、领导

---

① 《中华人民共和国刑法》第224条之1。
② 《最高人民法院、最高人民检察院、公安部关于办理组织领导传销活动刑事案件适用法律若干问题的意见》。
③ 张明楷:《刑法学》,法律出版社2016年版,第837页。
④ 广东省东莞市中级人民法院刑事判决书(2016)粤19刑初64号。
⑤ 广东省梅州市中级人民法院刑事判决书(2017)粤14刑终106号。
⑥ 时方:《互联网传销刑法规制研究》,载《国家检察官学院学报》2019年第6期。
⑦ 印波:《刑法修正无止境——以组织领导传销活动罪的创制为例》,载《法人》2019第10期。

传销罪,同时若触犯集资诈骗罪,属于想象竞合,择一重罪处罚。"①

五、涉非法经营罪分析

(一) 实然层面的非罪

随着央行等七部委的一纸禁令,虚拟货币在中国大陆是无法发行的,所以这就是一个矛盾。有学者就指出"因为非法经营罪的本质在于违反国家专营制度,其相对的行为为合法经营,只有存在合法经营,才能有非法经营的问题,如果根本就不存在合法经营的行为,也就不存在非法经营的行为,而是一种应彻底取缔的行为。"② 这就像黄赌毒,根本就不是非法经营罪的范围,相反这会构成对应的刑事犯罪。由于我国对于虚拟货币活动采取了全面禁止的态度,因此,虚拟货币的相关活动不能认定为非法经营。

然而最为关键的是根据《刑法》第96条的规定,"刑法上的违反国家规定有两类情况:一是违反全国人民代表大会及其常务委员会制定的法律和决定、违反国务院制定的行政法规、规定的行政措施、发布的决定和命令;二是视为违反国家规定的情形,即违反以国务院名义制发的文件。其中对于以国务院名义制发的文件,是指经国务院常务会议讨论通过或者经国务院批准,应当具有法律依据或者与行政法规不抵触,并且在国务院公报上公开发布"。然而正如本章第三节所提到的,现行的关于虚拟货币活动的规范并不属于刑法第96条的范围。那么这虚拟货币的相关行动就不可能构成非法经营罪。

(二) 应然层面的可能有罪

但是笔者认为虚拟货币相关活动还是有涉及非法经营的风险。首先需要再看非法经营罪的概念。根据刑法规定,该罪的犯罪客观方面表现为:"未经许可经营专管、专卖物品或者其他限制买卖的物品、买卖进出口许可证、进出口原产地证明以及其他法律、行政法规规定的经营许可证或者批准文件,以及从事其他非法经营活动,扰乱市场秩序,情节严重的行为和未经国家有关主管部门批准非法经营证券、期货、保险业务的,或者非法从事资金支付结算业务的。"③ 这里会有疑问,虚拟货币相关活动是否是刑法规定的"证券活动"。这一问题本书后文将会详细论述。总而言之,虚拟货币是否可以归为证券需要具体论述,但本条规定存在入罪的入口,值得格外注意。

再者,刑法第225条第(4)项"其他严重扰乱市场秩序的非法经营行为"这个兜底条款也有可能涵盖虚拟货币的经营行为。根据2011年4月最高人民法院《关于准确理解和适用刑法中"国家规定"的有关问题的通知》,"要依法严格把握刑法

---

① 张明楷:《刑法学》,法律出版社2016年版,第838页。
② 张庆立:《区块链应用的不法风险与刑事法应对》,载《东方法学》2019年第3期。
③ 《中华人民共和国刑法》第225条。

第225条第(4)项的规定,有关司法解释未作明确规定的,应当作为法律适用问题,逐级向最高人民法院请示。"① 虽然一方面这可以理解为虚拟货币的相关经营活动暂时是安全的,因为需要报请最高人民法院请示,但是另一方面,它也表示虚拟货币的经营活动也有被认定为非法经营罪的风险。

事实上,笔者认为虚拟货币的活动可能涉及非法经营罪。由于本罪罪名较轻,一般不是学者讨论的重点,但仍然值得注意,尤其是在上文所述,虚拟货币相关行动极有可能落入第3款"证券活动"或第4款兜底的范围之内的情况下。

六、涉非法集资类犯罪分析

(一)存款、资金概念辨析

这里讨论的虚拟货币涉非法集资类犯罪并不是上文提到过的假借虚拟货币之名的行为,因为那种行为实际目的是吸收实际存在的货币(因为想快速募集资金,而货币不需要兑换,所以直接募集货币),这种情形涉非法集资类犯罪,没有任何问题。本节讨论的是募集虚拟货币的行为,这样算不算非法集资类犯罪呢?

溯本根源还是得从刑法条文入手。其实刑法罪名中根本没有出现非法集资罪这一说法,这是最高人民法院的2010年解释里面的表述,② 只有集资诈骗罪条文中出现了非法集资字样。非法集资类犯罪主要是非法吸收公众存款和集资诈骗罪(当然其他的特殊类型的,可能涉及非法集资的其他罪名,笔者在前后都有所涉及,例如组织传销和擅自发行股票,非法经营等,这里不再累述),两者一个使用的是集资,一个使用的是公众存款,照理来说这两个词内涵是不一样的,但是问题就是最高人民法院的2010年解释里面并没有区分这两个词,存款和资金是轮番使用的。这就导致了两个问题。首先,就是导致了存款内涵被无限扩张。从文义解释的角度来看,存款一词和银行是相关联的,所谓的存款就是法币。照这么理解存款的话,虚拟货币根本不可能和非法吸收存款罪有联系,因为虚拟货币根本不可能是存款(当然不排除以后发展成为)。有学者提出:"从目的解释论角度看,非法吸收公众存款罪和集资诈骗罪,所要保护的社会利益都是金融秩序。因此,只有当犯罪行为对象针对的是金钱时,才会侵害到金融秩序。对于非法归集其他财产行为,即使财产数量和规模再大也并不会直接侵害金融秩序。事实上,对其他财产的归集行为,一般来说属于合法行为,更不存在犯罪问题。"③ 但是最高人民法院2010年解释打乱了这一应有的状态:此解释对于存款和资金并没有进行区分;也就不难理解该解释称为"非法集资刑事案件解释"。解释中所列举的包括投资入股、委托理财等行为,其实和存款根本不是一个概念,最高人民法院其实就是用资金概念替代了存款,对存款这个词的内涵进行了扩张,非法吸收公众存款其实就是非法集资了。

---

① 《最高人民法院关于准确理解和适用刑法中"国家规定"的有关问题的通知》第1条。
② 《最高人民法院关于审理非法集资刑事案件具体应用法律若干问题的解释》。
③ 王冠:《基于区块链技术ICO行为之刑法规制》,载《东方法学》2019年第3期。

按照上述理解，此司法解释难说没有越俎代庖，甚至有可能违背罪行法定的基本原则。虽然，司法解释并没有将虚拟货币和资金还画上等号，只是将存款的概念被扩大化并包含了一定程度的"资金"；而虚拟货币并不一定能被认为是"资金"。但，随后央行七部委发布的《关于防范代币发行融资风险的公告》中指出："ICO项目发起人通过发行虚拟代币，向投资者筹集比特币、以太坊本质上视为未经批准非法公开融资的行为。"虽然央行七部委这个文件不是刑法配套的司法解释，并不可以直接适用；但本文件已经明确地将募集虚拟货币的行为认为是事实上的集资行为。一旦在规范性文件中将存款等同为资金，它的内涵就会被无限扩大；相关行为也就能够被进行入罪处理。

因此，就中国现在的实际状况，募集虚拟货币是非常有可能触犯非法吸收公众存款罪的。但是，罪刑法定原则是刑法的帝王原则，虽然刑法中的非法吸收公众存款罪基于中国日趋严峻的非法集资环境被司法机关等同于非法集资罪。此外，笔者并不很赞同将虚拟货币归类为资金的理解；尤其是虚拟货币被定义为虚拟商品之后，再被定义为资金，无疑为本就复杂的问题增添了复杂度。笔者认为若是真的要规制非常严峻的非法集资现象，与其不断地解释，不如在日后刑法修订时，将社会资金字样写入非法吸收存款罪，同时确认虚拟货币的资金属性，从而避免现在这样模糊不定的摇摆情况，避免对刑法权威的进一步损害。

综上所述，在当前中国司法语境下，募集虚拟货币完全可能存在涉嫌非法集资的刑事法律风险。① 具体言之，当犯罪嫌疑人向公众宣传，募集虚拟货币，同时允诺给付回报时，即可能构成我国刑法中的非法吸收公众存款罪。若此时还具有非法占有目的，还有可能涉及集资诈骗罪。

（二）利诱性的分析

正如笔者在上节最后一段所表述的，非法集资还需要利诱性这一重要要件，"即承诺在一定期限内以货币、实物、股权等方式还本付息或者给付回报。"②

笔者认为除了虚拟货币是否属于"资金"存在争议外，募集虚拟货币是否存在利诱性也是非常难判断的。

市场中常见的情形为，发行人承诺所发行的虚拟货币未来会增值，这样的情况是否属于利诱呢？以张春普一案为例，③"犯罪嫌疑人在宣传时表明'华强币'是每天有万分之三的升值率，不发展下线也能实现获利。"笔者认为这种情形应该被认为具有利诱性，因为虚拟货币毕竟不是货币，它只是财产，财产的增值或者降低都是看市场运作的，不是谁能打包票，说一定能获利（而且即使是货币也不能打包

---

① 蒋辉宇：《ICO融资行为的挑战：我国非法集资行为刑法规制路径的反思与应然选择》，载《财经理论与实践》2019年第2期。
② 《非法集资的定义、危害及主要手法》，载http://www.nifa.org.cn/nifa/2955704/2955773/2981559/index.html，访问日期：2019年7月20日。
③ 北京市第二中级人民法院刑事裁定书（2017）京02刑终349号。

票),这种称自己能够获利的,符合利诱性的特征。

还有一种情形是,先出售矿机,然后让投资者自己去挖矿获取虚拟货币,笔者认为这一情形也需要具体情形具体分析。若是卖矿机时没有承诺有相应时期的回报,那么笔者认为就不能认定具有利诱性,因为卖掉矿机之后,投资者能否获利和商家没有任何关系,完全是依靠自己的行为了,除非发行人同时承诺提供担保、回购、代"挖矿"等保证投资者获利的措施,或者走发展下线,卖矿机的模式进行盈利(这种情形就是根本不存在这种虚拟货币)否则这种卖矿机的行为不应该认定为利诱性。①

笔者认为利诱性和上文所提到的盲目逐利的关系是十分紧密的。笔者注意到2010司法解释也没有对投资人使用受害人这一字样。当然愿打愿挨不是否定犯罪的理由,笔者认为更为关键的一点是,利诱性的判断还是要基于是否承诺回报,单纯的鼓吹虚拟货币有良好前景,会发大财不足以构成利诱性,虚拟货币市场本身就是有高风险高收益在里面,一定程度上天然地具有利诱性,不过这种利诱性并不是非法集资类犯罪里面的利诱性,不能一概而论,只有承诺一定时期内有相应回报的才算,否则不能归为非法集资类犯罪。

七、涉证券类犯罪分析

(一)罪与非罪的辨析

虚拟货币是不是证券,并不存在明确的答案,尤其是STO的出现后。对此,笔者认为虚拟货币是不是证券是看发行主体和所在地区的规制而言的。以美国为例,STO的出现就接受美国证监会管制,若是绕过监管发行STO,就有可能构成犯罪。② 而中国刑法语境下的虚拟货币涉证券类犯罪风险则需注意以下几点:

首先,《股权众筹风险专项整治工作实施方案》规定③:"平台及平台上的融资者进行互联网股权融资,严禁从事以下活动:一是擅自公开发行股票……"从这个文件可以看到实质上具备股权融资的性质,不论是在交易所上市,还是在互联网上发行,都不排除在证券监管范畴之外。事实上刑法解释也给出了自己的答案,2010年刑法解释第6条的规定以转让股权等方式变相发行的也算是擅自发行股票、公司、企业债券罪。所以说实际上即使没有以股票、债券的名义进行发行,也会构成此罪。问题就是虚拟货币算吗?笔者论述了这么多,只是法律列举了一些存在情形,而这些情形也没有写到虚拟货币,所以对虚拟货币是否涉证券类犯罪还是要分析。

央行七部委的文件里面提到了虚拟货币会涉及非法发行证券,也正如上文所

---

① 储陈城、马世理:《比特币的刑法保护方式——从教义学到国家政策的分析》,载《重庆大学学报(社会科学版)》2020年第1期。
② 李斌:《我国区块链技术的风险、监管困境与战略路径——来自美国监管策略的启示》,载《技术经济与管理研究》2020年第1期。
③ 证监会等15部门联合公布《股权众筹风险专项整治工作实施方案》。

提到的那样，这是一个非常强烈的信号，说明虚拟货币的发行会涉及非法发行证券，但是这部文件的措辞很模糊，一方面如上文所说，确实有可能央行等七部委的文件就是将虚拟货币视为了证券，但是仍然不能认为虚拟货币的发行就代表了一定会发行证券。实践中，存在虚拟货币的发行只是"幌子"的情况。如果按照上述理解，这样的情形肯定会涉及非法发行证券行为。但这种情形虽然形式上是涉及虚拟货币作为证券发行的，但实际上只是传统犯罪换了个外套，虚拟货币和证券只是一个幌子罢了。所以实际上笔者认为要探究的是真正的虚拟货币发行构不构成证券类犯罪。

对此，笔者认为需要分情形讨论。事实上央行七部委的文件规范的是ICO行为，有学者指出："几乎没有国家认为ICO行为是发行证券的行为，各国政府基本处于摸索和研究阶段，并没有给出清晰的认识和监管思路。是否应该监管，由什么机构按照什么规则进行监管，均处于未知的探索讨论阶段。"① 即使是接受虚拟货币的美国，也是监管非常不清晰，正如上文提到的，"美国商品期货交易委员（CFTC）将加密货币视为商品，但美国证券交易委员会（SEC）却坚称它们是证券，而财政部的金融犯罪执法网络（FinCEN）则认为加密货币适用货币规则，国税局则将加密货币视为一种资产。"② 这种态势下，ICO行为很难被认定为发行证券行为。

回到中国，虽然央行七部委提到了可能涉嫌非法发行证券。但事实上正如笔者在上文所提到的，其实这种非法发行证券和虚拟货币发行几乎没有关系。而且，在虚拟货币已经被定性为虚拟商品，若是再认同为证券，岂不是自相矛盾？笔者认为立法上未作修改之前，虚拟货币的性质还不是证券，不会和证券类犯罪相联系。事实上，ICO行为本质上属于针对虚拟货币的众筹，不应界定为证券发行行为。根据中国人民银行发布的《中国金融稳定报告（2014）》，"众筹融资是指通过网络平台为项目发起人筹集从事某项创业或活动的小额资金，并由项目发起人向投资人提供一定回报的融资模式。"③ 某种意义上对于众筹监管的乏力也是现在面对虚拟货币发行监管乏力的原因。

更为关键的是，《证券法》明确规定证券包括股票、债券、基金和国务院依法认定的其他证券。其实2010司法解释已经慢慢突破了，从股权角度入手，但是这个突破可以说很小，而且也轮不到虚拟货币登场。"ICO行为即便具备了证券发行行为的某些特征，在理论上可以归属于广义的证券范畴，但在实践中仍不能认定为证券发行行为。"④ 简而言之，ICO行为不能上升为刑法中的证券类犯罪行为。只是需

---

① 王冠：《基于区块链技术ICO行为之刑法规制》，载《东方法学》2019年第3期。
② 《区块链全球合规与监管分析报告系列（二）全球区块链政策及监管》，载https://www.linksfin.com/article/329645，访问日期：2019年7月29日。
③ 《区块链全球合规与监管分析报告系列（二）全球区块链政策及监管》，载https://www.linksfin.com/article/329645，访问日期：2019年7月29日。
④ 《区块链全球合规与监管分析报告系列（二）全球区块链政策及监管》，载https://www.linksfin.com/article/329645，访问日期：2019年7月29日。

要相关金融部门监管。

当然,也有学者主张将虚拟货币理解为一种无记名的有价证券。其理由在于:"其一,有价证券是设立并证明某种财产权的书面凭证,是物的一种。在虚拟币的应用情境中,虽然交易结算是以虚拟货币形式为之,但经营者唯有将获取的虚拟货币转化为具体数额的法定货币,才能最终实现该笔交易所指向的经济利益。在这过程中,虚拟货币作为商品、服务与法币之间的中介,承载了一定数额的法定货币,其实质相当于一种有价证券,比特币持有人拥有以下两种不同性质的权利:一是对虚拟货币(有价证券)本身的所有权,可通过私钥来证明;二是拥有虚拟货币(有价证券)上所承载的经济利益,可以通过虚拟货币兑换为法定货币来实现。其二,之所以将虚拟货币理解为一种无记名的有价证券,是由其自身的'匿名性'使然。虚拟货币的流转有赖于一对由密码算法产生的公钥和私钥,前者相当于接收虚拟货币的公开账户,后则是交易者用于电子签名的密码。尽管每一笔虚拟货币交易都会向全网公布以获取其他节点的验证,但虚拟货币的分布式账簿仅记录每一笔交易的虚拟货币地址及其数额,并不记录虚拟货币归属的权利人信息;况且,用户可在每次交易时都重新随机生成一对公私钥,利用一次一密的方式来隐匿交易者的真实身份。由此可知,虚拟货币相当于一种承载了经济价值的无记名有价证券,持有者仅能通过私钥来证明自己的所有权。综上所述,虚拟货币实质上是一种无记名的有价证券,能够在其流通范围内满足人们的需要。"①

笔者还需强调的一点是,ICO 行为在现阶段是不太可能被认为是发行证券行为,但是新晋的 STO② 却有极高的风险,尤其是名字里面就包含着 Security(证券)这一字样,当然有人会说 STO 是美国产物,美国的证券市场本身就比中国成熟,中国证券市场还是不能接受虚拟货币证券化。笔者不否认,但 STO 是值得注意的,尤其是以股权方式的,很容易掉入 2010 司法解释第 6 条的范围内,笔者认为这是值得警惕的。

(二)相关平台的风险

虽然笔者论证了一般情形下虚拟货币发行不太可能会构成非法发行证券类犯罪,但是笔者也不否认会有这样的情形,而且一旦涉及非法证券发行,相关的平台就会有极大的风险,具体如下:

虚拟货币发行交易的中介机构,如果为已构成变相公开发行证券、期货的代币提供承销、经纪、投资咨询、财务顾问、资产管理等服务,属经营证券、期货业务,未经许可实施的,构成非法经营罪。③ 如 2008 年国务院《关于整治非法证券活动有关问题的通知》规定,中介机构非法代理买卖非上市公司股票,涉嫌犯罪的,以非法

---

① 王熠珏:《"区块链+"时代比特币侵财犯罪研究》,载《东方法学》2019 年第 3 期。
② SecurityTokenOffering,意思为证券化通证的发行。
③ 钱隽逸:《虚拟货币融资发行行为的性质认定与罪名适用问题研究》,载《上海公安学院学报》2019 年第 6 期。

经营罪追究刑事责任。

有学者还指出："虚拟货币交易平台为构成证券、期货的代币提供发行及集中交易场所及服务，即类似于证券交易所，可归为证券业务。若在回报型发行中，投资者不以获得商品服务为目的，而是将请求交付商品或提供服务的请求权凭证——虚拟货币转卖以获利，此时交易平台为其提供以集中方式进行标准化合约交易的场所或设施，亦类似于期货交易所，可以归为期货业务。[①] 上述交易平台若未得到经营证券、期货业务的许可，即可能构成非法经营证券、期货业务，继而构成非法经营罪。除非法经营罪外，虚拟货币交易平台未经监管机构批准，为构成证券、期货的虚拟货币提供集中交易场所、设施或相关服务的，若符合证券交易所、期货交易所的实质要件，理论上有构成擅自设立金融机构罪的可能。这种情况下判断交易平台的行为性质时，须注意本罪与非法经营罪的区别：擅自设立金融机构罪重'名'，非法经营罪重'实'。擅自设立的金融机构须有类似合法金融机构之必要特征，如名称、组织机构、场所、章程等，足以使一般投资者认为其系合法金融机构；构成非法经营罪只需实质经营证券期货业务；设立金融机构后，又非法经营证券期货业务的系牵连犯，择一重罪处断。目前国内众多虚拟货币交易平台中，并没有具备证券交易所、期货交易所形式特征的，故按照上述标准，代币交易平台经营证券、期货业务构成擅自设立金融机构罪的空间，远小于构成非法经营罪的空间。"[②]

在全球虚拟货币及虚拟货币交易所发展的这一背景下，我国对虚拟货币目前的定性仍停留在"虚拟商品"的认定层面，显然与现实中这一事物发展的现状相距甚远。不断涌现的新的虚拟货币会不停地冲击中国市场，就像笔者所谈的STO一样，新兴的虚拟货币会涉及更多的法律关系和纠纷，仅从"虚拟商品"角度界定虚拟货币的法律属性，并不能够处理虚拟货币的风险。[③] 证券类犯罪就是一个很好的例子，笔者还是强烈呼吁重新修订法律，而不是解释再解释，一味地解释只会破坏刑法的稳定性。

八、涉"虚拟币"犯罪的共犯问题

（一）帮助犯的构成

帮助行为可以分为一般帮助和中立帮助。一般帮助就是普通民众所理解的参与犯罪过程，提供了物质和心理上的帮助。[④] 就虚拟货币犯罪而言，表现为在共同犯罪中，共犯人利用相关技术为正犯行为提供帮助（比如主犯其实根本不懂如何制作虚拟货币，这个时候就需要有人帮助他制作虚拟货币），或者是其他行政财务

---

① 李华林：《别被币圈期货高杠杆忽悠了》，载《经济日报》2019年1月18日，第013版。
② 朱娴：《代币发行交易中的犯罪风险》，载《国家检察官学院学报》2018年第6期。
③ 陈纯柱、李昭霖：《数字货币犯罪风险的防范与应对》，载《重庆社会科学》2019年第10期。
④ 张明楷：《刑法学》，法律出版社2016年版，第431页。

上的管理。这种帮助一般而言自然是成立帮助犯的。比较麻烦的就是中立帮助行为。

张庆立教授结合了德国刑法相关理论,得出了自己的结论,其认为:"中立帮助行也称为日常行为,是指外观上的无害行为,例如生活行为、业务行为等,但在客观上对正犯行为、结果起到了促进作用的情形。应当指出,中立的帮助行为在性质上属于犯罪的帮助行为,只不过与一般的帮助行为相比,其具有中立性。对于中立帮助行为,学界一直有很大的争论,有不同的学说,主要的是三种学说。一是主观说,即从主观方面对中立帮助行为入罪化进行限制。主观说认为只要行为人对正犯的行为具有确定故意,就可以将中立的帮助行为认定为帮助犯。反之,如果行为人对正犯的行为具有不确定故意的情况下,中立帮助行为就不具有刑事可罚性。该说以德国罗克辛教授为代表。二是客观说,即从客观方面对中立帮助行为入罪化进行限制。客观说往往是截取客观方面中帮助行为与危害后果之间因果关系的环节,从刑法中因果关系的角度进行除罪化思考,具体包括溯及禁止说、假定的代替原因说、利益衡量说、客观归责说。溯及禁止说认为:如果帮助行为本身具有独立的社会意义,那么禁止将正犯行为的结果归责于帮助行为。该说以德国雅各布斯教授为代表。假定的代替原因说认为:帮助行为是否具有可罚性取决于帮助行为是否增加了法益侵害的危险,增加危险的帮助行为具有可罚性,反之,不具有可罚性,在判断危险是否增加问题上考虑假定的代替原因,看正犯是否很容易从第三人处得到同样的帮助。该说以德国 Frisch 教授为代表。利益衡量说认为:中立帮助行为是否入罪需要在帮助者的行为自由与被害人的利益保护之间寻求权衡,只有在存在共谋关系、帮助者对应受保护的法益存在特别的注意义务、需要保护的法益特别重要的场合时,入罪才具有合理性。客观归责说一般认为,应从客观归责的角度出发即行为是否制造了不被允许的危险的角度,排除部分中立帮助行为的可罚性,从而限缩了中立帮助行为的处罚范围,将中立帮助行为的入罪范围仅仅限制在制造了不被允许的危险的后果三是主客观折中说,即结合主客观要素折中进行限定,至于如何折中以及主客观要素具体如何判断,则往往没有具体的论述。①

笔者认为,中立帮助行为的关键是看实行行为的紧迫性和帮助行为人的作用大小,即中立帮助行为要切实到参与到实行行为的过程中,如果实行行为还没有开始而且帮助行为只是略微影响,那么就不该认定此帮助行为为中立帮助行为。②总结而言,中立帮助行为是一个需要综合考虑的东西,不能以一种标准而概论。笔者试举例网络宣传,网络宣传是否构成帮助犯,要看宣传时的状况和宣传力度大小等等,不能帮助宣传了就定罪。另外值得注意的是,如果中立行为本身就是正犯行为,那么就应该以正犯行为来定罪。

---

① 张庆立:《区块链应用的不法风险与刑事法应对》,载《东方法学》2019 年第 3 期。
② 周光权:《中性业务活动与帮助犯的限定——以林小青被控诈骗、敲诈勒索案为切入点》,载《比较法研究》2019 年第 5 期。

（二）共犯的其他问题

当然虚拟货币的共同犯罪不仅仅只有帮助犯，但是以笔者看来帮助犯是比较有争议的所以笔者先讨论了帮助犯，但是共犯还是有其他问题的。

交易平台经营者可能构成发行人的共犯。2014年最高人民法院、最高人民检察院、公安部《关于办理非法集资刑事案件适用法律若干问题的意见》规定："为他人向社会公众非法吸收资金提供帮助，从中收取代理费、好处费、返点费、佣金、提成等费用，构成非法集资共同犯罪的，应当依法追究刑事责任。"这就和上文所讨论的非法集资类犯罪联系上了，有学者指出通过这一条款，"为其提供帮助的代币交易平台经营者若与发行人通谋，有可能构成非法集资类犯罪的共犯。"①

另外即使没有通谋，但平台经营者明知发行人实施上述犯罪行为，而为其提供互联网接入等技术支持或支付结算等帮助的，为一种中立的帮助行为，且此种中立帮助行为根据《刑法》第287条第2款已经犯罪化，可能构成帮助信息网络犯罪活动罪。

第五节 "虚拟货币"的刑事规制完善建议

一、"南橘北枳"—域外立法的谨慎借鉴

（一）域外立法的谨慎借鉴

笔者并不否认，借鉴立法本身就是法律的特征，在中国尚无相关立法的状况下，借鉴域外立法是必经之道，若要说不借鉴域外立法，那就是更严重的问题，因为那就无异于闭门造车。但是借鉴立法，必须要谨慎。域外立法有可借鉴之处，但要警惕域内外环境以及法律制度的不一样，切不可盲目借鉴立法。②

在第三节，笔者列举了很多国家的现行制度，并进行了总结与反思。实际上，这些国家也都是摸着石头过河，尤其是美国，其联邦特质本来就导致虚拟货币定义就不同，而联邦层面也出现了分歧。大部分金融行业经营者经常言必谈美国，诚然美国的证券十分发达，但这只是证券而已，或者退一步说美国的金融市场很发达，但是金融市场发达就代表虚拟货币的监管就发达吗？事实上，正如笔者在第三节所提及的，世界上所有的国家关于虚拟货币的规制都是刚刚起步，大家都是新手，并没有谁占据优势的说法，或许成熟的金融市场有一定优势，但是虚拟货币的特征可能会使这些优势消失。③当然笔者并不是认为域外就是一团糟，中国才是正确的。而且事实情况上中国的现状其实更为糟糕，因为对于虚拟货币，中国采取了一刀切最简单的方式，这一定程度上抑制了虚拟货币在我国的野蛮生长，但就像之前笔者

---

① 朱娴：《代币发行交易中的犯罪风险》，载《国家检察官学院学报》2018年第6期。
② 郑祝君：《比较法总论》，清华大学出版社2010年版，第77页。
③ 贺立：《美国虚拟货币监管经验及对我国的启示》，载《武汉金融》2018年第7期。

所提到的一样,虚拟货币正在发展,中国现在的立法已经跟不上了,需要加快立法步伐。当然最快最有效的就是借鉴域外立法。但是域外的情况也不是十分完善,所以如何借鉴借鉴,怎么借鉴就是一个非常值得思考的事情。

(二)中国特色社会主义法治下的出路

正如在上一节所说,中国需要借鉴,但不是一股脑的抄,立法要符合国情。比如中国的证券市场远没有发达国家发展得好,若是直接借鉴发达国家,看似是紧跟潮流,但实际上,证券市场只会越来越乱。比如很多涉及区块链文章喜欢提到,美国的一种证券判断方法,美国证监会(SEC)对加密货币是否构成证券,采用一个非常灵活的测试标准 Howey Test。Howey Test 早在1946年就被确立,最先由美国最高院在一个是否构成证券发行的案例判决中使用。[①] 这个测试通过以下四个问题来认定一种加密货币是否构成证券性质的加密货币,从而是否应被纳入证券法的监管框架中。(1)是货币的投资;(2)对共同企业的资金投资;(3)对投资有预期利润或者回报;(4)预期利润和回报主要来自于其他人(非投资者自身)的努力。[②] 这种方法看似非常合理,而且能够有效地遏制现在的虚拟货币乱象。因为就事实来说,大部分购买虚拟货币的人,可能都是将虚拟货币当作一种投资,而不是去亲自使用虚拟货币连接的某项服务或产品。这也是为什么SEC采用了"实质大于形式"的判断标准。即在判断一种虚拟货币到底是不是证券性质时,SEC会以这种加密货币事实上的使用方式而不是它被设计的使用方式(例如ICO白皮书中对加密货币用途的描述)为准,有很多虚拟货币以功用性质的虚拟货币发行,但最后其主要的用途却没有实现,投资者购买此种虚拟货币还是因为其代表的可预期利益。一种虚拟货币一旦被认定为证券性质的虚拟货币,其就要受到美国《1933年证券法》和《1934年证券交易法》的规制。一个虚拟货币通过设计一个无关紧要的功能或者用途("形式"上的功能)就可以轻而易举地规避证券法的管辖,这样是完全不合理的。所以在SEC的监管趋势里,很少有虚拟货币可以被认定为非证券性质的虚拟货币,SEC更倾向于将一般的虚拟货币认定为证券性质的虚拟货币。[③] 似乎这么看,几乎能解决掉很多问题,但一这只是美国证监会的做法,其他美国部门做法并不是这样的,第二中国也无法直接照搬,即使现在证券法修改中,也没有办法做到这一点。这种看似完美的方法在中国几乎是无法存在的。

笔者倒是很赞同香港地区的做法,先开展沙盒试验,看看如何监管,这或许也是内地应该做的。因为内地一直也是摸着石过河,而且经常突发文件,比如上文

---

① 张美慧:《境外市场证券法视野下的代币发行监管——基于美国、新加坡、澳大利亚和中国香港地区的监管实践》,载《财经法学》2019年第3期。

② 《区块链全球合规与监管分析报告系列(三)"加密货币"(上)》,载https://www.linksfin.com/forum.php?mod=viewthread&tid=333738,访问日期:2019年8月27日。

③ 《区块链全球合规与监管分析报告系列(三)"加密货币"(上)》,载https://www.linksfin.com/forum.php?mod=viewthread&tid=333738,访问日期:2019年8月27日。

提到的央行七部委文件，就是在没有预兆的情况下突然发布。这样对从业者是非常不合理的，所以笔者建议通过试点的方式，而且建议是在一二线城市试点，通过中国实际，进行调研并做好相关立法前的准备工作，而且要做好舆论准备。对于虚拟货币的相关立法，要疏导结合，不能一刀切，要考虑到现在其实很多人是持有虚拟货币这一情形。一刀切只会使大量资金外流。加快立法，立符合中国实际的法，才是正确之道。

二、构建合理的虚拟货币监管体系

（一）确立相关监管部门

大量涉及虚拟货币的犯罪，其实是需要行政法规进行前置性规定的。换言之，除了传统的侵犯个人法益的罪之外，其他相关犯罪都是法定犯（行政犯），没有前置规定，也无法以法定犯定罪。① 笔者在前面也详细地讨论了一些情形，比如证券类犯罪，作者的论述里面就可以看到，对于是否构成证券类犯罪，学界争议非常大，这种争议就是来源于行政监管对于虚拟货币的监管属于模糊不清的阶段。这里作者想补充说明的是学者们的解释不过是立场不同罢了（这在下面一节将会讨论，有些学者的解释更多应该从刑事政策上面入手）。

监管的模糊不清一方面也体现在监管机构的模糊不清，而监管机构的模糊不清的根本原因就是在于对虚拟货币的定性中存在模棱两可的问题。在新型的虚拟货币定性为虚拟商品之后，作者认为虚拟货币尤其是新型虚拟货币就是一个处于三不管状态了（当然传统的虚拟货币比如 Q 币之类，因为其闭环的特征，一般还是由公司、网信办或者相关部门管理），虚拟商品的定性就很是尴尬，难道是由消费者权益保护协会管理吗？或者工商管理局？是"商品"所以其他金融部门都不管？但是为什么又说它涉及众多金融犯罪呢？当然笔者认为这不是法规出台的原意，商品一词也不必然代表其就是商品了。笔者想阐明的是，谁去监管虚拟货币是非常关键的。② 几个部委联合发布文件，但最终负担监管职责的机关仍然不明确；同理，黄赌毒等违法行为也不为法秩序所承认，但并不代表其是缺乏管制的；相反，这些违法行为在有关机关的管理下，受到了严格的管控。再结合上面的讨论，若是没有一个明确的部门进行监管，那么虚拟货币就很难被认为是一些犯罪，比如非法集资类犯罪和证券类犯罪，这一类犯罪始终逃离不了的一点就是要有行政前置，没有明确的监管机构，就不可能有明确的行政法规。

（二）制定相应的监管法规

在明确了监管部门后，行政法规等规范也需要尽快落实，从而构建出一个合理的虚拟货币监管体系，切不可朝令夕改，或者各规范之间互相矛盾龃龉。笔者认

---

① 刘艳红：《论法定犯的不成文构成要件要素》，载《中外法学》2019 年第 5 期。
② 雷捷、罗良文：《比特币风险及其监管体系构建》，载《财会月刊》2018 年第 11 期。

为,虚拟货币的刑事规制完善离不开合理的虚拟货币监管体系,若是仍然回避虚拟货币的监管(这种一刀切并不是有效的监管,这里再次举例黄赌毒,黄赌毒有着完善的行政和刑法衔接配套,而虚拟货币并没有),虚拟货币的刑法规制的问题就会一直持续下去,法律解释只是权宜之计。只有完善合理的虚拟货币监管体系能更好地规制。

目前,我国仅靠第三节所述两个文件,就遏制了虚拟货币在中国的发展。但该举无异于掩耳盗铃。大量的国人持有虚拟货币的,虚拟货币运营公司设在海外,国内也不屏蔽互联网接口。虚拟货币在不断发展,而法律是有滞后性的。

笔者认为应该尽快确立相关监管部门,进而制定相应的监管法规。在全球虚拟货币及虚拟交易所发展的这一背景下,中国仍然半遮半掩的态度是不正确的,而且这种半遮半掩的状态正如上文所提及的一样,实际上对中国内地金融市场的损害还是非常大的,而且这种状态也可能将不利于我国在全球金融及支付结算体系中,占据更多的话语权,以及人民币国际化业务的发展。所以还是要尽快制定相应的监管法规,这样也能做到行政和刑事的衔接。

三、制定相应的刑事政策

(一)刑事政策的取舍

刑事政策到底能不能指导刑法,争论已久。无论是李斯特鸿沟或者罗克辛贯通都没有给出一个完美的结果。刑事政策理论起源于德国,"刑事政策与刑法关系的理论主要经过了德国三位著名法学家费尔巴哈、李斯特和罗克辛主导的三个发展阶段。费尔巴哈是刑事政策概念的提出者,费尔巴哈把刑事政策定义为:以科学的方法研究犯罪原因及刑罚成效,获得抗制犯罪的各种原理,国家根据此原理,运用刑罚及类似手段来抗制犯罪。其认为刑事政策只用来指导刑法立法,而不能用来指导刑法司法。李斯特关于刑事政策与刑法关系的思想集中体现为"刑法是刑事政策不可逾越的屏障"这一著名论断。李斯特指出,一般来说,刑事政策要求社会防卫,尤其是作为目的刑的刑罚在刑种上均应当适合犯罪人的特点,这样才能防止其将来继续实施犯罪行为。从这个要求中既可以找到对现行法律进行批判性评价的可靠标准,也可以找到未来立法规划发展的出发点。可见,李斯特虽然主张广义的刑事政策概念,但其仍然将刑事政策的作用限定在刑法立法的范围,刑事政策不仅是批判现行刑法的依据,也是立法的出发点。换言之,在刑事政策与刑法的关系上,李斯特主张将刑事政策的作用堵截在刑事司法之前。罗克辛通过建立目的理性的犯罪论体系,通过构成要件的实质化、不法的价值化和责任的目的化,使刑事政策进入了刑法教义学。这也就是罗克辛贯通,当然罪刑法定原则是必须坚持的底线,刑事政策不能逾越这条底线。[①]

---

① 苏永生:《德国刑事政策与刑法关系的理论及其借鉴意义》,载《法学杂志》2017年第10期。

刑事政策更应该基于本土化研究。中国刑法下的刑事政策来源已久，比如著名的"严打"就是刑事政策的产物，[①] 在中国环境下避而不谈刑事政策是不现实的。但问题的关键在于，在现行刑法下，如何在不能快速立法或者司法解释的前提下，进行有效的规制，以做到有的放矢。简而言之，笔者探讨的是如何做到顺应现状，同时又不破坏刑法的罪行法定根基。总的来说，笔者认同中国语境下的形势政策，而且事实上刑事政策极有可能在虚拟货币相关犯罪上起到极为重要的左右，所以刑事政策的问题不再是取舍，而是如何制定。

（二）如何制定相应的刑事政策

在虚拟货币犯罪高发而且社会影响下极大的状况下，笔者认为刑事政策应该针对事前的预防。不同于简单易行的P2P，虚拟货币本身有一定的难度，参与虚拟货币投资需要一定的知识水平，其实针对虚拟货币的事前预防相对容易。[②] 通过大量警务宣传，以及网站实时监控，可以事前过滤掉一批本身目的就是为了诈骗的虚拟货币，让这些犯罪分子提前露馅。当然也要警惕诈骗类虚拟货币到农村城镇去的现象，因为这种犯罪往往还会和传销犯罪结合，传销行为并不需要相关知识，这种情形危害性也很大，所以相关预警不可少。同时网警也要做好网络监察。

对于已经案发的虚拟货币案件，笔者认为此时的刑事政策目的就聚焦于案件处理效率上，如何有效快速锁定犯罪嫌疑人以及庭审的效率都是考虑的重点。虚拟货币案件若是拖延很久，对于社会的稳定性也是不利的。

此外，值得注意的是，正如笔者在本节开篇所说，刑事政策不能违背罪刑法定原则，切勿为了社会稳定或者其他理由而损害该原则。

四、加强国际刑事司法合作

虚拟货币犯罪是一个全球性的问题，不仅仅是因为虚拟货币在全球火爆，更多的是因为虚拟货币涉及很多跨地域性的犯罪，[③] 比如上文所提到的洗钱罪和外汇罪等。所以中国语境下的虚拟货币犯罪不仅仅是本土的，而且是全球性的。

洗钱犯罪早已是世界性刑事犯罪问题。联合国对洗钱犯罪也有相关规定。《联合国打击跨国有组织犯罪公约》第6条第2款第3项以及《联合国反腐败公约》第23条第2款第3项均对跨国洗钱犯罪的管辖标准进行了规定："其要求缔约国行使对跨国洗钱犯罪的管辖权必须以上游犯罪符合双重犯罪的原则为前提条件，即上游犯罪既可以发生在缔约国的管辖之内，又可以发生在缔约国的管辖之外，但是发生在缔约国管辖之外的上游犯罪不仅要根据发生地国的法律构成犯罪，而且如果发生在该缔约国管辖内也构成犯罪。"因此，不管缔约国以何种管辖原则对跨国

---

① 马荣春：《司法政策变迁中的刑事司法》，载《法治现代化研究》2017年第1期。
② 张悦：《电子商务平台备案制度的完善——基于犯罪预防视角》，载《长春师范大学学报》2019年第9期。
③ 兰立宏：《论虚拟货币的犯罪风险及其防控策略》，载《南方金融》2018年第10期。

洗钱犯罪行使管辖权，前提条件之一必须是上游犯罪符合双重犯罪的原则。《联合国打击跨国有组织犯罪公约》第15条以及《联合国反腐败公约》第42条对洗钱犯罪的管辖原则进行了规定："包括属地管辖、属人管辖、被动属人管辖、保护管辖、普遍管辖以及以国籍不引渡为理由拒绝引渡时的'或引渡或起诉'等原则。"其中，除了属地管辖、"或引渡或起诉"属于强制性的义务外，其他管辖均是选择性的，缔约国可以选择是否行使此种管辖。当然，在不影响一般国际法准则的情况下，这些公约并不影响缔约国根据其国内法行使任何形式的管辖权。

对于利用虚拟货币实施跨国洗钱犯罪而言，有学者根据上述两个公约进行了分析，其认为："管辖权的行使须以上游犯罪符合双重犯罪的原则为前提。但由于互联网虚空间的瞬时性与无国界性，随着'跨国犯罪信息化'时代的到来，犯罪分子可以实现'行为人'与'行为'的分离，'行为人'与'行为'可以分离和分散在两个以上国家，导致属地管辖等传统的管辖规则基本无法适用。更何况跨国洗钱犯罪的上游犯罪也可能为任何形式的网络犯罪，判断上游犯罪是否符合双重犯罪原则的标准也受到了严重冲击。因此，确立对网络洗钱犯罪的管辖远比确立对跨国洗钱犯罪的管辖复杂、困难。尽管网络洗钱犯罪属于网络犯罪的一种，但是网络洗钱犯罪管辖的确立要比网络犯罪管辖的确立更加复杂。这是因为网络洗钱犯罪管辖的确立还涉及上游犯罪的确立，而上游犯罪还可能属于网络犯罪。"①

该学者还指出："尽管欧洲理事会《网络犯罪公约》第22条对网络犯罪的属地管辖、属人管辖、'或引渡或起诉'的管辖原则进行了规定，但是这些管辖原则也随着'跨国犯罪信息化'时代的到来而变得基本无法适用，也成为了《网络犯罪公约》的最大硬伤之一。由于关于网络犯罪刑事管辖权存在较大争议，而且在较短时间内就该问题在联合国框架内达成国际协议的可能性较小，所以我国可以在《刑法》中增加关于网络犯罪管辖权的规定，采取主客观相一致的实害联系原则，即行使管辖权的条件是行为人的行为必须对本国造成客观上的实质性危害，而且行为人具有希望该结果发生在该国国内的主观故意。该原则与属地管辖（结果发生地管辖）的原则一致。但是，由于网络洗钱犯罪还涉及上游犯罪问题，而且洗钱罪的犯罪客体是复杂客体，不仅破坏金融管理秩序，而且破坏司法机关追究上游犯罪的活动，因此，与网络犯罪相比，确定网络洗钱犯罪的实质性危害更为不易，以实质性危害为标准确定管辖权更易引起争议。所以通过司法解释的形式对网络洗钱犯罪的管辖权做出专门规定十分必要。"②

同样，逃汇罪也是重灾区，因为虚拟货币去中心化的特质，监管机构很难监测到是哪个主体在进行交易，其依赖于与相关平台的交涉，而这些平台又地处国外，程序复杂，所以这就需要国际间的合作。

最后，笔者还是再次强调中国需要加强国际间的合作，警务公开，通过和虚拟货币发达地区的交流合作才有可能制止现在的大量资金外流的现象。

---

① 师秀霞：《利用虚拟货币洗钱犯罪研究》，载《中国人民公安大学学报（社会科学版）》2017年第2期。
② 师秀霞：《利用虚拟货币洗钱犯罪研究》，载《中国人民公安大学学报（社会科学版）》2017年第2期。

第六章　高利借贷的刑事治理研究

轰动一时的山东聊城于欢故意伤害一案，引发了公众舆论对于正当防卫制度适用的关注与热议，该案件的处理过程与裁判结果在某种程度上也确实达成了司法实务界对本案成为"一堂全民共享的法治'公开课'"的期许。① 在为司法实践的发展进步欢呼的同时，我们也不能忘记对本案背后的深层原因加以追问，随着于欢的父母因卷入非法集资案件而被依法定罪处刑，② 酿成案件的肇因也愈发清晰——于欢案的本质其实是非法集资与高利借贷相互纠缠之下所伴生的恶果，而如果相关部门能尽早介入处置本案中的非正常借贷关系，这样的结局或许原本并非无法避免。实际上，从国家到地方层面，从未停止对非法集资活动进行有效干预的尝试。自 2011 年 4 月浙江温州民间借贷危机爆发以来，《关于审理非法集资刑事案件具体应用法律若干问题的解释》（以下简称《非法集资解释》）、《关于审理民间借贷案件适用法律若干问题的规定》（以下简称《民间借贷规定》）、《关于办理非法集资刑事案件若干问题的意见》（以下简称《非法集资意见》）相继出台，而《处置非法集资条例》征求意见稿（以下简称《非法集资条例》征求意见稿）也发布一年有余，正式出台业已提上日程。在民间金融立法逐步到位的同时，与之相配套的监管职能机关也逐步成形。根据十八届三中全会精神，按照中央统一部署要求，全国已有多个省市相继挂牌地方金融监督管理局，一改原先分散职能、多头治理的管理模式，对小额贷款公司、融资担保公司、区域性股权市场、典当行、融资租赁公司、商业保理公司、地方资产管理公司实施统一监管。③ 政府相关职能部门为有效管控非法集资活动不可谓不费心尽力，然而，近年来涉非法集资刑事案件数量逐年上升却是不争的事实。④ 治理层面力有未逮的现实，让有关部门开始重视刑事法律规范在治理民间借贷市场特别是民间高利借贷这一领域内的乱象与问题上的作用，最高人民法院、最高人民检察院、公安部、司法部联合制定的《关于办理非法放贷刑事案件若干问题的意见》（以下简称《非法放贷意见》）可谓千呼万唤始出来，该《意见》首次将超过 36% 的实际年利率的放贷认定为"非法放贷"，情节严重者将

---

① 沈德咏：《我们应当如何适用正当防卫制度》，载《中国检察官》2018 年第 18 期。
② 《山东省聊城市中级人民法院（2018）鲁 15 刑终 232 号刑事裁定书》，载 http://wenshu.court.gov.cn/website/wenshu/181107ANFZ0BXSK4/index.html?docId=dab3fa2d2ea64e959247a9e8017c53a3，访问日期：2019 年 10 月 22 日。
③ 《北京市地方金融监督管理局正式成立 强化地方金融监管职责》，载 http://www.nbd.com.cn/articles/2018-11-09/1270935.html，访问日期：2019 年 10 月 22 日。
④ 《检察机关办理非法集资犯罪案件数量逐年上升》，载 https://www.spp.gov.cn/spp/zdgz/201902/t20190210_407556.shtml，访问日期：2019 年 10 月 22 日。

依照刑法第 225 条第（四）项的规定，以非法经营罪定罪处罚。[①] 制度设计的良好初衷与执行效果的不甚理想之间的落差，使得有关部门在穷尽民事与行政法律手段之后，于《非法放贷意见》中援用非法经营罪对民间高利借贷行为进行规制。然而，《非法放贷意见》这种司法犯罪化的途径是否有违刑法谦抑的精神，以司法机关自行解释作为法源的方式是否有悖罪刑法定的要求，对于民间借贷市场的整治应该以取缔为主还是应该疏堵结合，这一系列的问题让我们有必要重新审视现行的非法集资管控机制，以期待能为制度的完善与修正提供有益的探索。

第一节　高利借贷的历史演进

撇除加之于身的各种负面标签来看，高利贷在本质上属于一种有偿借贷，其发端与演变均与社会生产力发展、私有制的产生以及商品经济的发达密切相关，在客观上推动社会进步、经济繁荣的同时，过分苛刻的高利贷也往往容易造成社会的失序与动荡。

一、私有制产生前——无偿无息

人类社会的蒙昧阶段，是一个从采集逐步过渡到渔猎的缓慢过程，原始人类刚从古猿类中分化出来不久，逐渐开始掌握如何生火以及石器制作，并从最早的粗制石器渐进为打磨石器，[②] 然而极端低下的社会生产力根本不足以产生富余的生产生活资料，所谓借贷也就无从谈起。待演进至野蛮阶段，人类开始掌握动物的驯养、繁殖和植物的种植，掌握了制陶、建筑、酿酒、冶铁等技术，[③] 生产力的极大提高导致富余产品的出现，在母系氏族阶段私有制观念尚未完全建立，一切富余产品属于整个氏族所共有，[④] 这一阶段的借贷表现为一种自然的、非正式的形态，甚至被视为一种个体义务，因此，个人物品可以被随意借取，甚至不需要得到物主的同意，"有借必有还"是当时的社会成员所共同遵循的基本信条，[⑤] 在这种朴素的借贷观念下，借贷是不需要支付相应对价的。随着社会形态演进至农业社会阶段，社会结

---

① 最高人民法院、最高人民检察院、公安部、司法部《关于办理非法放贷刑事案件若干问题的意见》，载 http://www.xinhuanet.com//legal/2019-10/21/c_1210320230.htm，访问日期：2019 年 10 月 22 日。
② ［德］恩格斯：《家庭、私有制和国家的起源》，中共中央马克思恩格斯列宁斯大林著作编译局译，人民出版社 1999 年版，第 21-22 页。
③ ［德］恩格斯：《家庭、私有制和国家的起源》，中共中央马克思恩格斯列宁斯大林著作编译局译，人民出版社 1999 年版，第 22-23 页。
④ ［德］恩格斯：《家庭、私有制和国家的起源》，中共中央马克思恩格斯列宁斯大林著作编译局译，人民出版社 1999 年版，第 53 页。
⑤ Louis N. Robinson, Rolf Nugent, *Regulation of the Small Loan Business*, New York: Russell Sage Foundation, 1935, pp. 13-14.

构变得日趋复杂，特别是在土地成为私有财产后，有偿借贷才逐渐兴起。①

二、私有制产生后——不断演变

（一）氏族社会末期——取利较轻

随着社会分工的日趋复杂，牲畜繁殖、金属加工以及农业耕种都要求更加复杂的技能和更为高效的劳动力，男性作为食物与劳动工具的获取者取代了女性的地位，人类社会至此演进至父系氏族阶段，财富转而归由男性占主导地位的独立家庭所有，并根据父系一方的血统在家庭单位内进行继承，氏族公有的传统被私有制所彻底取代，②并由此催生出了以收取利息为对价的有偿借贷。根据学者考证，早在公元前5000年的中东，就已经出现实物形式有偿借贷，人们将枣、橄榄、无花果或谷物种子借给农奴、贫穷的农民或侍从，并要求以实物形式从其收货中加量偿还，③而这些早期借贷的年利率为借贷谷物或金属的20%—50%。④从可以获得的资料来看，尚处萌芽期的有偿借贷的形式较为原始，主要以实物借贷方式开展，而其借贷利率尚不构成对于借贷人的过分压榨，相比后世出现的"砍头息""羔儿息"等高利贷形式，明显较为温和。

（二）古代文明阶段——利害并存

私有制的确立、巩固和发展，极大促进了社会生产力的发展，人类社会开始进入阶级社会时期。由于人与人之间在知识、技能、阶层上天然存在差异，在承认财产私有的情况下，社会财富将无可避免地向优势群体集中，从而产生了显著的贫富差异。对于小农或者中小工商业者来说，灾害饥荒或是资金短缺的风险始终难以克服，在国家直接赈济或者减免赋税等官方资源相对缺乏的情况下，仰赖于大地主、大商人或官僚等权贵群体的私人借贷成了弱势群体的唯一选择，而这种私人借贷往往伴随着极高的利息，也就促成了高利借贷在事实上的形成。更为讽刺的是，高利借贷的利率水平与社会经济的景气程度之间，呈现出一种明显的负相关——在代表古代欧洲文明辉煌的古希腊、古罗马时期，借贷年利率虽然随着社会兴衰而波动，但也基本稳定在8%—12%左右。⑤到了经济文化衰退、社会活力不足的中世纪时期，欧洲地区的典当铺的担保信贷的年利率已经高涨至32.5%—300%，无担

---

① Louis N. Robinson, Rolf Nugent, *Regulation of the Small Loan Business*, New York: Russell Sage Foundation, 1935, pp. 15-16.
② ［德］恩格斯：《家庭、私有制和国家的起源》，中共中央马克思恩格斯列宁斯大林著作编译局译，人民出版社1999年版，第54-55页。
③ Heichelheim, Fritz M. *An Ancient Economic History*. Leiden: A. W. SijthoffsUitgeversmaatschappij N. V., 1958. Vol. I, pp. 21ff. 转引自［美］悉尼·霍默、理查德·西勒：《利率史》，肖新明、曹建海译，中信出版社2010年版，第16页。
④ ［美］悉尼·霍默、理查德·西勒：《利率史》，肖新明、曹建海译，中信出版社2010年版，第17页。
⑤ ［美］悉尼·霍默、理查德·西勒：《利率史》，肖新明、曹建海译，中信出版社2010年版，第48页。

保借贷的年利率甚至可以飙升至1300%。①

至于我国，以代表古代文明高峰的汉、唐两朝为视角，根据王朝兴盛衰替的周期律，在其建立初期，由于人口因为战乱、疫病、饥馑大量减少，国家有大量的撂荒土地可以授予农民耕种，②同时配套以轻徭薄赋的休养生息政策，③更重视在灾荒年份通过官贷手段，尽可能以无息或者低息的形式，提供谷物或者货币给受灾农民以克时艰，④由于赋税轻薄、赈济及时、官贷发达等多方面渠道的支持，使得农民在非常年月不必仰赖民间私贷，故而能够有效地遏止过高利率的有偿借贷的泛滥。待王朝发展至中后期，土地大量兼并、资本高度集中已成尾大不掉之势，国家再无多余田亩、资金挹注于民间，而人口却在不断滋长，在农业种植技术未出现质的飞跃的情况下，必然导致"边际耕种"甚至"边际以下之耕种"的恶性循环。⑤在国家无力救助的情况下，陷入困顿的自耕农或者小工商业者只能求助于私人借贷，借贷需求愈是旺盛则借贷市场愈是奇货可居，高利贷也就不可避免地滋生蔓延开来。根据学者考据，两汉之季的民间息率最高可至加十而上（1000%），最低亦将倍称（100%），⑥而唐末的私人借贷，无论钱谷皆为100%，并且出现了复利滚动计算，使得小农"受其轧压日重，永无复兴之机"，⑦不可逆转地陷入破产的泥淖，也加速了王朝末世的来临。

纵观整个人类社会发展史，少有其他种类的交易能像有偿借贷一样勾起人们的负面观感，中世纪之前甚至不将有偿借贷和高利贷进行区分，在法律规定和官方态度上对有偿借贷也多作否定处理。在社会道德层面，比较能够为人熟知的是意大利诗人但丁在其名作《神曲》中，将高利贷放贷者描绘成"施加暴力于上帝（之物）者"，因其违背上帝的安排，不积极追求自然的果实（劳动），却热衷追求金钱的果实（利息），其下场将会是永远被困在地狱的第七层，受尽各种苦难折磨。⑧而在英国作家莎士比亚的剧作《威尼斯商人》中，受传统排犹主义思想的影响，剧中的高利贷商人被安上犹太人的身份。然而讽刺的是，《威尼斯商人》的故事原型却与剧中身份安排大相径庭。⑨论及我国，有偿借贷在春秋时期尚不流行，假借贷谋利者可能会被人轻视或遭到社会的谴责。⑩随着商品经济的发展，高利借贷逐渐成为民间金融的重要部分。尽管由于实用主义的缘故，宗教对于古代中国的思想控制远

---

① ［美］悉尼·霍默、理查德·西勒：《利率史》，肖新明、曹建海译，中信出版社2010年版，第58页。
② 熊正文：《中国历代利息问题考》，孙家红校注，北京大学出版社2012年版，第28页。
③ 孙彩红：《试析唐前期租庸调制下纳税人的税收负担水平——对"轻徭薄赋"政策的补充论证》，载《西北师大学报（社会科学版）》2005年第2期。
④ 熊正文：《中国历代利息问题考》，孙家红校注，北京大学出版社2012年版，第23-25页。
⑤ 熊正文：《中国历代利息问题考》，孙家红校注，北京大学出版社2012年版，第160-161页。
⑥ 熊正文：《中国历代利息问题考》，孙家红校注，北京大学出版社2012年版，第27页。
⑦ 熊正文：《中国历代利息问题考》，孙家红校注，北京大学出版社2012年版，第53-55页。
⑧ ［意］但丁：《神曲》，田德望译，人民文学出版社1990年版，第75-81页。
⑨ See F. GuIzoT, SHAKESPEARE AND His TIMES（1855）, in Bernstein, *Background of a Gray Area in Law: The Checkered Career of Usury*, American Bar Association Journal, Vol. 51, Issue 9, 1965, p. 850.
⑩ 乜小红：《论中国古代借贷的产生极其演变》，载《经济思想史评论》2010年第2期。

不如西方,但对于高利借贷恶性泛滥所造成的"盖由府州县官……循势要所瞩,督追私债,甚于公赋……以致小民不能存活"的社会问题,①统治阶层却仍然有清醒的认知,如西汉时期的晁错主张通过重粟贵农之法,提高农民的粮食种植所得,②消极减少其对高利贷的依赖,而东汉时期的桓谭则主张采用告缗制度,让商人之前相互纠告,③从而积极加以取缔消灭。

而在法律规范层面,通过立法处罚高利借贷的管控模式由来已久,最早可追溯至古罗马共和国时期的《十二铜表法》,自此之后的教会法或日耳曼法,也都禁止重利剥削。④有学者甚至认为,《十二铜表法》之所以会在特定的时间诞生,在很大程度上是由于日益严苛的债务负担引发的政治与经济危机所致。⑤在中古欧洲时代,收取利息的行为是一种在道德上被谴责、在法律上被禁止的行为。基督教教义以善良、仁慈为最高道德,要求人们忽视现世的财富,所以对于富有的债权人掠夺贫困的债务人是特别愤恨的。反对利息的时代精神,在教会领袖的公开言论中得到了强有力的支持,使世俗立法趋向限制借贷收取利息。在基督教会的协助和影响下,欧洲各国逐渐制定了针对高利贷的禁令。最初借款收息由教会禁止,只及于教士。后来又推广到世俗人群,不过还是基于教会的禁令。教会法最终也影响世俗立法也受到的影响,罗马法也制定了严厉禁止取息的法令。⑥而在古代中国,统治阶层也从未放弃通过立法限制高利借贷的尝试,如西汉初年的《二月律令》明文禁止"吏六百石以上及宦皇帝"借放贷牟利,违者将给予免官的处分。⑦唐代《杂令》将借贷利率上限固定为"每月取利,不得过六分",且利息不能返折为本金,重新生利,利息累计亦不得超过本金。⑧自宋以后,国家立法对于借贷利率的限制日趋严格,明、清两代将利率限定为月利三分,对违反利率规定者则设立"违禁取利"的罪名加以惩治。⑨

三、工业革命之后——渐趋合理

随着时代的发展,特别是工业革命之后,宗教对于社会的控制日渐式微,自由

---

① 《明英宗实录》卷一二七、卷一七五,转引自赵毅:《明代豪民私债论纲》,载《东北师大学报(哲学社会科学版)》1996年第5期。
② 熊正文:《中国历代利息问题考》,孙家红校注,北京大学出版社2012年版,第33页。
③ 熊正文:《中国历代利息问题考》,孙家红校注,北京大学出版社2012年版,第33页。
④ 陈毓雯:《论重利罪》,载《刑事法杂志》1994年第5期。
⑤ [美]悉尼·霍默、理查德·西勒:《利率史》,肖新明、曹建海译,中信出版社2010年版,第31页。该书作者认为,罗马共和国时期初期混乱导致国力下降、人口流失和商业隔绝,平民阶层由于不堪忍受沉重的债务压迫,与贵族阶层展开了持久的拉锯战(主要是经济斗争),斗争最终妥协的结果是产生了贵族与平民阶层之间复杂的法律制衡机制,《十二铜表法》就是这一机制的重要成果,将有偿借贷的年利率上限规定为8.333%,同时规定了对于债务人的人身保护制度。
⑥ [奥]庞巴维克:《资本与利息》,何崑曾、高超德译,商务印书馆2010年版,第18页。
⑦ 乜小红:《论中国古代借贷的产生极其演变》,载《经济思想史评论》2010年第2期。
⑧ 霍存福:《论中国古代契约与国家法的关系——以唐代法律与借贷契约的关系为中心》,载《当代法学》2005年第1期。
⑨ 柏桦、刘立松:《清代的借贷与规制"违禁取利"研究》,载《南开经济研究》2009年第2期。

主义之风日趋盛行，商品经济活动逐渐活跃，自由贸易的呼声日益高涨，要求摆脱干预、免于强制成为当时的思想主流，这一社会思潮变化导致对高利贷行为的评价也有所改变。在古典自由主义看来，政府的干预非但对经济活动无益，反而会阻碍经济的正常发展，因此要求政府对市场主体活动的干预降低到最低程度，让经济生活经由数以千计的或者百万计的通过与他人进行合作以达到自己目的的个人活动进行调整。① 古典经济学创始人亚当·斯密特别强调经济活动的自发性，认为市场主体"受着一只看不见的手的指导，他们虽然各自追求各自的利益，却往往能更有效地促进社会的利益"。相反，若有意施加干预"真想促进社会利益，反而往往不会那么有效"，② 因而主张将经济活动最大限度交由市场进行调整，国家对经济活动的干预则是越少越好。功利主义代表人物边沁在其《为高利贷辩护》一文中，更是观点鲜明地指出当时立法限制高利贷的各种依据均是站不住脚的，对于社会和国家的发展并无实际意义甚至限制了经济的发展，因而主张废除法律对高利贷的限制。③ 受上述思潮的影响，各国在对高利贷的管制上有所放松。

然而，应当注意的是，古典自由主义要求将国家干预完全排除于经济活动之外的观点，其实是建立在每一个经济活动主体都是精明强干且平等交往的"理性人"假设基础之上。但在现实生活中，因为种族、年龄、心智、财富、教育等方面的差异，导致个体间存在实质上的不平等却是不争的事实。在这种充满不平等的经济交往活动中，"富者愈富，贫者愈贫"的"马太效应"成为常态，抢占先机取得优势者往往能获得更多的好处，而在社会财富总量不可能无限增加的情况下，经济活动中的不占优势者则容易招致更糟的境况，成为被既得利益者剥削的对象。④ 高利贷放贷者利用既有的资源优势愈加富有，而借贷者在经济上本就处于弱势，在偿还本金和支付高额利息的双重压力下，往往容易陷于破产的危机之中。在对古典自由主义的经济模式进行反思后，国家管理者意识到"一个真正自由的社会，不能坐视经济上的强者，扭曲或者压迫经济弱者的自由意思的形成"，所以"不公平的契约开始被反省，民法上因而有'暴利禁止'的规定，刑法上也因而有重利罪"。⑤ 在意识到对高利贷不加以合理限制所带来的弊端后，德国刑法重新恢复了对高利贷行为的规制，将其规定为信贷暴利予以处罚，⑥ 而同属大陆法系的奥地利、瑞士以及我国台湾地区刑法亦有处罚高利贷行为的规定。从上述时空脉络的梳理中，我们不难看出，人类社会对于高利借贷的调整力度，经历了一个由紧到松的过程，但以立法来限制高利借贷的恣意发展是基本定调。参照古代社会立法限制高利借贷的传

---

① [美] 大卫·鲍兹：《古典自由主义：入门读物》，陈青蓝译，同心出版社 2009 年版，第 19 页。
② [英] 亚当·斯密：《国富论》，郭大力、王亚南译，译林出版社 2011 年版，第 24 页。
③ Bentham, Defence of Usury, 载 http://www.efm.bris.ac.uk/het/bentham/usury，访问日期：2019 年 10 月 22 日。
④ [美] 丹尼尔·格里尼：《贫与富：马太效应》，秦文华译，商务印书馆 2013 年版，第 3 页。
⑤ 林东茂：《一个知识论上的刑法学思考》，台湾五南图书出版公司 1999 年版，第 84-85 页。
⑥ 《德国刑法典》，徐久生、庄敬华译，中国方正出版社 2003 年版，第 141 页。

统习惯,借鉴域外刑事立法实践对高利贷行为的处理方法,在刑法上增设高利贷相关罪名,不失为我国处理高利借贷行为的可行之策。

第二节 高利借贷的刑法规制问题现状

一、法律监管存在制度缺失

党的十八大以来,防控金融风险、保障金融安全已成为经济工作的重中之重。党的十九大报告中更是提出,要"深化金融体制改革,增强金融服务实体经济能力,健全金融监管体系,守住不发生系统性金融风险的底线"。[1] 有效防范和处置非法集资活动,是防控金融风险整顿金融秩序的重要抓手。然而,审视目前非法集资活动的治理现状,由于治理资源主要投向吸收资金一方(非法集资行为),对供给资金一方则缺少必要的关注,至多以"擦边球"的治理手段,针对"套路贷""校园贷""美容贷""消费贷"等层出不穷的恶性借贷方式,仅给予力度有限的、非常态化的整治,却并未针对牵涉其中的高利贷问题给予应有的关注与规制。对于这种现状,有学者将之描述为"各法律法规对高利贷所延展、伴生的现象一路喊打,例如行政法禁揽储,禁常业化,民事法不支持超标准的取息,刑事法律制裁网贷、套路贷、校园贷,等等,法律法规把高利贷紧紧围困在法律风暴的'风眼'里,然而高利贷本身并没有受到强制法的禁止,在法律'风眼'中安然无恙"的怪现象,[2] 最近生效的《非法放贷意见》也仅规定了"非法放贷"这样暧昧模糊的字眼。当前相对失衡的治理模式,在因应民间金融市场供给需求旺盛却又交易秩序失范的现状时,却在一定程度上陷入了一面严厉查处、另一面却屡禁不止的怪圈。对于非法集资问题的处置,或应引入新的治理思路,即通过对作为上位范畴的投机性民间借贷(包含非法集资与高利借贷)的综合治理,特别是有必要加大对高利借贷的规制力度,从而实现资金供给侧与需求侧的双向调控,以有效遏制非法集资的高发趋势,切实保障金融秩序稳定,有效降低金融市场风险。

二、司法解释缺少明确授权

作为一种非正式的融资渠道,高利贷自开始出现并延续至今,已长达上千年之久,影响着社会经济生活的方方面面,填补了正规金融渠道覆盖的空白,早已成为民间金融市场一股不可忽视的力量。作为一个真实存在的社会现象,高利贷意味着一种放贷人向借贷人出借本金,同时赚取高额利息作为对价的借贷方式。而作为一种特殊的法律问题,高利贷则被认定为超过某一法定利率上限的有偿借贷,多

---

[1] 《习近平在中国共产党第十九次全国代表大会上的报告》,载http://www.xinhuanet.com/politics/19cpcnc/2017-10/27/c_1121867529.htm,访问日期:2019年10月22日。

[2] 陈晓枫,周鹏:《高利贷治理之史鉴》,载《法学评论》2019年第4期。

少都会伴随着程度不同的消极法律后果。根据《民间借贷规定》第 26 条、《非法放贷意见》第 2 条的规定，我们可以从中推知，当前司法实践针对高利贷分别设定了年利率 24% 与年利率 36% 两条软硬不同的利率界限，即：实际年利率超过 24% 这条软性界限的，只会产生民事法律层面的消极效果，超过部分的利率所生孳息只能算作不受法律保护但"具有保持力的自然债务"，这部分债权虽不会被认定无效，但已不具有请求力，但当放贷者请求给付时，借贷者可以拒绝给付，放贷者不得通过诉讼强制借贷者履行；如果借贷者已经给付，放贷者受领时，法院亦不得认定为不当得利。① 若实际年利率超过 36% 这条硬性界限的，不仅会产生民事法律层面的不利后果，超过这一基准部分的利息约定将被认定无效，借款人则有权请求放款人返还已支付的超过部分的利息，② 放贷超过一定数额的甚至可能受到刑法的否定评价，以非法经营罪论罪处罚。

回顾两高两部最新制定的《非法放贷意见》，其通过扩张解释将高利借贷纳入刑法 225 条第（四）款，以司法犯罪化途径对高利借贷加以规制的处理方法虽具备一定程度的结果合理性，在手段正当性上则存在可待商榷之处：一方面司法机关自我授权的正当性问题，从《〈最高人民法院关于审理民间借贷案件适用法律若干问题的规定〉的理解与适用》一文来看，《民间借贷规定》所确认的 36% 的高利贷标准系最高人民法院"调研了解"后得出，③《非法放贷意见》则是原封不动地照搬了《民间借贷规定》的标准，并将民事法律规定直接套用为定罪处罚的依据，然而根据《立法法》第 8 条的规定，涉及犯罪和刑法的事项只能通过立法解决，《非法放贷意见》显然存在司法机关自我授权、司法权僭越立法权的争议。另一方面则是争议性罪名扩张的正当性问题，《非法放贷意见》遵循先前的路径依赖，毫无悬念地将高利借贷纳入非法经营罪的范畴加以规制，然而非法经营罪脱胎于 1979《刑法》的投机倒把罪，罪状中"兜底条款的存在以及内涵的不明确"，④ 令其仍旧难以摆脱"口袋罪"的争议。在《非法放贷意见》出台之前，确有包括"涂汉江案"在内的个别刑事司法判例将高利借贷行为认定非法经营罪加以处罚，但从 2012 年《关于被告人何伟光、张勇泉等非法经营案的批复》[（2012）刑他字第 136 号]的内容可以看出，最高人民法院曾在一段时间内基于罪刑法定原则的要求，对部分地方法院以非法经营罪处罚高利借贷行为的做法表达了否定态度，而在《非法放贷意见》的规定上，最高人民法院又戏剧性地颠覆了之前的谨慎态度，难免让人不对《非法放贷意见》产生刑法工具主义的质疑。

---

① 杨临萍、姚辉、韩延斌等：《〈最高人民法院关于审理民间借贷案件适用法律若干问题的规定〉的理解与适用》，载《法律适用》2015 年第 11 期。
② 《最高人民法院关于审理民间借贷案件适用法律若干问题的规定》，载 http://www.court.gov.cn/fabu-xiangqing-15146.html?from=singlemessage&isappinstalled=1，访问日期：2019 年 10 月 22 日。
③ 杨临萍、姚辉、韩延斌等：《〈最高人民法院关于审理民间借贷案件适用法律若干问题的规定〉的理解与适用》，载《法律适用》2015 年第 11 期。
④ 刘树德：《"口袋罪"的司法命运：非法经营的罪与罚》，北京大学出版社 2011 年版，第 9 页。

三、社会评价并未完全统一

持平而论,作为一种存在已久的融资手段,高利贷并非洪水猛兽令人闻之色变,而是一定程度上兼有利弊:从高利贷的积极效果而论,由于借款人与出借人之间往往存在一定的信赖关系,放款前必要的审核、抵押与质押等环节较为简化,高利贷相对银行借贷具备较高的便捷性和灵活性,能在一定程度上缓解企业经营过程中的短期资金缺口。然而,高利贷所带来负面影响也十分明显:一方面,对企业的正常发展而言,高利贷仅能解一时资金之急,但绝非经营的长久之计,企业若不能尽早摆脱对高利贷的依赖,面对偿本付息的巨大压力,极易因资金链断裂而导致破产;另一方面,高利贷是刑事犯罪的重要诱因,受高额利润驱使,几乎所有的涉恶、涉黑、非法吸收公众存款、集资诈骗类犯罪案件中,都有高利贷的身影,高利贷所引发的次生犯罪已成为影响社会治安的显著不稳定因素。[①] 实务与理论界中,主张将高利贷行为纳入刑法规制的呼声日益高涨。与此针锋相对的是,反对将高利贷行为入刑的观点也不乏支持,而当前刑事司法实践也曾有过对高利贷者定罪处罚的尝试,但以非法经营罪这种本就存在争议的罪名,处理同样充满争议的高利贷行为,结果只能是招致更多的争议和批评。[②] 虽然在党的十八届三中全会通过的《中共中央关于全面深化改革若干重大问题的决定》(以下简称《决定》)之中,所提出的"经济体制改革是全面深化改革的重点,核心问题是处理好政府和市场的关系,使市场在资源配置中起决定性作用和更好发挥政府作用"的具体论述,[③] 表明了国家对于包括金融市场在内的市场经济的自主性调节所持绝对尊重的态度,但是,确保不发生系统性金融风险同样是各级政府必须承担起的职责,面对民间金融市场的无序乱象,相关部门是否应当考虑调控的手段和力度,甚至考虑引入刑法手段加强对民间金融市场的综合治理,或是破解当下症结的要点所在,而民间高利贷行为能否入刑,如何有效利用刑法规制高利贷行为,营造健康金融环境,更是开展民间金融市场综合治理的关键。

第三节 高利借贷的刑法规制合理性

围绕是否应当将高利贷行为纳入刑法规制的问题,理论、实务界形成了两种相互对立的观点:

一种观点认为,高利贷行为不宜更不应入罪。所谓不宜者,主要从维护经济活动秩序安定性角度出发,基于刑法谦抑原则,明确非法集资活动的罪与非罪界限,从严格成罪门槛、防止轻罪重罪化等方面限制公权力对于民间金融活动的干预,主

---

① 李忠强,陈艳:《放高利贷行为的刑法评析》,载《人民检察》2013年第2期。
② 刘伟:《论民间高利贷的司法犯罪化的不合理性》,载《法学》2011年第9期。
③ 中共中央文献研究室:《十八大以来重要文献选编》(上册),中央文献出版社2014年版,第513页。

张对用于解决中小企业生产经营困难的融资行为不宜轻易入罪,①而作为中小企业融资重要渠道的高利贷行为,自然也不宜作犯罪化处理。所谓不应者,则从经济自由主义的立场出发,反对政府对民间金融市场进行干预,认为将高利贷行为犯罪化有违市场经济活动所要求的契约自由与意思自治的基本精神,且民间高利贷是商品经济发展对金融服务需求的必然产物,其存在有相当的合理性,对经济发展亦是功大于过,高利贷行为所诱发的次生犯罪不应成为其应被犯罪化的理由,②遏制高利贷次生犯罪的有效途径在于对民间高利贷予以法律保护,而非简单作入罪化处理,故通过立法增设相关罪名的主张,也就缺乏相应的必要性和正当性。

另一种观点则认为,高利贷行为入罪具有正当性与必要性。所谓正当性,系着眼于高利贷看似行契约自由之名,然而"放贷者拥有宽裕资金,待价而沽,借贷者急于用钱又深陷融资困境",③实则是利用二者之间实质上不平等行剥削压迫之事,这种虚假的意思自治不能作为高利贷的原罪开脱的理由,处罚高利贷行为反而能够有效保障弱势一方的意思自由,从法理上具备当然的正当性。所谓必要性,则源于高利贷放款人为了攫取暴利,通常在手段上不加节制,动辄采用恐吓、暴力等手段催收本金、利息,甚至"不惜侵犯借款者及其家属的生命、健康安全",④而这些暴力催收行为多少都与黑恶势力存在勾连,⑤对公民人身安全和社会秩序稳定都带来了严重的威胁,就这点而言,加强打击惩治高利贷行为有着现实的必要性。笔者对将高利贷行为作犯罪化处理持肯定态度,具体分析如下:

一、维护个人自由的考量

从形式上看,高利贷行为虽然符合契约自由的要求,系借贷人在未受到他人强制或者欺骗的情况下,基于个人自我决定的自由,以自愿承担高额利息为代价与放贷人达成还本付息的借贷合意。然而,借贷人此时多伴有急迫、轻率或无经验等特殊情况,⑥从社会相当性的角度审视,我们难以肯定借贷人在这些特定情形下是否还能保有完全的自我决定自由。例如,在企业因一时资金周转不畅而等待银行贷款却遥遥无期,或个人因家庭成员亟须手术治疗而费用无处筹借的情况下,选择高利举债其实是一种无奈之举。放贷者虽没有施加强制或欺骗于借贷人,但却利用

---

① 刘宪权:《刑法严惩非法集资行为之反思》,载《法商研究》2012年第4期。
② 邱兴隆:《民间高利贷的泛刑法分析》,载《现代法学》2012第1期。
③ 胡启忠、秦正发:《民间高利贷入罪的合理性论辩》,载《西南民族大学学报》(人文社会科学版)2014年第3期。
④ 周铭川:《论刑法中的高利贷及其刑事可罚性》,载《社会科学研究》2018年第4期。
⑤ 《"于欢案"背后吴学占团伙涉黑案二审维持原判》,吴学占(于欢案中指使他人暴利逼债的放贷人)因犯组织、领导黑社会性质组织罪、强制侮辱妇女罪、强迫交易罪、故意毁坏财物罪、非法拘禁罪、故意伤害罪、非法侵入住宅罪,获有期徒刑25年,并处没收个人全部财产,其他成员分获20年至2年不等的有期徒刑,并处相应数额的罚金,载http://www.xinhuanet.com/legal/2018-06/29/c_1123054612.htm,访问日期:2019年10月22日。
⑥ 林山田:《刑法各罪论》(上册),北京大学出版社2012年版,第347页。

了借贷人所处的特殊的不利境况。从道德规范意义上来看,这种乘人之危利用他人特殊困境行为,与主动施加困境于他人的行为其实并无太大差别,均对他人的意思自治与契约自由造成了妨害,而这种契约自由特别强调机会均等和财富合理分配,① 关系到个人的自我决定与财产权益是否能在实质上得以实现。依照我国合同法的相关规定,放贷人乘人之危与借贷人订立严重显失公平的契约致使借贷人受到损害的,因其违反了借贷人的真实意思,作为救济,法律规定借贷人享有撤销或者变更该合同的请求权。

在急需资金却又告贷无门的窘迫状况下,借贷人相比放贷人在经济上处于明显的弱势,对于契约内容没有公平的决定机会,在没有实质自由可言的情况下,极易因承担不合理的高额利息而遭受财产上的损害。② 而从近期频频爆发的"套路贷""校园贷"的案件来看,涉案的小额借贷公司抓住借贷者在借贷经验上的欠缺,以及对于其所设定的明显不合理的条款的无知等弱点,先以零门槛、零担保、零手续费为诱饵与借贷者订立合同,而后以"砍头息"、服务费、管理费、违约金等多种名目手段,掩盖超高额实际利率的事实。若借贷人到期无法偿还贷款,贷款平台会为其介绍到另外公司借钱,诱导其签下更高额的借贷合同,拆东墙补西墙,来偿还自家公司的欠款,导致借贷人的债务越滚越大,③ 严重者甚至可能产生滋生利息数十倍于债务本金的后果。由于经济地位、信息知悉等方面实质上存在显著的不对等,高利贷放贷者可以轻易利用借贷者的困窘、无知、轻率等弱点,与其订立附带明显不合理的高额利率负担的借贷契约,而借贷者在困境之下根本无力与之平等博弈,只能忍受放贷者的剥削。与社会同期正常银行贷款利率相比,高利贷借贷人的经济负担显著加重,甚至面临滑落债务深渊的危险,其个人财产权益在实质上遭受了损害。由于放贷者通过前期虚假宣传与接待过程中巧立名目,使借贷者在不知不觉中就陷入了沉重的债务负担,已经严重侵害借贷者的契约自由与财产自由,④ 具有相当程度的社会危害性,通过立法将其作入罪化处理在正当性上并无不妥。

二、维护社会稳定的考量

从个体层面来看,高利借贷除了给借贷者带来日益沉重债务负担之外,还可能危及借贷者本人及其近亲属的人身安全。根据《最高人民法院关于审理民间借贷案件适用法律若干问题的规定》对民间借贷设定了 24% 的年利率限制,⑤ 超过 24%

---

① Kindhäuser, Zur Struktur des Wuchertatbestands, NStZ(1994), 106.
② 林东茂:《重利罪的构成要件》,载《刑事法杂志》1995 年第 5 期。
③ 《关于"校园贷"的风险提示》,载 http://jrj.sh.gov.cn/ZhengWuDaTing/Detail?informationid=155635,访问日期:2019 年 10 月 22 日。
④ Klaus Tiedemann, Wirtschaftsstrafrecht. Besonderer Teil, 2. Aufl., 2008, §6, S. 105.
⑤ 最高人民法院《关于审理民间借贷案件适用法律若干问题的规定》,载 http://www.court.gov.cn/fa-bu-xiangqing-15146.html?from=singlemessage&isappinstalled=1,访问日期:2019 年 10 月 22 日。

部分的利率所生孳息只能算作不受法律保护但"具有保持力的自然债务",这部分债权虽不会被认定无效,但已不具有请求力,但当放贷者请求给付时,借贷者可以拒绝给付,放贷者不得通过诉讼强制借贷者履行;如果借贷者已经给付,放贷者受领时,法院亦不得认定为不当得利。[①] 至于超过36%部分的利息则属于当然无效,借贷人有权主张放贷人返还这部分无效利息。而在民间金融领域,约定"两分利""三分利""五分利"甚至更高利率者大有人在,在超高利率不受法律保护甚至被认定为无效的情况下,高利借贷放贷者无法通过提起仲裁、诉讼等途径追逃不合理的债款,只能借助私力手段以实现债权,而这种私力手段几乎无可避免地会牵扯到暴力催收行为,放贷者或通过欺诈、跟踪、威胁、暴力等非法手段催讨利息或本金,甚至强迫借贷人低价以资产抵偿债务,或采用暴力故意伤害借贷人及其亲属或密切关系人,或非法剥夺或限制其人身自由,或勾结利用黑社会性质组织实施催讨强索债务,[②] 在催讨债款不成的情况下,甚至有杀害借贷人的极端事件发生,[③] 社会谴责高利借贷之恶已非单纯利率之恶,而是其对债务人及其身边人的人身安全带来的威胁,着实不能不令人警惕。

从社会层面来看,值得引起注意的是,高利贷活动在我国已渐呈蔓延态势,在我国部分经济发达地区,由于高额利差所带来的诱惑,参与高利贷活动甚至成为民众的投资首选。[④] 高利贷行为利用交易双方间的机会不均等,造成了事实上的财富分配不公,[⑤] 严重违背了市场经济的公平原则的要求。大量处于地下状态、游离于国家监管之外的资金流向高利贷市场。值得警惕的是,这种势头的蔓延目前也对传统金融信贷领域造成了一定影响,部分商业银行仿效一些违法信贷公司的做法,通过不实宣传、利息前置、加收手续费等手段,使其推广的"消费贷"项目的实际年化利率相比广告宣传的利率出现倍增。[⑥] 高利借贷的泛滥极大地增加了金融市场风险,对稳定社会金融秩序造成了严峻的考验。在社会财富总量相对有限的情况下,大量资金流入高利贷领域意味着等量的资金从实体经济领域抽离,这将进一步加剧实体经济空心化问题,对推动实体经济振兴脱困的宏观调控总目标带来极大的挑战。高利贷的泛滥,使不少民众放弃依靠经营实业稳步积累财富,转而奢想成为脱离生产领域、脱离流通过程、不事实业经营而依靠放贷利息过活的食利者,[⑦]

---

① 杨临萍、姚辉、韩延斌等:《最高人民法院关于审理民间借贷案件适用法律若干问题的规定的理解与适用》,载《法律适用》2015年第11期。
② 张勇:《高利贷行为的刑法规制》,载《江西社会科学》2017年第7期。
③ 《男子沉尸水库800天真相大白》,载http://news.ifeng.com/a/20150128/43034645_0.shtml,访问日期:2019年10月22日。
④ 《人行温州市中心支行发布〈温州民间借贷市场报告〉》,载http://www.wenzhou.gov.cn/art/2011/8/12/art_3906_175835.html,访问日期:2019年9月1日。
⑤ 林东茂:《重利罪的构成要件》,载《刑事法杂志》1995年第5期。
⑥ 《宣称3% 实际6%,部分银行消费贷分期手续费现"套路"》,载https://new.qq.com/omn/20190913/20190913A005A400.html,访问日期:2019年9月13日。
⑦ [俄]尼·布哈林:《食利者政治经济学:奥地利学派的价值和利润理论》,郭连成译,商务印书馆2002年版,第16页。

这种盲目、短视的思维定式不仅影响市场经济领域公序良俗的安定,^① 亦不利于公民正确财富观的培养。高利贷的过度蔓延已成为影响社会稳定的突出问题,尤其容易诱发并伴随涉黑、涉恶等严重刑事犯罪,^② 也是滋生非法吸收公众存款、集资诈骗等涉众型经济犯罪的温床,对金融秩序的稳定、社会秩序的安宁都带来了严重影响。若仅着眼于单纯攫取重利,则以刑罚之恶害规制高利借贷之害尚存是否符合比例原则的疑虑,然而当高利借贷之害已经现实威胁到个人安全、金融安全乃至社会安宁时,有关刑法介入干预利弊得失的疑虑就不再成为问题。

三、维护法律权威的考量

反对高利贷行为入刑规制论者,多将对高利贷行为的有效管理寄望于"非刑事法律、社会管理创新对社会的调节功能",^③ 认为只需通过民事和行政手段即足以有效管控高利贷行为。然而,这种观点显然高估了民事和行政法律手段所能起到的调控作用。从民事法律角度观察,相当一部分受高利贷剥削的借贷人通常都不善于或不愿意通过民事法律途径维护自身合法权益,而根据"谁主张谁举证"的民事诉讼举证责任分配规则,证明放贷人从事高利贷行为的举证责任在借贷人一方,而收集相关证据对当事人的举证能力和时间投入都有着较高的要求。如果诉讼失利,当事人还需承担相应的诉讼费用,也进一步削弱了民事法律手段对受高利贷剥削一方的实际保护效果。从行政法律角度审视,自上世纪80年代以来,国务院、人民银行相继出台了《国务院批转中国农业银行关于农村借贷问题的报告的通知》《关于取缔私人钱庄的通知》《非法金融机构和非法金融业务活动取缔办法》《关于公民以高利贷形式向社会不特定对象出借资金行为法律性质问题的批复》以及《关于取缔地下钱庄及打击高利贷行为的通知》等一系列行政规范性文件,^④ 试图以行政手段限制、打击、取缔高利贷行为。然而,由于行政处罚措施仅限于罚款、没收违法所得、没收非法财物、暂扣或者吊销执照等威慑力相对较弱的手段,相关部门在执法活动中也缺少必要的强制执行权限,从当下高利贷在各地的扩张情况来看,行政处罚手段的强制性和严厉性并不足以有效遏制高利贷行为的蔓延势头。

诚如反对高利贷行为入刑论者所认为,刑法在规制高利贷行为问题上要保持足够的谦抑。^⑤ 然而,我们也要认识到,刑法的谦抑必须建立在"能够用其他法律手段调整的违法行为"的基础上。^⑥ 面对民事与行政法律手段调整管控高利贷行

---

① Kindhäuser, a.a.O., S. 106.
② 岳彩申、张晓东主编:《民间高利贷规制的困境与出路:基于高利贷立法经验与中国实践的研究》,法律出版社2014年版,第48页。
③ 刘伟:《论民间高利贷的司法犯罪化的不合理性》,载《法学》2011年第9期。
④ 岳彩申、张晓东主编:《民间高利贷规制的困境与出路:基于高利贷立法经验与中国实践的研究》,法律出版社2014年版,第48页。
⑤ 刘伟:《论民间高利贷的司法犯罪化的不合理性》,载《法学》2011年第9期。
⑥ 莫洪宪、王树茂:《刑法谦抑主义论纲》,载《中国刑事法杂志》2004年第1期。

为效果不甚理想的局面,作为法律体系的最后一道屏障,作为稳定社会秩序的最后调控手段,刑法理应在国家管理规制高利贷行为的体系中承担起应有的角色。而刑事干预手段也因有国家强制力的保障而更显高效,从整个刑事诉讼程序的构造来看,从侦查机关负责调查取证、检察机关负责审查起诉到司法机关负责居中裁判,每一个环节在证据收集能力和程序保障能力上均明显强于由公民个人自行提起的民事诉讼。而刑事处罚的严厉性也绝非民事制裁与行政处罚可比,刑法通过特有的"将一定行为规定为犯罪,通过科处一定刑罚表示此种行为在法律上是不允许的",也借此告诫他人"不得实施该种行为"的评价与规制机能,①宣告高利贷行为的违法性与禁止性的效果,显然也非一般法律规范的效果能及,相比之下更有利于维护国家法律体系的权威。

第四节 高利借贷的刑法规范治理

尽管有论者基于刑法谦抑的应然价值,对高利借贷行为的入罪化存有逾越"民法与刑法的调整范围的界分"的担忧。②然而在实然层面,我们不能忽视的是,尽管刑罚所赖以依存的哲学根基与实践运作都饱受严厉批评,但当下社会对刑罚这种社会控制手段比的依赖度远高于以往任何时代。③事实上,除了对故意杀人、故意伤害、抢劫、强奸等纯粹自然犯的法律规定少有变动外,新设罪名以严密刑事法网是立法者因应社会发展变化的合乎理性的选择。自1997年刑法颁布到刑法修正案(十)出台的二十年间,刑法分则条文共包含的罪名已从422个增加至470个,但在法定刑的设置上,则取消了22个罪名的死刑,占刑法公布时死刑罪名总数的32%,且未在现有法定刑中增加任何相对较重的主刑或附加刑,刑法轻缓化的趋势明显,④这种严而不厉的立法价值取向实际上并不违背刑法谦抑的价值要求。由于刑法所调整和规范的社会关系始终处于变动之中,自然产生了对立法者与司法者准确把握社会形势变化的具体要求,具体表现为及时通过刑事法律规范的新立、修改、废止或者解释加以回应,或严密刑事法网,将现行刑法尚未规定的具有犯罪内涵的不法行为犯罪化,或放宽刑事政策,将现行刑法规定的已不再具有犯罪内涵的行为非犯罪化。⑤围绕高利贷行为的刑法规制问题,也应遵循犯罪化与非犯罪化一体两面、互为补充的思路,使两者有效互补却又不至偏废失衡,方能在管控高利贷行为上取得事半功倍的成效。具体分析如下:

---

① [日]大谷实:《刑法讲义总论》,黎宏译,中国人民大学出版社2008年版,第6-7页。
② 邱兴隆:《民间高利贷的泛刑法分析》,载《现代法学》2012第1期。
③ Herbert L. Packer, *The Limits of the Criminal Sanction*, Stanford: Stanford University Press, 1968, p.364.
④ 夏勇、尉立坤:《对我国刑法修正案内容的基本研究》,载《人民检察》2018年第1期。
⑤ 梁根林:《刑事法网:扩张与限缩》,法律出版社2005年版,第3页。

一、刑法规制的积极层面：特定高利贷行为的犯罪化

如前文所言，高利借贷行为的司法犯罪化只能作为过渡时期的应急之用，为实现对于高利借贷的系统性、规范性治理，必须求助于刑事立法，通过立法犯罪化将高利借贷行为纳入刑法的管控体系。或许部分意见会认为立法犯罪化有违刑法的谦抑精神，但我们所不能否认的是，刑事法网的扩张与限缩始终处于一个动态调整过程中，这种动态调整的过程又与一时一地的政治、社会、经济、文化等多方面因素相适应。除了杀人、抢劫、强奸、盗窃一类构成对人类"怜悯和正直两种基本利他情感伤害"的自然犯，① 亦有相当部分的犯罪本质上属于国家基于社会治理需要所设置的法定犯，缺乏社会伦理基础尤其是缺乏绝对的社会伦理基础，本身具有较强的功利性色彩。② 从前文对高利贷行为是否入刑的分歧以及当前高利贷行为的蔓延情况看来，高利贷犯罪明显隶属于法定犯的范畴，系国家为实现保护个人契约与财产自由、维护金融管理秩序的重大法益的管制目的所设，其本身并不具有浓厚的违反道德伦理色彩。不妨通过刑事立法增设"高利借贷"这一罪名，规定对"利用他人弱势情形而建立借贷关系，并收取明显不合理的高额利息，情节严重的"行为处以一定之刑罚。本罪的构成要件应当具备较强的可操作性，并且罪名的函摄范围也必须有明确的界限，以能够实现国家管制目的为已足。在《非法放贷意见》初步构造的高利借贷犯罪轮廓的基础上，试对本罪的构成要件具体展开分析如下：

（一）犯罪基本构成

1. 利用借贷人的弱势情形

认定借贷行为是否构成高利借贷罪，首先要存在行为人利用借贷人的弱势情形，与其订立附加不合理高额利率的贷款契约，以此获取财产上的不当利益，这不仅可以减少高利贷行为入刑对正常民间借贷活动的冲击，也可以表明行为人的主观上明知借贷人处于弱势情形却乘人之危故意加以利用的恶意，借以表明处罚高利贷行为在伦理上的妥适性。借贷人的弱势情形包括急迫、轻率与无经验。③ 所谓的"急迫"，系指借贷人因故急需金钱或其他物品，④ 但此处的"急迫"情形并不要求达到危及借贷人生存的程度。⑤ 借贷人因为面临经济上的巨大压力，陷入"明知不可为而为之"的困窘之中，在别无选择的情况下无奈接受了对自身极其不利的高额利息负担。造成这种困窘的原因，可能是企业经营不善或者需要扩大生产，在短时间内急需资金周转，也可能是为了获得危重病人的医疗费用，或为了筹措子女的学杂费，或为了偿还旧债而不得已重新举债，只要基于社会通念能够认定足以造成借

---

① ［意］加罗法洛：《犯罪学》，耿伟、王新译，中国大百科全书出版社1995年版，第44页。
② 孙万怀：《法定犯拓展与刑法理论取代》，载《政治与法律》2008年第12期。
③ 林东茂：《重利罪的构成要件》，载《刑事法杂志》1995年第5期。
④ 林山田：《刑法各罪论》（上册），北京大学出版社2012年版，第347页。
⑤ Heine, in Schönke/Schröde, 28. Aufl., 2010, §291, Rdn. 23.

贷人财务状况上的窘迫即可。

所谓的"轻率",系指借贷人"未能慎重考虑而草率地遽下决定"。① 然而,此处的"轻率"作为可能引起刑事处罚的前提条件,应当要依照法条本义与保护目的作严格的限缩解释。申言之,作为本罪构成要件的"轻率",必然不能等同于一般意义上的"轻率",即"言行随便、不慎重"之意,② 因为作为具有正常认知与判断能力的个体,应当为自己基于自主的行为自我负责,即便这种行为是基于轻率欠妥的决定而做出,否则就难以保证经济交往活动的可预测性与安定性。对于"轻率"函摄范围的限制,可以考虑参照德国刑法第291条"重利罪"条文的相关规定,以借贷人"缺乏判断能力"或"严重的意志薄弱"作为构成"轻率"的限定条件。前者指向一种无法依靠经验弥补的、使借贷人无法理性判断自己行为可能造成后果的明显的心智缺陷,后者则表明一种抵抗能力显著降低的状态,可以由毒瘾、酒瘾或者赌瘾引发,原因是先天固有还是后天所致则在所不问,③ 严重意志薄弱的借贷人并未失去对利害关系的判断能力,但由于个人意志受自身瘾癖所左右而无法作出合理的选择。只有由上述情况所导致的高利举债行为,才可认定为刑法意义上的"轻率"行为,这就可以排除因借贷人的恣意而构成轻率的情形,从而避免放贷人因他人不当行为而无端获罪受罚。

所谓的"无经验",系指借贷人"无借贷的经验,未能分辨借贷的利害关系"。④ 此处的"无经验"并非通常意义上的"不谙世事",而是特指借贷人由于对交易缺乏认知与生活经验不足而产生的个人特性,这一特性使得借贷人与一般人相比在经济活动中处于不利地位。这种"无经验"状态必须在借贷人中普遍存在,或者涉及人为活动的部分领域,也即对于经济事务的不熟悉,并且造成借贷人正确判断生活关系的能力受限,例如对于借贷利率的计算基准、计算方式、违约责任等涉及借贷人具体利益与负担的内容缺乏明确的认知。如果仅仅是不清楚所要完成的交易行为的意义,或者缺乏相关领域的具体知识的,则不能认为属于"无经验"范畴,⑤ 因为个体间的差异使得交易中难免或多或少存在认知能力上的不对等,如果将所有的不对等情况一概认定为"无经验",则将导致这一概念的滥用。判断借贷人的情况是否构成"无经验",仍应以一般人的认知可能为标准,只有在借贷人的认知能力显著低于一般人的情况下,方才属于刑法意义上的"无经验"。

2. 收取明显不合理的高额利息

高利借贷罪在客观方面表现为"行为人出借贷款并收取明显不合理的高额利息"。在认定"明显不合理的高额利息"的问题上,德国学说和实务均将同期信贷机构分期借贷的"重点利率"作为参考标准,这一标准系根据信贷机构的分期借贷

---

① 林山田:《刑法各罪论》(上册),北京大学出版社2012年版,第347页。
② 夏征农、陈至立主编:《辞海》,上海辞书出版社2009年版,第1828页。
③ Heine, a.a.O., § 291, Rdn. 26ff.
④ 林山田:《刑法各罪论》(上册),北京大学出版社2012年版,第347页。
⑤ Heine, a.a.O., § 291, Rdn. 25.

的年平均利率所得出,并由德国联邦银行统一公布。若借贷实际年利率超过该重点利率100%以上,就会被认为是明显不合理的重利。对于实际年利率的计算,应当综合借贷数额、贷款期限、利息、分期偿还数额,以及成本(例如债务保险)等因素进行考量。① 另有以实际年利率30%作为刚性标准,只要达到或者超过这一标准就会被视为明显不当重利。②

若增设高利借贷罪,亦可采纳德国的实践经验,在法条中概括性地规定"收取明显不合理的高额利息",同时根据金融借贷市场实际情况,在总结审判实践经验的基础上,以司法解释的形式明确"明显不合理的高额利息"的具体标准。依据司法实践与惯例,可以参照最高人民法院最新出台的《民间借贷规定》与《非法放贷意见》的精神,将"年利率超过36%"的硬性规定作为认定"明显不合理的高额利息"的统一标准。当然,考虑到经济形势的发展与交易习惯的改变,在认定"明显不合理的高额利息"的标准问题上,也可考虑德国实务的"重点利率"模式,亦即以新《规定》生效前适用的《关于人民法院审理借贷案件的若干意见》的有关规定,以"银行同类贷款利率的四倍"作为备选标准。③ 以有效应对金融市场将来可能出现的新情况或者变化。

3. 情节严重

由于国家创设刑罚是为"保护法益并维持法秩序"所必需,④ 且刑罚本身又是一种具有相当严厉性的恶害,因此,在确定要动用刑罚加以规制的行为的范围和程度的问题上,所持的态度应当慎之又慎。鉴于高利贷行为在我国金融领域的蔓延势头,仅以"利用被害人的弱势情形"与"收取明显不当高额利息"为要件,并不足以限缩本条罪名的干预范围,故建议将本罪设置为情节犯,除符合以上两个构成要件外,尚需"情节严重"方可考虑入罪处罚,考虑罪行严重程度与刑罚严厉程度的协调,还应设立"情节特别严重"一档,作为加重处罚情节,具体包括:

(1)涉案数额巨大

由于高利借贷罪不仅侵害了个人契约自由与财产安全,还对国家金融管理的正常秩序造成了冲击,因此必须确定合理的入罪数额标准,以准确反映本罪的社会危害性。考虑到当前民间借贷数额普遍较大的实际情况,对于高利借贷罪的入罪数额,应当参照《非法放贷意见》的规定,⑤ 根据自然人与单位两类不同主体,根据放贷数额或获利数额设定"数额巨大"与"数额特别巨大"两档数额标准,其中:个人放贷数额累计在200万元以上的,单位放贷数额累计在1000万元以上的或个人

---

① Klaus Tiedemann, a.a.O., §6, S. 109.
② Heine, a.a.O., §291, Rdn. 16.
③ 《最高人民法院印发〈关于人民法院审理借贷案件的若干意见〉的通知》,http://www.chinacourt.org/law/detail/1991/08/id/13302.shtml,访问日期:2019年10月22日。
④ 林山田:《刑罚学》,台湾商务印书馆股份有限公司1992年版,第117页。
⑤ 最高人民法院、最高人民检察院、公安部、司法部《关于办理非法放贷刑事案件若干问题的意见》,载http://www.xinhuanet.com/legal/2019-10/21/c_1210320230.htm,访问日期:2019年10月22日。

获利数额累计在 80 万元以上的,单位获利数额累计在 400 万元以上即符合"数额巨大",属于"情节严重";个人放贷数额累计在 1000 万元以上的,单位放贷数额累计在 5000 万元以上的或个人获利数额累计在 400 万元以上的,单位获利数额累计在 2000 万元以上的则符合"数额特别巨大",属于"情节特别严重"。

（2）借贷人数众多

高利借贷罪本质上可以归入涉众型经济犯罪的范畴,这一类型犯罪由于涉案金额数量之大与牵涉人群规模之广,对于现有的金融管理秩序的造成了严重的冲击。因此,除了可以将放贷数额作为本罪的参照标准外,还可以将高利贷行为涉及人数规模作为评判依据,其标准依然可以借鉴《非法放贷意见》的规定,① 即当放贷金额尚未达到"数额巨大"或"数额特别巨大"的标准时,个人非法放贷对象累计在 50 人以上的,单位非法放贷对象累计在 150 人以上的,依然属于"情节严重",可以定罪处刑;个人非法放贷对象累计在 250 人以上的,单位非法放贷对象累计在 750 人以上的,则属于"情节特别严重",应当依法加重处罚。

（3）套取贷款进行转贷

凡是用以借贷牟取非法收入为目的而取得金融机构贷款的,均属于套取金融机构贷款。② 套取贷款进行转贷者滥用个人信用从金融机构套取低息贷款,再通过高利借贷赚取不合理的利差,③ 不仅违背了诚实信用原则的基本要求,并且严重扰乱了现有金融管理秩序,其危害性比单纯套取金融机构贷款更为严重,也更具有以刑法加以取缔的必要。若设置套取贷款进行转贷的情节,则将导致高利借贷罪与原有的高利转贷罪之间存在法条竞合关系,从刑法谦抑的角度考虑,建议在日后的立法中考虑废除高利转贷罪,将该罪名吸收为高利借贷罪的加重情节,对不符合高利借贷行为的其他类型转贷行为,如符合骗取贷款罪的构成要件的,可以就低以骗取贷款罪定罪处罚,若行为危害不大的没有造成银行方面损失的,则可以基于刑法谦抑的考量,采取行政处罚等相对温和的非刑事处罚手段予以规制。

（4）使用暴力逼索债务

实践中高利贷放贷人使用暴力或者以暴力相威胁,逼迫借贷人偿贷付息的情况并不鲜见。从行为本身的样态与行为可能造成的后果来看,这两种情形都具有相当程度的危害性,使用暴力手段的过程中容易造成借贷人人身伤亡等严重后果。由于以使用暴力相威胁对借贷人人身安全急迫程度明显低于使用暴力的情形,且言语威胁的证据较不容易固定,因此考虑选择以使用暴力手段索要债务作为入罪条件。此处使用暴力的仅限于造成轻伤以下的后果,如果暴力索债行为造成借贷人或其密切关系人轻伤以上后果,甚至无节制使用暴力导致债务人或其近亲属、密

---

① 最高人民法院、最高人民检察院、公安部、司法部《关于办理非法放贷刑事案件若干问题的意见》,载 http://www.xinhuanet.com/legal/2019-10/21/c_1210320230.htm,访问日期:2019 年 10 月 22 日。
② 张明楷:《刑法学》,法律出版社 2016 年版,第 776 页。
③ 黎宏:《刑法学》,法律出版社 2012 年版,第 543 页。

切关系人死亡的,则当以本罪与故意伤害罪或故意杀人罪数罪并罚。与此同时,一些"准暴力"行为同样会对债务人或其近亲属、密切关系人的生活安宁造成困扰,基于行为等价性的考量,仍可援用《非法放贷意见》的规定,① 即纠集、指使、雇佣他人采用滋扰、纠缠、哄闹、聚众造势等手段强行索要债务,尚不单独构成犯罪,但实施高利借贷行为已构成犯罪的,应当按照高利借贷罪的规定酌情从重处罚。

（5）造成其他严重后果

与分则其他罪名的规定一样,"造成其他严重后果"系本罪的兜底条款,用于补充上述列举未尽的具有严重危害性的情形,例如因催讨债务造成借贷人本人及其近亲属、密切关系人自杀、精神失常,或因高利借贷行为造成借贷人重大经济损失等情形。"造成其他严重后果"的具体内容,需留待刑事司法机关在实践中进一步归纳总结后再予以明确。

（二）刑罚处遇措施

由于在民间金融市场活动中,不乏以担保公司、典当行等组织形式发放高利贷的情形,因此应当规定单位可以作为本罪的主体,对于构成单位犯罪的,分别对单位与相关责任人员进行处罚。又因本罪属于贪利型犯罪,行为人放贷目的在于攫取高额利息,因此对其刑罚设置应以自由刑为主刑,在附加刑上则应着重体现财产刑的剥夺犯罪所得的惩罚作用。由于本罪与其他严重刑事犯罪相比,社会危害性明显轻微,故可将本罪基本犯即"情节严重"归入轻罪范畴,设置三年以下有期徒刑或者拘役为主刑,对于本罪的加重犯即"情节特别严重"可考虑设置三年以上十年以下有期徒刑,实现罪责与刑罚的均衡,同时可并处罚金、没收财产等附加刑,若有进一步防止再犯的需要,还可辅以从业禁止等非刑罚处罚措施,以剥夺行为人的犯罪所得,并消除其再犯能力。

（三）罪数认定问题

1. 本罪与非法经营罪

由于刑法中未专门规定关于高利借贷行为的罪名,当前司法实践针对高利借贷行为入罪处理的尝试,均是以非法经营罪这一口袋罪名加以定罪处罚的,然而这种处理方式却在学界与实务界招来不小的争议。基于避免非法经营罪成为投机倒把罪翻版的考虑,有学者主张对于非法经营罪第（四）项所规定的"从事其他非法经营活动,扰乱市场秩序,情节严重的行为"的兜底条款,应当严格比照前三项所规定的"未经许可经营法律、行政法规规定的专营、专卖物品或其他限制买卖的物品的"、"买卖进出口许可证、进出口原产地证明以及其他法律、行政法规规定的经营许可证或者批准文件"及"未经国家有关主管部门批准,非法经营证券、期货或者保险业务,或者非法从事资金结算业务"的行为的性质,本着刑法谦抑精神的要

---

① 最高人民法院、最高人民检察院、公安部、司法部《关于办理非法放贷刑事案件若干问题的意见》,载http://www.xinhuanet.com//legal/2019-10/21/c_1210320230.htm,访问日期:2019年10月22日。

求,进行严格的限缩解释,只有在"其他行政、民事法规无法进行有效规制"的场合方可适用。① 然而在司法实践中,对于非法经营罪的适用却呈现出"由刑法典中的未经许可经营专营专卖物品或买卖进出口许可证、批文,或至少是与此性质相当的行为,经过行政法规、司法解释的扩张,一步步扩展成为一个几乎没有限制的罪名"的趋势,② 高利借贷行为入罪的相关案例也在此之列,以相关行政部门的答复、回函甚至是内部规定作为争议罪名的适用依据,③ 非但不能起到定争止分的作用,反而可能招来更多的争议。对此,最高人民法院已在2012年12月26日《关于被告人何伟光、张勇泉等非法经营案的批复》[(2012)刑他字第136号]中明确指出,高利借贷行为虽有一定社会危害性,但由于立法解释与司法解释尚无明确规定,故"不宜以非法经营罪定罪处罚"。④ 在高利借贷行为立法犯罪化的情况下,基于罪刑法定原则的要求,只能适用高利借贷罪一罪定罪处罚,而不能再沿用过往以非法经营罪入罪的司法犯罪化的途径。

2. 本罪与高利转贷罪

如前文所述,高利借贷罪与高利转贷罪存在法条竞合关系,且高利转贷作为高利贷行为的一种情形并无不妥,应被后者所吸收。高利借贷罪与非法经营罪之间同样存在法条竞合关系,司法实践中也存在以非法经营罪处罚高利贷行为的判例,⑤ 从非法经营罪"扰乱市场秩序"的罪状表述上看,高利贷行为所侵犯的"金融管理秩序"亦能为"市场秩序"的外延所涵括,以本罪处罚高利贷行为未尝不可。然而,由于非法经营罪本属"破坏社会主义经济秩序罪"一章的兜底罪名,需要以行政解释或认定内容填补其本身的空白罪状,而这种将行为的行政不法属性直接上升为刑事追诉标准的处理方法,显然与罪刑法定原则的要求有所抵触。⑥ 由于高利借贷罪不仅扰乱市场秩序,其自身还包含非法经营罪所不具备的进一步的特别特征,其与非法经营罪之间是一种特别法与普通法的竞合关系,应当根据特别法优于普通法的原则优先适用本罪。需要注意的是,基于刑法谦抑的考量,对于尚不构成本罪的高利贷行为,不宜再以非法经营罪论罪处罚,否则就有可能违反"禁止重

---

① 黄寒:《罪刑法定主义视野中的空白罪状——以刑法第225条第4项为例》,载《中国刑事法杂志》,2006年第3期。
② 刘伟:《论民间高利贷的司法犯罪化的不合理性》,载《法学》2011年第9期。
③ 关于援引行政机关内部标准作为司法解释与裁判依据的典型争议事例,还可以见涉枪犯罪中的枪支认定标准,在公安机关将非制式枪支认定标准从枪口比动能在16焦耳/平方厘米左右[《公安机关涉案枪支弹药性能鉴定工作规定》(公通字[2001]68号)]下修至枪口比动能大于等于1.8焦耳/平方厘米(公通字[2010]67号)后,司法机关以此作为认定非制式枪支是否属于刑法意义上的枪支的标准,此后出现的福建刘大蔚走私武器案、天津赵春华非法持有枪支案等一批争议性案例所反映出的罪刑失衡问题,引发了社会舆论的关注与热议,在最高人民法院、最高人民检察院联合发布《关于涉以压缩气体为动力的枪支、气枪铅弹刑事案件定罪量刑问题的批复》(法释[2018]8号),明确要求对以压缩气体为动力的枪支是否构成犯罪应当"综合评估社会危害性,坚持主客观相统一,确保罪责刑相适应"之后,这一问题才逐步有所改观。
④ 刘志伟主编:《刑法规范总整理》,法律出版社2016年版,第497页。
⑤ 邱兴隆:《民间高利贷的泛刑法分析》,载《现代法学》2012第1期。
⑥ 龚振军:《民间高利贷入罪的合理性及路径探讨》,载《政治与法律》2012年第5期。

复评价"原则的要求。

3. 本罪与诈骗罪

高利借贷放贷者为了达到攫取高额利息的目的，通常不会清楚明白地将借贷背后的利害关系晓以借贷者，而是往往以"无抵押""低息""当日放款"为饵，吸引在校学生、职场新人等涉世未深的潜在被害人的注意。在签订及履行借贷合同过程中，则是极尽虚构事实、隐瞒真相之能，通过提供"虚假、阴阳借款合同"等明显对被害人不利的各类合同，之后通过"制造资金走账流水""肆意认定违约""转单平账"等方式"强立债权"、"虚增债务"，诱骗被害人一步一步掉入借贷陷阱，进而向被害人索取"虚高借款"，[①] 此即为颇受社会痛恨的"套路贷""培训贷""美容贷"等高利借贷的变种模式。综观此类高利借贷的变种模式，我们不难发现，放贷者在诱使借贷者订立借贷合同直至索取高额借贷利息的过程大致可以归结为：放贷人在宣传、缔约、履约过程中实施欺骗行为——借贷人因为放贷人的欺骗性为产生错误认识——借贷人基于错误认识与放贷人缔约、承担不合理债务——放贷人借此获取暴利——借贷人因此遭受财产损失，完全符合诈骗罪的经典构造，其中的欺骗手段之恶甚至超过了高额取息之恶，且欺骗手段与高利取息结果之间不存在类型性关联，[②] 不宜以牵连犯进行处断，而是应当对放贷者的行为不法进行全面评价，以诈骗罪与高利借贷罪数罪并罚。

4. 本罪与其他犯罪

除了上文着墨讨论三种罪名之外，由于高利借贷不受法律保护，放贷者为讨回本金、攫取利息，不可避免地要借助自力途径强行索债，这些自力手段往往又会牵涉实施故意杀人、故意伤害、非法拘禁、故意毁坏财物、寻衅滋事罪名，对此的处理完全可以遵循《非法放贷意见》的既有规定，即实施上述行为，构成犯罪的，应当数罪并罚；有组织地高利放贷，同时又有其他违法犯罪活动，符合黑社会性质组织或者恶势力、恶势力犯罪集团认定标准的，应当分别按照黑社会性质组织或者恶势力、恶势力犯罪集团侦查、起诉、审判。[③]

二、刑法规制的消极层面：涉高利贷纠纷经济犯罪的除罪化

刑罚如两刃之剑，用之不得其当，则国家与个人两受其害。[④] 治理民间高利贷问题不可一味求于通过刑罚的恶害加以干预，而是应当因势利导综合施策。民间高利贷饱受诟病的重要原因，在于其容易诱发各类刑事犯罪，尤其容易伴生非法吸

[①] 李永升、李可瑄：《"套路贷"中"软暴力"行为的司法规制分析》，载《人民法院报》2019年4月18日第006版。

[②] 牵连犯认定中的类型说认为，只有当某种手段通常用于实施某种犯罪，或者某种原因行为通常导致某种结果行为时，才可以将其认定牵连犯，参见张明楷：《刑法学》，法律出版社2016年版，第490页。

[③] 最高人民法院、最高人民检察院、公安部、司法部《关于办理非法放贷刑事案件若干问题的意见》，载http://www.xinhuanet.com//legal/2019-10/21/c_1210320230.htm，访问日期：2019年10月22日。

[④] 林山田：《刑罚学》，台湾商务印书馆股份有限公司1992年版，第126页。

收公众存款、集资诈骗罪等涉众型经济犯罪,此类犯罪受害人数量众多、涉及社会层面宽、隐蔽性强且手段复杂多变,具有严重的社会危害性。[①]然而,由于高利贷因素掺入其中,使此类涉众型经济犯罪的面貌显得更加扑朔迷离,二者间甚至存在一种相伴相生、互为表里的关系,从治理涉众型经济犯罪入手解决高利贷问题的方法,或许能够提供不一样的视角与方法。

(一)非法集资犯罪的本质:由个人法益所衍生的超个人法益

古典自由主义将政府定义为民众与社会的守夜人,并将其只能限定为以下三类,即"保护社会,使其不受其他独立社会的扰害侵犯""尽其所能,保护社会上各个人,使不受社会上任何其他个人的虐待压迫"与"建设或维持一定的公共土木事业及一定的公共设施"。[②]受古典自由主义学说的影响,费尔巴哈提出了权利侵害说,将犯罪的本质视为"对他人权利的侵害",[③]而国家的目的则在于"保障个人可以完全行使自己的权力,保护各人的权利不受侵害"。[④]后来的法益侵害说虽对权利侵害说有诸多批判与修正,但都不能完全否认权利侵害说作为其学说发展的滥觞。[⑤]以至于有观点认为,法益的原始意义应当限于"刑法上所谓的个人法益",也即"生命、身体、财产、名誉、自由等的法益",这些法益攸关我们的生活苦乐,因而具备当然的正当性,而包括国家法益、社会法益在内的超个人法益,则属于所谓"技术意义的法益",对这类法益的保护必须"能还原为个人法益的保护",方能摆脱冰冷法律用语的形象而获得正当性。

具体审视非法集资类犯罪(主要包括非法吸收公众存款罪与集资诈骗罪两项罪名),此类罪名所要保护的金融管理秩序虽为超个人法益,但行为人客观行为皆表现为吸收闲散资金,只是由于其在融资过程中管理不善或者侵吞资金而造成相对人损失,[⑥]且由于集资对象涉及不特定多数主体,造成总体资金损失数额较大、社会影响范围较广,通过资金数额和影响范围的集合,在客观上造成了对于现行金融管理秩序的侵犯,概而言之,金融管理秩序即不特定多数人的资金财产安全的集合所衍生的法益。正如上文所言,但金融管理秩序这种技术性的超个人法益,必须还原为具体财产损失的个人法益才能具备正当性基础。在此不妨大胆类推,如果行为人能够有效赔偿兑付,及时弥补被害人损失或至少达成还款谅解的合意,其对集资相对人个人法益的损害的填补,或许足以消弭或者减少其行为对金融管理秩

---

① 贺电、陈祥民、姜万国:《涉众型经济犯罪研究》,中国人民公安大学出版社2012年版,第13-17页。
② [英]亚当·斯密:《国富论》(下卷),郭大力,王亚南译,译林出版社2011年版,第240页。
③ 张明楷:《法益初论》,中国政法大学出版社2003年版,第9页。
④ [日]庄子邦雄:《近代刑法思想史序说——费尔巴哈与刑法思想的近代化》,有斐阁1957年版,第50页以下,转引自张明楷:《法益初论》,中国政法大学出版社2003年版,第9页。
⑤ [日]伊东研佑:《法益概念史研究》,秦一禾译,中国人民大学出版社2014年版,第13页。
⑥ 笔者从与相关职能部门的座谈中得知,非法资金类犯罪案件多是由于集资人资金管理不善或不法侵吞融资后,由于资金无法正常兑付造成群众举报而案发,金融网贷案件中所谓的"爆雷"就是其中情形之一。

序的破坏的不法。

(二)并不单纯的犯罪侵害:高利贷伴生犯罪的互动性

一直以来,在我们的刻板印象中,犯罪总表现为卑劣的犯罪人对无辜的被害人施加侵害行为的固有图谱,犯罪人多以积极、主动的侵害者形象出现,而被害人多被视作消极、被动的被侵害对象。在传统观点看来,行为人的罪过恰恰证成了被害人的无辜。事实上,将被害人视为完全无辜的观点有着相当长的历史渊源,这种渊源明显早于法律体系而存在。在不同的文化领域中,被害人的概念与宗教上的牺牲存在着紧密联系。根据圣经《旧约·创世纪》中的记载,亚伯拉罕面对上帝的考验,为了表明自己对上帝的忠心与服从,已经准备把自己无辜的儿子以撒投入烈火,作为牺牲品献祭给上帝。[1] 而大部分的闪米特语、日耳曼语、罗曼语以及斯拉夫语族体系中,对于作为宗教牺牲品以及作为犯罪对象的被害人都有着相同的词汇表述,这种一致性源于我们二元的世界观,即这个世界是划分为罪恶与无辜两个不同类型的。[2] 作为宗教牺牲品的被害人必须是纯洁的,不能存有任何瑕疵,而这种观念也影响到当今观念对犯罪被害人的评价。

虽然大多数的犯罪都遵循"犯罪人+被害人"的经典构造,但从刑法对于这种犯罪人与被害人的关系的表述来看,多过于机械化、单向化、扁平化。例如,财产遭受损失、身体机能完整性受到侵害等等,这些类型化的描述所体现的都是犯罪人单方面对被害人的所作所为,而被害人则被符号化、抽象化为精密的犯罪构成的要件之一,即犯罪所侵害的对象。被害人在犯罪发生之前到底说了什么做了什么,是否是诱发或者激化犯罪的重要因素?犯罪人与被害人在犯罪行为发生的过程中各自的角色是什么?应当如何评价他们在犯罪过程中的参与互动,并且应当如何就产生的损害结果进行归责?犯罪人是否永远都只存在单方的罪责,还是他的责任要根据被害人的行为来确定?对于以上问题,传统的刑法教义学显然未将关注焦点过多投射于此。

从我们的惯常思维到法条的文字表述,通常只是将犯罪定义为犯罪人对被害人所施加的侵害,然而犯罪过程中犯罪人与被害人之间的关系远比我们想象的要复杂。事实经验告诉我们,犯罪者与被害人之间的关系远比法条所描述的情况要来的复杂。在现实生活中,个体之间的交集无处不在,或能够相互吸引,或导致相互排斥,甚至引发矛盾冲突,而犯罪正是一种极端的矛盾表现形式。然而,刑法则重点关注犯罪行为本身,并通过划分行为实施者与行为承受者这种外部标准将犯罪人与被害人加以区别,而如果从社会学与心理学意义上来看,被害人完全可能在产生犯罪的因果链上承担着决定性作用,法律所设定的犯罪人与被害人的界分有

---

[1] New World Bible Translation Committee, *New World Translation of the Holy Scriptures*, Watchtower Bible and Tract Society of New York, INC., 1984, p. 31.

[2] Vera Bergelson, *Victims' Rights and Victims' Rights: Comparative Liability in Criminal Law*, Stanford: Stanford University Press, 2009, p. 1.

可能完全被颠覆。在被害人学的观察看来,是被害人影响并塑造了犯罪人,抛开被害人而割裂地研究犯罪人,就如同只提及食肉动物的习惯和特性,而不考虑其赖以为生的作为被捕食对象的其他动物一样,既不够准确而又失之片面,因为他们彼此间是一种互为成就的关系。① 在如何认识犯罪的问题上,人们往往习惯从犯罪行为或犯罪人的单向视角出发看待犯罪问题,却容易忽略被害人在犯罪过程中所扮演的角色,仅仅将其视为完全无辜的、单纯受害的一方对待。犯罪在本质上体现为一种加害人与被害人之间的互动关系,② 而正是在犯罪人与被害人的这种互动中促成了侵害结果的发生,区分加害方与被害方在互动中所起的作用,有助于准确评价双方对于发生犯罪所应承担的责任。

在以诈骗类犯罪为典型代表的犯罪互动中,被害人是在与犯罪人存在着相当密切的沟通的情况下受到的侵害,犯罪人既未直接施加暴力公然夺取财物,也未采取扒窃等非接触性手段秘密获取被害人财物,而是被害人在有机会但没有有效运用自身判断力的情况下"自愿"向犯罪人交付了财物而遭受到侵害,是在一定程度上对犯罪侵害的"积极"服从。③ 申言之,在诈骗类犯罪中,犯罪人虚构事实、隐瞒真相的欺骗行为并非被害人遭受财产损失的充分条件,犯罪能否既遂取决于被害人是否以积极的财产处分行为对犯罪人所虚构的事实作出回应。无论犯罪人的骗术有多么精巧,没有被害人主动交付财物就难以得逞,而不论犯罪人的布局有多么拙劣,只要被害人信以为真并处分财物就构成既遂。在相当数量的涉高利贷诈骗类犯罪中,有相当一部分被害人本就是专业高利借贷的投机客,以其经验和能力不可能不对诈骗事项产生怀疑,但却因为自身贪婪逐利和投机心理的驱使,自信认为能够及时抽离资金并全身而退,最终导致遭受财产损失。从这一视角分析,犯罪人的欺诈行为与被害人交付财物结果之间的关联就是一种重大的偏离,是一种反常的因果历程,④ 犯罪人的欺诈行为与被害人的财产损失之间是否具有因果关联高度存疑。甚至在一定程度上可以认为,已对欺诈行为存疑却仍主动处分财物的被害人应对自身所遭受的财产损失负有责任,而被害人所呈现的也绝非消极被动、无辜遭受侵害的形象。

(三)并非无辜的"被害人":基于被害人信条学的判断

典型意义上的诈骗犯罪,系被害人在犯罪人的引诱下所实施的财产利益上的自损行为。刑法之所以处罚诈骗犯罪,乃是由于犯罪人所实施的欺诈行为是造成被害人陷入认识错误,以致进一步处分财产导致遭受损失,而被害人是否在行为人的诱导下陷入或者维持错误认识,恰恰是判断诈骗犯罪既未遂或者成立与否的关

---

① Hans von Hentig, *The Criminal and His Victim*, Hamden, Conn: Archon Books, 1967. pp. 384-385.
② 白建军:《关系犯罪学》,中国人民大学出版社 2014 年版,第 162 页。
③ 白建军:《关系犯罪学》,中国人民大学出版社 2014 年版,第 171 页。
④ 车浩:《从华南虎照案看诈骗罪中的受害者责任》,载《法学》2008 年第 9 期。

键因素。有学者将诈骗犯罪中被害人的认知状态划分为三种类型,即:①

1. 主观确信。此种情形下的被害人,虽然在客观事实上已经陷入或者维持了错误认识,但却完全没有意识到自身已经陷入认识错误,因为其确信自己已经掌握了与财产处分相关的所有信息,比如基于习惯的决定、基于例行的决定等。

2. 不确定怀疑。此种情形下的被害人,并未查证交易行为基础事实的真实性与完整性,而只是仰赖于交易相对人的善意与诚信。不确定怀疑的产生,可能是基于被害人缺乏交易经验,或者是交易对相对人可信赖度的某种泛泛的不信任。

3. 具体怀疑。此种情形下的被害人,对于交易相对人的怀疑程度已然超过上述不确定怀疑的情形。被害人在其所处的特定情形中,已经对涉及交易的特定的重要事实产生怀疑,例如已发现待交易的二手车内散热器格栅的颜色与车身颜色不一致,对二手车商声称车辆从未发生交通事故的说辞产生怀疑,或者通过其他的信息渠道得知交易相对人不可信赖。

对于产生具体怀疑的被害人,可以期待其相对容易地采取自我保护措施来避免受到财产损失。基于刑法保护的辅助性原则的观点,作为法益保护的最后手段的刑法,对于可能和可胜任自我保护的潜在被害人应当是一种辅助性手段。② 在被害人产生具体怀疑的情况下,由于其具有自我保护的可期待性,但却怠于行使自我保护措施以致遭受损失的,就此欠缺刑法的"需保护性",③ 不能视为诈骗罪所要保护的适格被害人。在有些情况下,犯罪人的演技分明已拙劣得无以复加,旁人一眼就可看穿背后真相,但却仍有人会陷入这些并不高明的骗局。被害人之所以陷入如此拙劣的骗局,或者是由于心智或者教育的原因导致其认知和判断能力确实较常人有所欠缺,对这部分弱势人群给予特别保护是刑法的基本任务,或者是轻易使自己的理性判断屈从于人性的贪婪弱点,置显而易见的高度风险于不顾而遭受损失,对这类贪利而罔顾风险者是否值得如此大费周章加以保护,实则存在不少争议。基于实证研究的支撑,有犯罪学研究者观点鲜明地指出,诈骗罪不能缺少来自被害人的配合,如同在强奸、诱拐、诱奸行为中的被害人个人特质对法律保护需求所起的巨大作用,对于个人生活记录不够检点的女人和轻易陷入但凡有正常心智和警惕的人都不可能上当的骗局中的人,都不值得通过法律予以保护。④ 刑法惩治犯罪的本意在于保护个人免受来自他人的不法侵害,被害人却因贪婪所蒙蔽而疏于防范,使得本不该发生的损害成为现实,从某种程度上说,让懈怠于履行自我保护义务而招致损失的被害人自担其责,这样的观点其实具备相当的合理性。

从涉高利贷犯罪的被害人角度观察,在相当一部分掺杂高利贷因素的集资诈

---

① Raimund Hassemer, Schutzbedürftigkeit des Opfers und Strafrechtsdogmatik, 1981, S. 131 ff.

② Schünemann, Der Strafrechtliche Schutz von Privatgeheimnissen, ZStW 90 (1978), 11 ff., insb. S. 32, 34, 54 ff. 转引自申柳华:《德国刑法被害人信条学研究》,中国人民公安大学出版社 2011 版,第 97 页。

③ RaimundHassemer, a.a.O., S. 95 ff.

④ Hans von Hentig, Remarks on the Interaction of Perpetrator and Victim, *Journal of the American Institute of CriminalLaw and Criminology*, Vol. 31, Issue 3, 1940, p. 307.

骗与非法吸收公众存款等犯罪案件中,被害人原本就是职业高利贷放贷者,用于放贷的资金也大多系非法吸存所得,① 这些职业放贷人多年浸淫地下金融市场,长期从事低息借入高息贷出并从中赚取高额利差的营生,对高息集资行为的风险有着明显超过一般人的感知与判断。况且由于揽资一方开出的利率回报条件已经远远超出了其正常生产经营活动所能带来的利润,从常理判断便可得知高息回报背后潜藏着资金安全的高度风险。然而不少所谓"被害人",在"先上岸先回本先获利"的投机侥幸心理的驱使下,明知集资行为有一定的风险,执意"抱着炸弹击鼓传花",仍心甘情愿地参与高利集资活动,② 由其高度风险的投机行为所导致的经济损失本就应当摊入这类"被害人"的经营风险成本中。与一般意义上的诈骗类犯罪案件相比,这种因为贪欲膨胀招致经济损失的案件,实难反映被害人主观上的清白无辜,自然也难以获得公众支持与同情。

而从涉高利贷犯罪的行为人角度观察,出于维持企业经营目的而高息揽贷者不在少数。在当下"经济快速发展推动的对资本的渴求和现行资金供给体制之间的冲突已经尖锐化和公开化"的特殊时期,③ 由于银行等金融机构基于相对稳妥的风险偏好,在所提供的借贷服务上多是"晴天送伞""雨天收伞",企业在面临资金压力的非常时期,难以从正规融资渠道以合理的利息对价筹措资金,只能求助于高度发达的地下金融市场,通过高利借贷缓解一时资金短缺的燃眉之急,但往往也容易就此背负沉重的债务压力,甚至会有压垮企业的风险。作为企业主,一方面欲通过正常渠道借贷困难重重,另一方面也深知依赖高利贷无异于饮鸩止渴,但是企业的生存和发展又急需资金注入,不少企业选择高利借贷实属无奈。除了个别贪利动机特别明显的行为人外,高利贷伴生犯罪的涉案人员大多是由于经营不善,造成资金链断裂而无法还本付息,在产生债务纠纷后被借贷方举报导致案发,认定此类人主观上具有非法占有目的实为勉强。

对于此类被害人明知具有高度风险,却因贪念而导致遭受财产损失的诈骗类案件的处理,有学者将被害人学的视角引入刑法教义学,逐步产生和发展了注重以被害人刑事需保护性和可保护性作为界定不法的被害人教义学。④ 从刑法谦抑角度考量,所谓需保护性,系指立法者在创设法条时所采纳的作为基础的典型的危险强度,当法益主体(潜在的被害人)具有自我保护的可能性时,即当个案中的具体危险状况高度依赖于被害人自己的决定时,则刑法的运用就是不必要的,而所谓可保护性,也称值得保护性,意指被害人的法益具有保护价值,是值得运用刑法进行保护的,同需保护性一样,需保护性也会因为被害人的不当行为而减少甚至完全消

---

① 《浙江富姐吴英一审死刑 被害人大多系放高利贷者》,http://news.sohu.com/20091219/n269064991.shtml,访问日期:2019 年 9 月 1 日。
② 赵秉志、徐文文:《民营企业家集资诈骗罪:问题与思考》,载《法学杂志》2014 年第 12 期。
③ 《"吴英案"受害人有重大过错?》,http://news.sina.com.cn/o/2012-02-07/040523891346.shtml,访问日期:2019 年 9 月 1 日。
④ 申柳华:《德国刑法被害人信条学研究》,中国人民公安大学出版社 2011 版,第 76-77 页。

除。①基于被害人信条学的观点，认为被害人虽然有通过刑法保护免而受侵害的权利，但同时也应负有自我保护的责任，若被害人在具备自我保护可能性，特别是在法益侵害危险与其是否谨慎履行义务高度关联的情况下，由于其怠于履行责任而招致利益损害的，则不能认定被害人对于损害结果不存在过错，也就不值得国家动用刑法加以保护。因为合理的自我保护可以提供法益的完整性，且如果社会损害只会经由被害人本身放弃自己利益的特定行为而造成，那么在被害人否认自己利益时，将不给予被害人在刑法上的保护，被害人应该在某种程度上放弃他的行为。②对于诈骗类案件，正如有观点指出的那样，"如果人们去信任那些明显拙劣和虚假的骗术，那么刑法就没有保护这种信任的必要"。③以涉高利贷犯罪案件所谓"被害人"的风险判断和风险控制能力，根本不可能轻易陷入高息回报的借贷骗局，此类案件的案发多源于借贷者无法及时还本付息导致债务纠纷升级。对动辄以追究借贷人集资诈骗、非法吸收公众存款的刑事责任相威胁解来决本属民事借贷纠纷的"被害人"，刑法绝不应当为其不合理的利益诉求而背书。

（四）自甘风险的责任承担：基于被害人自我答责的分析

具备独立自主的意志，能够在个人专属领域作出完全自我负责的决定，这一能力将人与自然界单纯之物区分开来。在康德看来，自然界中的任何事物都受到规律的支配，唯独只有人这种具有理性的个体能够依照对于规律的观念行动，这种依观念而为的准则就是我们的意志。④因为人类是能感受到自己不时会面临自我控制困难的个体，对于人类的自主性而言，这就是形成他律的根源。所谓他律，是指人的意志被另外某种东西所迫使，这种东西可以是关切、兴趣、好恶或者欲望，他律使我们以某种方式做出合规律的行动，与此相对立的则是强调个人无条件地服从于自身所制定的普遍法的自律，这种自律是不带任何目的或者个人偏好的。⑤康德极力提倡要重视人的自律性，一个能够自我决定的主体只听从于道德律，并且通过道德律获得个人的自我完善，这样的人才是自主的人，能够在自己的行动领域为自己立法。自我决定使得人可以摆脱欲望、利益、恐惧等各种因素的束缚，让人区别于只受他律影响的自然存在，是人所具有的最可贵的品质。

人的自主性构成了其能够自我答责的基础，作为具备自主性的个体，个人不会被认为是完全受外在条件所左右的。而人的自主性关键，体现在个人的自我决定上，个人通过自我决定就可以实现其个人自由，因为人不是受规律制约而行动，而

---

① 申柳华：《德国刑法被害人信条学研究》，中国人民公安大学出版社2011年版，第263页。
② ［德］Schünemann, Bernd：《刑事不法之体系：以法益概念与被害者学作为总则体系与分则体系间的桥梁》，王玉全、钟豪峰、张姿倩译，载刘幸义等主编：《刑事法之基础界限：洪福增教授纪念专辑》，台湾学林文化事业有限公司2003年版，第139页。
③ 申柳华：《德国刑法被害人信条学研究》，中国人民公安大学出版社2011年版，第338页。
④ ［德］康德：《道德形而上学原理》，苗力田译，上海人民出版社2005年版，第30页。
⑤ ［德］康德：《道德形而上学原理》，苗力田译，上海人民出版社2005年版，第52-53页。

是作为一个理性存在的个体依照其对规律的观念来行动。① 个人在原则上只受自己理性的支配，这种理性是不需要附加任何条件的，也不受任何外界因素的影响，这成为个人对自己行为负责的依据。基于康德的观点，有学者认为，如果对于自由的理解构成了自我答责的基础，那么对于人的自我决定的承认与否就不能由法秩序所决定。② 毋宁说，法秩序本身必须从尊重和保护个人自由的机能上获得理解、建构和追溯。

通常意义上的刑事不法是通过对他人的自由减损表现出来的，一个本应由行为人与被害人相互确保稳定的关系，以及通过法律规范所保障的自由因为行为人一方违反法律而被改变，被害人一方的自由领域也由此受到了侵犯。而自我损害因为未针对人与人之间的关系，并不构成针对被侵害法益的不法。刑法规范所干预的针对个人的不法是对于他人格的侵犯，是对于他人现实的自由的减损。③ 被害人自我答责主要针对的是被害人自我损害与被害人意识到风险的情况下，对导致损害结果行为的参与者责任评价问题。在被害人有意识自我损害的场合，被害人已经意识到其行为所导致的结果会侵害自己个人法益，但这种结果却是其所意欲的，是被害人自己创设了意志、行为与结果之间的统一，④ 由此造成的损害结果在形式上符合某一类型犯罪的构成要件，但因为被害人是自己行动和目的的中心，侵害结果也只是其本人意志的现实化，这就排除了他人参与被害人自损行为不法，如非被害人心智缺陷或自主意志受到外界干扰等特殊原因，所产生的损害结果仅由被害人自己负责。根据诈骗罪的基本构造，行为人的欺骗行为必须使受骗的对方陷入或者继续维持认识错误进而处分财产。⑤ 也就是说，行为人的欺骗行为必须是引起被害人认识错误以及基于错误认识处分财产的原因，否则就至少不宜认定构成诈骗既遂。若诈骗犯罪的被欺骗对象识破了骗局，并未陷入行为人所设想的认识错误，例如资金困窘的企业主编造高额回报的承诺向家族成员募集资金，而其亲属早就清楚其所许诺的回报难以兑现，并不指望借贷人能够按时还本付息，但基于手足之情向其提供资金的，就不宜认定该行为人的虚假许诺行为构成诈骗罪。

在被害人意识到风险的情况下，被害人对于行为可能带来、并且最终发生的损害后果虽然有预见，但是仍然让自己接受这种危险，或者不从这种危险状况中抽身而出。这种情况下，被害人对于危险实现的态度明显不同于在有意识自我损害下的态度，被害人预想到的损害结果并没有作为其目的，被整合进如同在有意识自我损害情形下创设的意识、行为与结果之间的联结，而只是将有意识地进入某种风险的决定所可能带来的损害结果视为一种假设，大部分情况下被害人是信赖损害结

---

① Rainer Zaczyk, Strafrechtliches Unrecht und die Selbstverantwortung des Verletzten, 1993, S. 20.
② Schumann, Strafrechtliches Handlungsunrecht, S. 1, 4 f. in Rainer Zaczyk, a.a.O., S. 22.
③ Rainer Zaczyk, a.a.O., S. 26.
④ Rainer Zaczyk, a.a.O., S. 33.
⑤ 张明楷：《诈骗罪与金融诈骗罪研究》，清华大学出版社 2006 年版，第 86 页。

果不会发生的。① 这种情况下是由被害人自我答责还是由行为人承担责任，则需要进行具体的分析。在有些情况下，法益主体是在他人的共同作用下，特别是在他人的影响下才进入风险中的，法益主体本身并不存在由心智原因或自主意志受到他人高度妨害而产生的可答责性的缺陷，被害人的可答责性仅仅只是受到了妨害，仅能认定为一种程度较轻的可答责性的欠缺。在这种情况下，对自己所要进入的风险的前提条件和作用范围，法益主体在事实上仍具备相应的自我答责能力。②

上述情况所涉及的被害人可答责性的瑕疵，并不存在于法益主体决意形成的本身，而是存在于决意形成的事态中。这样的可答责性的缺失首先必须基于以下事实而产生，即自我危殆者是在迫不得已的情况下实施行为的，或者自我危殆者是在动机错误或者事实错误的情况下实施行为的。有别于"任何人在任何时候都不得忽略的"法益主体的可答责性缺陷，由于存在可答责性欠缺法益主体原则上仍具备答责能力，所以被害人可答责性的缺失并不会始终处于参与者的权责范围内。③ 被害人是否因为行为人的欺骗或者强制而丧失自主性，也即行为人是否存在着决意支配，需要在个案中进行具体考察。但可以肯定的是，如果法益主体因为参与者的欺骗或者妨害，导致产生可答责性的缺失时，只有参与者欺骗或者妨害的程度达到无法期待法益主体能够摆脱时，产生损害结果的责任才可归属于参与者，否则一般不会影响被害人自我答责的适用。④

在涉及高利贷背景的诈骗类案件中，不少被害人原本就是以放高利贷为业，在综合评判借贷人的企业经营状况与所承诺的高额利息对价之后，不可能不对借贷人还本付息的能力产生具体怀疑，被害人此时仍然可以选择放弃向借贷人交付资金，却为了追求高额利润而自主选择承担无法收回资金的风险，本质上就是一种极端的投机对赌行为。当然，行为人可以选择告诉真相来阻止犯罪，但仅限于此，他并不能真正掌控被害人的行为，决定权仍然在被害人手中，被害人的怀疑越具体，决定权就越大，就越能支配犯罪的发展历程。⑤ 这种对风险视若无睹的"被害人"，本可自主选择规避风险，却怠于做出有利于自己的行为决定，在属于自己的权责范围内放任本不该有的法益侵害结果的发生，对于所产生的损害后果自然应由其自行承担责任，刑法断无介入纠纷并加以干预的理由。

（五）涉高利贷经济犯罪的除罪化：高利贷治理手段的逆向思维

刑法乃国家保护法益所使用之最后手段，如果被害人本身可以以适当的手段来保护其法益而任意不用时，则刑法自无介入之余地。⑥ 由于诈骗类犯罪属于需要

---

① Rainer Zaczyk, a.a.O., 1993, S. 50.
② Susanne Walther, Eigenverantwortlichkeit und strafrechtliche Zurechnung, 1991, S. 176.
③ Susanne Walther, a.a.O., S. 180.
④ Susanne Walther, a.a.O., S. 246ff.
⑤ 黎宏、刘军强：《被害人怀疑对诈骗罪认定影响研究》，载《中国刑事法杂志》2015年第6期。
⑥ 林钰雄、王梅英：《从被害者学谈刑法诈欺罪》，载林钰雄主编：《刑事法理论与实践》，台湾学林文化事业有限公司2001版，第165页。

行为人与被害人互动始可完成的交易型犯罪,尤其是在被害人已经对行为人的虚假表示产生怀疑的情况下,如若被害人能进行理性判断与分析,完全可以减少甚至避免财产损失。然而,在客观上存在足够证据支撑,并且被害人主观上也产生怀疑的情况下,因追求高额利息而造成被害人损失的涉众型经济犯罪中,可以认为被害人足以保护自己的财产却未予保护,其行为不同于一般意义上的受欺骗处分财产行为,应当认定为带有一定投机性质的风险行为,欠缺刑法保护的必要性。[①]

当前,国家制刑权在对集资诈骗罪的问题的处置上已有所调整。一方面,已向社会征求意见的《处置非法集资条例》不仅明确了非法集资参与人应当愿赌服输,[②]自行承担因参与非法集资所受损失,并且针对非法集资行为规定了相应的行政处罚措施,[③]将非法集资行为前置于行政规章调整范围,一定程度上限缩了刑法对民间借贷的干预。另一方面,刑法修正案(九)正式取消了集资诈骗罪的死刑。同样作为国家刑罚权重要组成部分的求刑权与量刑权,[④]在处理涉嫌非法吸收公众存款罪、集资诈骗罪等与高利投机行为相关的案件上应当保持足够的克制。无论是在公安机关立案侦查环节,还是在检察机关审查起诉环节,抑或在司法机关定罪量刑环节,都应当遵循刑法谦抑的价值取向,借助完善刑事诉讼中认罪认罚从宽制度的契机,提高立案追诉标准,提高量刑从宽幅度,特别是对于犯罪情节轻微、犯罪人偿还全部或大部分款项并获得被害人谅解的案件,应提高不起诉、宣告缓刑、免刑以及非监禁刑的适用率,通过司法途径实现刑罚的轻缓化甚至是事实上的非犯罪化。通过明确国家刑罚权对于高利贷纠纷所引发经济犯罪的克制态度,一方面有利于克服刑法的过度膨胀,减少对社会经济生活的不当干预,另一方面则表明整体法秩序对于高利贷行为的否定态度,有助于提高民众的财产安全防范意识,培养正确的财富观与价值观,逐步引导民间金融行为去投机化,对于控制高利贷行为的蔓延,消除金融风险隐患或有所裨益。

---

① 林钰雄、王梅英:《从被害者学谈刑法诈欺罪》,载林钰雄主编:《刑事法理论与实践》,台湾学林文化事业有限公司2001版,第165页。
② 《银监会:参与非法集资要愿赌服输 正制订条例涉及刑法直接判刑》,http://bank.hexun.com/2017-03-02/188350254.html,访问日期:2019年10月22日。
③ 《银监会〈处置非法集资条例〉意见稿:参与人自行承担损失》,http://finance.ifeng.com/a/20170824/15601948_0.shtml,访问日期:2019年10月22日。
④ 蒋熙辉:《论求刑权与求刑制度》,载《刑事法判解》2002年第1期。